実務詳説
著作権訴訟
【第2版】

髙部 眞規子
makiko takabe

一般社団法人 金融財政事情研究会

■第2版はしがき

　『実務詳説　著作権訴訟』を刊行して、8年近くが過ぎた。『実務詳説　特許関係訴訟〔第3版〕』及び『実務詳説　商標関係訴訟』とともに、知的財産権訴訟の3部作として、知的財産権訴訟を担当する裁判官、弁護士、弁理士の方々や、企業の知財関係者等からも、好評を得ることができた。約8年ぶりに第2版を刊行する運びとなったことは、大変光栄なことである。

　この間、デジタル化、ネットワーク化の急速な発達によって、著作権をめぐる環境は、大きく変化している。

　初版において、立法が待たれると記述した、間接侵害者への差止請求権ないし侵害専用品の提供者に対するみなし侵害規定や一般的なフェアユースの規定の導入はされなかったが、個別の著作権制限規定が次々に立法され、著作権の保護期間もTPP協定の発効によって70年に延長されるなど、著作権法の改正が相次いだ。

　また、著作権侵害の主体については、最高裁判決の後も争点となる事案が相次ぎ、リツイートをめぐる裁判例が出されたり、また、古くから争いのある応用美術についての新しい裁判例が出されたりするなど、裁判実務にも変化が見られ、裁判例の集積も進んできた。

　このような状況を踏まえ、第2版では、初版以降の法改正や裁判例を追加して、デジタル時代にふさわしい最新の著作権訴訟の実務を詳説することとした。

　私は、東京地裁知的財産権部、知的財産高等裁判所及び最高裁判所調査官室において、裁判官生活の半分を超える合計21年余りの間、裁判の現場で知的財産権訴訟を担当してきた。私の意図するところが十分に表現できているかどうか心許ないところであるが、本書を通じて、自分のこれまでの経験が、著作権訴訟を担当する法曹関係者のみならず、企業の知財関係者にも役に立つことを切に願っている。

第2版の刊行に当たって、知的財産高等裁判所の同僚裁判官、後輩裁判官から、温かいご支援をいただき、また、金融財政事情研究会の柴田翔太郎氏に、校正等において大変お世話になった。ここに感謝の意を表したい。

　令和元年立秋

高部　眞規子

■初版はしがき

　知的財産権訴訟としては、特許関係訴訟と並んで、著作権訴訟の重要性が極めて高い。それにもかかわらず、最高裁判所における著作権に関する判例が、わずか20件程度しかないという指摘を受けて調べてみると、確かに、特許法や商標法に比べても、最高裁判例は、わずかである。

　私は、平成10年から15年まで、最高裁判所調査官室において、円谷プロダクション事件、江差追分事件、中古ゲームソフト事件、ナイトパブＧ７事件、ときめきメモリアル事件、タイプフェイス事件等、著作権に関する重要な事件に関与する機会に恵まれた。また、平成６年から10年まで及び平成15年から19年まで、東京地方裁判所知的財産権部（民事第29部、第47部）に所属し、また平成21年以降は知的財産高等裁判所（第４部）において極めて多数の知的財産権事件を担当したが、その中でも、例えば、映画の著作物の保護期間を扱ったローマの休日事件や、テレビ番組の転送サービスの可否を扱ったまねきＴＶ事件は、特に印象深い。それらの事件で問題となった論点は、いずれもその後最高裁判所において法令解釈が統一されるに至ったが、そのような重要な論点を研究する機会に数多く恵まれた。

　知的財産高等裁判所第４部の滝澤孝臣部総括判事から、従来知的財産権訴訟について検討してきた事項をまとめてみてはどうかとのご示唆をいただいて、広範な知的財産権訴訟のうち、まず、質量ともに中心的な地位を占める特許関係訴訟について、『実務詳説　特許関係訴訟』を刊行した。

　そして、同書に続き、ここに『実務詳説　著作権訴訟』を刊行することとした。本書も、著作権訴訟の裁判実務を念頭に置きながら、理論的考察に努めたものである。

　著作権に関する訴えの中心である著作権侵害訴訟については、裁判で求める請求権ごとの考察が必要であるが、それを前提として、支分権となる著作権や著作者人格権の内容という側面からの考察及び著作物の種類とい

う側面からの考察が欠かせず、どのような構成の書籍にまとめるのが分かりやすいか、ずいぶん検討した。その結果、まず、訴訟手続について概説した上、著作権侵害訴訟の総論的な問題として、訴訟の当事者と保護対象（著作物）について述べ、請求の趣旨と要件事実及び請求ごとの留意点、さらに侵害の成否について解説するというスタイルを採ることにした。また、特許関係訴訟とは渉外的論点も異なる面があることから、著作権訴訟の渉外問題を論じ、さらに、著作権の譲渡やライセンス契約等をめぐる訴訟についても、裁判実務を念頭に置きながら、理論的考察に努めたものである。

　裁判官としてさまざまな事件を通じて研究した事項を、自分に与えられた仕事の合間をみて更に検討を深めたものであり、まだまだ検討不十分な部分もあることを危惧しながらも、『実務詳説　特許関係訴訟』の姉妹版として、本書を出版する次第である。

　新たに知的財産権事件を担当する裁判官や、実務家である弁護士・弁理士、将来知的財産権事件を扱う司法修習生や法科大学院生、企業の知的財産部や法務部の担当者にも、著作権訴訟の実務と理論の理解の一助となれば幸いである。

　お世話になった知的財産高等裁判所の先輩・同僚裁判官、金融財政事情研究会の大塚さんに心から感謝申し上げる。

　平成23年錦秋

高部　眞規子

〔 目　　次 〕

第 2 版はしがき
初版はしがき
文献目録・判例誌等の略称

序　　章

1	著作権訴訟の種類	2
2	著作権訴訟の特色	6
3	著作権訴訟の現状と課題	8
4	本書の構成	11

第 1 章　訴訟手続

I　訴訟手続の概要

1	裁 判 所	14
2	手続の進行	17
3	訴状の記載例	19
4	答弁書の記載例	26
5	訴訟提起前の手続等	29

II　判決と和解、仮処分

1	侵害訴訟の判決	31
2	著作権訴訟における和解	34
3	仮 処 分	41

第 2 章　当事者と保護対象

I　著作権侵害訴訟の原告

1	原告となるべき者	48
2	著 作 者	48

3　職務著作の場合 ·· 51

　　4　映画の著作物の場合 ·· 57

　　5　編集著作物の場合 ·· 61

　　6　共同著作の場合 ··· 61

　　7　ライセンス契約を締結した場合の権利行使 ············· 65

　　8　原告の地位の承継 ·· 66

　Ⅱ　著作権侵害訴訟の被告

　　1　被告となるべき者 ·· 69

　　2　最高裁判例 ·· 70

　　3　下級審裁判例・学説 ··· 81

　　4　英米法からの示唆 ·· 93

　　5　物理的な直接侵害者以外の関与者の責任 ················ 96

　Ⅲ　保護対象（著作物性）

　　1　著作物の意義 ·· 105

　　2　思想又は感情の「表現」の要件 ·························· 106

　　3　創　作　性 ··· 113

　　4　文芸、学術、美術又は音楽の範囲に属するものである
　　　こと ··· 119

　　5　保護期間 ··· 119

第3章　請求の趣旨と原因

　Ⅰ　著作権侵害訴訟における各種の請求

　　1　請求権の概要 ·· 128

　　2　訴　訟　物 ··· 130

　Ⅱ　差止請求

　　1　請求の趣旨・判決主文 ····································· 135

　　2　差止めの内容の特定 ·· 138

　　3　部分差止めの可否 ·· 143

　　4　差止めの必要性 ··· 147

　　5　差止めの相手方 ··· 149

　Ⅲ　廃棄及び侵害の予防に必要な行為の請求

　　1　請求の趣旨・判決主文 ····································· 159

2　著作権法112条 2 項の趣旨 ································· 160

Ⅳ　**損害賠償請求**
　　1　請求の趣旨・判決主文 ································· 165
　　2　故意又は過失 ····································· 166
　　3　侵害の行為に供する機器の提供者の責任 ·················· 178
　　4　損　　害 ······································· 183

Ⅴ　**名誉回復措置請求**
　　1　請求の趣旨・判決主文 ································· 202
　　2　名誉回復措置請求の要件 ······························ 203
　　3　名誉回復措置の内容 ································· 205
　　4　名誉回復措置の判断 ································· 207

Ⅵ　**要件事実**
　　1　著作権等侵害訴訟における要件事実の概略 ················· 210
　　2　著作権の侵害の請求原因 ······························ 214
　　3　著作者人格権の侵害の請求原因 ······················ 234
　　4　抗　　弁 ······································· 237

第 4 章　著作権侵害の成否

Ⅰ　**複製権・翻案権**
　　1　複製・翻案の意義 ································· 244
　　2　複製・翻案の要件 ································· 252
　　3　複製権侵害及び翻案権侵害の判断手法 ··················· 259
　　4　引　　用 ······································· 279
　　5　フェアユース ····································· 287
　　6　その余の抗弁 ····································· 294

Ⅱ　**上演権・演奏権・上映権**
　　1　上演・演奏・上映の意義 ······························ 297
　　2　カラオケ装置による著作権侵害 ······················ 298
　　3　演奏権が及ばない場合 ······························ 302

Ⅲ　**公衆送信権**
　　1　公衆送信権の意義 ································· 304
　　2　自動公衆送信装置の意義と送信の主体 ··················· 306

目　次　■　**vii**

Ⅳ 頒 布 権
1 頒布権の意義 …………………………………………………… 309
2 劇場用映画以外の映画の著作物の頒布権 ………………… 311
3 頒布権の消尽 …………………………………………………… 313

Ⅴ 著作物の種類による特性
1 音楽の著作物 …………………………………………………… 321
2 美術の著作物 …………………………………………………… 324
3 建築の著作物 …………………………………………………… 332
4 図形の著作物 …………………………………………………… 334
5 映画の著作物 …………………………………………………… 337
6 写真の著作物 …………………………………………………… 346
7 プログラムの著作物 ………………………………………… 349
8 二次的著作物 …………………………………………………… 359
9 編集著作物 ……………………………………………………… 361
10 データベースの著作物 ……………………………………… 365
11 共同著作物 ……………………………………………………… 367

第5章 著作者人格権侵害の成否

Ⅰ 公 表 権
1 公表権の意義 …………………………………………………… 370
2 公表権侵害の成否 …………………………………………… 370

Ⅱ 氏名表示権
1 氏名表示権の意義 …………………………………………… 372
2 氏名表示権の侵害 …………………………………………… 372

Ⅲ 同一性保持権
1 同一性保持権の意義 ………………………………………… 375
2 同一性保持権の侵害 ………………………………………… 376
3 各種の著作物と同一性保持権 ……………………………… 379
4 著作者人格権の制限 ………………………………………… 386

Ⅳ 著作者人格権の侵害とみなす行為
1 海賊版の知情頒布 …………………………………………… 391
2 名誉・声望を害する利用 …………………………………… 391

3　著作者の人格的利益 ……………………………………………… 392

第6章　国際化と著作権訴訟

I　国際裁判管轄
　　1　渉外的要素を含む著作権訴訟 …………………………………… 396
　　2　国際裁判管轄の基本的考え方 …………………………………… 397
　　3　著作権訴訟における管轄原因 …………………………………… 399
　　4　国際裁判管轄が問題となる場面 ………………………………… 403

II　準　拠　法
　　1　準　拠　法 ………………………………………………………… 408
　　2　準拠法の基本的考え方 …………………………………………… 408
　　3　外国人が創作した著作物について準拠法が問題となる
　　　　場面 ………………………………………………………………… 410
　　4　外国における利用行為が問題になる事案における準拠
　　　　法 …………………………………………………………………… 414
　　5　将来展望 …………………………………………………………… 419

III　外国人の著作物
　　1　保護の要件 ………………………………………………………… 421
　　2　外国人の著作物の保護期間 ……………………………………… 423
　　3　映画の著作物の保護期間 ………………………………………… 425

IV　国際取引
　　1　並行輸入の意義 …………………………………………………… 426
　　2　著作権法と並行輸入 ……………………………………………… 428

第7章　その他の著作権訴訟

I　登録関係訴訟
　　1　著作権の登録 ……………………………………………………… 432
　　2　実名の登録 ………………………………………………………… 432
　　3　移転等の登録 ……………………………………………………… 433

II　契約関係訴訟
　　1　譲渡契約 …………………………………………………………… 434

2　ライセンス契約 ……………………………………………………… 437
Ⅲ　発信者情報開示請求訴訟
　　1　発信者情報開示について ……………………………………………… 440
　　2　発信者情報開示の要件 ……………………………………………… 442

事項索引 ………………………………………………………………………… 445
判例索引 ………………………………………………………………………… 447

文献目録

本文中で表記する主要な文献の略称は以下によります。

【本文中の表記】◆【文献情報】（本文中の表記は50音順）

『秋吉喜寿』
　　　　◆秋吉稔弘先生喜寿記念論文集『知的財産権　その形成と保護』（新日本法規出版、平成15年）

伊藤眞『民事訴訟法〔第6版〕』
　　　　◆伊藤眞『民事訴訟法〔第6版〕』（有斐閣、平成30年）

牛木理一『意匠法の研究〔4訂版〕』
　　　　◆牛木理一『意匠法の研究―その本質から実際まで―〔4訂版〕』（発明協会、平成6年）

大江忠『要件事実知的財産法』
　　　　◆大江忠『要件事実知的財産法』（第一法規出版、平成14年）

岡邦俊『マルチメディア時代の著作権の法廷』
　　　　◆岡邦俊『マルチメディア時代の著作権の法廷』（ぎょうせい、平成12年）

加戸守行『著作権法逐条講義〔六訂新版〕』
　　　　◆加戸守行『著作権法逐条講義〔六訂新版〕』（著作権情報センター、平成25年）

金井重彦ほか編著『コンメンタール（上）』『コンメンタール（下）』
　　　　◆金井重彦＝小倉秀夫編著『著作権法コンメンタール上巻、下巻』（東京布井出版、平成14年）

現代裁判法大系『知的財産権』
　　　　◆清永利亮＝設樂隆一編『知的財産権』現代裁判法大系26（新日本法規、平成11年）

河野俊行編『知的財産権と渉外民事訴訟』
　　　　◆河野俊行編『知的財産権と渉外民事訴訟』（弘文堂、平成22年）

『小坂・松本古稀』
　　　　◆小坂志磨夫先生松本重敏先生古稀記念『知的財産権法・民商法論叢』（発明協会、平成8年）

最新裁判実務大系『知的財産権訴訟Ⅱ』
　　　　◆髙部眞規子編著『知的財産権訴訟Ⅱ』最新裁判実務大系11巻（青林書院、平成30年）

『斉藤退職』
　　　　◆野村豊弘＝牧野利秋編集代表・斉藤博先生御退職記念論集『現代社会と著作権法』（弘文堂、平成20年）

斉藤博『著作権法〔第3版〕』
　　　　◆斉藤博『著作権法〔第3版〕』（有斐閣、平成19年）

裁判実務大系『知的財産関係訴訟法』

　　　　◆斉藤博＝牧野利秋編『知的財産関係訴訟法』裁判実務大系27巻（青林書院、平成9年）

作花文雄『詳解著作権法〔第4版〕』

　　　　◆作花文雄『詳解著作権法〔第4版〕』（ぎょうせい、平成22年）

作花文雄『制度と政策〔第3版〕』

　　　　◆作花文雄『著作権法　制度と政策〔第3版〕』（発明協会、平成20年）

佐藤達文ほか編著『一問一答　平成23年民事訴訟法等改正』

　　　　◆佐藤達文＝小林康彦編著『一問一答　平成23年民事訴訟法等改正』（商事法務、平成24年）

佐野文一郎ほか『新著作権法問答〔改訂版〕』

　　　　◆佐野文一郎＝鈴木敏夫『新著作権法問答〔改訂版〕』（出版開発社、昭和54年）

澤木敬郎ほか編『国際民事訴訟法の理論』

　　　　◆澤木敬郎＝青山善充編『国際民事訴訟法の理論』（有斐閣、昭和62年）

渋谷達紀『知的財産法講義Ⅱ〔第2版〕』

　　　　◆渋谷達紀『知的財産法講義Ⅱ〔第2版〕』（有斐閣、平成19年）

司法研修所編『民事訴訟における要件事実第一巻』

　　　　◆司法研修所編『民事訴訟における要件事実第一巻』（法曹会、昭和60年）

島並良ほか『著作権法入門〔第2版〕』

　　　　◆島並良＝上野達弘＝横山久芳『著作権法入門〔第2版〕』（有斐閣、平成28年）

新裁判実務大系『知的財産関係訴訟法』

　　　　◆牧野利秋＝飯村敏明編『知的財産関係訴訟法』新・裁判実務大系4巻（青林書院、平成13年）

新裁判実務大系『著作権関係訴訟法』

　　　　◆牧野利秋＝飯村敏明編『著作権関係訴訟法』新・裁判実務大系22巻（青林書院、平成16年）

『新実務民訴講座4』

　　　　◆鈴木忠一＝三ヶ月章監修『新・実務民事訴訟講座4』（日本評論社、昭和57年）

『新注釈民法(15)』

　　　　◆窪田充見編『新注釈民法(15)〈債権8〉』（有斐閣、平成29年）

榛村専一『著作権法概論〔改訂版〕』

　　　　◆榛村専一『著作権法概論〔改訂版〕』（巌松堂書店、昭和16年）

椙山敬士ほか『コンピュータ・著作権法』

　　　　◆D. S. カージャラ＝椙山敬士『コンピュータ・著作権法—日本－アメリカ—』（日本評論社、平成元年）

『知的財産権の新展開』

　　　　◆第二東京弁護士会知的財産権法研究会編『知的財産権の新展開』（第二東京弁護士会

知的財産権法研究会、平成12年)

高林龍『標準著作権法〔第3版〕』

　　　←高林龍『標準著作権法〔第3版〕』(有斐閣、平成28年)

高部眞規子『実務詳説商標関係訴訟』

　　　←高部眞規子『実務詳説商標関係訴訟』(金融財政事情研究会、平成27年)

高部眞規子『実務詳説特許関係訴訟〔第3版〕』

　　　←高部眞規子『実務詳説特許関係訴訟〔第3版〕』(金融財政事情研究会、平成28年)

田中豊編『判例でみる音楽著作権訴訟の論点60講』

　　　←田中豊編『判例でみる音楽著作権訴訟の論点60講』(日本評論社、平成22年)

田村善之『著作権法概説〔第2版〕』

　　　←田村善之『著作権法概説〔第2版〕』(有斐閣、平成13年)

『知的財産権研究Ⅳ』

　　　←中山信弘編『知的財産権研究Ⅳ』(東京布井出版、平成11年)

『知的財産訴訟実務大系Ⅲ』

　　　←牧野利秋＝飯村敏明＝高部眞規子＝小松陽一郎＝伊原友己編『知的財産訴訟実務大系Ⅲ』(青林書院、平成26年)

『著作権・商標・不競法関係訴訟の実務〔第2版〕』

　　　←高部眞規子編『著作権・商標・不競法関係訴訟の実務〔第2版〕』(商事法務、平成30年)

『著作権判例百選〔第2版〕』

　　　←斉藤博＝半田正夫編『著作権判例百選〔第2版〕』(有斐閣、平成5年)

『著作権判例百選〔第3版〕』

　　　←斉藤博＝半田正夫編『著作権判例百選〔第3版〕』(有斐閣、平成13年)

『著作権判例百選〔第4版〕』

　　　←中山信弘＝大渕哲也＝小泉直樹＝田村善之編『著作権判例百選〔第4版〕』(有斐閣、平成21年)

『著作権判例百選〔第6版〕』

　　　←小泉直樹＝田村善之＝駒田泰土＝上野達弘編『著作権判例百選〔第6版〕』(有斐閣、平成31年)

著作権法令研究会編著『著作権法ハンドブック〔改訂新版〕』

　　　←著作権法令研究会編著『著作権法ハンドブック〔改訂新版〕』(著作権情報センター、平成12年)

著作権法令研究会ほか編『著作権法・不正競争防止法改正解説』

　　　←著作権法令研究会＝通商産業省知的財産政策室編『著作権法・不正競争防止法改正解説―デジタルコンテンツの法的保護―』(有斐閣、平成11年)

『中山古稀』

　　　←中山信弘先生古稀記念『はばたき―21世紀の知的財産法』(弘文堂、平成27年)

中山信弘『ソフトウェアの法的保護〔新版〕』
　　　　◆中山信弘『ソフトウェアの法的保護〔新版〕』（有斐閣、昭和63年）
中山信弘『著作権法〔第2版〕』
　　　　◆中山信弘『著作権法〔第2版〕』（有斐閣、平成26年）
『野村古稀』
　　　　◆野村豊弘先生古稀記念論文集『知的財産・コンピュータと法』（商事法務、平成28年）
『半田古稀』
　　　　◆半田正夫先生古稀祝賀論集『著作権法と民法の現代的課題』（法学書院、平成15年）
半田正夫『著作権法概説〔第16版〕』
　　　　◆半田正夫『著作権法概説〔第16版〕』（法学書院、平成27年）
半田正夫ほか編『コンメンタール〔第2版〕1』『コンメンタール〔第2版〕3』
　　　　◆半田正夫＝松田政行編『著作権法コンメンタール〔第2版〕1、3』（勁草書房、平
　　　　　成27年）
半田正夫ほか編『著作権のノウハウ〔第6版〕』
　　　　◆半田正夫＝紋谷暢男編『著作権のノウハウ〔第6版〕』（有斐閣、平成14年）
星野英一『民法概論Ⅰ』
　　　　◆星野英一『民法概論Ⅰ〔序論・総則〕』（良書普及会、昭和46年）
前田正道編『ワークブック法制執務〔全訂26版〕』
　　　　◆前田正道編『ワークブック法制執務〔全訂26版〕』（ぎょうせい、平成13年）
『牧野退官』
　　　　◆中山信弘編集代表・牧野利秋判事退官記念『知的財産法と現代社会』（信山社、平成
　　　　　11年）
民事弁護と裁判実務『知的財産権』
　　　　◆西田美昭＝熊倉禎男＝青柳昤子編『知的財産権』民事弁護と裁判実務8（ぎょうせ
　　　　　い、平成10年）
『紋谷還暦』
　　　　◆紋谷暢男教授還暦記念『知的財産権法の現代的課題』（発明協会、平成10年）
紋谷暢男編『JASRAC概論』
　　　　◆紋谷暢男編『JASRAC概論─音楽著作権の法と管理─』（日本評論社、平成21年）
山本隆司訳『アメリカ著作権法』
　　　　◆デイビッド・A・ワインスティン著・山本隆司訳『アメリカ著作権法』（商事法務研
　　　　　究会、平成2年）
吉田大輔『明解になる著作権201答』
　　　　◆吉田大輔『明解になる著作権201答』（出版ニュース社、平成13年）
『理論と実務2』『理論と実務4』
　　　　◆牧野利秋＝飯村敏明＝三村量一＝末吉亙＝大野聖二編『知的財産法の理論と実務第
　　　　　2巻、第4巻』（新日本法規、平成19年）

我妻榮ほか『コンメンタール民法総則〔第3版〕』
　　　←我妻榮＝有泉亨（清水誠補訂）『コンメンタール民法総則〔第3版〕』（日本評論社、
　　　　平成14年）

判例誌等の略称

最高裁判所民事判例集→民集

最高裁判所刑事判例集（大審院刑事判例集）→刑集

最高裁判所裁判集民事→裁判集民事

高等裁判所民事判例集→高民集

下級裁判所民事裁判例集→下民集

無体財産権関係民事・行政裁判例集→無体裁集

知的財産関係民事・行政裁判例集→知的裁集

判例時報→判時

判例タイムズ→判タ

ジュリスト→ジュリ

〔 序　章 〕

1 著作権訴訟の種類

(1) 著作権侵害訴訟の典型

　著作権侵害訴訟の典型は、著作権者が原告となって、当該著作権を侵害する者又は侵害するおそれがある者を被告として、侵害行為の差止め等を請求する訴訟である（著作権法112条1項）。また、著作権者は、差止請求とともに廃棄その他の侵害の予防に必要な行為を請求することができるし（同条2項）、著作者は、名誉又は声望を回復するのに必要な措置を請求することもできる（同法115条）。著作権者の著作権を侵害した者に対する金銭請求の性質は、損害賠償請求権（民法709条）又は不当利得返還請求権（同法703条）である。

　上記のような訴訟を合わせて、「著作権侵害訴訟」と呼んでいる。著作権侵害訴訟は、請求の内容、著作物の種類に応じて、さまざまな形態のものがあるほか、権利の内容によっても、分類することができる。

　著作権に関する訴えには、そのほかに、著作者、出版権者又は著作隣接権者等の権利者側が原告になって侵害者を被告として提起する訴訟や、侵害者側から権利者に向けられた上記と逆向きの債務不存在確認訴訟もある。

(2) 侵害訴訟の請求の内容による類型

　侵害訴訟としては、権利の種類に応じて、著作権侵害訴訟、著作者人格権侵害訴訟、出版権侵害訴訟、著作隣接権侵害訴訟がある。それぞれの訴訟において求める請求は、以下のとおりである。

　ア　差止請求

　差止請求は、被告が現に行っている、あるいは将来行うであろう、対象作品の複製譲渡等の行為が原告の著作権を侵害するものであることを理由として、被告に対し、当該著作権に基づき、対象作品の複製譲渡等の行為

をしないという不作為を求める給付請求訴訟である（著作権法112条1項）。現に行われている侵害の停止及び（又は）将来行われるおそれのある侵害の予防を求めるものである。

イ　廃棄請求

廃棄請求は、侵害行為の組成物の廃棄等、侵害の予防に必要な行為を求めるものである。差止請求に付随して請求しなければならない[1]。

ウ　損害賠償請求

著作権等の侵害訴訟のうち損害賠償請求訴訟は、被告が過去に原告の著作権等を侵害する行為をしたことによる損害賠償（民法709条）として、被告に対し、金員の支払を求める給付請求である。なお、最二小判昭和61・5・30民集40巻4号725頁〔パロディ事件第二次上告審〕によれば、1個の行為により同一著作物についての著作財産権と著作者人格権とが侵害されたことを理由とする著作財産権に基づく慰謝料請求と著作者人格権に基づく慰謝料請求とは、訴訟物を異にする別個の請求である。

エ　不当利得返還請求

不法行為による損害賠償請求権が時効により消滅した場合等には、民法703条、704条により、不当利得返還請求として、著作権者等が侵害者に対し、金員の支払を求める給付を請求することができる。

オ　名誉回復措置請求

著作者又は実演家は、故意又は過失によりその著作者人格権又は実演家人格権を侵害した者に対し、著作者又は実演家であることを確保し、又は訂正その他著作者若しくは実演家の名誉若しくは声望を回復するために適当な措置を請求することができる（著作権法115条）。著作者の名誉声望とは、著作者がその品性、徳行、名声、信用等の人格的価値について社会から受ける客観的な評価を指し、名誉感情を含まない（最二小判昭和61・5・30民集40巻4号725頁〔パロディ事件第二次上告審〕）。

1　中山信弘『著作権法〔第2版〕』598頁。反対、田村善之『著作権法概説〔第2版〕』309頁

序　章　■　3

カ　債務不存在確認訴訟

　上記アないしオの請求権が存在しないことの確認を求める訴えである。反訴として、差止請求や損害賠償請求訴訟が提起されると、確認の利益を欠き、不適法となる（最一小判平成16・3・25民集58巻3号753頁）。

(3)　著作物の種類による分類

　著作権等侵害訴訟には、著作物の種類に応じ、各種の訴訟がある。著作物によっては、特有の支分権が問題になる場合もある（例えば、言語の著作物の口述権（著作権法24条）、美術の著作物の展示権（同法25条）、映画の著作物の頒布権（同法26条）等）。

① 言語の著作物（著作権法10条1項1号）

② 音楽の著作物（同項2号）

③ 舞踊・無言劇の著作物（同項3号）

④ 美術の著作物（同項4号）

⑤ 建築の著作物（同項5号）

⑥ 図形の著作物（同項6号）

⑦ 映画の著作物（同項7号）

⑧ 写真の著作物（同項8号）

⑨ プログラムの著作物（同項9号）

　最近の訴訟で数の上で多いものは、言語の著作物、写真の著作物、プログラムの著作物、音楽の著作物、美術の著作物、映画の著作物である。

(4)　権利の内容による分類

　侵害訴訟には、侵害されたと主張される権利の内容として、以下のものがある。

ア　著作者人格権

① 公表権（著作権法18条）

② 氏名表示権（同法19条）

③　同一性保持権（同法20条）

最近の訴訟においては、同一性保持権や氏名表示権が問題になることが多い。

イ　著作（財産）権

①　複製権（著作権法21条）

②　上演権・演奏権（同法22条）

③　上映権（同法22条の2）

④　公衆送信権・送信可能化権（同法23条）

⑤　口述権（同法24条）

⑥　展示権（同法25条）

⑦　頒布権（同法26条）

⑧　譲渡権（同法26条の2）

⑨　貸与権（同法26条の3）

⑩　翻訳権・翻案権（同法27条）

最近の訴訟においては、複製権・翻案権、公衆送信権・送信可能化権、上演権・演奏権、頒布権・譲渡権等が問題になることが多い。

ウ　出版権

出版権とは、著作物を出版する権利であり、著作権者と出版者との出版権設定契約により発生する（著作権法79条）。出版権設定契約等の解釈が争点になることが多い。

エ　著作隣接権

①　実演家の権利（著作権法90条の2〜95条の3）

②　レコード製作者の権利（同法96条〜97条の3）

③　放送事業者の権利（同法98条〜100条）

④　有線放送事業者の権利（同法100条の2〜100条の5）

(5)　その余の著作権訴訟

以上のような広義の意味での侵害訴訟とは別に、権利の帰属の確認訴

序　章　■　5

訟、登録関係訴訟やライセンス関係訴訟もある。

ア　著作権確認訴訟

著作権等権利の帰属が争いになっている場合に、原告が著作権を有することの確認を求める訴訟である。

イ　登録関係訴訟

著作権は、特許権等の産業財産権と異なり、出願や登録を要せずして権利が発生するため、基本的に登録はされていないが、無名又は変名で公表された著作物についての実名の登録、第一発行年月日の登録又は第一公表年月日の登録、プログラムの著作物の創作年月日の登録等がされることがある（著作権法75条〜76条の２）。著作権の移転又は処分の制限と、著作権を目的とする質権の設定、移転、変更、消滅又は処分の制限は、登録しなければ第三者に対抗することができない（同法77条）。

また、真の著作権者が不実の実名の登録の抹消登録手続を請求する事案もある（東京地判平成８・８・30判タ938号248頁〔フジサンケイグループシンボルマーク事件〕）。

ウ　契約関係訴訟

著作権のライセンス契約を締結した場合において、使用料（印税）等の請求をする事案、債務不履行による損害賠償の請求をする事案等がある。

2　著作権訴訟の特色

(1)　知財事件における著作権訴訟の特徴

知的財産権訴訟全体に対して著作権関係訴訟が占める割合は、年によって増減があるが、ここ10年は、知的財産権民事訴訟第１審事件のほぼ20ないし30％程度を占めている。

書籍や写真等に係る著作権侵害訴訟で、複製権や翻案権の侵害か否かが主要な争点になる従来型の事案のほか、最近は、ソフトウェアやプログラム等多種多様な著作物が問題となる事案や、法律の改正に伴ってその解釈

が問題となる事案、デジタル化時代において新しい技術がもたらした行為が著作権侵害に当たるか否かが問題になる、新しい型の事案がある。

　従来型の訴訟の中には、侵害と主張される部分が極めて多く、当事者にとっても裁判所にとっても、労力のかかる事案がある。このような訴訟は、以前から見られ、例えば、言語の著作物である書籍3冊について侵害を主張する箇所が100を超えた事例（東京地判平成17・5・17判タ1243号259頁〔通勤大学法律書コース事件〕）や、1件の訴訟の中で23名の著作権者の著作権侵害を6社の出版社に対して個別に請求し、原告と被告の対応関係で計算すると請求権が100を超えた事例（東京地判平成18・3・31判タ1274号255頁〔教科書準拠国語テスト事件〕）が見られる。もっとも、これらの訴訟の問題点は、原告側がいかなる方針で訴訟を提起するのかという、訴訟戦略ないし訴訟追行の態度に起因するものであり、併合の仕方に問題があったものと評価することもできる。

　なお、最三小判昭和63・3・15民集42巻3号199頁〔クラブキャッツアイ事件〕は、支配管理や営業上の利益の利益が認められる場合に直接行為をしていない者を著作権侵害の主体と認めたが、このいわゆる「カラオケ法理」に関連して、ユーザーが直接侵害行為を行い、業者の支配管理が及ばない場合において、ユーザーの行為をツールやサービスを提供した業者の行為とみることができるかという侵害の主体ないし業者の責任をめぐって、多くの係争があり、最三小判平成23・1・18民集65巻1号121頁〔まねきTV事件〕、最一小判平成23・1・20民集65巻1号399頁〔ロクラクⅡ事件〕に至るまで、議論も活発になされてきた。その他、著作権法の改正に伴って、送信可能化権が創設された法改正の前に締結された権利の譲渡契約によって当該権利は譲渡されるか（東京地判平成19・1・19判時2003号111頁〔THE BOOM事件〕）、平成16年1月1日に施行された映画の著作物の保護期間の延長は、平成15年末に保護期間が満了する映画についても適用されるかといった著作権の保護期間の問題（東京地決平成18・7・11判時1933号68頁〔ローマの休日事件〕、最三小判平成19・12・18民集61巻9号3460頁

〔シェーン事件〕）も生じた。

これらの問題のうちのいくつかは、最高裁判所によって、法令解釈の統一が図られたところである。

⑵　産業財産権との相違点

著作権は、創作によって無方式に発生し、特許権・実用新案権・意匠権・商標権等の産業財産権のように、行政庁における手続があるわけではない。このため、著作物性という、保護の適格の部分から争点になる事案が多い。

また、特許権等が、登録によって、特許発明を知らなくても侵害になるのに対し、著作権は相対的な権利であって、侵害というためには、依拠が必要である。

さらに、著作権は、財産権にとどまらず、著作者人格権が存在することにより、極めて難しい問題がある。このことは、特に、デジタル化時代の著作物の利用等の場面で困難な問題にぶつかる。

著作物の種類はさまざまであるが、特に、コンピュータプログラムに係る訴訟のように、専門性の高い事案もみられ、このような事案は、特許権等に関する訴えと同列に扱われ、民事訴訟法の改正により、平成16年から東京地裁及び大阪地裁の管轄に専属することとなった（民事訴訟法 6 条）。プログラムの著作物に係る侵害訴訟も散見されるが、そこでの専門性は、法律家である裁判官や、裁判所調査官のみでは理解することが困難な事案もある。そのような事案では、専門委員（同法92条の 2 ）の関与が極めて効果的な場合があり、事案の性質に鑑みて、訴訟運営の工夫が望まれる。

3　著作権訴訟の現状と課題

⑴　インターネット社会における著作権

デジタル化・ネットワーク化への対応は、重要な問題である。

インターネット社会を反映して技術の進歩が著しく、デジタル化が著作権訴訟の様相を一変させた。例えば、ピアツーピアファイル交換といったインターネットを使った新しい技術が、著作権ないし著作隣接権を侵害するか否かといった問題であり、著作権侵害の主体の問題と密接に関連する。

また、テレビ番組の受信・録画機能を有するパソコンをインターネット回線を通じて操作する方法により、海外など遠隔地においてテレビ番組の録画・視聴を可能とするサービスを提供する業者に対する訴訟に関しては、まねきTV事件、ロクラクⅡ事件のほか、録画ネット事件（東京地決平成16・10・7判時1895号120頁）、選撮見撮事件（大阪高判平成19・6・14判時1991号122頁）と、さまざまな問題を提起した。

その他、CDの音楽を携帯電話に取り込むことを可能にするサービスの提供が著作権侵害に当たるかといった問題もある（東京地判平成19・5・25判時1979号100頁〔MYUTA事件〕）。

(2) 著作権侵害の主体

インターネットや、精密な複製機器等新たな技術の普及によって、現行著作権法の解釈は、従前どおりにはいかない部分が出現してきたように思われる。だれでも情報の送り手となることが簡単にできるようになったインターネットの特質と著作権法との関係について、立法によって合意形成し得る部分については立法することによってルール作りをすることが望まれる。それによって、著作権の保護と、インターネットの特質を享受し得る利用者の表現の自由などの利益とのバランスが図られよう。

侵害の主体の問題に関しては、少なくとも、間接正犯型の場合や、専ら著作権侵害を目的とする機器の製造・輸入・譲渡ないしサービスの提供等の行為であって、現実に侵害を行うユーザーを特定して権利行使することが不可能であるような場合に、侵害専用品やサービスの提供者の行為を著作権侵害とみなす旨の立法が強く望まれる[2]。

序　章 ■ 9

他方、直接侵害者ではない関与者の責任を余りに広く追及すると、侵害でない使用を行うユーザーが新しい技術の恩恵を受けることができないなどの社会的な損失も伴うことに照らすと、その責任を認める範囲に適正な限界を設ける必要がある。

　明文規定がないままに裁判例の集積に頼るのは予測可能性を害し法的安定性を欠くとの指摘に照らし、明確にすべき点は立法によって明確にし、柔軟な解釈が求められる部分を司法解釈に委ねることにより、著作権の実効的保護と公正な利用の調和が可能になると思われる。

(3)　法改正との関係

　現在提起されている問題の中で、上記以外にも、立法により、よりよい解決が期待できるケースがある。例えば、国語教科書に準拠したテスト等教材については、著作権侵害に基づく差止めを認めるよりも、許諾料ないし補償金を支払う方法により解決すること等である。

　著作権訴訟を担当すると、上記のように、著作権法の改正が待たれる事項が多いことを感じるが、現行法の下でも何が禁止され、何が許されるかが予測可能な規範を定立する必要がある。従前、我が国著作権法には、フェアユースのような一般的な著作権の制限規定がないところから、著作権法27条の翻案に当たるか否か、同法32条の引用といえるか否かといった概念に評価的な判断が介在することがあった。

　技術の進歩に伴う新しい法律問題については、立法が追いつかず、知的財産権訴訟においても裁判所の判断が期待され、判決により法の創造が求められる場合もある。そこで忘れてはならないのは、著作権法1条にもうたわれている著作権の保護と著作物の利用による文化の発展のバランスである。

2　著作権侵害の主体をめぐる議論及び立法の必要性に関しては、上野達弘「著作権法における「間接侵害」」ジュリ1326号75頁、髙部眞規子「著作権侵害の主体について」ジュリ1306号126頁等を参照されたい。

4　本書の構成

　著作権侵害訴訟における主要な争点としては、主体の問題（原告側については著作権の帰属すなわち著作者の確定の問題、被告側については侵害の主体の問題がある。）、客体の問題（すなわち、著作物性の判断）、侵害の成否（複製や翻案に当たるか、また著作権の制限である引用や消尽の成否を含む。）といった、種々の論点がある。

　本書では、著作権に関する訴えの中心を構成する著作権侵害訴訟について、まず、訴訟手続について概説し（第1章「訴訟手続」）、侵害訴訟の総論的な問題として、主体と客体（当事者と著作物性）について述べ（第2章「当事者と保護対象」）、請求の趣旨と要件事実及び請求ごとの留意点を論じる（第3章「請求の趣旨と原因」）。次に、侵害の成否や制限規定の適用の可否について、主要なものを解説するが、そこでは、権利の種類や著作物の種類による特性をふまえて、それぞれ留意点を概説する（第4章「著作権侵害の成否」、第5章「著作者人格権侵害の成否」）。そして、国際化に伴って増加する渉外的論点について触れる（第6章「国際化と著作権訴訟」）。今後、著作権の分野では情報の流通という側面が重要になるという指摘[3]に触発され、最後に、著作権の譲渡やライセンス契約等を中心に、それに伴う侵害訴訟以外の訴訟類型についても説明することとする（第7章「その他の著作権訴訟」）。

3　中山信弘『著作権法〔第2版〕』13頁

第 1 章

［ 訴 訟 手 続 ］

I 〔 訴訟手続の概要 〕

1 裁 判 所

(1) 管　　轄

　著作権関係訴訟については、①プログラムの著作物についての著作者の権利に関する訴えと②著作者の権利のうち①以外のもの、出版権及び著作隣接権に関する訴えに分けて、管轄が定められている。

　すなわち、上記①のプログラムの著作物についての著作者の権利に関する訴えは、東京・名古屋・仙台又は札幌高等裁判所の管轄区域内に所在する裁判所が管轄権を有すべき場合には、東京地方裁判所の、大阪・広島・福岡又は高松高等裁判所の管轄区域内に所在する裁判所が管轄権を有すべき場合には、大阪地方裁判所の管轄に専属する。また、その控訴は、東京高等裁判所に専属する（民事訴訟法6条）。

　上記②の訴えは、民事訴訟法4条又は5条の規定により、東京・名古屋・仙台又は札幌高等裁判所の管轄区域内に所在する裁判所が管轄権を有すべき場合には、東京地方裁判所にも、大阪・広島・福岡又は高松高等裁判所の管轄区域内に所在する裁判所が管轄権を有すべき場合には、大阪地方裁判所にも、競合して管轄が認められる（民事訴訟法6条の2）。その控訴は、それぞれの地方裁判所を管轄する高等裁判所が管轄する。

(2) プログラムの著作物の著作者の権利に関するもの以外の著作権訴訟の管轄原因

　上記(1)②の訴えの典型である著作権侵害訴訟（プログラムの著作物以外のもの）については、以下のとおり、複数の管轄原因がある。なお、国際裁

14 ■ 第1章　訴訟手続

判管轄については、第6章Iを参照されたい。

ア　普通裁判籍

著作権侵害訴訟は、まず、被告の普通裁判籍（個人の場合は住所又は居所、法人の場合は主たる事務所又は営業所所在地）を管轄する裁判所に、提起することができる（民事訴訟法4条）。

イ　不法行為地

著作権侵害を理由とする損害賠償請求の根拠条文は民法709条であり、上記損害賠償請求訴訟は、不法行為があった地の裁判所に、提起することができる（民事訴訟法5条9号）。

ここで、不法行為地の管轄を認めるためには、原則として、当該地で被告がした行為により原告の著作権について損害が生じたとの客観的事実関係が証明されれば足りる（最二小判平成13・6・8民集55巻4号727頁〔円谷プロダクション事件〕）。例えば、被告が東京都内で開催されたコンサートで原告の著作物を演奏した行為が問題であれば、原告が当該著作物の著作権を有すること及び被告がこれを東京都内で演奏したことの事実を証明すれば、東京地方裁判所に不法行為地の裁判籍が認められる。

損害賠償請求が提起又は併合されておらず、著作権に基づく差止請求のみが提起される場合であっても、民事訴訟法5条9号所定の不法行為に関する訴えに含まれるとされ、不法行為があった地の裁判所に提起することができる（不正競争防止法3条1項に基づく差止請求権不存在確認訴訟につき、最一小決平成16・4・8民集58巻4号825頁）。もっとも、未だ実際には被告の行為が行われていない侵害の予防請求の場合には、例えば近接した時期に被告の行為が東京都内で行われるであろうことの証明が必要である。

ウ　義務履行地

著作権侵害を理由とする損害賠償請求は、財産権上の訴えであり、金銭債務は持参債務の原則により（民法484条）、原告の住所地又は営業所を管轄する裁判所に、提起することができる（民事訴訟法5条1号）。

I　訴訟手続の概要　■　**15**

エ　併合請求の裁判籍

著作権侵害を理由とする損害賠償請求に、差止請求や廃棄請求が客観的に併合されている場合にも、併合請求の裁判籍により、不法行為があった地や義務履行地等、管轄の認められる裁判所に、併合して提起することができる（民事訴訟法7条）。

オ　応訴管轄、合意管轄

その他、応訴管轄又は合意管轄がある裁判所にも、著作権侵害訴訟を提起することができる（民事訴訟法11条、12条）。

カ　競合管轄

前記のとおり、上記訴訟に関しては、上記アないしオによって定まる管轄裁判所が東京高裁、名古屋高裁、仙台高裁及び札幌高裁の管轄区域内に所在する地方裁判所である場合には、東京地方裁判所にも競合して管轄が認められ、同様にこれが大阪高裁、広島高裁、福岡高裁及び高松高裁の管轄区域内に所在する地方裁判所である場合には、大阪地方裁判所に競合して管轄が認められる（民事訴訟法6条の2）。民事訴訟法6条の2の規定上は、著作隣接権から除かれている（著作権法89条6項）実演家人格権の侵害に係る訴えや、著作権法60条に基づく死後の人格的利益の保護に係る訴えについては、明確な定めがないが、類推適用が可能と考える見解もある[1]。

(3)　プログラムの著作物についての著作者の権利に関する訴えの管轄原因

前記(1)①のプログラムの著作物についての著作者の権利に関する訴えの管轄は、上記(2)アないしオによって定まる管轄裁判所が東京高裁、名古屋高裁、仙台高裁及び札幌高裁の管轄区域内に所在する地方裁判所が管轄権を有する場合には、東京地方裁判所の専属管轄であり、同様にこれが大阪高裁、広島高裁、福岡高裁及び高松高裁の管轄区域内に所在する地方裁判

1　前田哲男「著作権侵害訴訟の提起」新裁判実務大系『著作権関係訴訟法』20頁

所が管轄権を有する場合には、大阪地方裁判所の専属管轄である（民事訴訟法6条）。その控訴審は、専門技術的事項を欠く等の事情により裁量移送された場合を除き、東京高等裁判所の管轄に専属する（同条3項）。

プログラムの著作物に関しては、専門技術的な事項が審理に含まれることから、専門部を有し、裁判所調査官も配置されている東京地裁と大阪地裁の専属管轄とされたものである。

専属管轄の場合に、それ以外の裁判所に訴訟が提起された場合、管轄裁判所に移送しなければならない（民事訴訟法16条1項）。

他方、専門技術的事項を欠く等の事情により著しい損害又は遅滞を避けるため必要があると認めるときは、本来管轄権を有すべき地方裁判所に移送することができる（同法20条の2）。

2 手続の進行

(1) 手続の流れ

ア　侵害訴訟は、原告が裁判所に訴状（後記記載例参照）を提出することによって開始する（民事訴訟法133条）。訴状審査の上第1回口頭弁論期日が指定され、被告に訴状、答弁書催告状及び呼出状が送達される（同法137条〜139条）。

第1回口頭弁論期日には、原告の訴状と被告の答弁書を陳述し、基本的書証（原告の作品と被告の作品等）を提出して、争点整理のため弁論準備手続期日が指定されることが多い。通常は、裁判長と主任裁判官の2名が受命裁判官となって弁論準備手続を主宰する。弁論準備手続期日は、数回にわたり、双方が主張立証を準備する。差止請求のみの場合は、争点が整理できた段階で、弁論準備手続を終結し、第2回口頭弁論期日において弁論を終結して判決言渡しに至るか、和解勧告により和解期日が設けられることがある。損害賠償請求を含む場合は、侵害の成否に関する争点が整理できた段階で、裁判所が損害論に入るか否かを含め検討する。損害論に入ら

I　訴訟手続の概要　■　17

ない場合は、中間判決に至る可能性もあるとした上で上記と同様の手続になる。損害論に入る場合は、弁論準備手続期日において、裁判所の心証を一定程度開示した上、損害論の争点整理手続に入るか、和解勧告がされ、以後上記と同様の手続になる。損害論については、第3章Ⅳを参照されたい。

イ 手続の概略は、以下のとおりである。

(2) 争点整理の内容

著作権侵害訴訟においても、他の知的財産権に係る訴訟と同様、損害賠償請求の場合には、侵害論と損害論の2つのステージに分けて争点整理が行われることが多い。差止請求のみの場合には、侵害論のみが対象となる。

著作権侵害訴訟は、著作物の種類や根拠となる支分権の内容がさまざまであるために、争点が多岐にわたり、審理が複雑になることが多い。産業財産権と異なり、審査や設定登録といった制度がないために、原告が著作者であるか否かや、原告の作品に著作物性があるか否かといった、出発点

から争いになるケースも少なくない[2]。

このため、争点整理の在り方も必ずしも一様ではないが、原告側において、原告の作品の著作物性や、被告の行為と支分権との関係等、基本的な点を押さえた上で、訴訟を提起することが望まれる。また、侵害と主張する箇所が膨大であって、対比し判断すべき箇所が極めて多く多岐にわたる場合には、審理に長期間を要する事案も少なくない。例えば、原告側の権利の対象である著作物の数が多いこと（1つの事件で被侵害著作物とされた写真が1300枚に上った事案もある。）、侵害と主張されて対比すべき部分が多岐にわたること（対比すべき箇所が100以上の項目に及ぶものもある。）、まして、多数の原告と多数の被告に関する請求を併合提起すること（23名の原告が6社の被告に対し、それぞれ著作権侵害を主張する訴えを1件の訴えとして併合提起した事案すらある。）は、審理に長期間を要する要因となる場合が少なくない。原告側では、事案に応じて侵害と主張する箇所をある程度絞り、迅速な審理を目指すことが必要と考えられる。訴訟の途中で支分権を変更したり、侵害と主張する範囲を変更したりすることは、審理の迅速化を阻害する要因となることに留意が必要である。

3 訴状の記載例

```
                訴        状 (注1)

                              令和○○年○月○日

 東京地方裁判所　御中

                    原告訴訟代理人弁護士　甲野一郎　㊞
                    同　　　　　　　　　　乙野二郎　㊞
            東京都千代田区霞が関1丁目1番4号
                原        告        A
```

2　このような観点から、原告側の訴訟提起前の慎重かつ入念な事前準備の必要性を説くものとして、飯村敏明「著作権侵害訴訟の審理の特色及び審理上の工夫」新裁判実務大系『著作権関係訴訟法』103頁

〒100-8963　東京都千代田区霞が関2丁目1番1号　弁護士ビル101

甲野法律事務所（送達場所）

電　　　話　03-3581-5411

ファックス　03-3581-5411

同訴訟代理人弁護士　　　甲野一郎

同　　　　　　　　　　　乙野二郎

〒100-8963　東京都渋谷区神南1丁目1番1号

被　　　　　告　　　株式会社B

同代表者代表取締役　　　丁野四郎

〒100-8963　東京都中央区銀座4丁目1番1号

被　　　　　告　　　C

著作権に基づく差止等請求事件

訴訟物の価格^(注②)　　　　1000万円

貼用印紙額　　　　　　　5万円

請求の趣旨

1　被告らは、別紙目録記載の番組を放送してはならない。^(注③)
2　被告らは、原告に対し、各自500万円及びこれに対する訴状送達の日の翌日から支払済みまで年5分の割合による金員を支払え。
3　訴訟費用は被告らの負担とする。
4　この判決第2項は、仮に執行することができる。

請求の原因

1　原告の著作権
　(1)　原告は、江差追分に関するノンフィクション「北の波濤に唄う」と題する書籍（甲1。以下「本件著作物」という。）の著作者である。
　(2)　本件著作物の中の短編「九月の熱風」の冒頭には、別表左欄のとおり記述されている（以下「本件プロローグ」という。）。
　(3)　本件プロローグは、原告の思想又は感情を創作的に表現したものであって、文芸又は学術の範囲に属する。
2　被告らの行為
　(1)　被告株式会社B（以下「被告会社」という。）は、「ほっかいどうスペシャル・遥かなるユーラシアの歌声—江差追分のルーツを求めて—」

と題するテレビ番組（検甲1。以下「本件番組」という。）を製作
し、平成22年1月1日から同年12月末まで、放送した。

(2) 本件番組のナレーションには、本件プロローグに対応する部分とし
て、別表右欄のとおりの語りがある（甲2。以下「本件ナレーショ
ン」という。）。

(3) 被告Cは、本件番組製作当時、被告会社の函館局放送部の部長であ
り、本件ナレーションを製作した。

3　対比

(1) 本件著作物の「九月の熱風」は、原告が初めて江差追分全国大会を
鑑賞に行った時の、同大会の参加者や観客の様子等を描き、同大会の
独特の熱狂と感動を描写した短編であるが、本件プロローグは、その
冒頭において、江差町の過去と現在の様子を紹介し、江差追分全国大
会を昔の栄華がよみがえったような1年の絶頂として捉えたものであ
る。

他方、本件番組は、江差追分の起源に迫ろうとしたものであって、
9月に開かれる江差追分全国大会の時に江差町は一気に活気づくこ
と、同大会には海外からも参加者が訪れること等を内容とするもので
ある。

(2) 本件プロローグと本件ナレーションの対比は、別表（対比表）のと
おりである。両者は、江差町がかつてニシン漁で栄え、そのにぎわい
が「江戸にもない」といわれた豊かな町であったこと、現在ではニシ
ンが去ってその面影はないこと、江差町では9月に江差追分全国大会
が開かれ、年に1度、かつてのにぎわいを取り戻し、町は一気に活気
づくことを表現している点において共通している。このうち、特に、
現在の江差町が最もにぎわうのは、8月の姥神神社の夏祭りである
ことが江差町においては一般的な考え方であり、これが江差追分全国大
会の時であるとするのは、江差町民の一般的な考え方とは異なるもの
で、江差追分に対する特別の情熱を持つ原告に特有の認識である。

(3) 本件ナレーションは、本件プロローグの骨子を同じ順序で記述し、
表現内容が共通しているだけでなく、1年で一番にぎわう行事につい
ての表現が一般的な認識とは異なるにもかかわらず本件プロローグと
共通するものであり、また、外面的な表現形式においてもほぼ類似の
表現となっているところが多いから、本件プロローグにおける表現形
式上の本質的な特徴を直接感得することができる。

I　訴訟手続の概要　■　21

4 翻案権の侵害について

(1) 上記3によれば、本件ナレーションは、既存の本件著作物の表現上の本質的な特徴の同一性を維持しつつ、具体的表現に修正、増減、変更等を加えて、新たに思想又は感情を創作的に表現することにより、これに接する者が本件著作物の表現上の本質的な特徴を直接感得することのできる著作物である。

(2) そして、前記3のとおり本件著作物と本件ナレーションとは、酷似している。また、本件著作物は、本件番組の放送より2年前に発行され市販されており、被告Cが原告作品に接する機会が十分あった上に、これほど酷似している事実に照らすと、被告Cは、本件ナレーションを創作するに当たり、本件著作物に依拠したことが明らかである。

(3) よって、本件ナレーションは、本件プロローグの翻案に当たり、被告らが本件ナレーションを製作し放送した行為は、翻案権及び公衆送信権の侵害に当たる。

5 同一性保持権の侵害について

上記3、4のとおり、本件ナレーションは、既存の本件著作物の表現上の本質的な特徴の同一性を維持しつつ、具体的表現に修正、増減、変更等を加えて、新たに思想又は感情を創作的に表現することにより、これに接する者が本件著作物の表現上の本質的な特徴を直接感得することのできる著作物であり、本件プロローグに係る原告の同一性保持権を侵害するものである。

6 氏名表示権の侵害について

本件番組は、本件著作物を参考文献の一つとし、これに依拠して製作されたが、本件番組において、本件著作物についての言及はなく、原告の氏名が表示されることなく、放送された。

よって、被告らの上記行為は、氏名表示権の侵害に当たる。

7 損害について

(1) 被告らには、上記翻案権及び公衆送信権の侵害並びに同一性保持権及び氏名表示権の侵害につき、少なくとも過失がある。

(2) 被告会社は、平成30年1月1日から12月31日まで、本件番組を100回放送した。1回当たりの放送について受けるべき金銭の額は、3万円である。

(3) 原告は、被告らの上記行為により、同一性保持権及び氏名表示権を

侵害され、精神的損害を被った。これを金銭に評価すると、慰謝料は
それぞれ、50万円を下らない。

(4) 原告は、本訴を提起するに当たり、弁護士を依頼せざるを得なかっ
た。これらについての弁護士費用のうち、被告らの行為と相当因果関
係のある費用は、100万円である。

(5) 原告の損害は、上記(2)ないし(4)の合計500万円である。

8　まとめ
よって、原告は、被告らに対し、①本件著作物に係る翻案権及び公衆送
信権並びに同一性保持権及び氏名表示権に基づき（著作権法112条1項）、
本件番組の放送の差止め、②不法行為による損害賠償請求権に基づき（民
法709条）、各自500万円及びこれに対する訴状送達の日の翌日から支払済
みまで民法所定年5分の割合による損害賠償を請求する。

証拠方法 (注④)
甲第1号証（「北の波濤に唄う」と題する書籍）
甲第2号証（本件ナレーション）
検甲第1号証（本件番組のDVD）
添付書類
訴訟委任状　　　　　　1通
資格証明書　　　　　　2通
甲第1、2号証　　　各1通

（別紙）(注⑤)
目録
被告B著作の「ほっかいどうスペシャル　遥かなるユーラシアの歌声—
江差追分のルーツを求めて—」と題する番組

（別表）(注⑥)
対比表

北の波濤に唄う	ほっかいどうスペシャル 遥かなるユーラシアの歌声 —江差追分のルーツを求めて—
むかし鰊漁で栄えたころの江差は、その漁期にあたる四月から五月	日本海に面した北海道の小さな港町、江差町。古くはニシン漁で栄え、

I　訴訟手続の概要　■　23

にかけてが一年の華であった。鰊の
到来とともに冬が明け、鰊を軸に春
は深まっていった。

　彼岸が近づくころから南西の風が
吹いてくると、その風に乗った日本
海経由の北前船、つまり一枚帆の和
船がくる日もくる日も港に入った。
追分の前歌に、

　　　松前江差の　津花の浜で
　　　すいた同士の　泣き別れ

　とうたわれる津花の浜あたりは、
人、人、人であふれた。町には出稼
ぎのヤン衆たちのお国なまりが飛び
かい、海べりの下町にも、山手の新
地にも、荒くれ男を相手にする女た
ちの脂粉の香りが漂った。人々の群
れのなかには、ヤン衆たちを追って
北上してきた様ざまな旅芸人の姿も
あった。

　漁がはじまる前には、鰊場の親方
とヤン衆たちの網子合わせと呼ぶ顔
合わせの宴が夜な夜な張られた。漁
が終れば網子わかれだった。絃歌の
さざめきに江差の春はいっそうなま
めいた。「出船三千、入船三千、江
差の五月は江戸にもない」の有名な
言葉が今に残っている。

　鰊がこの町にもたらした莫大な富
については、数々の記録が物語って
いる。

　たとえば、明治初期の江差の小学
校の運営資金は、鰊漁場に建ち並ぶ
遊郭の収益でまかなわれたほどで
あった。

　だが、そのにぎわいも明治の中ご
ろを境に次第にしぼんだ。不漁に

「江戸にもない」という賑いをみ
せた豊かな海の町でした。

なったのである。

　鰊の去った江差に、昔日の面影はない。とうにさかりをすぎた町がどこでもそうであるように、この町もふだんはすべてを焼き尽くした冬の太陽に似た、無気力な顔をしている。

　五月の栄華はあとかたもないのだ。桜がほころび、海上はるかな水平線にうす紫の霞がかかる美しい風景は相変わらずだが、人の叫ぶ声も船のラッシュもなく、ただ鴎と大柄なカラスが騒ぐばかり。通りがかりの旅人も、ここが追分の本場だと知らなければ、けだるく陰鬱な北国のただの漁港、とふり返ることがないかもしれない。

　強いて栄華の歴史を風景の奥深くたどるとするならば、人々はかつて鰊場だった浜の片隅に、なかば土に埋もれて腐蝕した巨大な鉄鍋を見つけることができるだろう。魚かすや油をとるために鰊を煮た鍋の残骸である。

　その江差が、九月の二日間だけ、とつぜん幻のようにはなやかな一年の絶頂を迎える。日本じゅうの追分自慢を一堂に集めて、江差追分全国大会が開かれるのだ。

　町は生気をとりもどし、かつての栄華が甦ったような一陣の熱風が吹き抜けていく。

　しかし、ニシンは既に去り、今はその面影を見ることはできません。

　九月、その江差が、年に一度、かっての賑いを取り戻します。民謡、江差追分の全国大会が開かれるのです。大会の三日間、町は一気に活気づきます。

注①　最一小判平成13・6・28民集55巻4号837頁〔江差追分事件〕をモデルに作成した。

注②　差止請求の訴訟物の価格は、以下の計算式による（裁判所書記官研修所実務研究報告書24巻1号）。なお、訴額計算書を提出する扱いである。

　　ア　廃棄請求を差止請求と併合して請求する場合には、差止請求の訴額のみによる。

Ⅰ　訴訟手続の概要　■　**25**

イ　著作財産権に基づく差止請求は、次のいずれかによる。
　　a　原告の訴え提起時の年間売上げ減少額×原告の訴え提起時の利益率
　　b　被告の訴え提起時の年間売上げ推定額×被告の訴え提起時の推定利益率
　　c　著作者が通常1年間に受けるべき金銭の額
ウ　著作者人格権に基づく差止請求は、非財産権上の請求として、160万円となる（東京高決平成5・12・7知的裁集25巻3号540頁〔三国志Ⅲ事件〕）。
エ　出版権に基づく差止請求は、次のいずれかによる。
　　a　原告の訴え提起時の年間売上げ減少額×原告の訴え提起時の利益率
　　b　被告の訴え提起時の年間売上げ推定額×被告の訴え提起時の推定利益率
オ　著作隣接権に基づく差止請求は、イと同様に算定する。
カ　名誉回復措置請求は、措置に要する費用が認定できる場合はその額とし、措置の性質上、要する費用が認定できない場合又は算定が著しく困難な場合は160万円とする。
注③　請求の趣旨の詳細は、第3章を参照されたい。
注④　基本的書証は、訴状に添付する。原告が著作権を主張する作品と侵害の対象と主張する被告作品は、不可欠である。なお、対比に必要な場合は、写しではなく、原本を提出するのが望ましい場合もある（被告作品については、後日被告側に対し原本の提出を求める場合もある。）。
注⑤　差止めの対象の特定についての詳細は、第3章Ⅱを参照されたい。なお、被告作品がプログラムの著作物の場合等には、被告のプログラムの内容を主張立証することは容易ではない。被告の営業秘密に属することもあり、秘密を保持しつつ、主張立証を容易化するための方策が必要である。この点の詳細は、第4章Ⅴを参照されたい。
注⑥　原告作品と被告作品を対比する一覧表を提出すべきである。ここで、どのようなまとまりで対比するかによって、被告側の主張立証や裁判所の判断も異なる可能性がある。

4　答弁書の記載例

令和元年(ワ)第12345号
　原告　A
　被告　B外1名

答　弁　書

令和○○年○月○日

東京地方裁判所　民事第47部　御中

被告ら訴訟代理人弁護士　甲山一郎　㊞

〒100-8963　東京都千代田区霞が関2丁目1番1号　弁護士ビル201
　　　　甲山法律事務所（送達場所）

　　　　電　　話　03－3581－5411
　　　ファックス　03－3581－5411
被告ら訴訟代理人弁護士　　　　甲山一郎

第1　請求の趣旨に対する答弁
1　原告の請求をいずれも棄却する。
2　訴訟費用は原告の負担とする。
との判決を求める。
第2　請求の原因に対する認否 (注1)
1　請求の原因1は認める。
2　同2は認める。
3　同3のうち、(1)の第1段落は知らない。第2段落は否認する。同3の(2)(3)は否認する。
4　同4は争う。
5　同5は争う。
6　同6のうち、原告の氏名が表示されていないことは認め、その余は否認する。
7　同7は否認する。
8　同8は争う。
第3　被告らの主張 (注2)
1　翻案の成否について
(1)　既存の著作物に依拠して創作された著作物が、思想、感情若しくはアイデア、事実若しくは事件など表現それ自体でない部分又は表現上の創作性がない部分において、既存の著作物と同一性を有するにすぎない場合には、翻案には当たらない。
(2)　本件プロローグと本件ナレーションとは、江差町がかつてニシン漁で栄え、そのにぎわいが「江戸にもない」といわれた豊かな町であったこと、現在ではニシンが去ってその面影はないこと、江差町では9月に江差追分全国大会が開かれ、年に1度、かつてのにぎわいを取り戻し、町は一気に活気づくことを表現している点及びその表現の順序において共通する。
　　しかし、本件ナレーションが本件プロローグと同一性を有する部分のうち、江差町がかつてニシン漁で栄え、そのにぎわいが「江戸にもない」といわれた豊かな町であったこと、現在ではニシンが去ってそ

Ⅰ　訴訟手続の概要　■　**27**

の面影はないことは、百科事典等江差町を紹介する文献の多数に記述
されている事項であって（乙1～5）、一般的知見に属し、江差町の
紹介としてありふれた事実であって、表現それ自体ではない部分にお
いて同一性が認められるにすぎない。また、現在の江差町が最もにぎ
わうのが江差追分全国大会の時であるとすることが江差町民の一般的
な考え方とは異なるもので原告に特有の認識ないしアイデアであると
しても、その認識自体は著作権法上保護されるべき表現とはいえず、
これと同じ認識を表明することが著作権法上禁止されるいわれはな
く、本件ナレーションにおいて、被告らが原告の認識と同じ認識の上
に立って、江差町では9月に江差追分全国大会が開かれ、年に1度、
かつてのにぎわいを取り戻し、町は一気に活気づくと表現したことに
より、本件プロローグと表現それ自体でない部分において同一性が認
められることになったにすぎず、具体的な表現においても両者は異
なったものとなっている。

　　さらに、本件ナレーションの運び方は、本件プロローグの骨格を成
す事項の記述順序と同一ではあるが、その記述順序自体は独創的なも
のとはいい難く、表現上の創作性が認められない部分において同一性
を有するにすぎない。しかも、上記各部分から構成される本件ナレー
ション全体をみても、その量は本件プロローグに比べて格段に短く、
被告らが創作した影像を背景として放送されたのであるから、これに
接する者が本件プロローグの表現上の本質的な特徴を直接感得するこ
とはできないというべきである。

(3)　したがって、本件ナレーションは、本件著作物に依拠して創作され
たものではあるが、本件プロローグと同一性を有する部分は、表現そ
れ自体ではない部分又は表現上の創作性がない部分であって、本件ナ
レーションの表現から本件プロローグの表現上の本質的な特徴を直接
感得することはできないから、本件プロローグを翻案したものとはい
えない。よって、**翻案権及び公衆送信権の侵害はない**。

2　同一性保持権の侵害の成否

　上記1と同様に、本件ナレーションの表現から本件プロローグの表現
上の本質的な特徴を直接感得することはできないから、本件プロローグ
に係る同一性保持権を侵害するものではない。

3　氏名表示権の侵害の成否

　このように、本件ナレーションは、本件プロローグとは別個の著作物

であるから、原告の氏名が表示されなかったとしても、氏名表示権の侵害とはいえない。

4　結論

　以上によれば、本件番組の製作及び放送は、原告の本件著作物についての翻案権及び公衆送信権並びに同一性保持権及び氏名表示権を侵害するものとはいえないから、原告の本件差止め及び損害賠償請求は、いずれも棄却されるべきである。

附属書類

訴訟委任状　　　　　　　　　2通
乙第1ないし5号証　　　　　各1通

注①　仮に、被告が被告の行為態様について、原告の主張を否認する場合には、自己の行為の具体的態様を明らかにする必要がある（著作権法114条の2）。

注②　被告の主張は、第1回準備書面に記載されることも多いが、できるだけ早い時期に争点を明確にするのが望ましい。

5　訴訟提起前の手続等

⑴　証拠保全

　あらかじめ証拠調べをしておかなければその証拠を使用することが困難となる事情があるときは、証拠保全が可能である（民事訴訟法234条）。例えば、プログラムの著作物の侵害訴訟等において、その違法複製が企業内で行われ、プログラムの複製物を削除して証拠を隠滅することが容易にできることから、訴訟提起に先立ち、証拠保全を行って、その証拠を確保することが有用である。また、著作権者がその複製数量を立証する証拠を確保するためにも、有用な場合がある。訴え提起前にこのような証拠保全を申請すべき管轄裁判所は、文書の所持者の居所又は検証物の所在地等を管轄する地方裁判所又は簡易裁判所である（同法235条2項）。

I　訴訟手続の概要　■　**29**

⑵　仮処分の申立て

　著作権に関する仮処分は、法的評価を含む重要な事案についても多く行われているが、その詳細は、第 1 章 Ⅱを参照されたい。

⑶　訴訟費用担保

　なお、被告側の立場でも、原告が日本国内に住所、事務所及び営業所を有しない場合には、訴訟費用の担保を立てるべきことを申し立てることができ、原告が担保を提供するまで応訴を拒むことができる（民事訴訟法75条）。ただし、民事訴訟手続に関する条約の締約国（同条約32条 1 項の留保をしているときは除外）の国民である場合や、日米友好通商航海条約により内国民待遇及び最恵国待遇を与えられている場合は、立担保の必要はない。

II
〔 判決と和解、仮処分 〕

1　侵害訴訟の判決

(1)　判決の効力

ア　既判力

　著作権侵害訴訟の確定判決には、既判力が認められる。既判力（民事訴訟法114条）とは、訴訟物に関する確定した終局判決の内容である判断の通用力あるいは拘束力をいうものと解されており、両当事者が終局判決中の訴訟物に関する判断を争うことは許されず、他の裁判所もその判断に拘束されなければならない[3]。

　差止請求訴訟の訴訟物は、例えば「原告の著作物Aに係る著作権に基づく、被告の被告書籍の出版行為の差止請求権」であり、損害賠償請求訴訟の訴訟物は、例えば「被告の令和○年○月から△年△月までの被告書籍の出版行為による、原告の著作物Aに係る著作権の侵害に基づく損害賠償請求権」である。よって、判決が確定すると、その判断は、既判力によって、以後、当事者間の法律関係を律する基準となり、後訴で同一事項が問題となった場合には、当事者はこれと矛盾する主張をすることができないし、裁判所も矛盾する判断をすることができなくなる。

　既判力の客観的範囲を明確に画するためにも、侵害の対象となる作品等の特定が重要である。詳細は、第3章IIを参照されたい。

イ　執行力

(ア)　著作権等が侵害され又は侵害のおそれがあると認定して差止請求や

3　伊藤眞『民事訴訟法〔第6版〕』534頁

損害賠償請求を認容した確定判決には、執行力がある。執行力とは、給付判決等において掲げられる給付義務の実現を執行機関に対して求める地位の付与を意味する（民事執行法22条）[4]。

　(イ)　差止請求が認容される場合、判決主文において、被告に対し特定の行為の禁止が命じられる。判決主文で差止めを命じられた特定の内容の行為について、判決の既判力及び執行力が生じる。差止めを認める判決は、被告に対象とされた行為をしてはならないという不作為義務を課する判決である。不作為義務の執行は、間接強制（民事執行法172条）による。間接強制決定をするには、債務者がその不作為義務に違反するおそれがあることを立証すれば足り、債務者が現にその不作為義務に違反していることを立証する必要はない（最二小決平成17・12・9民集59巻10号2889頁）。不作為義務に違反して侵害行為がされた場合には、代替執行の方法による違反行為の結果の除去と適当な処分による方法により、執行される（民法414条2項、3項、民事執行法171条、172条）。

　このように、判決主文は、強制執行の対象の範囲確定を判断する上で重要な役割を果たすところから、債務名義において不作為命令の対象はどの程度特定されていなければならないか、執行対象の特定として十分か否かの観点から問題とされる。したがって、執行機関が強制執行をするときの明白性が要求され、その判断資料として必要かつ十分な事項を記載すべきである。そして、判決主文においては、差止命令の内容（行為の態様及び対象）を具体的に表現する必要があり、その表現は、一義的、客観的、明確な用語でなければならない。

　(ウ)　廃棄請求を認める判決については、不作為義務の義務違反があった場合の結果の除去と同様、代替執行による（民法414条3項、民事執行法171条）。代替執行は、債権者が執行裁判所に対し、債務者の費用で、債務者がした行為の結果たる侵害物の除去をすることを第三者に実施させること

4　伊藤眞『民事訴訟法〔第6版〕』602頁

を債権者に授権する授権決定の申立てをすることによって行う。執行レベルでは特に廃棄の対象が客観的に識別できるように特定することが必要である。侵害を構成した製品のみならず、その「半製品」の廃棄を請求する事案が見られるが、単に「半製品」といっても、どのようなものを指すのか明らかでない。仮にそのような請求をするのであれば、定義をしておく必要があると思われる。

　㈓　損害賠償請求を認容する判決は、金銭の支払を目的とする債権についての強制執行（民事執行法第2章第2節）の対象となる。

⑵　**中間判決**

ア　中間判決の意義

　裁判所は、独立した攻撃防御方法その他中間の争いや、請求の原因及び数額について争いがある場合におけるその原因について、裁判をするのに熟したときは、中間判決をすることができる（民事訴訟法245条）。

　知的財産権訴訟においては、侵害論と損害論とを峻別して審理されることからも、中間判決の例が散見されるが、著作権侵害訴訟においては、例えば著作権侵害に当たるといえるか否か、原告作品が著作物といえるか否かといった点について、中間判決をした例がある（東京地判平成15・1・29判時1810号29頁〔ファイルローグ事件〕、東京地判平成13・5・25判時1774号132頁〔車両データベース事件〕、東京地判平成14・2・21最高裁HP（平成12年㈠第9426号）〔オフィスキャスター事件〕）。

イ　中間判決の主文

　東京地判平成15・1・29判時1810号29頁〔ファイルローグ事件〕は、ピアツーピア方式による電子ファイル交換サービスの提供者に対するファイルの送受信の差止め等を請求する事案について、中間判決において、「被告が運営する『ファイルローグ』という名称の電子ファイル交換サービスにおいて、同サービスの利用者が、原告の許諾なく、○○の音楽著作物をMP3 形式で複製した電子ファイルを利用者のパソコンの共有フォルダ内

に蔵置した状態で、同パソコンを同被告の設置に係るサーバに接続させる行為は、上記著作物についての原告の有する著作権を侵害する行為に当たり、同被告が著作権侵害の主体であると認められる。」との主文を言い渡した。

ウ　中間判決のメリット

例えば被告の行為が著作権侵害に当たるという中間判決をした場合は、受訴裁判所は中間判決の主文に拘束されるから、被告において侵害論を蒸し返す主張が無意味となるため、損害論の主張立証に集中することができ、訴訟の遅延を防ぐことができる。

また、中間判決後、侵害論の蒸し返しを防ぎつつ、和解勧告をすることにより、当事者の交渉を促進する機能もある。

さらに、損害論の審理の途中で合議体の変更があった場合にも、中間判決がされていれば、その判断を承継することができる。

エ　中間判決の留意点

中間判決によって、かえって当事者（特に不利益な判断を受けた当事者）が態度を硬化させる場合もあり、硬直的な手続となってその後の審理に弊害を与える場合もあるとの指摘がある[5]。したがって、当事者や事案の特性を十分に把握した上で、中間判決をすべきであろう。

2　著作権訴訟における和解

(1)　和解による解決

訴訟上の和解とは、訴訟係属中に、当事者双方が、権利又は法律関係についての互いの主張を譲歩し、それに関する一定内容の実体法上の合意と、訴訟終了についての訴訟法上の合意を行うことをいう。

5　日本弁護士連合会知的財産制度委員会「知的財産権訴訟の最近の実務の動向(5)―東京地裁知的財産権部との意見交換会（平成16年度）」判タ1179号67頁

民事訴訟は、一般に和解により解決が可能であるが、その中では、例え
ば、人格的要素が強く当事者間に感情的な対立が激しい場合には、和解は
困難な場合が多い。著作権侵害訴訟の中には、当事者がその経済性を度外
視し、裁判所によって権利や法律関係の存否を公権的に確定されることを
目的とする事件類型が存在する。著作者人格権を主張する事案に多い人格
訴訟では、自己の著作物への愛着といった感情も入ってくることが多く、
当事者が経済的合理性を追求するのではなく、いわば筋を通すところか
ら、和解が困難な事案も多々ある。

　他方、全ての著作権訴訟において和解が困難というわけではなく、例え
ば、プログラムに関する侵害訴訟のように、会社同士の、ビジネスとして
の特許紛争に近い場合には、当事者が、合理的な解決を志向して、長期間
の訴訟状態の継続よりも迅速な解決を望むこともあり、一定程度和解が成
立する可能性のある訴訟類型もある。

　和解内容は、通常公開されることは少ないが、従前、いくつかの和解内
容が公開されている[6]。

　和解は、判決になれば敗訴するリスクの高い当事者にとって、よりメ
リットが大きいが、勝訴見込みの当事者にとっても、判決に比べてメリッ
トがある場合も多い。

(2)　著作権者側に有利な心証を得た場合

　ア　原告である著作権者が勝訴の心証を得た場合、敗訴判決によって、
差止めや損害賠償を命じられる被告側にとって、和解のメリットは大き
い。現に販売を行っている書籍やDVDの販売の禁止が命じられることに
より、ビジネスに大きな打撃を受けるだけではなく、当該商品について

6　例えば、岡邦俊「著作権侵害訴訟における和解」新裁判実務大系『著作権関係訴
　訟法』116頁、東京地裁平成9・1・22判時1595号134頁〔和解〕〔父よ母よ事件〕。最
　高裁昭和58年㈲第799号〔和解〕〔ヤギボールド事件〕における和解条項が、最一小判
　平成12・9・7民集54巻7号2481頁〔タイプフェイス事件〕の上告受理申立て理由書
　に記載されている。

は、消費者からも、侵害者という評価を受けることになりかねない。また、判決に比べ、和解であれば、損害賠償の額や支払方法において相手方の譲歩を引き出すことが可能であるし、著作権侵害を喧伝されないような約定を締結することも可能である。

イ　もっとも、勝訴判決を受ける側の原告著作権者の側に、感情面も含めて判決にこだわりがある場合もあるし、テストケース的な事案では同種の事案における一つのルール作りとして、判決による解決を望む場合もあり、このような場合には無理に和解を勧告することはできない。

他方、原告としても、侵害論終了後の損害論で時間を費やすこともあるから、和解により、迅速な解決に悖る事態を避けられる。また、第1審で侵害の心証を得られた場合であっても、上級審で結論自体が変わる可能性も否定できないところ、和解により、そのようなリスクを回避することができる。さらに、被告も納得した上で和解が成立することから、任意の履行が期待できる。なお、例えば、判決では、被告が既に売却済みの書店における在庫品の回収等を求めることは困難であるが（詳細は第3章Iを参照）、和解であれば、その取扱い等についても、きめ細かい約束を取り付けることが可能である。また、何らかの広告を行う場合にも、その文言等について、細かい合意をすることもできる。

ウ　著作権者側が有利な心証を得られた場合の和解条項としては、例えば、以下のような条項によることが考えられる。

和解条項

1　被告は、別紙目録1記載のDVD（以下「被告DVD」という。）を製作販売しない。
2　被告は、別紙目録2記載の販売先から、被告DVDを回収する。
3　被告は、令和2年12月28日限り、その本店及び工場（○○市△△町1番1号所在）に存する被告DVDを廃棄する。
4　被告は、原告に対し、本件和解金として、500万円の支払義務があることを認める。

5　被告は、原告に対し、前項の金員を、以下のとおり分割して、原告代理人甲野太郎名義の預金口座（○○銀行△△支店普通1234567）に振り込む方法により支払う。

　　　令和２年11月末日限り　金100万円
　　　令和２年12月末日限り　金100万円
　　　令和３年１月末日限り　金100万円
　　　令和３年２月末日限り　金100万円
　　　令和３年３月末日限り　金100万円

6　被告が、前項の金員の支払を２回以上続けて怠ったときは、当然に期限の利益を喪失し、第４項の金員から既払金を控除した残金に、期限の利益の喪失の日の翌日から支払済みまで年10％の割合による損害金を付加して支払う。

7　原告及び被告は、本件和解の成立の事実を除き、本件和解条項の内容を第三者に告知しない。法令上又は官公署への回答はこの限りではない。

8　原告は、その余の請求を放棄する。

9　原告と被告との間には、本件に関し、本和解条項に定めるもののほか、他に何らの債権債務のないことを相互に確認する。

10　訴訟費用は各自の負担とする。

（別紙）
　目録１
　　「ローマの休日」と題するDVD

　目録２
　　販売先一覧
　　　　○○市△△町１番５号　　　　□□株式会社△△店
　　　　○○市☆☆町２番３号　　　　□□株式会社☆☆店
　　　　……

注１　第１項は、別紙目録１のDVDについての製作販売禁止を約する不作為を内容とする給付条項である。
注２　第２項は、販売先からの回収をすることを約する作為を内容とする給付条項である。判決では、販売先からの回収の請求が認容されることは困難であるし、被告の所有や占有のない被告DVDの廃棄もできないが、和解であれば回

収をさせることも可能である。

注3　第3項は、別紙目録1のDVDの廃棄を約した作為を内容とする給付条項である。被告がこれに違反したときは、授権決定を得て代替執行を行う（民事執行法171条、民法414条3項）。

注4　第4項は、和解金の給付義務の確認条項である。

注5　第5項は、和解金の給付義務の給付条項である。

注6　第6項は、第5項の分割払を履行しなかった場合の期限の利益喪失条項である。

注7　第7項は、秘密条項であり、知的財産権訴訟の和解は、和解内容が今後の当事者の営業活動等に関わることも多く、和解の内容について、秘密条項を設けるケースもある。取引先との関係で和解条項の一部について秘密にすることを求める場合があるのに対し、上場企業の開示義務との関係で、公表しなければならない場合もある。もっとも、秘密条項とするか否か、どの範囲で秘密にするかについて最終段階で紛糾することがあるから、和解勧試の早期の時期に条件提示しておくことが望ましい。

注8　第8項は、差止請求及び損害賠償請求の一部につき、請求権を放棄したものである。

注9　第9項は、清算条項であり、和解成立の時点で、当事者間に和解条項に示す内容の権利義務以外の債権債務が存在しないことを確認し、法律関係を明瞭にするための条項である。

注10　第10項は、訴訟費用の負担条項である（民事訴訟法68条）。

⑶　著作権者側に不利な心証を得た場合

ア　このような場合には、和解が成立しにくいといわれることもあるが、人格的要素が特に強い事案は別として、必ずしもそうとはいえない。

原告である著作権者側に不利な心証のうち、例えば、原告の作品に創作性がないといった判断が予想される場合には、原告は、判決理由中でそのような理由を記載されるデメリットを回避するためにも、和解のメリットがある。また、著作権の侵害とはいえない場合であっても、原告において労力と時間をかけて作成した作品と酷似した別の作品を何ら労力をかけることなく作成したことについて、原告側の感情を和らげるためにも、解決金を支払う等の解決策もあり得よう。

イ　勝訴判決を受ける側の被告としても、差止めを求められている作品が将来にわたって自由に製作販売でき、損害賠償を支払わなくてもよいのであれば、和解するメリットはあるはずである。侵害訴訟で被告側として

訴訟が係属し続けることは、ビジネス上メリットがあるとはいえないし、控訴審・上告審と訴訟が続くことによって、訴訟費用がかさむ可能性もある。また、第1審の心証が被告側に有利であっても、控訴審で結論が逆転する場合もないとはいえないから、和解により早期に紛争を解決するメリットはあると思われる。

　ウ　著作権者側に不利な心証の場合の和解条項としては、例えば、以下のような条項によることが考えられる。

和解条項
1　被告は、別紙目録1記載の作品についての原告の著作権を尊重する。
2　原告は、被告が別紙目録2記載のDVDを製作販売することに異議を述べない。
3　原告は、その余の請求を放棄する。
4　原告と被告との間には、本件に関し、本和解条項に定めるもののほか、他に何らの債権債務のないことを相互に確認する。
5　訴訟費用は各自の負担とする。

（別紙）
　目録1　「北の波濤に唄う」と題する書籍

（別紙）
　目録2　被告著作の「ほっかいどうスペシャル」と題するDVD

---

(4)　訴訟上の和解の効力

　ア　訴訟終了効

　和解が成立し、調書に記載すると、確定判決と同一の効力があるから（民事訴訟法267条）、訴訟は終了する。

　イ　執　行　力

　訴訟上の和解の内容として、具体的な給付義務を定めた場合には、債務名義となり執行力を有する（民事執行法22条7号）。それゆえに和解の給付

義務の内容が執行機関により明確に判定される程度に特定されている必要
がある。

　ウ　既 判 力

　訴訟上の和解が既判力を有するか否かについての学説は、無制限肯定
説、制限的肯定説、否定説と分かれている。判例も、最大判昭和33・3・
5民集12巻3号381頁は既判力を肯定することを前提としているが、最一
小判昭和33・6・14民集12巻9号1492頁は、要素の錯誤により訴訟上の和
解が無効になることを認めている。

(5)　和解手続における留意点

　ア　著作権侵害訴訟における和解勧告の時期は、侵害論終了時に損害論
に入るか否かという場面で行われることが多いが、それ以前であったり、
あるいは、損害論の主張立証がされた場面で行われることもある。著作権
侵害訴訟では、裁判所が暫定的であるとしても心証を一定程度開示した上
で、和解を勧試するため、当事者は、裁判所の争点に対する判断内容等を
具体的に検討することができる。また、和解手続における公正さや透明性
を確保することができる。

　なお、裁判所が争点整理手続を経て侵害の心証を示した後に新たな抗弁
を主張することは、時機に後れた攻撃防御方法といわざるを得ない。

　イ　また、知的財産権訴訟においては、和解について裁判所が所見を述
べることがある。東京地裁平成9・1・22判時1595号134頁〔和解〕〔父よ
母よ事件〕においては、裁判所の和解勧告の理由及び当事者がこれを受け
入れ、本件訴訟を終了させることを合意したことを明記している。和解勧
告の理由として、具体的には、①文芸書及びルポルタージュ等の書籍の題
号に関して、同一題号の書籍の出版が、場合によっては著作者の人格的利
益の侵害となる場合があること、②原告の書籍の題号はシンプルではある
ものの、同書に登場する少年達の心の叫びでもあり、同書の内容を象徴す
るにふさわしい題号となっているが、題号そのものとしてみた場合に、高

40　■　第1章　訴訟手続

度の独創性があるものということはできず、これを特定の人にのみ独占さ
せる結果となることは、不正の目的が認められる等の特段の事情がない限
り表現の自由の観点から見て相当ではないこと、被告らにはその書籍の題
号を決定するに当たって、原告書籍を模倣する意図ないし不正の目的は存
在していなかったこと、③被告らの行為は、著作者の人格的な利益を侵害
する違法な行為であるということはできないが、本件の経緯に鑑みると、
被告書籍の装丁や宣伝広告においても、原告の書籍と同一の題号と誤解さ
れないように道義的に配慮することが望ましかったとも考えられ、原告が
本件訴訟を提起するに至ったことも理解し得ること、を述べている。その
結果、当事者間に、本和解によって本件訴訟が終了し、本件に関し原告と
被告両名との間には本和解条項に定めるほか何らの債権債務もないことを
相互に確認する旨の和解が成立したことは、参考に値しよう。

3 仮処分

(1) 差止めの仮処分

　著作権に基づく差止めの仮処分は、債権者に生ずる著しい損害又は急迫
の危険を避けるためこれを必要とするときに発することができる仮の地位
を定める仮処分命令である（民事保全法23条2項）。

　仮処分は、迅速な手続で行われ、仮処分命令は、告知により直ちに執行
が可能である（民事保全法7条、民事訴訟法119条）。しかも、仮処分の申立
ては、費用が低廉であり（2000円に債権者又は債務者の数の多い方の人数を
乗じた額）、申立人において一方的に取り下げることも可能である（民事保
全法18条）。その上、裁判所の判断を早期に求めることができる。このよ
うな理由から、著作権仮処分は、著作権紛争における迅速な解決手段とし
て、利用されてきた。

⑵ 仮処分が申し立てられる事案

ア　従来、一般社団法人日本音楽著作権協会（JASRAC）が、許諾を得ないでカラオケ装置を使用している飲食店等に対し、演奏の差止めを求めるといった事案に、仮処分が多く用いられてきた。そのような事案では、仮処分の審尋期日に、包括的許諾契約を締結するなどの内容の和解が成立することが多い。

イ　このほか、極めて重要な法律判断を要する事案にも、仮処分という手段が用いられてきたことは、著作権侵害訴訟において特に目立つ現象である（東京高決平成12・9・11最高裁HP（平成12年㈹第134号）〔国語テスト事件〕、東京地決平成14・4・11判時1780号25頁〔ファイルローグ事件〕、東京地決平成15・6・11判時1840号106頁〔ノグチ・ルーム事件〕、東京地決平成16・10・7判時1895号120頁〔録画ネット事件〕、東京地決平成18・8・4判時1945号95頁〔まねきTV事件〕、東京地決平成18・7・11判時1933号68頁〔ローマの休日事件〕、知財高決平成28・11・11判時2323号23頁〔著作権判例百選事件〕等）。これらの事件の中には、抗告審まで争うほか、後に本案訴訟が提起され、最高裁まで争われるケースもある。

⑶ 仮処分の手続

ア　仮処分命令の申立ては、本案の管轄裁判所が管轄する（民事保全法12条2項）。民事保全の管轄は専属管轄とされ（同法6条）、保全命令及び保全執行ともに、専属管轄であるために合意管轄や応訴管轄は生じない。したがって、著作権に基づく差止めの仮処分は、プログラムの著作物に関する場合は、東京地方裁判所又は大阪地方裁判所の管轄に専属する（民事訴訟法6条1項）。それ以外の著作物については、東京地方裁判所又は大阪地方裁判所も、競合管轄を有する（同法6条の2）。

債権者については著作権を共有している場合、債務者については出版社と著者の関係等、上流と下流の関係がある場合や共同不法行為の関係にあ

る場合等、特別の事情がある場合には、1通の申立てにおいて複数の債権者による又は複数の債務者に対する申立ても許容されてはいるが、一般にはできるだけ単一の当事者ごとに申立てをするのが望ましい。なお、各別の申立てをした場合であっても、関連事件は同一の裁判体で並行的に審理することが望ましい。

イ　著作権に基づく差止め仮処分の申立てがされると、原則として口頭弁論又は債務者が立ち会うことができる審尋の期日を経なければ発令することができない、必要的審尋事件として取り扱われる（民事保全法23条4項）。申立て後、1ないし3週間程度で第1回審尋期日が設けられ、本案訴訟より早いペースで審尋期日が指定される。特に、まもなく発行される書籍等の差止めや、まもなく上演されるコンサートにおける演奏差止め等、日程が迫っている場合には、申立て後数日で審尋期日が開かれることもあり得る。

仮処分の発令には、被保全権利の存在及び保全の必要性が要件となる（同法13条1項）。仮処分手続は、迅速性の観点から疎明で足り（同条2項）、疎明は、即時に取り調べることができる証拠によってしなければならない（民事訴訟法188条）。したがって、書類提出命令や呼出しが必要な証人尋問等を利用することはできない。なお、秘密保持命令（著作権法114条の6）は、仮処分においても、申し立てることができる（最三小決平成21・1・27民集63巻1号271頁〔液晶テレビ事件〕）。

もっとも、被保全権利の存在については、主張や疎明は本案訴訟と同程度のものが提出される。差止めの仮処分は、暫定的にせよ権利の終局的な実現をもたらす満足的仮処分であり、場合によっては企業生命に関わるものであるため、実務上は、本案訴訟と変わらない、高度の疎明を要件としている。

ウ　仮処分のほか、本案訴訟も提起されている場合には、同一の裁判体で仮処分の審尋期日と本案訴訟の弁論準備手続が並行して行われることも多い。侵害論の争点整理が完了した段階で、侵害の心証であれば和解勧告

Ⅱ　判決と和解、仮処分　■　43

を行い、和解が成立しなければ仮処分を発令した上で、本案訴訟は損害論に入るという進行がされる場合もある。非侵害の心証であれば、仮処分は取下げ勧告により取り下げられ、本案訴訟のみを判断することもある。

(4) 仮処分命令の発令

被保全権利及び保全の必要性の疎明があると認められる場合には、仮処分が発令される。仮処分命令の担保（民事保全法14条）は、仮処分により債務者に生じると予想される損害の額を基準に定められ、債権者に対してのみ担保を立てさせる決定の告知がされる（民事保全規則16条2項）。仮処分命令の主文は、本案訴訟における差止めを認容する判決と同様であり、しかも告知により直ちに執行が可能である（仮処分命令の送達から2週間以内に執行する必要がある。民事保全法43条2項）。

(5) 仮処分の裁判に対する不服申立て

ア　仮処分命令の申立てが却下された場合は、債権者は告知を受けた日から2週間の不変期間内に即時抗告をすることができる（民事保全法19条）。

イ　仮処分命令が発令された場合は、保全異議（同法26条）又は保全取消し（同法37条）を申し立てることができる。

保全異議は、保全命令を発した裁判所に対して申し立てるものである（同法26条）。なお、保全命令を発令した裁判官と保全異議事件を担当する裁判官が重複することは法律上禁じられていない。

保全取消しは、起訴命令に対し本案訴訟を提起しない場合（同法37条）、事情変更の場合（同法38条）、特別の事情がある場合（同法39条）に、債務者の申立てにより保全命令を取り消す制度である。本案訴訟において原告敗訴の判決が確定した場合は、事情変更により取り消される。

(6) 仮処分の留意点

ア　債権者は、迅速な差止めを実現する仮処分の手続と、損害賠償をも

44 ■ 第1章　訴訟手続

請求できる本案訴訟と、いずれを選択するのかあるいは双方を選択するのか、緊急性、審理に要する期間、証拠の制限、和解の可能性その他を総合考慮して、選択すべきである。なお、全く同一の主張立証になるのであれば、並行申立てをする必要性は乏しく、裁判所の心証開示を待って侵害との心証が得られた場合に仮処分を申し立てるという方法も検討されてよいと思われる。

申立ての趣旨は、仮に発令される場合には、本案判決と同様執行力を有するものであるから、執行可能性のある、明確なものにすべきである。そもそも過剰な申立てであった例もある（知財高決平成22・5・26判時2108号65頁）。

また、被保全権利は何かを明確に主張しておく必要があり、発令には保全の必要性も要件となることは、一般の仮処分と同様である。

イ　債務者の側にも、迅速な対応が求められており、企業が他人の権利を侵害する可能性のある商品を製造販売するに当たっては、自己の行為の正当性について、あらかじめ法的な観点からの検討を行い、仮に法的紛争に至った場合には正当性を示す根拠や資料を速やかに提示することができるよう準備すべきであるとされた例もある（東京地決平成11・9・20判時1696号76頁〔iMac事件〕）。

第2章

当事者と保護対象

I
〔 著作権侵害訴訟の原告 〕

1　原告となるべき者

　著作権侵害訴訟の原告となるのは、著作者、著作権者、出版権者、実演家、著作隣接権者である（著作権法112条等）。

　なお、同法116条による請求は、著作者又は実演家の遺族が原告となる。

2　著　作　者

(1)　著作者の意義

　著作者とは、著作物を創作する者をいう（著作権法2条1項2号）。

　著作物の原作品に、又は著作物の公衆への提供若しくは提示の際に、実名（氏名若しくは名称）又は変名（雅号、筆名、略称その他実名に代えて用いられるもの）として周知のものが著作者名として通常の方法により表示されている者は、その著作物の著作者と推定される（同法14条）。同条は、推定規定であり、これを覆滅する事情の主張立証により、著作者として表示されている者以外の者が著作者と認定されることがある（知財高決平成28・11・11判時2323号23頁〔著作権判例百選事件〕）。

　職務著作については同法15条、映画の著作物については同法16条に規定がある。

(2)　著作者の認定

　ア　意　　義

「著作物を創作する者」の具体的意味を確定することは、これにより、

48　■　第2章　当事者と保護対象

著作権の帰属が明確になり、侵害訴訟の原告がだれかを確定する意味があるとともに、著作者の死後70年という保護期間の算定（著作権法51条2項）にも資する。

著作物の定義規定（同法2条1項1号）からこれを考えると、著作者というためには、自己の思想又は感情を創作的に表現したものといえる程度に、著作物の創作的表現に関与した者であることが必要である。すなわち、著作者は、表現の創作行為に実質的に関与していることが必要である。

他方、そのような創作的表現とはいえない部分に関与したにすぎない者は、著作者とはいえない。また、創作的表現行為を行う者に対してテーマやアイデアを与えたり抽象的に指示したり依頼を行ったにすぎない者、指揮監督下にあってその手足として作業に従事したり補助的作業を行ったにすぎない者も、著作者と評価することはできない。

最三小判平成5・3・30判時1461号3頁〔智恵子抄事件〕は、編集著作者は現実に詩の選択配列を確定した詩人であり、企画案ないし構想の域にとどまるにすぎない者は著作者とはいえないとして、収録候補の詩等の一部を集めたり詩集の編纂を進言するなどした者は著作者といえないと判断した。

イ　判断要素

一般論として上記のようにいえても、実際の事件で、著作者がだれかが争いになる場合に、これを認定することは必ずしも容易なことではない。著作者の認定に考慮される間接事実としては、創作行為を行ったと主張する者の技能や経験、語学能力、職業、作成経緯、創作の動機、著作者としての一貫した行動、許諾契約の存在、過去における権利主張の有無等である[1]。

1　島並良ほか『著作権法入門〔第2版〕』81頁

ウ　肯　定　例

　従前、著作者であることが肯定された事例として、他人から受けた客観的な事実関係を基礎としているものの、読者の興味を惹くような表現上の工夫をした者（東京地判平成15・10・22判タ1162号265頁〔転職情報ウェブサイト事件〕）、浮世絵特有の色使いやさまざまな技巧についての作業者の造詣を活用した者（東京高判平成14・12・10最高裁 HP（平成13年㈯第5284号）〔浮世絵春画一千年史事件〕）、企画書の作成から映画の完成に至るまでの全製作過程に関与し、具体的かつ詳細な指示をして最終決定をした者（東京地判平成14・3・25判時1789号141頁〔宇宙戦艦ヤマト事件〕）、質問に対する回答内容を自らの企画・方針等に応じて取捨選択し表現上の加除訂正を行って文章を作成した者（東京地判平成10・10・29判時1658号166頁〔SMAP事件〕）、写真の構図、カメラアングル、光量、シャッターチャンスを自らの判断で選択・調整した者（東京地判昭和61・6・20判タ637号209頁〔SM写真集事件〕）がある。

エ　否　定　例

　これに対し、著作者性が否定された事例として、スポンサー・テレビ局、広告代理店との交渉を担当したにすぎない者（東京地判平成15・1・20判時1823号146頁〔マクロス映画事件〕）、アイデアの提供や助言及び上演をする上で工夫をしたにすぎない者（東京地判平成14・8・28判時1816号135頁〔はだしのゲン事件〕、東京地判平成15・11・28判タ1162号252頁〔幼児用教育教材事件〕、東京地判平成16・3・19判時1867号112頁〔ミュージカル脚本事件〕）、資料集め、選曲、出版社への原稿の持ち込みをしたにすぎない者（東京地判平成7・11・24 D1-Law判例体系（平成4年㈠第12389号）〔韓国の心事件〕）、脚本の原案を提供したにすぎない者（東京地判昭和50・3・31判タ328号362頁〔私は貝になりたい事件〕）、インタビューを受けて素材を提供したにすぎない者（東京地判平成10・10・29判時1658号166頁〔SMAP事件〕）、企画案ないし構想を提供したにすぎない者（最三小判平成5・3・30判時1461号3頁〔智恵子抄事件〕）、写真のテーマの企画・カメラマン・モデル等

の選定依頼、撮影場所の確保、撮影に必要な小道具の準備を行ったにすぎない者（東京地判昭和61・6・20判タ637号209頁〔SM写真集事件〕）、取材旅行の企画や事前準備、出版社の選定及び連絡調整をしたにすぎない者（東京地判平成16・2・18判時1863号102頁〔男たちよ妻を殴って幸せですか事件〕）、素材の配列において創作性を有する編集著作物について、素材となる作品を収集し、出版社の担当者が作成した構成案について、分類項目の立て方、その配列、項目内における作品の配列の修正等について希望を述べたにすぎない者（知財高判平成28・1・27最高裁 HP（平成27年㈱第10022号）〔ツェッペリン飛行船と黙想事件〕）等がある。

　オ　著作者と創作性

　著作物の利用行為が複製・翻案に当たるとされるのが創作性のある表現の利用であることに鑑みると、創作性のある表現行為そのものに関与していない者を著作者ということはできないものと解される。そして、アイデアや、事実事件等が著作権法上保護されないことに照らすと（最一小判平成13・6・28民集55巻4号837頁〔江差追分事件〕）、アイデアの提供や素材の収集に当たった者は、著作者ということはできない。また、著作物が創作的な表現であることに照らしても、表現の創作に関与しない者も、著作者ということはできない。

　このように、著作者の認定は、同じく著作権法上の保護要件として共通の基盤を有する著作物性の認定に相通じるものがある[2]。

3　職務著作の場合

(1)　著作権法15条の立法趣旨

　著作権法15条1項は、職務著作に関し、法人等において、その業務に従事する者が指揮監督下における職務の遂行として法人等の発意に基づいて

2　上野達弘「著作者の認定」新裁判実務大系『著作権関係訴訟法』216頁

著作物を作成し、これが法人等の名義で公表されるという実態があることに鑑みて、同項所定の著作物の著作者を法人等とする旨を規定したものである（最二小判平成15・4・11裁判集民事209号469頁〔RGBアドベンチャー事件〕）。

同条は、著作行為をし得るのは、自然人であるとの前提に立ちつつ、著作権取引等の便宜を考慮し、法人等において、その業務に従事する者が指揮監督下における職務の遂行として法人等の発意に基づいて著作物を作成し、これが法人等の名義で公表されるという実態があることに鑑み、法人等を著作者と擬制し、所定の著作物の著作者を法人等とする旨規定したものである（知財高判平成18・12・26判時2019号92頁〔宇宙開発事業団事件〕）。

(2) 職務著作の要件

職務著作の要件は、以下の4要件である。

① 法人その他使用者（法人等）の発意に基づくこと
② 法人等の業務に従事する者が職務上作成したものであること
③ 法人等が自己の著作の名義の下に公表するものであること
④ 作成の時における契約、勤務規則その他に別段の定めがないこと

ア 法人の発意

第1の要件である「法人その他使用者（法人等）の発意に基づくこと」については、①法人等が著作物の作成を企画、構想し、業務に従事する者に具体的に作成を命じる場合、②業務に従事する者が法人等の承諾を得て著作物を作成する場合のほか、③法人等と業務に従事する者との間に雇用関係があり、法人等の業務計画に従って、業務に従事する者が所定の職務を遂行している場合には、法人等の具体的な指示あるいは承諾がなくとも、業務に従事する者の職務の遂行上、当該著作物の作成が予定又は予期される限り、「法人等の発意」の要件を満たすとされている（知財高判平成18・12・26判時2019号92頁〔宇宙開発事業団事件〕、知財高判平成22・8・4判タ1344号226頁〔北見工大事件〕）。

また、著作物の作成の意思が直接又は間接に使用者の判断にかかっていればよいので、法人の発意は明示的なものである必要はなく、黙示のものでもよい。もっとも、明示の発意ではなく黙示の場合は、訴訟において争われることが多いから、原告側で早期にその間接事実の主張立証をすべきである。

　さらに、法人の具体的な命令又は承諾がない場合でも、著作物作成に至る経緯、業務従事者の職務、作成された著作物の内容や性質、両者の関連性の程度等を総合考慮して、従業者が職務を遂行するために著作物を作成することが必要であることを想定していたか、想定し得たときは、発意の要件を満たすとされている[3]。

　法人の設立日がゲームの開発作業が始められた時期より後であったとしても、既に法人の定款が作成され、開発者も、当初から、後に法人が設立され、法人において上記開発が行われることを当然に認識していた場合においては、法人の形式的な設立時期にかかわらず、実質的には、発意が認められる（東京地判平成28・2・25判時2314号118頁〔神獄のヴァルハラゲート事件〕）。

イ　法人の業務に従事する者

　第2の要件は、「法人等の業務に従事する者が職務上作成したものであること」である。

㈠　業務従事性

　法人等と雇用関係にある者が「法人等の業務に従事する者」に当たることは明らかであるが、雇用関係の存否が争われる場合もある。この場合には、同項の「法人等の業務に従事する者」に当たるか否かは、法人等と著作物を作成した者との関係を実質的にみたときに、法人等の指揮監督下において労務を提供するという実態にあり、法人等がその者に対して支払う金銭が労務提供の対価であると評価できるかどうかを、業務態様、指揮監

3　一場康宏「職務著作をめぐる問題点」『理論と実務4』108頁

督の有無、対価の額及び支払方法等に関する具体的事情を総合的に考慮して、判断すべきである（最二小判平成15・4・11裁判集民事209号469頁〔RGBアドベンチャー事件〕）。業務態様、指揮監督の有無、対価の額及び支払方法等に関する具体的事情を総合的に考慮して、映画製作会社としてレコード会社との対等な契約関係を前提として、映画の撮影を行った者が著作権法15条1項の「業務に従事する者」には該当しないとされた例もある（東京地判平成17・3・15判時1894号110頁〔グッバイキャロル事件〕）。

　ここでの業務従事者か否かの判断においては、労働組合法上の労働者に当たると判断された最三小判平成23・4・12判時2117号139頁〔INAXメンテナンス事件〕の判断手法も、参考になろう。すなわち、同判決は、住宅設備機器の修理補修等を業とする会社と業務委託契約を締結してその修理補修等の業務に従事する受託者が、①上記会社が行う住宅設備機器の修理補修等の業務の大部分は、能力、実績、経験等を基準に級を毎年定める制度等の下で管理され全国の担当地域に配置された上記受託者によって担われており、その業務日及び休日も上記会社が指定していたこと、②業務委託契約の内容は上記会社が定めており、上記会社による個別の修理補修等の依頼の内容を上記受託者の側で変更する余地はなかったこと、③上記受託者の報酬は、上記会社による個別の業務委託に応じて修理補修等を行った場合に、上記会社があらかじめ決定した顧客等に対する請求金額に上記会社が当該受託者につき決定した級ごとの一定率を乗じ、これに時間外手当等に相当する金額を加算する方法で支払われていたこと、④上記受託者は、上記会社から修理補修等の依頼を受けた業務を直ちに遂行するものとされ、承諾拒否をする割合は僅少であり、業務委託契約の存続期間は1年間で上記会社に異議があれば更新されないものとされていたこと、⑤上記受託者は、上記会社が指定した担当地域内においてその依頼に係る顧客先で修理補修等の業務を行い、原則として業務日の午前8時半から午後7時まで上記会社から発注連絡を受け、業務の際に上記会社の制服を着用してその名刺を携行し、業務終了時に報告書を上記会社に送付するものとさ

れ、作業手順等が記載された各種マニュアルに基づく業務の遂行を求められていたことなどの事実関係の下では、上記会社との関係において労働組合法上の労働者に当たると判断したものである。

（イ）　職務上作成する著作物

また、「職務上作成する著作物」の要件については、業務に従事する者に直接命令されたもののほかに、業務に従事する者の職務上、著作物を作成することが予定又は予期される行為も含まれる（知財高判平成18・12・26判時2019号92頁〔宇宙開発事業団事件〕、知財高判平成22・8・4判タ1344号226頁〔北見工大事件〕）。「職務上作成する著作物」に該当するか否かは、法人等の業務の内容、著作物を作成する者が従事する業務の種類や内容、著作物の種類や内容、著作物作成が行われた時間と場所等を総合して判断すべきであろう。

ウ　公表名義

第3の要件である「法人等が自己の著作の名義の下に公表するものであること」については、職務著作は、法人等が著作者となり著作者人格権を有することになるから、法人等がその名を著作者として表示するものについて職務著作を認める趣旨のものである。

その根拠としては、法人等の名義で公表することにより、法人等がその著作物についての社会的責任を負い、法人としての社会的信頼を得ることができるという考え方と、著作権法15条が異例の規定であるために、職務上作成されたという要件を更に加重する趣旨のものであるという考え方がある[4]。

名義の認定については、表示されている場所、体裁やその著作物の性質等から、総合的に判断すべきである。著作物に著作名義を付して公表されている場合には、その名義がだれの名義であるかを、公表された著作物の体裁等から判断することになる。

4　中山信弘『著作権法〔第2版〕』213頁

「法人等が自己の著作の名義の下に公表するもの」とは、その文言からして、結果として「法人等の名義で公表されたもの」ではなく、創作の時点において「法人等の名義で公表することが予定されていたもの」と解釈すべきであり、公表時ではなく、創作時に判断されるべき要素である（大阪地判平成24・2・16判タ1366号68頁〔日本漢字能力検定対策用問題集事件〕)[5]。よって、結果的にだれの名義で公表されたかは、予定されていた者を推認させる間接事実ということができる。

著作物に著作名義を付して公表されていない場合には、法人等の著作の名義で公表することが予定されていたか否か、公表を予定していない著作物であっても、仮に公表するとすれば法人等の名義で公表される性質のものか否かが問題となる。公表されるとすれば、法人等の名義で公表されるべきものも、第3要件を充たすとされている（知財高判平成18・12・26判時2019号92頁〔宇宙開発事業団事件〕、東京高判昭和60・12・4判時1190号143頁〔新潟鉄工事件〕)。

なお、公表された著作物に法人等と従業者の名義がともに表示されている場合に職務著作を否定する見解もあるが[6]、内部分担責任を明らかにしたものか、対外的な著作者を表示したものかを判断した上で、法人が著作者として表示されているか否かを決する見解が有力である[7]。

具体的には、当該著作物の性質や書籍全体の体裁などから、単に内部分担責任を明らかにしたものか、対外的な著作者を表示したものかを判断することになろう。

エ　別段の定め

第4の要件として「作成の時における契約、勤務規則その他に別段の定

5　田村善之『著作権法概説〔第2版〕』382頁、中山信弘『著作権法〔第2版〕』215頁、桑野雄一郎「著作名義(2)」著作権判例百選〔第6版〕215頁

6　金井重彦ほか編著『コンメンタール（上)』263頁〔小畑明彦〕、田村善之『著作権法概説〔第2版〕』385頁

7　加戸守行『著作権法逐条講義〔六訂新版〕』148頁、茶園成樹「新聞記事の要約」裁判実務大系『知的財産関係訴訟法』177頁、森義之「職務著作」新裁判実務大系『著作権関係訴訟法』237頁

めがないこと」の要件がある。

4 映画の著作物の場合

(1) 映画の著作者

映画の著作物において著作権の帰属が争われる事案については、まず、創作行為を行った者を確定することが必要である。

著作権法16条によれば、映画の著作物において翻案され、又は複製された小説、脚本、音楽その他の著作物の著作者を除き、「制作、監督、演出、撮影、美術等を担当してその映画の著作物の全体的形成に創作的に寄与した者」が著作者である。制作、監督、演出、撮影、美術等を担当してその映画の著作物の全体的形成に創作的に寄与した者は、モダン・オーサーといわれる。

「制作」とは映画のプロデューサーの行為をいい、「監督」とは劇場用映画における映画監督の行為をいい、「演出」とはテレビ映画におけるディレクターの行為をいい、「撮影」とは撮影監督の行為をいい、「美術」とは美術監督や特殊撮影監督の行為を念頭に置いたものであると説明されている[8]。

「全体的形成に創作的に寄与した」とは一貫したイメージをもって映画制作の全体に参加していることとされており、劇場用映画における映画監督の行為がこれに当たることは異論がないが、撮影監督や美術監督として撮影や美術の面で全体的形成に創作的に寄与した者も、総監督とともに共同著作者になり得ると解される[9]。プロデューサーについては、映画の制作過程への関与の内容が異なるため、映画の著作者と認めた裁判例（東京地判平成14・3・25判時1789号141頁〔宇宙戦艦ヤマト事件〕）もあれば、否定した裁判例（東京地判平成15・1・20判時1823号146頁〔マクロス映画事件〕）

8 　加戸守行『著作権法逐条講義〔六訂新版〕』152頁
9 　金井重彦ほか編著『コンメンタール（上）』272頁〔小倉秀夫〕

もある。

　なお、旧著作権法の下における映画の著作物の著作者については、その全体的形成に創作的に寄与した者がだれであるかを基準として判断すべきであって、映画の著作物であるという一事をもって、その著作者が映画製作者のみであると解するのは相当ではない。そして、旧著作権法の下において、実際に創作活動をした自然人ではなく、団体が著作者となる場合があり得るとしても、映画の著作物につき、同法6条によって、著作者として表示された映画製作会社がその著作者となることが帰結されるものでもないとされている（最一小判平成21・10・8判タ1314号127頁〔チャップリン映画事件〕）。

(2)　著作権者

　このようにして、映画の著作物の著作者（創作行為を行った者）が確定すると、①職務著作（著作権法15条）の規定に基づき、又は②映画の著作物の法定譲渡（同法29条）の規定に基づき、著作権を有する者が決定される。

(3)　職務著作の場合

　映画製作会社が職務著作の規定（著作権法15条）により映画の著作物の著作者となる場合には、著作者の要件（同法16条）及び著作権の法定譲渡（同法29条1項）の適用はない。職務著作の要件については、前記と同様である。

　映画の著作物の著作者とされるべき監督等の氏名が表示されている場合、監督は映画の全体的形成に寄与している者であるから、著作名義の表示が監督個人であると解する余地があり、その場合は、職務著作が成立する余地はない。

⑷　法定譲渡の場合

ア　法定譲渡の要件

　著作権法29条は、映画の著作物の著作権は、著作者が映画製作者に対し当該映画の著作物の製作に参加することを約束しているときは、当該映画製作者に帰属する旨規定する。同条の趣旨は、主として劇場用映画における映画会社やプロダクションを念頭に置いた上で、従来から映画の著作物の利用については映画製作者と著作者の契約によって映画製作者が著作権の行使を行うとされる実態があったこと、また、映画の著作物は映画製作者が巨額の製作費を投入し企業活動として製作公表するという特殊な性格の著作物であること、さらに、映画には著作者の地位に立ち得る多数の関与者が存在し、その全員に著作権行使を認めると映画の円滑な市場流通を阻害することになること等を考慮したものである（東京高判平成15・9・25最高裁HP（平成15年㈱第1107号）〔マクロス映画事件〕）。

　映画製作会社が著作権法29条の映画の著作物の法定譲渡の規定に基づき、映画の著作物の著作権を取得したというためには、

① 　映画製作者（映画の著作物の製作に発意と責任を有する者）であること
② 　映画の著作者が映画の製作に参加約束をしていること
③ 　著作権法15条1項、29条2項又は3項の適用を受けないこと

が必要である。

イ　映画製作者

　上記ア①のうち、「映画製作者」とは、映画の著作物の製作に発意と責任を有する者（著作権法2条1項10号）であり、映画の著作物を製作する意思を有し、同著作物の製作に関する法律上の権利義務が帰属する主体であって、そのことの反映として同著作物の製作に関する経済的な収入・支出の主体ともなる者をいう（東京地判平成17・3・15判時1894号110頁〔グッバイキャロル事件〕）。同事件では、映画の企画段階から完成に至るまでの全製作過程に関与し、その監督を務め、撮影機材等の手配をし、作品の内

容を決定し、撮影、編集作業の全ての指示を自ら行った者が映画製作者であるとされた。

学説上も、映画製作者は、法律上の権利義務が帰属する主体であって経済的な収入・支出の主体になる[10]とか、自己の計算で映画の製作を遂行する主体と認められる者[11]と説明されている。また、自己の危険と責任において映画を製作する者を指すとして、映画の製作のための活動を実施する際に締結された契約により生じた、法律上の権利義務の主体がだれかを基準として判断した裁判例もある（東京地判平成15・4・23最高裁HP（平成13年(ワ)第13484号）〔角川映画事件〕）。

このように、映画の製作それ自体に関する権利義務、映画の製作のために生じた権利義務の主体はだれかという基準で映画製作者が判断され、経済的な負担を負うことは権利義務の主体となることの反映である[12]。

ウ　参加約束

上記ア②の参加約束の要件については、著作者が映画製作に参加する段階で映画の利用による経済的利益を確保できるようにするために設けられた要件である。したがって、上記参加約束の要件は、著作者が映画製作に参加することとなった段階で、映画製作者に対し、映画製作への参加意思を表示し、映画製作者がこれを承認したことを意味し、かつ、これで足りるものと解される（東京地判平成28・2・25判時2314号118頁〔神獄のヴァルハラゲート事件〕）[13]。このような参加意思を表明していれば、著作者には映画の著作権が映画製作者に帰属することを前提に、業務委託契約等により、経済的利益を確保する機会が存在したとみてよいからである。

10　加戸守行『著作権法逐条講義〔六訂新版〕』43頁
11　田村善之『著作権法概説〔第2版〕』392頁
12　榎戸道也「映画の著作物」新裁判実務大系『著作権関係訴訟法』247頁
13　榎戸道也「映画の著作物」新裁判実務大系『著作権関係訴訟法』260頁

5 編集著作物の場合

　編集著作物の創作性については、他の著作物の場合と同様に理解される。したがって、素材の選択配列に創作性のある編集物について選択及び配列を行った者が編集著作物の著作者に当たることは当然である。また、共同編集著作物の著作者の認定が問題となる場合、編集方針を決定することは、素材の選択、配列を行うことと密接不可分の関係にあって素材の選択、配列の創作性に寄与するものということができるから、編集方針を決定した者も、当該編集著作物の著作者となり得る。

　他方、編集に関するそれ以外の行為として、編集方針や素材の選択、配列について相談を受け、意見を述べることや、他人の行った編集方針の決定、素材の選択、配列を消極的に容認することは、いずれも直接創作に携わる行為とはいい難いことから、これらの行為をしたにとどまる者は当該編集著作物の著作者とはなり得ない（知財高決平成28・11・11判時2323号23頁〔著作権判例百選事件〕）。

　同決定は、創作性のあるもの、ないものを問わず複数の者によるさまざまな関与の下で共同編集著作物が作成された場合に、ある者の行為につき著作者となり得る程度の創作性を認めることができるか否かは、当該行為の具体的内容を踏まえ、当該行為者の当該著作物作成過程における地位、権限、当該行為のされた時期、状況等に鑑みて理解、把握される当該行為の当該著作物作成過程における意味ないし位置付けをも考慮して判断されるべきとする。

6 共同著作の場合

(1) 共同著作物の要件

　2人以上の者が共同して創作した著作物であって、その各人の寄与を分

I　著作権侵害訴訟の原告　**61**

離して個別的に利用することができない著作物を共同著作物（著作権法2条1項12号）という。すなわち、共同著作物の要件は以下の2点である。

① 2人以上の者が共同して創作した著作物であること

② その各人の寄与を分離して個別的に利用することができないこと

そして、上記①の「2人以上の者が共同して創作した」というためには、客観的側面として、各著作者が共同して創作行為を行うこと、主観的側面として、各著作者間に共同して1つの著作物を創作するという共同意思が必要である。したがって、複数の者が、共同意思をもって、いずれも創作と評価されるに足りる程度の精神活動を行うことが必要である。

(2) 共同創作

ア 共同創作の客観的側面

共同創作の客観的側面（各著作者が共同して創作行為を行うこと）については、2人以上の者がいずれも創作と評価されるに足りる程度の精神活動を、共同して行うことが必要である。ここでは、2人以上の者の「創作的関与」と「共同性」が問題となる。

(ア) 創作的関与

まず、共同著作における創作的関与は、通常の場合の著作者の認定より緩やかな基準により、事実行為としての創作行為を行っていない場合であっても、共同著作者と認める見解がある[14]。

論拠として、①共同著作物において、完成された著作物から個々人の寄与の程度を判断することは不可能であること、②表現行為に関与していれば、そこでの創作性の程度は問わないのが原則であること、③著作権法2条1項12号の「2人以上の者」には、事実行為としての創作行為を行っていない法人も含むとされていること、が挙げられる。

---

14 柳沢眞実子「インタビュー記事」『著作権判例百選〔第3版〕』99頁、中村稔「原案の提供」同93頁、小泉直樹「共同研究と共有著作」『著作権判例百選〔第2版〕』119頁

しかし、①著作者の認定は、著作物の創作過程を検証する方法により行われているのであり、寄与の程度を完成された著作物から判断すること自体不可能であること、②創作性の程度は問わないとしてもその存在自体は必要であるから、事実行為としての創作行為を行っていない場合にもなお共同著作者になり得るとする根拠にはならないこと、③法人について職務著作が成立する場合を念頭に置いた著作権法2条1項12号の解釈をもって、事実行為としての創作行為を行っていない場合に共同著作者と認める根拠とはし難いこと、④一般の著作者の認定において著作者としての保護を与えられない程度の関与しかしていない者に、共同著作物に関する他の要件を満たす場合に限り、保護を享受し、保護期間の算定においても影響を与えて（著作権法51条2項）、第三者の利用を阻害することは、著作権法が予定していなかったものと解されること、以上に照らすと、共同著作における著作者の認定にも、一般的な著作者の認定と同一の基準が適用され、事実行為としての創作行為を行ったことが必要である[15]と解すべきであろう。

　(イ)　共　同　性

　共同著作物であるためには、2人以上の者による創作行為が「共同」して行われたことが必要である。

　各人の創作行為は、その関与が同時に行われる場合のみならず、関与の時点が異なっていても、創作行為が共同して行われる場合も含まれると解されている。共同著作物というためには、著作者と目される2人以上の者の各人につき創作的関与が認められることが必要であるから、原告が複数の関係者に対して、個々人の文章や手紙又は電話による質問をもとに、異なる時点、異なる場所でされた回答等をあたかも同一の場所で座談会を開いたかのような体裁の文章に仕上げたものについて、同原告の創作的関与がされたものとして共同著作物の著作者の権利を有するとされた裁判例も

15　上野達弘「共同著作の要件論」『理論と実務4』91頁、三村量一「共同著作物」新裁判実務大系『著作権関係訴訟法』266頁、斉藤博『著作権法〔第3版〕』111頁

ある（東京地判平成17・7・1判時1910号137頁〔京城小学校文集事件〕。ただし、侵害に当たらないとされた。）。

イ　共同創作の主観的側面

共同創作の主観的側面（共同意思）については、客観的にみて相手方の意思に反しないという程度の関係があれば足りるとする見解[16]もあるが、各著作者間に共同して1つの著作物を創作するという共同意思が必要であるとするのが多数である[17]。

共同著作物の権利行使について相互に制約を受ける関係を生じさせるためには、単に客観的にみて相手方の意思に反しないという程度の関係があるのでは足りず、各著作者間に共同して1つの著作物を創作するという共同意思を有していることが必要と解するのが相当であろう。上記のような共同意思があるとはいえない場合は、二次的著作物となるものと解される。

(3)　個別利用可能性の欠如

前記(1)②の「各人の寄与を分離して個別的に利用することができない」という要件は、逆にいえば、複数の者の創作に係る著作物であっても、各人の寄与を分離して個別的に利用することができるものであれば、共同著作物にはならない。歌詞と楽曲のように、各人の寄与を分離して個別的に利用することが可能であって、外形上一体的に利用されるものは、講学上「結合著作物」と呼ばれている。結合著作物の場合は、共同著作物の場合（著作権法64条、65条）と異なり、処分や利用について制限を受けることはない。

共同著作物の権利行使の制約（同法64条、65条）や保護期間の特例（同

16　半田正夫『著作権法概説〔第16版〕』59頁
17　古城春実「共同著作」裁判実務大系『知的財産関係訴訟法』246頁、三村量一「共同著作物」新裁判実務大系『著作権関係訴訟法』267頁、中山信弘『著作権法〔第2版〕』197頁、田村善之『著作権法概説〔第2版〕』371頁、高林龍『標準著作権法〔第3版〕』108頁

法51条2項）に照らすと、各人の寄与を分離して個別的に利用することができるか否かについては、独立して著作物と認めるに足りる創作的表現といえるか否かをいうものと解される。

東京高判平成10・11・26判時1678号133頁〔だれでもできる在宅介護事件〕は、解説書におけるイラストと説明文を結合著作物の関係にあると判断した。

⑷　共同著作物の場合の権利行使

共同著作物の著作権その他の共有著作権の場合、各共有者は、共有者全員の合意によらなければ共有著作権を行使できないが（著作権法65条2項）、ある著作権の侵害に対しては、各著作権者は、他の共有者の同意を得ないで差止請求権を行使することができる（同法117条）。なお、損害賠償請求についても、共有者は各別に訴訟を提起することが可能であるが、損害として請求できるのは、自己の持分に係る部分にとどまる。

7　ライセンス契約を締結した場合の権利行使

⑴　非独占的ライセンスの場合

非独占的ライセンスの場合は、著作権者から禁止権を行使されないという地位を有するにすぎず、他の第三者に対して著作物の利用を阻止する権利は有していない。非独占的ライセンシーの権利は、ライセンサーに対する債権にすぎない上、その契約の性質上、当該ライセンシー以外にも利用者が存在することが前提となって設定された契約であるから、差止請求も損害賠償請求もできない。

⑵　独占的ライセンスの場合

ア　差止請求

独占的ライサンシー自身には、著作権法上の差止請求権はない（著作権

I　著作権侵害訴訟の原告　■　**65**

法112条)。

独占的ライセンシーが、著作権者の差止請求権を代位行使できるか否かについては、肯定否定の両説があり、著作権者が差止請求をする義務を負担した場合に限られるとする見解もある[18]。このような場合、第三者の利用を禁止しない著作権者に対し、債務不履行責任が問える立場であり、営業上の利益も害されているから、著作権者の差止請求権を代位行使することができると解してよいと思われる（東京地判平成14・1・31判時1818号165頁〔トントゥぬいぐるみ事件〕）[19]。

イ　損害賠償請求

独占的ライセンスの場合は、債権侵害として損害賠償を認める余地がある（東京地判平成3・5・22判時1421号113頁〔英語教科書録音テープ事件〕）。

この場合に、独占的利用権を有していた者が著作物を複製する権利を専有する著作権者と同等の立場にあることなどの理由で、損害の額の算定に際して、著作権法114条1項を類推適用した事例がある（東京地判平成28・9・28最高裁HP（平成27年(ワ)第482号）〔スマートフォン用ケース事件〕）。

8　原告の地位の承継

(1)　著作権侵害訴訟の著作権者の死亡

ア　訴訟提起前の死亡

著作権者が死亡すると、著作権とともに死亡前に生じた損害賠償請求権が相続人に承継されるから、相続人が原告として著作権侵害訴訟を提起することになる。

イ　訴訟係属中の死亡

他方、著作権侵害訴訟係属中に著作権者が死亡した場合には、実体法的

18　高林龍『標準著作権法〔第3版〕』209頁
19　中山信弘『著作権法〔第2版〕』603頁、田村善之『著作権法概説〔第2版〕』485頁

には、著作権侵害に基づく差止め、損害賠償請求権のいずれも、著作権者の相続人が承継する。訴訟手続は、相続人により受継される（民事訴訟法124条、128条）。

(2) 著作者人格権侵害訴訟係属中の著作者の死亡

ア　著作者人格権は、著作者の一身に専属し（著作権法59条）、著作者の死亡により、差止請求に関する権利を承継する者はいない。したがって、著作者が提起していた著作者人格権侵害に基づく差止請求訴訟係属中に著作者が死亡した場合、差止請求訴訟は、当然に終了する。

もっとも、既に損害賠償請求権として発生し訴訟の対象となっていた権利については、通常の債権と同様、相続人によって承継される。

イ　このように、著作者が死亡した場合、著作者人格権侵害に基づく差止請求訴訟は、当然に終了するが、他方において、著作者の遺族は、著作権法116条に基づいて差止めを請求することができる。この場合、遺族が著作者の提起していた訴訟を承継することができるか否かについては、肯定否定の両説がある。

否定説は、①著作者が生前に行われた著作者人格権侵害行為を対象としているのに対し、遺族の差止訴訟は、死後に行われた著作権法60条に違反する行為を対象とするものであって、差止めの対象が異なること、②2つの請求権は、差止めの要件においても異なること、③訴訟の目的である権利の譲受けがあったとすることには疑問があることを理由とする[20]。

否定説によれば、著作権法116条に基づく請求を行う遺族は、別訴を提起せざるを得ないという帰結になろうが、相続人が提起する著作権法116条に基づく差止請求と名誉回復措置請求について承継を認めず、損害賠償請求についてのみ承継させるのは、訴訟経済に反する[21]。実際にも、著作

20　半田正夫ほか編『コンメンタール〔第2版〕3』623頁〔飯村敏明〕
21　一宮和夫「著作者人格権の侵害に対する救済」裁判実務大系『知的財産関係訴訟法』310頁、金井重彦ほか編著『コンメンタール（下）』272頁〔岡村久道〕

者人格権侵害による差止請求訴訟係属中の著作者の死亡の場合に、著作権
侵害に基づく請求や、著作者人格権侵害に基づく損害賠償請求等ととも
に、訴訟手続を受継させた上、訴えの追加的変更を認めた事例がある（東
京地判平成16・5・31判時1936号140頁〔XO醤男と杏仁女事件〕）。

II 〔 著作権侵害訴訟の被告 〕

1 被告となるべき者

(1) 著作権侵害訴訟の被告

　著作権等の侵害訴訟における被告となるのは、差止請求（著作権法112条）においては、著作権等を侵害する者又は侵害するおそれのある者、損害賠償請求（同法114条）においては、著作権等を侵害した者、名誉回復措置請求（同法115条）においては、著作者人格権を侵害した者である。

(2) 侵害の主体論

　我が国において不法行為法による救済は、損害賠償が原則で（民法709条）、名誉毀損等の人格権に基づくもののほか差止請求は一般的には認められていない。これに対し、著作権等に基づく差止請求権は、特許権と同様、権利を専有する結果として、これを妨害する者に対するいわば妨害排除請求権として、法律上明文の規定（著作権法112条）があるという点において相違する。

　著作権法112条にいう「著作権を侵害する」とは一体何を指すのかについて、同法113条にみなし侵害規定があるほかは、明文の規定がない。著作権法において、その支分権の内容となる利用行為は権利者に専有されており、当該権利者のみがその利用行為を排他的に行うことができる。したがって、これを無断で行うことが「著作権侵害」に当たる。著作権侵害の成否についての詳細は、第4章を参照されたい。

　差止請求・廃棄請求（著作権法112条）及び損害賠償請求（民法709条）の相手方となるべき「著作権を侵害する者」がいかなる者かについても、著

作権法上の規定はない。

　デジタル化やネットワーク化に伴い、著作物の利用形態を始め著作権をめぐる環境が変化している。これに対し、著作権法の整備は技術の進歩に追いつかない状態であり、裁判所には、物理的な意味における行為を直接行った者以外の関与者の責任を問う訴訟が提起されている。

　物理的な意味における直接侵害者ではない関与者についても、損害賠償という場面では、共同不法行為や、教唆・幇助を理由とする損害賠償責任を認める余地がある（民法719条）。これに対し、著作権法上特別に認められた差止請求については、侵害の主体といえるか否かによって、これを認めるべきか否か、また認めるとして差止めの対象内容をいかにすべきか、議論が分かれている。詳細は、第3章Ⅱを参照されたい。

　その意味で、著作権侵害の主体を論じる意義は、差止請求の可否の点にあるといってよいと思われるが、以下、物理的な意味における直接侵害者以外の関与者の責任について検討する。

2　最高裁判例

　最高裁判決で著作権侵害行為の主体に関連するのは、次の5件である。

(1)　最三小判昭和63・3・15民集42巻3号199頁〔クラブキャッツアイ事件〕

ア　事案の概要

　上記判決は、JASRACがスナックの経営者に対し、著作権侵害を理由として差止め及び損害賠償を請求した事案について、「音楽著作物を営業のために演奏してはならない」こと及び損害賠償を命じた原判決に対する上告を棄却ないし却下したものである。

　その判決要旨は、「スナック等の経営者が、カラオケ装置と音楽著作物たる楽曲の録音されたカラオケテープとを備え置き、ホステス等従業員に

おいてカラオケ装置を操作し、客に曲目の索引リストとマイクを渡して歌唱を勧め、客の選択した曲目のカラオケテープの再生による演奏を伴奏として他の客の面前で歌唱させ、また、しばしばホステス等にも客とともにあるいは単独で歌唱させ、もって店の雰囲気作りをし、客の来集を図って利益を挙げることを意図していたという事実関係の下においては、ホステス等が歌唱する場合はもちろん、客が歌唱する場合を含めて、演奏（歌唱）という形態による当該音楽著作物の利用主体はスナックの経営者である。」というものである。

イ　判決理由

同判決は、理由付けとして、以下の2点を挙げる。

㈠　支配管理

客やホステス等の歌唱が公衆たる他の客に直接聞かせることを目的とするものであることは明らかであり、客のみが歌唱する場合でも、客は、スナックの経営者と無関係に歌唱しているわけではなく、従業員による歌唱の勧誘、経営者の備え置いたカラオケテープの範囲内での選曲、経営者の設置したカラオケ装置の従業員による操作を通じて、経営者の管理の下に歌唱しているものと解されること

㈡　営業上の利益

経営者は、客の歌唱をも店の営業政策の一環として取り入れ、これを利用していわゆるカラオケスナックとしての雰囲気を醸成し、かかる雰囲気を好む客の来集を図って営業上の利益を増大させることを意図していたというべきであること

ウ　位置付け

上記判決は、以上の理由により、著作権法上の規律の観点からは経営者による歌唱と同視し得るとして、物理的に実際に演奏した者を支配管理して営業上の利益を挙げた者をもって侵害の主体と認めたものである。同判決が示した手法は、支配管理と営業上の利益の要件により侵害の主体を規範的に捉える手法であり、「カラオケ法理」といわれている。このアプ

Ⅱ　著作権侵害訴訟の被告　■　71

ローチにより「侵害の主体である」ということができれば、差止めも損害賠償も可能となる。

　同判決には伊藤正己裁判官の意見が付けられており、同裁判官は、客のみが歌唱する場合についても利用主体が営業主と捉えることは、いささか不自然であり、無理な解釈であり、擬制的にすぎて相当でないとして、カラオケテープの再生自体を演奏権の侵害と捉えるのが相当であると述べておられる。

　当時は、著作権法附則14条による旧著作権法30条1項8号の規定が存在したため、カラオケテープの再生を演奏権の侵害と捉えることは難しく、上記判決のような帰結になったと解されるが、現在は、そのような制約はない。現実の歌唱をする客の演奏は、営利を目的とせず、聴衆から料金を受けないから、著作権侵害には当たらないところ（著作権法38条）、同判決は、現実の歌唱をする不特定多数の客を演奏の主体として、カラオケ店の経営者を歌唱する者の教唆者又は幇助者と位置付けたのでは、経営者に対する請求ができないと解したからこそ、擬制的であるとの批判があったにもかかわらず、経営者をもって歌唱による演奏権の主体であるとしたものと解される。この類型は、刑法的にいえば、現実の歌唱をする客や従業員を手足として利用する、いわば間接正犯ともいうべきものである。

　もっとも、同判決のカラオケ法理は、通常の認定手法たる手足理論を超えて直接行為主体をより擬制的に認定するための要件を管理支配性と利益性とする根拠が判然とせず、その内容や法理の適用範囲が不明確であるとする批判がある[22]。その後の最一小判平成23・1・20民集65巻1号399頁〔ロクラクⅡ事件〕の金築誠志裁判官の補足意見では、行為類型によって考慮要素が異なり、管理支配と利益の2要素が常に必須の要件であるわけではないと述べられている。

22　大渕哲也「間接侵害⑴─カラオケスナック」『著作権法判例百選〔第4版〕』190頁、上野達弘「著作権法における『間接侵害』」ジュリ1326号75頁

⑵ 最二小判平成13・3・2民集55巻2号185頁〔パブハウスG7事件〕

ア　事案の概要

上記判決は、JASRAC がカラオケ装置のリース業者に対し、損害賠償請求をした事案において、カラオケの経営者が許諾を得ていないことを現実に知った日以降の損害のみを認容した原判決の一部を破棄し、それ以前の損害についても、侵害の行為に供する機器の提供者であるカラオケ装置のリース業者の幇助責任を認めて、損害賠償請求に係る部分を増額変更すべき旨の自判をしたものである。なお、カラオケの経営者に対しても、主観的併合により、歌唱・上映の差止め及びカラオケ装置の撤去請求並びに損害賠償請求がされ、原判決はこれを認容すべきものとしたが、同人との関係では、上告がされることなく確定している。

上記判決は、不法行為による損害賠償責任を基礎付ける注意義務の有無が争点となったものであるため、その判決要旨は、「カラオケ装置のリース業者は、カラオケ装置のリース契約を締結した場合において、当該装置が専ら音楽著作物を上映し又は演奏して公衆に直接見せ又は聞かせるために使用されるものであるときは、リース契約の相手方に対し、当該音楽著作物の著作権者との間で著作物使用許諾契約を締結すべきことを告知するだけでなく、上記相手方が当該著作権者との間で著作物使用許諾契約を締結し又は申込みをしたことを確認した上でカラオケ装置を引き渡すべき条理上の注意義務を負う。」というものである。

イ　判決理由

同判決は、その理由付けとして、以下の5点を挙げる。

㈠　カラオケ装置の危険性

カラオケ装置により上映又は演奏される音楽著作物の大部分が著作権の対象であることに鑑みれば、カラオケ装置は、当該音楽著作物の著作権者の許諾がない限り一般的にカラオケ装置利用店の経営者による著作権侵害

Ⅱ　著作権侵害訴訟の被告　■　73

を生じさせる蓋然性の高い装置ということができること

(イ) 被害法益の重大性

著作権侵害は刑罰法規にも触れる犯罪行為であること

(ウ) リース業者の社会的地位

カラオケ装置のリース業者は、このように著作権侵害の蓋然性の高いカラオケ装置を賃貸に供することによって営業上の利益を得ているものであること

(エ) 予見可能性

当時においてカラオケ装置利用店の経営者が著作物使用許諾契約を締結する率が必ずしも高くないことは公知の事実であって、カラオケ装置のリース業者としては、リース契約の相手方が著作物使用許諾契約を締結し又は申込みをしたことが確認できない限り、著作権侵害が行われる蓋然性を予見すべきものであること

(オ) 結果回避可能性

カラオケ装置のリース業者は、著作物使用許諾契約を締結し又は申込みをしたか否かを容易に確認することができ、これによって著作権侵害回避のための措置を講ずることが可能であること

ウ　位置付け

上記判決は、上記(1)のクラブキャッツアイ事件最高裁判決を踏襲してカラオケ装置利用店の経営者を侵害の主体と捉え、さらにリース業者をその幇助者と捉えて、共同不法行為により損害賠償責任を認めたものである。なお、同判決当時は、侵害行為として歌詞の画面表示及び伴奏音楽の再生についての上映（著作権法22条の2）を捉えることができたので、歌唱ではなく映像の再生という観点からみると、カラオケ装置利用店の経営者を侵害の主体と捉えることについて、前記(1)の判例よりは擬制が少ないように思われる。

同判決の事案は、リース業者が上記注意義務に違反して、すなわち過失による場合の損害賠償責任を肯定したものであるが、故意による場合、す

なわちリース業者において、カラオケ装置利用店の経営者が著作物使用許
諾契約を締結しておらず、今後も締結しないであろうことを現に認識しな
がらカラオケ装置のリース契約を締結してこれを引き渡す場合には、著作
権侵害行為に加功するものとして幇助に当たり、責任を負うと解すべきこ
とは当然であろう[23]。

(3) 最三小判平成13・2・13民集55巻1号87頁 〔ときめきメモリアル事件〕

ア 事案の概要

上記判決は、家庭用ゲームソフトの著作者が、その改変のみを目的とす
るメモリーカードの輸入販売業者に対し、損害賠償を請求した事案につい
て、これを認容した原判決に対する上告を棄却したものである。

その判決要旨は、「専らゲームソフトの改変のみを目的とするメモリー
カードを輸入、販売し、他人の使用を意図して流通に置いた者は、他人の
使用により、ゲームソフトの同一性保持権の侵害を惹起したものとして、
ゲームソフトの著作者に対し、不法行為に基づく損害賠償責任を負う。」
というものである。

イ 判決理由

同判決の理由付けは、現実に上記メモリーカードを使用する者がいるこ
とを予期してこれを流通に置いた輸入販売業者の行為がなければ、家庭用
ゲームソフトの同一性保持権の侵害が生じることはなかったという点にあ
る。

ウ 位置付け

同判決の原審は、著作権法113条のみなし侵害の規定を根拠として、メ
モリーカードの輸入販売業者の責任を肯定したが、同条が本件のような場
合に適用されると解するのは、文理解釈上困難であろう。本判決は、原審

---

23 髙部眞規子「判解」最高裁判所判例解説民事篇〔平成13年度〕〔6〕事件

のこの点に関する判断について「結論において正当である」と判示しており、同条を適用する趣旨ではないと解される。

　同判決の結論は、上記メモリーカードが使用されることによって影像の再生が行われ、その段階で家庭用ゲームソフトが改変されたものと捉えた上で、専らゲームソフトの改変のみを目的とするメモリーカードを輸入、販売した業者の損害賠償責任を認めたものである。

　侵害行為の主体については、①侵害の主体がユーザーであるとする見解に立って、輸入販売業者がユーザーの幇助者として共同不法行為責任を負うと解したものとも考えられるし、又は、②侵害の主体が装置提供者であるとの説に立って、輸入販売業者につきユーザーを手足とする侵害の主体としていわば代位責任を認めたものとも考えられる。上記いずれの理解も可能であり、いずれによっても、上記判決の結論を導くことができるものであった[24]。

⑷　最三小判平成23・1・18民集65巻1号121頁〔まねきTV事件〕

ア　事案の概要

　放送事業者が、放送番組を利用者からの求めに応じ自動的に送信する機能を有する機器を用いたサービスの提供者に対し、放送についての送信可能化権及び放送番組についての公衆送信権を侵害するなどと主張して、放送の送信可能化及び放送番組の公衆送信の差止め並びに損害賠償の支払を求める事案である。

　上記サービスには、市販のロケーションフリーが用いられるが、ロケーションフリーの中核は、地上波アナログ放送のテレビチューナーを内蔵し、受信する放送を利用者からの求めに応じデジタルデータ化し、このデータを自動的に送信する機能を有するベースステーションであり、その

24　髙部眞規子「判解」最高裁判所判例解説民事篇〔平成13年度〕〔4〕事件

利用者は、ベースステーションと手元の専用モニター等の端末機器をインターネットを介して1対1で対応させることにより、ベースステーションにおいてデジタルデータ化されて手元の端末機器に送信される放送を、当該端末機器により視聴することができる。その具体的な手順は、①利用者が、手元の端末機器を操作して特定の放送の送信の指示をする、②その指示がインターネットを介して対応関係を有するベースステーションに伝えられる、③ベースステーションには、テレビアンテナで受信された地上波アナログ放送が継続的に入力されており、上記送信の指示がされると、これが当該ベースステーションにより自動的にデジタルデータ化される、④次いで、このデータがインターネットを介して利用者の手元の端末機器に自動的に送信される、⑤利用者が、手元の端末機器を操作して、受信した放送を視聴するというものである。

　上記判決は、放送事業者の請求を棄却した原判決を破棄し、原審に差し戻したものである。

　上記判決の判決要旨は、「公衆の用に供されている電気通信回線への接続により入力情報を受信者からの求めに応じ自動的に送信する機能を有する装置は、単一の機器宛ての送信機能しか有しない場合でも、当該装置による送信が自動公衆送信であるといえるときは、自動公衆送信装置に当たる」「公衆の用に供されている電気通信回線への接続により入力情報を受信者からの求めに応じ自動的に送信する機能を有する装置が、当該電気通信回線に接続し、これに継続的に情報が入力されている場合には、当該装置に情報を入力する者が送信の主体である」というものであり、サービス提供者が送信の主体であるとした。

　イ　判決理由

　同判決の理由付けは、以下のとおりである。

　㋐　自動公衆送信装置該当性

　公衆の用に供されている電気通信回線に接続することにより、当該装置に入力される情報を受信者からの求めに応じ自動的に送信する機能を有す

る装置は、これがあらかじめ設定された単一の機器宛てに送信する機能しか有しない場合であっても、当該装置を用いて行われる送信が自動公衆送信であるといえるときは、自動公衆送信装置に当たること

(イ) 自動公衆送信の主体

自動公衆送信の主体は、当該装置が受信者からの求めに応じ情報を自動的に送信することができる状態を作り出す行為を行う者と解するのが相当であり、当該装置が公衆の用に供されている電気通信回線に接続しており、これに継続的に情報が入力されている場合には、当該装置に情報を入力する者が送信の主体であること

(ウ) 本件におけるサービス提供者の役割

サービス提供者が、ベースステーションを分配機を介するなどして自ら管理するテレビアンテナに接続し、当該テレビアンテナで受信された本件放送がベースステーションに継続的に入力されるように設定した上、ベースステーションをその事務所に設置し、これを管理しているから、利用者がベースステーションを所有しているとしても、ベースステーションに本件放送の入力をしている者すなわち送信の主体は、サービス提供者である。

何人も、サービス提供者と契約を締結することにより同サービスを利用することができるのであって、送信の主体であるサービス提供者からみて、本件サービスの利用者は不特定の者として公衆に当たるから、ベースステーションを用いて行われる送信は自動公衆送信であり、したがって、ベースステーションは自動公衆送信装置に当たる。そうすると、インターネットに接続している自動公衆送信装置であるベースステーションに本件放送を入力する行為は、本件放送の送信可能化に当たる。

テレビアンテナからベースステーションまでの送信の主体も、ベースステーションから利用者の端末機器までの送信の主体も、サービス提供者であるから、テレビアンテナから利用者の端末機器に本件番組を送信することは、本件番組の公衆送信に当たる。

ウ　位置付け

　自動公衆送信の主体は、公衆の用に供されている電気通信回線への接続により入力情報を受信者からの求めに応じ自動的に送信する機能を有する装置が受信者からの求めに応じ情報を自動的に送信することができる状態を作り出す行為を行う者であるとした点、公衆の用に供されている電気通信回線への接続により入力情報を受信者からの求めに応じ自動的に送信する機能を有する装置が公衆の用に供されている電気通信回線に接続しており、これに継続的に情報が入力されている場合には、当該装置に情報を入力する者（本件では放送の入力をするサービス提供者）が送信の主体であるとした点において、限定された場合についてではあるが、送信の主体についての最高裁の初めての判断が示された。

(5)　最一小判平成23・1・20民集65巻1号399頁〔ロクラクⅡ事件〕

ア　事案の概要

　放送事業者が、インターネット通信機能を有するハードディスクレコーダーを用いたサービスの提供者に対し、放送番組及び放送に係る音又は影像についての複製権を侵害するなどと主張して、放送番組等の複製の差止め、損害賠償の支払等を求める事案である。

　上記レコーダーは、2台の機器の一方を親機とし、他方を子機として用いることができ、親機は、地上波アナログ放送のテレビチューナーを内蔵し、受信した放送番組等をデジタルデータ化して録画する機能や録画に係るデータをインターネットを介して送信する機能を有し、子機は、インターネットを介して、親機における録画を指示し、その後親機から録画に係るデータの送信を受け、これを再生する機能を有する。上記サービスの利用者は、親機と子機をインターネットを介して1対1で対応させることにより、親機において録画された放送番組等を親機とは別の場所に設置した子機において視聴することができる。その具体的な手順は、①利用者

が、手元の子機ロクラクを操作して特定の放送番組等について録画の指示をする、②その指示がインターネットを介して対応関係を有する親機ロクラクに伝えられる、③親機ロクラクには、テレビアンテナで受信された地上波アナログ放送が入力されており、上記録画の指示があると、指示に係る上記放送番組等が、親機ロクラクにより自動的にデジタルデータ化されて録画され、このデータがインターネットを介して子機ロクラクに送信される、④利用者が、子機ロクラクを操作して上記データを再生し、当該放送番組等を視聴するというものである。

上記判決は、放送事業者の請求を棄却した原判決を破棄し、原審に差し戻したものである。

上記判決の判決要旨は、「放送番組の複製物の取得を可能にするサービスの提供者が、その管理、支配下において、アンテナで受信した放送を複製機器に入力し、当該機器に録画指示がされると放送番組の複製が自動的に行われる場合、当該サービスの提供者はその複製の主体である。」というものである。

　イ　判決理由

同判決の理由付けは、以下のとおりである。

　㈠　主体の判断要素

複製の主体の判断に当たっては、複製の対象、方法、複製への関与の内容、程度等の諸要素を考慮して、だれが当該著作物の複製をしているといえるかを判断すべきであること

　㈡　サービス提供者が複製の主体とされる場合

①放送番組の複製物の取得を可能にするサービスであること、②サービス提供者が、その管理、支配下において、アンテナで受信した放送を複製機器に入力していること、③複製機器に録画指示がされると放送番組の複製が自動的に行われることの3つの前提条件を満たす場合には、サービス提供者は、単に複製を容易にするための環境等を整備しているにとどまらず、その管理、支配下において、放送を受信して複製機器に対して放送番

組等に係る情報を入力するという、複製機器を用いた放送番組等の複製の実現における枢要な行為をしており、複製時におけるサービス提供者の上記各行為がなければ、当該サービスの利用者が録画の指示をしても、放送番組等の複製をすることはおよそ不可能なのであり、サービス提供者を複製の主体というに十分であること

　ウ　位置付け

　複製の対象、方法、複製への関与の内容、程度等の諸要素を考慮して、だれが当該著作物の複製をしているといえるかを判断すべきであるとする点は、複製の主体の判断手法として、当然の事項であろうが、上記①②③という判決設定事例の下における場合判例である。もっとも、具体的事案においていかなるあてはめをするかが問題であり、明確化されることが望まれる。

　なお、金築誠志裁判官の補足意見では、「複製」、「上演」、「展示」、「頒布」等の行為の主体を判断するに当たっては、単に物理的、自然的に観察するだけで足りるものではなく、社会的、経済的側面をも含め総合的に観察すべきものであるとして、「カラオケ法理」は、法概念の規範的解釈として、一般的な法解釈の手法の一つにすぎないとしている。

3　下級審裁判例・学説

⑴　差止請求が認められた事案

　ア　カラオケスナック、カラオケボックスの経営者

　カラオケスナックについては、経営者が責任の主体であるとする下級審裁判例が相当数みられる。最三小判昭和63・3・15民集42巻3号199頁〔クラブキャッツアイ事件〕以降の主なものとして、高松地判平成3・1・29判タ753号217頁〔まはらじゃ事件〕、大阪高判平成9・2・27判時1624号131頁〔魅留来事件〕等がある。

　カラオケボックスについて、東京地判平成10・8・27判時1654号34頁・

II　著作権侵害訴訟の被告　■　81

東京高判平成11・7・13判時1696号137頁〔ビッグエコー事件〕は、カラオケボックスの経営者は、JASRACの許諾を受けることなく、伴奏音楽を再生することにより演奏権を侵害し、歌詞及び伴奏音楽を上映することにより上映権を侵害し、顧客に歌唱させることにより演奏権を侵害したもので、その管理著作物の著作権を侵害したものであるとした。

最三小判昭和63・3・15民集42巻3号199頁〔クラブキャッツアイ事件〕をカラオケボックスにおける歌唱及びCDカラオケ、通信カラオケによる伴奏音楽の再生に適用すると、以下のように解される。

(ア)　まず、支配管理の面では、各部屋に防音設備を施すなどして歌唱の環境を整え、カラオケボックス等の名称でカラオケ伴奏による歌唱を勧誘し、各部屋にカラオケ装置を設置してカラオケソフトを客に提供し、楽曲索引を設置して客の選曲の便宜に供し、客から求められたときは従業員がカラオケ装置を操作するなどの事実を前提にすると、客は経営者と無関係に歌唱・再生しているのではなく、その管理の下に歌唱・再生していると解される。

(イ)　次に、営業上の利益の帰属であるが、カラオケボックスにおいては、客の歌唱こそが営業目的であり、スナックの場合より直接的に経営者に帰属するものといえよう。したがって、カラオケボックスにおける客の歌唱及び伴奏音楽の再生の主体を、著作権法上の規律により、経営者とみることができよう。

なお、著作権法22条は、演奏権の内容として、「公衆に直接聞かせることを目的とする」こと（「公に」）を要件としている。「公衆」とは、不特定の者又は特定多数の者をいう（同法2条5項）ところ、カラオケボックスの各部屋においては、公衆ではなく、歌唱する客と一定のつながりを有する特定少数の者に聞かせるものであって同法22条に該当しないのではないかという疑いがある。もっとも、著作物の利用主体が、前記のとおり法的には経営者であるとすると、実際に歌唱しかつ聞き手でもある客は、経営者との関係で不特定の者ということもでき、その場合は「公に」の要件

は満たすということが可能であろう。

　なお、学説上も、顧客の歌唱及びCDカラオケ、通信カラオケによる伴奏音楽の再生により、原告の歌詞及び楽曲についての演奏権を侵害したものとする見解が多数であるが、カラオケボックスにおいてはソフトの再生行為のみを著作権の対象と捉えるべきであるとする見解[25]もある。

イ　ピアツーピア方式による電子ファイル交換サービスの提供者

　東京地判平成15・12・17判時1845号36頁〔ファイルローグ事件〕は、ピアツーピア方式による電子ファイル交換サービスの提供者に対するファイルの送受信の差止めを請求する事案についてのものである。

　終局判決は、サービス提供者が送信可能化権及び自動公衆送信権の侵害主体であることを肯定した。

　中間判決（東京地判平成15・1・29判時1810号29頁）は、「被告が運営する『ファイルローグ』という名称の電子ファイル交換サービスの利用者が、原告の許諾なく、○○の音楽著作物を MP3 形式で複製した電子ファイルを利用者のパソコンの共有フォルダ内に蔵置した状態で、同パソコンを同被告の設置に係るサーバに接続させる行為は、上記著作物についての原告の有する著作権を侵害（自動公衆送信及び送信可能化権侵害）する。物理的行為を行っていない被告が著作権侵害の主体であると認められるか否かは、①サービスの性質、②管理性、③サービス提供者の利益の存在を総合考慮すべきである」とした上、サービス提供者が送信可能化権及び自動公衆送信権の侵害主体であることを肯定した。

　控訴審判決（東京高判平成17・3・31最高裁HP（平成16年(ネ)第405号））も、「その性質上、具体的かつ現実的な蓋然性をもって特定の類型の違法な著作権侵害を惹起するものであり、同サービス提供者がそのことを予想しつつ同サービスを提供して、そのような侵害行為を誘発し、しかもそれについての同者の管理があり、同者がこれにより何らかの経済的利益を得る余

25　堀江亜以子「判批」発明95巻10号97頁

地があると見られる事実があるときは、同者はまさに自らコントロール可能な行為により侵害の結果を招いている者として、その責任を問われるべきことは当然であり、同者を侵害の主体と認めることができる」とした。

　ウ　カラオケ装置のリース業者

　最二小判平成13・3・2民集55巻2号185頁〔パブハウスG7事件〕は、カラオケ装置のリース業者に損害賠償責任を認めたものであるが、大阪地判平成15・2・13判時1842号120頁〔ヒットワン事件〕は、これを超えて、JASRACがカラオケ装置のリース業者に対する使用禁止を請求する事案について、これを肯定したものである。

　同判決は、リース業者を侵害の幇助者と捉えた上で、侵害の幇助行為を現に行う者であっても、幇助者の行為が当該著作権侵害行為に密接な関わりを有し、当該幇助者が幇助行為を中止する条理上の義務があり、かつ当該幇助行為を中止して著作権侵害の事態を除去できるような場合には、当該幇助行為を行う者は侵害主体に準じるものと評価できるから、著作権法112条1項の「著作権を侵害する者又は侵害するおそれがある者」に当たるとした。そして、著作権法112条1項に規定する差止請求についても、少なくとも侵害行為の主体に準じる立場にあると評価されるような幇助者を相手として差止めを求めることが許容されるとしたものである。なお、このような場合の差止めの許否についての詳細は、第3章Ⅱを参照されたい。

　エ　テレビ番組の転送サービスの提供者

　テレビ番組の転送サービスが争われた事案としては、まねきTV事件、ロクラクⅡ事件最高裁判決のほか、録画ネット事件がある。同事件は、テレビ番組の受信・録画機能を有するパソコンをインターネット回線を通じて操作する方法により、海外など遠隔地においてテレビ番組の録画・視聴を可能とするサービスを提供する業者に対する請求である。

　仮処分決定（東京地決平成16・10・7判時1895号120頁）では、サービス提供業者がその強い支配・管理下において複製を行っているとして、複製の

主体に当たるとされたが、異議審決定（東京地決平成17・5・31 D1-Law判例体系（平成16年㋲第15793号））においては、利用者と共同関係にあるとして、複製の共同行為者とされた。さらに、抗告審決定（知財高決平成17・11・15最高裁HP（平成17年㋺第10007号））では、利用者ではなく、サービス提供業者が複製行為を行っているとされている。

また、大阪地判平成17・10・24判時1911号65頁〔選撮見録事件〕は、テレビ放送からあらかじめ選定された最大5局分の番組を同時に1週間分録画することができるサーバを有する集合住宅向けハードディスクビデオレコーダーシステムの販売等をしている業者に対し、上記商品を集合住宅の入居者に使用させること及び集合住宅向けに販売することの差止めを請求した事案についてのものである。

判決は、上記システムのサーバのハードディスクに放送番組を録画することは放送を送信可能化するものであり、著作隣接権を侵害する行為であって、直接には送信可能化行為をしない者であっても、現実の送信可能化行為の過程を管理・支配し、かつ、これによって利益を受けている者がいる場合には、その者も著作権法による規律の観点からは、送信可能化行為の主体となることができるとした上、上記システムの設置者が送信可能化行為の主体であるとし、システムの販売業者は幇助ということはできるとしても主体ではないとした。上記システムの販売によって必然的に著作隣接権の侵害が生じ、その回避が困難で被告商品の販売をやめることは実現が容易であるから、直接侵害行為と同視し、著作権法112条1項を類推して、差止めを求めることができるとした。

オ　自炊代行業者

知財高判平成26・10・22判時2246号92頁〔自炊代行事件〕は、顧客から電子ファイル化の依頼があった書籍について、著作権者の許諾を受けることなく、スキャナーで書籍を読み取って電子ファイルを作成し、その電子ファイルを顧客（利用者）に納品するという、いわゆる自炊代行業者について、営利を目的としてサービスの内容を自ら決定し、スキャン複製に必

Ⅱ　著作権侵害訴訟の被告　■　**85**

要な機器及び事務所を準備・確保した上で、インターネットで宣伝広告を行うことにより不特定多数の一般顧客である利用者を誘引し、その管理・支配の下で書籍を複製し、利用者から対価を得ているとして、複製行為の主体であると認めた。

カ　インターネット上の電子掲示板運営者

東京地判平成16・3・11判時1893号126頁〔2ちゃんねる小学館事件〕は、インターネット上の電子掲示板「2ちゃんねる」の運営者が、著作権侵害となる書き込みがあり、その旨の通知を受けたのに是正措置をとらなかった事案についてのものである。

第1審判決は、著作権法112条1項に規定する差止請求の相手方は、現に侵害行為を行う主体となっているか、あるいは侵害行為を主体として行うおそれのある者に限られるとした上、著作権を侵害する発言について送信可能化を行って上記発言を自動公衆送信し得る状態にした主体は本件発言の書き込みをした者であって、インターネット上の2ちゃんねるという電子掲示板の運営者は侵害行為を行う主体に該当しないと判示した。

その控訴審判決（東京高判平成17・3・3判時1893号126頁）は、掲示板運営者の著作権侵害が明確で、かつ著作権者から発言者への削除要請が容易でないという理由付けで、故意又は過失により著作権侵害に加担したものと判示した。そして、著作権者から著作権侵害の事実の指摘を受けた掲示板運営者は、すみやかに著作権侵害行為に当たる発言を削除すべきであり、何らの是正措置も執らなかったことは、故意又は過失により著作権侵害に加担していたものであり、著作権法112条にいう「著作権等を侵害する者又は侵害するおそれがある者」に該当するとした。

知財高判平成22・9・8判タ1389号324頁〔TVブレイク事件〕は、動画投稿サービスを管理運営する会社が、経済的利益を得るために、その支配管理するサイトにおいて、ユーザーの複製行為を誘引し、実際にサーバに複製権を侵害する動画が多数投稿されることを認識しながら、侵害防止措置を講じることなくこれを容認し、蔵置する行為は、ユーザーによる複製

行為を利用して、自ら複製行為を行ったと評価することができるものであり、また、サーバに蔵置した動画ファイルを送信可能化して閲覧の機会を提供しているとして、複製権及び公衆送信権（送信可能化を含む。）の侵害主体であるとした。

キ　音楽演奏会を主催したプロモーター

東京地判平成14・6・28判時1795号151頁〔演奏会プロモーション事件〕は、著作権者が、音楽演奏会を主催したプロモーターに対し、音楽著作物を無断で演奏使用したとして、催し物の開催及び演奏の差止めを請求した事案についてのものである。

判決は、演奏会の会場を設定し、入場料金を決め、チケットを販売し、演奏会に関する宣伝を始めとするセールス活動を行い、演奏会当日の会場の運営・管理をするなどの業務を行い、演奏会の損益が帰属するから、演奏会における演奏がその管理の下に行われ、経済的利益を得ることができる地位にあるとした。

ク　ライブバーの経営者

知財高判平成28・10・19最高裁HP（平成28年㈱第10041号）〔ライブバーXYZ→A事件〕は、ライブの開催を主な目的として開設されたライブハウスの共同経営者について、ステージや演奏用機材等が設置されており、出演者が希望すればドラムセットやアンプなどの設置された機材等を使用することができ、管理著作物の演奏が日常的に行われており、出演者から会場使用料を徴収していない一方、ライブを聴くために来場した客から飲食代を徴収しているなどの事実関係の下において、単に出演者の演奏を容易にするための環境等を整備しているにとどまるものではなく、管理著作物の演奏を管理・支配し、演奏の実現における枢要な行為を行い、それによって利益を得ているとして、演奏主体（著作権侵害主体）に当たることを肯定した。

ケ　ストレージサービスの提供者

東京地判平成19・5・25判時1979号100頁〔MYUTA事件〕は、携帯電話

端末のユーザーを対象として、CD等の楽曲を自己の携帯電話で聴くことのできるサービス（本件サービス）を提供しようとしている者が、音楽著作権等管理事業者に対し、音楽著作物の著作権に基づき差し止める請求権を有しないことの確認を請求する事案についてのものである。

　判決は、まず、複製権侵害について、本件サーバにおいて 3G2 ファイルが複製されることは争いがないところ、本件サービスにおける本件サーバの役割や管理状況及び複製の仕組み等について詳細に認定した上、本件サーバにおける 3G2 ファイルの複製行為の主体は、サービス提供者であり、ユーザーということはできないとした。同判決は、次に、自動公衆送信権侵害について、本件サーバからユーザーの携帯電話に向けた 3G2 ファイルの送信（ダウンロード）の主体は、複製と同様に、サービス提供者というべきであり、ユーザーということはできず、本件サービスを担う本件サーバは、ユーザーの携帯電話からの求めに応じ、自動的に音源データの 3G2 ファイルを送信する機能を有しているとした上、ユーザーによって直接受信されることを目的として自動的に行われるから、自動公衆送信に当たり、その主体はサービス提供者であると判断した。

　そして、本件サービスの本件サーバにおける音楽著作物の複製及びユーザーの携帯電話へ向けての自動公衆送信も、サービス提供者が行っているといえるから、それらの行為は、管理事業者の許諾を受けない限り、管理著作物の著作権を侵害するものであるとして、本件サーバにおける音楽著作物の蔵置及びユーザーの携帯電話に向けた送信につき、管理事業者は差止請求権を有するものと判断したものである。

⑵　損害賠償請求のみが認められたもの（差止請求なし）

ア　バレエ公演を主催した者

　東京地判平成10・11・20知的裁集30巻 4 号841頁〔ベジャール振付事件〕は、海外からバレエ団ないしダンサーを招へいしてバレエ公演を主催し、実施した者に対する損害賠償請求についてのものである。

判決は、舞踊の著作物の上演の主体は、実際に舞踊を演じたダンサーに限られず、同上演を管理し、営業上の利益を収受する者も主体となり得るとして、主催者に対する著作権（上演権）又は著作者人格権（氏名表示権）侵害を理由とする損害賠償請求を認めた。

もっとも、差止請求はなく、損害賠償請求のみに係る事案であったものであり、損害賠償責任は、民法719条によっても認めることができるものであったから、あえて主催者が主体であるという必要のない事案に関するものであった。

イ　改変のみを目的とするツールを収録した CD-ROM の販売者

東京地判平成14・8・30判時1808号111頁〔DEAD OR ALIVE事件〕及びその控訴審東京高判平成16・3・31判時1864号158頁は、専らゲームソフトの改変のみを目的とする編集ツールプログラムを収録した CD-ROM を販売した者に対する損害賠償請求についてのものである。

判決は、専らゲームソフトの改変のみを目的とする編集ツールプログラムを収録した CD-ROM を販売し、他人の使用を意図して流通に置いた者は、ゲームソフトの同一性保持権の侵害を惹起したものとして、損害賠償責任を負うとした。そして、著作権侵害の責任を負う者が支配管理・利益を目的とする者に限定される理由はなく、被告に不法行為の成立を認めるべきであるとする。

ウ　ソフトウェアの機能を回避するプログラムの提供

東京地判平成30・1・30最高裁 HP（平成29年(ワ)第31837号）〔建築 CAD ソフトウェア事件〕は、ソフトウェアの一部に著作権者の許諾なく機能を回避する改変を加え、同改変後のものをダウンロード販売した者に対する損害賠償請求についての事案である。

判決は、多額の利益を得て、顧客に対し、本件ソフトウェア及びそのアクティベーション機能を担うプログラムのクラック版のダウンロード先をあえて教示し、かつこれらの起動・実行方法を教示するマニュアル書面を提供し、その結果、顧客が、無許諾の本件ソフトウェアを入手した上、本

件ソフトウェアで要求されるアクティベーションを回避してこれを実行することができるという結果をもたらした行為は、翻案権、公衆送信権及び同一性保持権を侵害したものと判断した。

(3) 損害賠償請求等を否定したもの

ア　ゲームソフトの上映に必要不可欠な専用コントローラの製造販売者

大阪地判平成9・7・17判タ973号203頁〔ネオジオ事件〕は、テレビゲーム機本体を使用してゲームソフトを上映するのに必要不可欠な専用コントローラーの製造販売者に対し、上映権侵害の主体又は共同主体であるとして、上記装置の販売差止等を請求した事案についてのものである。

判決は、コントローラーの製造販売者が管理・支配を及ぼしたり上映自体により利益を得る目的とはいえないから、同人の行為は上映行為に当たらず、主体と同視することもできず、ユーザーと共同の上映主体でもないとして、販売差止請求を棄却した。

イ　放送のデジタル送信業者

東京地判平成12・5・16判時1751号149頁〔スターデジオ事件〕は、CS放送において音源をデジタル方式で送信する業者について、受信者による音楽のMDへの録音に関し、被告が複製権侵害の主体と評価できるとして、音源をデジタル方式で放送すること及びデジタル方式の記憶媒体への収録の差止めを請求する事案についてのものである。

判決は、被告の行為は、複製行為の実質的部分とはいえず、受信者の意思決定をコントロールし得るものではないから、手足として行わせていると評価し得る程度に受信者の録音行為を管理支配しているという関係は認められないとして、これを受信した利用者の複製行為との関係で複製権侵害の主体とはいえないとした。

ウ　ウェブサイトの運営業者

大阪地判平成25・6・20判時2218号112頁〔ロケットニュース24事件〕は、ウェブサイトを運営し、アップロードされていた他人の著作物へのリンク

90　■　第2章　当事者と保護対象

を貼った業者について、自動公衆送信又は送信可能化行為の主体とはいえ
ないとし、アップロードが著作権者の許諾なしに行われたことを認識し得
た時点で直ちにリンクを削除したなどの事情に照らせば、第三者による著
作権侵害を違法に幇助したものともいえないと判断した。

エ　リツイートした者

知財高判平成30・4・25判時2382号24頁〔リツイート事件〕は、特定電
気通信役務提供者の損害賠償責任の制限及び発信者情報の開示に関する法
律（以下「プロバイダ責任制限法」という。）による発信者情報開示請求に関
するものであるが、自動公衆送信の主体は、当該装置が受信者からの求め
に応じ、情報を自動的に送信できる状態を作り出す行為を行う者と解され
るとして、本件写真のデータの自動公衆送信の主体は、流通情報の URL
の開設者であって、リツイート者らではないと判断した。また、著作権法
23条2項は、公衆送信された後に公衆送信された著作物を、受信装置を用
いて公に伝達する権利を規定しているものであり、ここでいう受信装置が
クライアントコンピュータであるとすると、その装置を用いて伝達してい
る主体は、そのコンピュータのユーザーであり、リツイート者らを伝達主
体と評価することはできないと判断した。

(4)　学　　説

ア　肯　定　説

直接的な侵害行為を行う以外の侵害への関与者についても、侵害の主体
として差止請求の相手方となり得るという説である。著作権法112条の差
止請求権も、その妨害行為としては、直接侵害行為のみならず、間接的で
あってもこれと規範的に同一と評価できる行為も捉えなければならず、差
止めの相手方としても、そのものの支配に属する事実によって著作権侵害
状態を生じさせており、その侵害状態を除去することができる地位にある
者を含むとする[26]。

イ 否定説

しかし、伝統的には、知的財産法分野において、果たして物権侵害の考え方をストレートに適用できるのか、問題にされなければならないとし、知的財産権の特色からして、やはり侵害の主体は、原則的には条文で規定された範囲内とされてきた。法的安定性という観点から立法によって解決する方が望ましいとする立場が多数である[27]。

また、カラオケ法理についても、管理という程度の関係しか認められないにもかかわらず利用行為主体であると認められる正当化根拠が示されていないという批判があり、平成11年の著作権法改正により、附則14条及び施行令3条の撤廃や上映権の拡大が行われ、既にカラオケに関しては、これを取り巻く事情の変化にも伴い、カラオケ法理を必要としなくなっているとして、カラオケ法理の一般化には波及効果が大きいから、再検討の必要性があると説かれている[28]。

---

[26] 牧野利秋「著作権等侵害の主体」新裁判実務大系『著作権関係訴訟法』346頁、同「ファイル・ローグ事件仮処分決定と複数関与者による著作権侵害」NBL 750号18頁、751号45頁、同「ファイル・ローグ事件」著作権研究28号177頁。

　大渕哲也「間接侵害(1)─カラオケスナック」『著作権法判例百選〔第4版〕』190頁は、差止請求の相手方は、直接侵害者だけでなく、一定範囲の間接侵害者も含まれるが、間接侵害の成立には直接行為者による侵害の成立が前提となるとする。

　作花文雄「民法法理と著作権制度の体系及び構造」コピライト500号16頁、同『詳解著作権法〔第4版〕』823頁は、侵害専用品について、その提供者には、当該結果の予見可能性があると想定され、結果回避義務が認められ、提供者の行為と侵害結果との間に因果関係の成立が認められる場合には、侵害結果の帰責相当性があり、著作権侵害行為者と評価される可能性があり、また、権利侵害に利用されることが定型的に想定されるものについては、対象物の侵害寄与の蓋然性の程度及び行為支配性の相関関係から画される相応の有責性の範囲が存在し、個々の利用者の自由意思による当該物の侵害目的への利用という要素が介在するが、定型的であることにより、因果関係の中断を架橋し得る余地があるとする。

　田中豊「著作権侵害とこれに関与する者の責任」コピライト485号2頁、同「著作権の間接侵害─実効的司法救済の試み─」コピライト520号7頁は、直接侵害者として捉えられる者の範囲が合理的範囲で広い方が、将来的な解決となり、著作権者の利益になり、複数の者が同時的に著作権侵害に関わる類型においては、ことの実体に即した素直な法律構成であるとする。

[27] 中山信弘『著作権法〔第2版〕』619頁は、カラオケ装置リース業者やファイル交換サービス提供事業者への差止請求は、解釈論としては、いきすぎではないかとする。

4 英米法からの示唆

⑴ イギリス法の二次侵害（secondary infringement）

イギリス著作権法26条は、「装置を提供する者は、提供した時に、装置が著作権を侵害するように使用される可能性があることを知っており、若しくはそう信じる理由を有していたか、又はその通常の使用が、公の実演、演奏、上映を伴う装置の場合には、それが著作権を侵害するように使用されないことを合理的な根拠により信じていなかったときは、侵害について責任を有する。」と規定する。

なお、同法は、二次侵害（secondary infringement）の類型として、外に、侵害複製物を作成するための手段の提供及び著作物の無断送信行為（24条）、侵害実演のための建物の使用許可（25条）、コピー防止を迂回するための装置（296条）、送信の無許諾受信のための機器の製造、輸入、販売、貸与（298条）などを侵害と定めている。

⑵ アメリカ法

ア 特 許 法

アメリカ特許法271条(b)項は、積極的誘導につき、「Whoever actively induces infringement of a patent shall be liable as an infringer.（積極的に特許の侵害を引き起こした者は、侵害者として責任を負わなければならない。）」旨規定し、(c)項は、寄与侵害につき、「Whoever offers to sell or sells within the United States or imports into the United States a component of a patented machine, manufacture, conbination or composition, or a material or apparatus for use in practicing a patented process, constituting a material part of the invention, knowing the same to be

---

28 上野達弘「カラオケ・リース業者の責任」コピライト491号35頁、同「メモリーカードの使用と著作者の同一性保持権侵害等」民商法雑誌125巻6号753頁

especially made or especially adapted for use in an infringement of such patent, and not a staple article or commodity of commerce suitable for substantial noninfringing use, shall be liable as a contributory infringer.

（特許された機械、製品、化合物若しくは組成物の構成要素、又は特許された方法を実施するために使用する材料若しくは装置であって、その発明の主要部分をなすものを、特許の侵害に使用するために特別に製造又は改造されたものであり、かつ、実際上特許を侵害することなくしては使用することができない商品であることを知りながら合衆国内で販売の申出を行うか、販売し、又は合衆国へ輸入した者は、侵害幇助者として責任を負わなければならない。）」旨規定する。

　イ　著作権法に関する判例法

　アメリカ著作権法には間接侵害についての規定がないが、間接侵害者の責任に関し判例法が形成されている。なお、アメリカ合衆国では、コモンローにより差止請求権が認められるのであるから、侵害が肯定されれば即差止請求が認容されるという関係にあるわけではない。

　判例法で認められている寄与侵害（Contributory Infringement of Copyright）は、著作権侵害行為であることを知って他人の侵害行為を誘発し、惹起し、物質的寄与をなす者は、著作権侵害の寄与者として責任を負うというものである。寄与侵害は、不法行為法に根拠を有し、寄与侵害の要件としては、直接侵害の存在が前提であり、客観的要件として、助長、援助、許可、侵害手段の提供等による侵害行為への実質的関与の存在及びそれらの直接侵害行為との時期的密接な関連の存在が必要であり、主観的要件として、侵害行為の認識又はその可能性の存在が必要であるとされている。

　また、判例法によれば、侵害者を指揮監督する能力や権利を有し、侵害者からの直接的な経済的利益が存在する場合に、代位責任（Vicarious Infringement of Copyright）が認められる。代位責任が認められるためには、客観的要件として、権利侵害行為を監督、コントロールすることが可

能であり、その権原を持つこと、及び権利侵害行為に金銭的利害を有し、それが直接のものであることが必要であり、主観的要件は必要ではない。代位責任は、使用者責任に関する一般的な法理に根拠を有し、侵害行為があることについての認識は必要とされていない。

ウ　主要な裁判例

ナップスター事件第9巡回控訴裁判所判決では、インターネットによる音楽送配信において個人間での楽曲のやりとりが自由になる仕組みを作って提供した会社の行為が著作権侵害に当たるとされた（A&M Records, et al. v. Napster Inc., 239 F. 3d 1004（9th Cir. 2001））。上記会社が利用者の直接侵害を知った上でこれを助長し、実質的に侵害行為に寄与しており、その責任は、同社が特定の侵害情報が存在し、その情報が自社のシステムで利用可能であることを現に知り又は知り得べきであり、権利侵害を阻止し得る方法があるにもかかわらず、頒布を阻止しなかった範囲で寄与侵害が認められ、また、同社が利用者の侵害行為について経済的利益を有すると認め、利用者の侵害行為をコントロールする権限と能力を持っているとして、代位責任及び寄与侵害が肯定されたものである。

グロックスター事件連邦最高裁判決（Metro-Goldwyn-Mayer Studios Inc. v. Grokster, Ltd., 545 U.S. 913（2005））は、著作権侵害のために機器を使用することを促す目的を持って機器を頒布する者は、侵害のために使われるかもしれないとの認識を超えて、侵害を奨励することに向けられた言動があったことが明らかになった場合に第三者による侵害行為の結果に対して責任を負うとして、侵害の誘因論により、非中央管理型ピアツーピアファイル交換ソフトの提供業者の寄与侵害を肯定した[29]。

29　グロックスター最高裁判決に関しては、作花文雄『詳解著作権法〔第4版〕』638頁、「非中央管理型P2Pソフト提供者の間接侵害責任」コピライト535号2頁、奥邨弘司「Grokster事件合衆国最高裁判所判決について」AIPPI 50巻10号586頁、ジェリー・メステッキー（飯島歩訳）「著作権侵害の新たな類型　グロクスター事件米連邦最高裁判決の分析」知財ぷりずむ3巻37号58頁

(3) EU諸国

　EUにおいては、2019年 6 月に、インターネット上の著作権の保護強化を掲げる「デジタル単一市場における著作権指令」が発効し、動画共有サイトやユーチューブなどに投稿される著作権侵害コンテンツに関わる法的責任を事業者側が負う旨を定めた。これによれば、ユーザーが投稿するコンテンツを扱うサイトで、著作権侵害コンテンツを見られるようにする行為自体を著作権侵害とみなし、サイト運営事業者に責任を負わせるものであり、サイト運営者には、①権利者から許諾を得る、②通知を受けて削除したものを再度アップロードされないようにする、③権利者から十分な情報提供を受けた場合には、通知の有無にかかわらず削除したりアップロードを防いだりするという、最大の努力が求められているようである。

5　物理的な直接侵害者以外の関与者の責任

(1)　4つのアプローチ

　物理的な直接侵害者以外の関与者の責任を論ずる意義は、主として差止請求を肯定するための論拠を与えるところにあると解される。直接侵害者以外の関与者に責任を負わせるためのアプローチとして、まず、現行法の解釈論としては、①侵害の直接的な主体以外の者を主体と捉える手法と②侵害の直接的な主体以外の者への差止めを認める手法が考えられる。また、立法論としては、③支分権を広げる手法と④一定の行為を侵害とみなす手法が考えられる。

(2)　侵害の直接的な主体以外の者を侵害の主体と捉える手法

ア　間接正犯、共同正犯型
　侵害行為の全部を現実に行っているのがＺであり、Ｙが現実の行為を全く行っていなくても、ＺがＹの手足となっているにすぎない場合には、Ｙ

96 ■ 第2章　当事者と保護対象

を行為の主体と評価することができ、単独で侵害しているとみることができる場合もあろう。あたかも、情を知らない第三者を利用して犯罪を行わせた者が自ら犯罪を実行したのと異ならないとして、刑法上、間接正犯とされるのに類似する。会社が従業員等を手足として行う場合は、従業員が交代しても会社は変わらないし、従業員が業務の範囲内で行う行為は会社の行為とみることも可能であろう。物理的な直接侵害を行う個々のユーザーの行為自体が、私的使用の範囲内（著作権法30条）であったり、客の歌唱のように営利を目的としないために違法性がない場合（同法38条）は、間接正犯型となる。

また、現実に行為を行うＺについて著作権侵害の評価ができる場合であっても、匿名のしかも多数のＺが入れ替わり立ち替わり侵害行為を行う場合を想定すると、それを支配管理して利益を挙げているＹが、多数のＺと共同して著作権を侵害していると評価することができよう。この場合は、刑法上、共同正犯とされるのに類似する。被告が個々のユーザーと共同して行い、ユーザーの行為に違法性がある場合は、共同正犯型となる。この場合は、ユーザーの自由意思が介在するが、定型的に侵害を惹起するなら、自由意思によって因果関係が切断されることにはならないであろう。例えば、ゲームセンターやゲーム喫茶に設置されたゲーム機においてプレイヤーが著作権又は著作者人格権を侵害する行為を行う場合は、個々のプレイヤーではなくゲームセンターの経営者が侵害の主体であると解される（東京地判昭和59・9・28判時1129号120頁〔パックマンビデオゲーム事件〕）。

イ　クラブキャッツアイ事件最高裁判決の考え方

カラオケに係る最三小判昭和63・3・15民集42巻3号199頁〔クラブキャッツアイ事件〕を含め、現実に実施行為を行っている者に対する救済の訴えが実効性を持たない場合に、支配管理と営業上の利益が帰属する者を侵害の主体と捉えることは、その者に関して保証人的地位にある者に対して求められる、アメリカ法の代位責任に通じるものと解される。

我が国においても、著作権法上の侵害行為者がだれであるかを検討するに当たっては、事態を即物的・物理的に観察すべきではなく、規範的に、法律上侵害者として責任を負うべき主体と評価すべき者がだれであるかという法的観点から決するべきであろう。そのような観点からすれば、権利侵害行為を支配管理する立場にあり、かつ、それにより営業上の利益が帰属する者は、著作権法上の規律として、実際の行為者を手足とする侵害の主体と同視することができる場合があり、その場合には、侵害者として、損害賠償の責任を負う。なお、その場合には、差止請求も認容されることになる。

　最三小判昭和63・3・15民集42巻3号199頁〔クラブキャッツアイ事件〕で示されたいわゆるカラオケ法理が、規範的な評価についての1つの解決手法を提示している。そして、同判決が示した①支配管理及び②営業上の利益の2つをメルクマールとして著作権法上の侵害の主体を捉える手法は、1つの判断手法として意義があり、事実上の物理的な行為者と間接的な行為者との関係が密接である事例においては、行為支配性、管理監督権能、直接的な利益の帰属性という要件は、行為者性を捉える上で有効に機能し得る。

　しかし、上記最高裁判決は、カラオケスナックにおける事例判決であり、その判例としての拘束力は限定されたものである。最高裁判例で認められた上記判例のケースより支配管理の要素が低いケースにまで同判例の射程を拡張しカラオケ法理を及ぼすことは、擬制という批判を免れないのであって、このカラオケ法理を拡張しすぎることについては再検討が必要であろう[30]。

　直接的に侵害行為を行う個々のユーザーを相手方として侵害を中止させるのが極めて困難であり、これに関与する者への差止めが侵害排除の観点

30　大渕哲也「間接侵害(1)―カラオケスナック」『著作権法判例百選〔第4版〕』190頁、上野達弘「ファイルローグ事件」CIPICジャーナル134号1頁、同「プロバイダーの責任―プロバイダーに対する差止を中心に―」著作権研究28号89頁

から実効性を有する場合には、上記関与者に対する差止めを認めるための論理構成が必要である。

このような観点からみると、最三小判昭和63・3・15民集42巻3号199頁〔クラブキャッツアイ事件〕が、カラオケ装置を利用した演奏権や上映権侵害の主体は、カラオケ装置を設置した店舗の経営者であるとしたのは、現実に歌唱をしたカラオケスナックの客や従業員を特定することは困難であり、これらの者に対し権利行使をすることは実際上は不可能に近いのに対し、その経営者こそがいわば道具・手足を利用した間接正犯的な主体と位置付けられる。著作権者から許諾を受けるべき者は、スナックの経営者であり、客や従業員の行為は手足の行為といえるから、スナックの経営者を差止請求の相手方とみることが可能であろう。

ウ　ロクラクⅡ事件最高裁判決の考え方

最一小判平成23・1・20民集65巻1号399頁〔ロクラクⅡ事件〕等の番組転送サービスの提供者については、サービス提供者自身が「複製機器を用いた放送番組の複製の実現における枢要な行為」を行っており、同人の行為がなければ著作物の利用が「およそ不可能」であるとして、複製の主体であるとされた。この場合、受信者の一人一人であるユーザーの行為が個人的・家庭内の複製にすぎないと考えれば、直接行為を行う個々のユーザーの行為自体は違法性がないから、いわば間接正犯型となる。他方、ユーザーの行為にも違法性があるとすれば、いわば共同正犯型になるし、ユーザーの侵害行為に供するサービスを提供していると見れば、後記の寄与侵害型の類型ということもできる。

エ　侵害に供する機器の提供の類型（寄与侵害型）

侵害にのみ用いる専用品の提供であり（特許法101条1号参照）、侵害の結果がユーザーの専用品の使用行為により発生する場合は、提供者に対し提供行為の責任を負わせるべきである。

なお、東京高判平成17・3・3判時1893号126頁〔2ちゃんねる小学館事件〕は、発言者への削除要請が容易なら運営者が侵害をしていると目すべ

きでない場合がある旨判示しているところ、ユーザーへの権利行使が容易か否か、実効性があるか否かがポイントであろう。

⑶　差止請求の相手方を拡張する手法

　著作権侵害の主体ではないが侵害行為を幇助する者に対しては、民事上、損害賠償を請求することができる（民法719条）。侵害行為の幇助者であっても著作権法112条の差止めの相手方となるとすれば、差止めの相手方は広がることになる。もっとも、幇助者に対する差止請求の可否について、前記のとおり従前の裁判例及び学説は、肯定と否定に分かれており、直接判示した最高裁判例はない。この点の詳細は、第3章Ⅱを参照されたい。

⑷　支分権の拡張

　ア　支分権が拡張されることによって、従前侵害行為と捉えることが難しかった行為についても、著作権侵害ということができるようになったものがある。

　例えば、平成11年改正により、映画の著作物以外にも上映権が創設されたことにより、カラオケにおけるソフトの再生（歌詞の画面表示）をも著作権侵害と捉えることが可能となった。これにより、現行法の下では、カラオケに関しても、最三小判昭和63・3・15民集42巻3号199頁〔クラブキャッツアイ事件〕の時代と異なり、客の歌唱という行為を捉えなければならないほどの擬制が必要な事態は少なくなったといえよう。

　イ　従来型の同一性保持権の侵害（例えば、映画の著作物を改変したビデオや、音楽の著作物を改変したCDの製作）を念頭に置くと、改変行為がビデオやCDといった侵害物件の製作段階で行われるため、既に改変されたビデオを視るだけ又は改変されたCDを聴くだけのユーザーが著作者人格権侵害に問われることは考えられなかった。そこで使用されるビデオカセットレコーダーやCDプレイヤーはビデオやCDを直接再生処理するも

のであったため、ビデオやCDの製作といった行為を捉えて、翻案権や同一性保持権の侵害と構成し、その頒布といった行為を捉えて著作権法113条1項2号に該当するものと法律構成することが可能であった。

しかし、最三小判平成13・2・13民集55巻1号87頁〔ときめきメモリアル事件〕のような事案では、コンピュータがプログラムやデータ等をいったんRandom Access Memoryという記憶装置に保存してからその上で演算処理するという、従来の再生機器には見られない仕組みとなっており、メモリーカードは、プログラムそのものを改変するものではなくアウトプットである影像ないしストーリーを改変するため、メモリーカードが使用された段階で初めて同一性保持権の侵害行為が行われることになる。コンピュータを用いたデジタル著作物の改変につき、著作物の内容が現実に改変されるに至らなくても、「コンピュータを用いて再生すれば著作物の内容が改変されるような状態を作り出したこと」をもって何らかの侵害を認めるような権利を創設することは考えられないであろうか。このような立法があれば、上記のケースでも現行の著作権法113条によって規律することも可能になる。

このように、デジタル化時代においては、従前の複製権を中心とした支分権にとらわれない視点も必要ではなかろうか。

ウ　同一性保持権を侵害して改変された後の著作物の利用行為について、著作権法113条に規定されているのは一部の支分権についてであり、改変されたものを放送したり、改変されたものを更に複製したりする行為について規定されてはいない。

同法113条1項においては、一定の行為を著作権侵害又は著作者人格権侵害とみなしているが、同一性保持権を侵害して作成された二次的著作物を放送する行為は、著作権侵害には該当しても、著作者人格権侵害には該当しない。すなわち、著作権法20条は、条文上、改変行為だけを侵害行為としており、改変された後の著作物の利用行為については規定されていない。また、同法113条1項には、同一性保持権侵害とみなされる行為が規

定されているが、そこで列挙されているのは、頒布行為や頒布目的の所持、輸出などの行為であり、同法21条ないし26条の3に定められた支分権の対象となる行為の中から、一定の類型の行為のみを一定の要件を課して同一性保持権侵害とみなしている。同法113条1項においては、頒布行為と同列に扱われるべき公衆送信（放送）行為や複製（録音）行為は、同一性保持権侵害とはみなされていないし、「頒布」は、同法2条1項19号において定義されているとおりの行為をいい、公衆送信（放送）や複製（録音）を含むと解することはできない（東京地判平成15・12・19判タ1149号271頁〔記念樹フジテレビ事件〕）。これらの行為を侵害とするには、新たな立法が必要であろう。

エ　ほかにも、支分権を新設することにより、新たな著作物の利用形態に対する排他的権利を創設してこれを禁じることを可能とすべき類型がありそうである。もっとも、支分権を創設して著作権者の排他的権利を拡充する場合には、著作物の公正な利用（著作権法1条）との調和は常に考慮する必要がある。

(5)　みなし侵害の拡張

著作権を直接的に侵害する者以外の者に対しても、一定の場合に、差止めを含め、一定の責任を負わせるべき場合がある。著作権の侵害を惹起し、侵害手段を提供する者に、損害賠償のみならず、差止めを認めるべき場合があり、侵害の行為に供する機器の提供者の責任はその最たるものである。

最三小判平成13・2・13民集55巻1号87頁〔ときめきメモリアル事件〕のケースも、ユーザーを特定することは困難であり、まして家庭用ゲームソフトであるから、メモリーソフトの購入者が家庭内で実際に改変行為を行っているのか確定することも困難であって、ユーザーに権利行使をすることは実際上は不可能に近いのに対し、装置の輸入販売業者の輸入販売行為を差し止めることに実効性がある事案であった。もっとも、メモリー

カードの使用（ストーリーの改変）行為こそが改変行為に該当するものであるところ、その輸入販売行為自体は、メモリーカードを使用してゲームソフトを改変するという行為を伴っていないところに問題がある。このような侵害専用品の提供者には、著作権ないし著作者人格権侵害の結果について予見可能性がある。そして、提供者の行為と侵害結果との間に因果関係の成立が認められる。この類型の差止めを認めるためには、侵害専用品の製造（輸入）販売行為を著作権（又は著作者人格権）の侵害とみなす旨の立法が望まれる。

　現に特許法等には、一定の類型の行為を侵害とみなす旨の特許法101条の間接侵害規定があるのに対し、著作権法におけるみなし侵害規定は、同法113条に規定されているものの、その規定をもって十分であるとはいえない。そのために同法112条を類推適用するという事例（大阪地判平成17・10・24判時1911号65頁〔選撮見録事件〕）さえ登場している。他方、直接侵害者ではない関与者の責任を余りに広く追及すると、侵害でない使用を行うユーザーが新しい技術の恩恵を受けることができないなどの社会的な損失も伴うことに照らすと、その責任を認める範囲に適正な限界を設ける必要がある。よって、著作権法113条をもっと拡充して明確化し、著作権を実効的に保護することが必要であると考えられる。

　以上のとおり、現行法の解釈論のみによっては、著作権侵害の直接侵害者でない関与者の責任を認めることに限界がある。他方、物理的な侵害行為を実行した者以外の者に、共同不法行為による損害賠償責任のみならず、差止請求という形で侵害者としての責任を負わせるのが相当な場合がある。

　この問題は、本来は、立法により解決すべき事項であり、差止めをも認めるべき行為類型については、支分権を拡張するという方法のほか、一定の行為を侵害とみなす旨の規定を置くなどして、明確にすることを検討すべき時期にきていると思われる。明文規定がないままに裁判例の集積に頼るのは法的安定性を欠き、技術の進歩に伴い従来には予想されなかった新

技術に伴う著作権の利用行為が著作権侵害か否かを予測することが困難であるという産業界からの批判もある。

文化審議会著作権分科会法制問題小委員会司法救済ワーキングチームにおいて、著作権法112条の侵害に該当する行為は、著作物等につき自ら物理的に利用行為をなす行為に限定されるものではなく、一定の要件を満たす他者の行為もこれに該当し得ることを、法律上明確化すべきと考えられるとの報告が出されたが（平成19年度・中間まとめ）、立法に至っていない。

明文規定がないままに裁判例の集積に頼るのは法的安定性を欠くとの指摘に照らし、明確にすべき点は立法によって明確にし、柔軟な解釈が求められる部分を解釈に委ねることにより、著作権の実効的保護と公正な利用の調和が可能になると思われる[31]。

31　髙部眞規子「判解」最高裁判所判例解説民事篇〔平成13年度〕〔6〕事件、同「カラオケリース業者に使用禁止措置を命じた裁判例をめぐって」AIPPI 49巻4号2頁、同「国際化と複数主体による知的財産権の侵害」『秋吉喜寿』161頁、同「著作権侵害の主体について」ジュリ1306号114頁

Ⅲ 〔保護対象（著作物性）〕

1 著作物の意義

(1) 著作物性

　著作権法は、著作物を「思想又は感情を創作的に表現したものであって、文芸、学術、美術又は音楽の範囲に属するもの」と定義している（著作権法2条1項1号）。

　著作権は、出願及び審査という過程を経て成立する特許権と異なり、無方式で権利が発生するため、著作物性は、著作権侵害訴訟におけるいわば保護要件として、争いになることが多い。

(2) 最高裁判例

　著作物性に関して判断した最高裁判例としては、以下のものがある。

　ア　最一小判平成9・7・17民集51巻6号2714頁〔ポパイ事件〕

　同判決は、「漫画において一定の名称、容貌、役割等の特徴を有するものとして反復して描かれている登場人物のいわゆるキャラクターは、著作物に当たらない。」と判示した。ここにキャラクターとは、漫画の具体的表現から昇華した登場人物の人格ともいうべき抽象的概念である。

　また、同判決は、「二次的著作物の著作権は、二次的著作物に漫画の具体的表現からおいて新たに付与された創作的部分について生じ、原著作物と共通し、その実質を同じくする部分には生じない。」ことを明らかにした。

　イ　最一小判平成12・9・7民集54巻7号2481頁〔タイプフェイス事件〕

　同判決は、「印刷用書体が著作権法2条1項1号にいう著作物に該当す

るためには、従来の印刷用書体に比して顕著な特徴を有するといった独創性及びそれ自体が美術鑑賞の対象となり得る美的特性を備えていなければならない。」と判示し、印刷用書体の著作物性を認める要件を明確にした。

　ウ　最一小判平成13・6・28民集55巻4号837頁〔江差追分事件〕

　同判決は、「思想、感情若しくはアイデア、事実若しくは事件など表現それ自体でない部分又は表現上の創作性がない部分において既存の言語の著作物と同一性を有するにすぎない著作物を創作する行為は、既存の著作物の翻案に当たらない。」と判示した。

　同判決が明らかにしたように、著作権法が保護するのは、思想、感情若しくはアイデア、事実若しくは事件など表現それ自体でない部分又は表現上の創作性がない部分ではない。このような部分において既存の著作物と同一性を有するにすぎない著作物を創作する行為は、既存の著作物の複製にも翻案にも当たらない。

(3)　著作物の要件

　著作物の要件を分説すると、次のとおりになる。

　①　思想又は感情の「表現」であること

　②　「創作的」な表現であること

　③　文芸、学術、美術又は音楽の範囲に属するものであること

　そこで、以下、順に検討する。

2　思想又は感情の「表現」の要件

(1)　表現を保護することの意味

　ア　思想又は感情

　この要件における「思想又は感情」とは、哲学的概念のような厳格なものではなく、著作者の精神的活動の表現で足りるとされている。

イ　表　現

最一小判平成13・6・28民集55巻4号837頁〔江差追分事件〕が明らかに
したように、思想、感情若しくはアイデア、事実若しくは事件など表現そ
れ自体でない部分又は表現上の創作性がない部分において既存の著作物と
同一性を有するにすぎない著作物を創作する行為は、既存の著作物の複製
にも翻案にも当たらない。

このように、表現それ自体でないもの、すなわち、思想、感情又はアイ
デアや、事実又は事件は、著作権法における保護の対象とはなり得ない。
もっとも、実務上は、「表現とは何か」というアプローチではなく、「表現
といえないものは何か」という観点から、判断される場合が多い。江差追
分事件最高裁判決によれば、表現それ自体でないものとして、大別して、
「思想、感情又はアイデア」と、「事実又は事件」の2つのグループがあ
る。

⑵　思想、感情又はアイデア

ア　思想・表現二分論

思想、感情又はアイデアが保護されないというルールは、アイデアと表
現の二分論から導かれる。すなわち、著作権法は、「思想又は感情を創作
的に表現したもの」（著作権法2条1項1号）を保護するもので、表現の基
礎にある思想又は感情ないしアイデアを保護するものではない。著作権の
保護対象が表現であって、アイデアは保護されないということは、著作権
制度の国際的かつ基本的な原則であり、「アイデアと表現の二分論」又は
「思想・表現二分論」といわれる（idea vs. expression dichotomy）[32]。な
お、TRIPs協定（世界貿易機関を設立するマラケシュ協定附属書一C知的所有

32　加戸守行『著作権法逐条講義〔六訂新版〕』69頁、田村善之『著作権法概説〔第2
版〕』18頁、作花文雄『詳解著作権法〔第4版〕』217頁、中山信弘「著作権法におけ
る思想・感情」特許研究33号5頁、吉田大輔「著作物認定についての基本的考え方」
裁判実務大系『知的財産関係訴訟法』59頁

権の貿易関連の側面に関する協定）9条2項は、「著作権の保護は、表現されたものに及ぶものとし、思想、手続、運用方法又は数学的概念自体には及んではならない。」旨規定し、WIPO著作権条約2条にも、同旨の規定がある。

「思想・表現二分論」の理論的根拠としては、第1に、表現の自由や学問の自由等の近代社会が有している基本的価値を守る点、第2に、思想をだれでも利用可能なパブリック・ドメインとして留めておくことが情報の豊富化に役立ち、文化の発展という著作権法の目的に合致する点、第3に、裁判において人の思想の同一性や類似性を判断することが困難であり妥当でないという点が挙げられる[33]。

「思想・表現二分論」によれば、表現でないものは保護の対象とはならない。すなわち、表現の基礎にある思想、感情又はアイデアは、表現そのものとは異なり、著作権法の保護の対象にならない。学説やアイデアがいかに独創的であったとしても、そのアイデア自体は、著作権法上保護の対象とならない（アイデア自由の原則）。したがって、例えば、原作品によってヒントを得たとか着想を感じ取ったというにとどまる場合は、翻案に当たらない。アイデアは著作物として保護されないからである。また、同様に、学術論文の内容に、いかに独創性、新規性があっても、著作権法上保護の対象とはならない。思想、感情又はアイデアとその表現が不可分であったり、あるいは、思想やアイデアの表現の選択が限られていたりする場合は、その表現部分は、著作権法の保護の対象とならないから、そこに同一性が認められても、翻案には当たらない。

　イ　表現に当たらないもの

　㋐　学説、学術論文の内容

　学説や思想それ自体は、著作権法により保護されるものではなく、自然科学上の法則やその技術思想の創作である発明も、いかに独創性又は新規

33　中山信弘『著作権法〔第2版〕』56頁

性があっても、著作権法上保護の対象とはならないし、学術論文の内容が類似する場合も、翻案に当たらないとされている（東京地判昭和59・4・23判タ536号440頁〔三浦梅園事件〕、東京地判平成4・12・16判時1472号130頁〔中国塩政史の研究事件〕）[34]。いわゆる著作物として著作権法が保護しているのは、思想又は感情を、言葉、文字、音又は色等によって具体的に外部に表現した創作的な表現形式であって、その表現されている内容、すなわちアイデアや理論等の思想及び感情自体は、たとえそれが独創性や新規性のあるものであっても、小説のストーリー等の場合を除き、原則として、いわゆる著作物とはなり得ず、著作権法に定める著作者人格権、著作財産権の保護の対象にはならないものと解すべきである。

(イ)　技術的思想

ことに、自然科学上の法則やその発見及び上記法則を利用した技術的思想の創作である発明等は、万人にとって共通した真理であって、何人に対してもその自由な利用が許されるべきであるから、著作権法に定める著作者人格権、著作財産権の保護の対象にはなり得ない。そのうち発明等が著作者人格権・著作財産権とは別個の特許権、実用新案権、意匠権等の工業所有権の保護の対象になり得るにすぎない。もっとも、自然科学上の法則やその発見及びこれを利用した発明等についても、これを叙述する叙述方法について創作性があり、その論理過程等を創作的に表現したものであって、それが学術、美術等の範囲に属するものについては、その内容とは別に、上記表現された表現形式が著作物として、著作者人格権・著作財産権の保護の対象となり得るものと解すべきである。

大阪地判昭和54・9・25判タ397号152頁〔発光ダイオード学位論文事件〕は、「Mgのカルゴゲナイドで四面体結合を有するものは、Te化合物のみで、他の化合物は岩塩構造である」等の表現は、単に物質の性質を現したもので、思想又は感情を表現したものとはいえないとしている。同旨の裁

34　西田美昭「複製権の侵害の判断の基本的考え方」裁判実務大系『知的財産関係訴訟法』117頁

判例も多い（東京高判昭和58・6・30無体裁集15巻2号586頁〔光学的縮小投影露光装置論文事件〕、大阪高判平成6・2・25判時1500号180頁〔脳波研究論文事件〕、知財高判平成22・5・27判タ1343号203頁〔脳機能画像解析学術論文事件〕）。

㈡　作風、画風

また、アイデアや着想、表現方法のほか、当該作品を特徴付ける小説家や画家の作風・画風も、それ自体は著作権法の保護対象ではない（京都地判平成7・10・19判時1559号132頁〔アンコウ行灯事件〕）。

ウ　アイデアと表現の区別

もっとも、アイデアと表現の境界は、著作権法の保護を受けるものと受けないものとを画する概念であるが、規範的要素が強く、その境界は、必ずしも明確ではなく、これを区別する一般的な基準を定立することには困難な面がある。著作物の種類によっても異なることが考えられ、著作物の創作者を保護し、保護の対象を表現に限定しアイデアを自由利用の対象とすることによって、創作活動を促し文化の発展に寄与することを目的とする著作権法の趣旨（1条）に鑑み、事案ごとにそれを検討して、両者を画することになろう。

なお、共通する表現形式からアイデアそのものを分離し、残った表現には創作性が認められないかどうか確認するという方法をとると、細切れに切り離した結果すべてアイデアかありふれた表現になってしまい、その表現の創作性が否定され、正当な創作性の評価を見誤るおそれがあるとの指摘がある。しかし、著作権者が主張する著作物からアイデアを分離するのでなく、共通する部分がアイデアであれば、それは表現上の本質的特徴を感得させるものとはいえないことに帰するように思われる。

(3)　事実又は事件

ア　事実の位置付け

事実や事件そのものも、「思想又は感情を創作的に表現したもの」とい

うことはできず、著作権法の保護の対象にならない。事実それ自体が著作権法の保護の枠外であるという原理もまた、世界的に認められた原則である。著作権法10条2項が、事実の伝達にすぎない雑報及び時事の報道は言語の著作物に該当しない旨規定し、死亡記事、些細な交通事故など日々生起するニュース等は著作物といえない。ベルヌ条約2条(8)にも同旨の規定があることからも、うかがわれるところである。

　事実それ自体は、人の思想又は感情から離れた客観的な所与の存在であり、精神的活動の所産とはいえず、万人共有のものというべきである。したがって、例えば、自然科学上の法則、歴史上の事実、人物に関する事実、社会的事件、株価や気温等のデータ等がこれに当たるといえよう。著作権法上、これらの事実を保護して独占を認めると、表現の自由や学問の自由に対する重大な侵害となるし、創作活動の保護奨励という著作権法の目的と無縁のものであるからである。

イ　歴史上の事実

　歴史上の事実は、著作権法の保護を受けない[35]（名古屋高判平成9・5・15判タ971号229頁・名古屋地判平成6・7・29判時1540号94頁〔春の波涛事件〕、東京地判平成12・12・26判時1753号134頁〔井深大葬儀事件〕、知財高判平成20・7・17判時2011号137頁〔ライブドア裁判傍聴記事件〕）。記述された歴史的事実を、創作的表現形式を変えた上、素材として利用することについてまで、著作者が独占できると解するのは妥当といえない。歴史的事実、日常的な事実等を描く場合に、他者の先行著作物で記述された事実と内容において共通する事実を採り上げたとしても、その事実を基礎的な素材として利用することは広く許容される（東京地判平成13・3・26判時1743号3頁〔大地の子事件〕）。

　他方、歴史的事実そのものではなく、これを創作的に表現したものに

---

[35]　西田美昭「複製権の侵害の判断の基本的考え方」裁判実務大系『知的財産関係訴訟法』117頁、吉田大輔「事実に密着した著作物の著作権の侵害」裁判実務大系『知的財産関係訴訟法』138頁

は、著作物性が肯定される場合もあり、また、事実の選択、配列や、歴史上の位置付け等が、本質的特徴を基礎付ける場合があり得ることには注意すべきであろう（東京地判平成10・11・27判時1675号119頁〔壁の世紀事件〕）。

したがって、例えば、実在の人物の生涯を綴った伝記や、歴史上の事実に関して記述した歴史小説等は、事実に立脚しつつ、著作者の思想又は感情がその著作物に創作的に表されるものであり、その解釈や論述の方法に個性の現れが認められ、著作物性が肯定される場合もあろう。ただし、それと同一の対象を扱って記述した場合には、単なる事実のみが同一である場合に著作権侵害とはなり得ず、仮にその事実が著作者の研究や調査の結果初めて判明した事実であっても、その事実について独占権を主張することはできない。その意味で、事実に立脚した著作物の保護範囲は限定され、その創作的表現部分をも同一であって初めて、侵害か否かが問題となり得よう。

　ウ　新聞記事

客観的事実を素材とする新聞記事であっても、収集した素材の中から記事に盛り込む事項を選択し、その配列、構成や具体的な文章表現に、著作者の思想又は感情が創作的に表現され、著作物性が認められる場合があり得る。このような場合にも、同様に解される（東京地判平成6・2・18判時1486号110頁〔日経コムライン事件〕）。なお、新聞の紙面等編集物でその素材の選択又は配列によって創作性を有するもの（著作権法12条1項）は、編集著作物として保護される（東京高判平成6・10・27判時1524号118頁〔ウォールストリートジャーナル事件〕）。

(4)　法律、命令等

著作権法13条各号に規定された法律、命令等も著作権の目的とならないが、官公庁の発行する文書でも高度に学術的意義を有し、必ずしも一般に周知させることのみを意図しないものは、学術に関する著作物として著作権の保護を受ける（東京地判昭和52・3・30判時845号25頁・東京高判昭和

57・4・22判時1039号21頁〔日本人の海外活動に関する歴史的調査事件〕）。

3 創作性

(1) 創作性の概念

ア 創作性の意義

著作物の創作性について、「創作的」に表現されたというためには、厳密な意味で独創性が発揮されたものであることは必要ではなく、作成者の何らかの個性が表現されたもので足りるといわれてきた。もっとも、それは文学や音楽、美術といった従来型の著作物については当てはまるが、プログラムのような機能的・事実的著作物においては、他の者に同じ機能を有するプログラムの創作の余地があるか否かといった基準で創作性を捉えるべきではないかといった指摘もあった。そして、新たな創作性の概念として、権利者へのインセンティブと他の者の情報の利用の自由との調和点を探るという観点から、「表現の選択の幅」と捉えるべきであるという見解が有力に唱えられるようになった[36]。

イ 創作性のないもの

裁判例においても、①既存の作品を模倣し、新たな表現が付け加えられていない場合、②文章自体がごく短く又は表現上制約があるため他の表現が想定できない場合や、③表現が平凡かつありふれたものである場合には、作成者の個性が表現されたものとはいえないなどとして、創作的な表現であるということはできないとされている（東京地判平成11・1・29判時1680号119頁〔古文単語語呂合わせ事件〕、東京高判平成13・10・30判時1773号127頁〔交通標語事件〕、東京地判平成16・3・24判時1857号108頁〔ヨミウリ・オンライン事件〕、東京地判平成17・5・17判タ1243号259頁〔通勤大学法律書コース事件〕、知財高判平成20・7・17判時2011号137頁〔ライブドア裁判傍聴記

---

36 中山信弘『著作権法〔第2版〕』65頁

事件〕）。

　上記①は、単に既存の著作物の複製物にすぎず、新たな創作性を付け加えたものとはいえない。

　上記②についても、ある思想を表現するのに極めて限定された表現方法しかない場合は、表現と思想が混同しており、著作権の保護の対象とはならない。欧米の判例理論では、アイデアを表現する場合に、唯一又はかなり限られた選択範囲でしか表現方法が存しない場合において、アイデアと表現が混同しているため、著作権の保護対象とはならないとする merger doctrine（マージャー理論）、著作権の保護対象とはするが、被告作品がデッドコピー又はそれと同程度のものである場合以外は、侵害が認定されないという thin copyright という考え方がある。そのような表現に著作権を認めると、著作権の保護が実質的に思想そのものの保護になってしまい、当該アイデア自体の独占を認めることになるからである。

　また、極めて短い文章は、だれが表現しても類似した表現にならざるを得ないところから、創作性が否定される場合がある。もっとも、極めて短い表現の中でも、俳句や標語等のように作者の個性が発揮されていると認められる場合には、創作性が肯定される（東京地判平成7・12・18判時1567号126頁〔ラストメッセージ in 最終号事件〕、東京地判平成9・8・29判時1616号148頁〔俳句添削事件〕、東京地判平成13・5・30判時1752号141頁〔交通標語事件〕）。

　上記③については、何をもってありふれたと評価すべきか、微妙な判断が求められる。だれが表現しても同様の表現とならざるを得ない場合は、そのような表現に独占権を与えると弊害が大きいことから、創作性を否定せざるを得ないであろう。著作権は相対的な権利とはいえ、後発者は一度その作品に接するとそのような表現を利用できなくなるおそれも高く、多様な文化の発展のためには、でき得る限り、ありふれた表現の創作性は認めるべきではない[37]。

ウ　判断要素

　創作性ないし個性の表れを判断するに際しては、①用語の選択、全体の構成の工夫、特徴的な言い回しの有無等の当該作品の表現形式、②当該作品が表現しようとする内容・目的に照らし、それに伴う表現上の制約の有無や程度、③当該表現方法が、同様の内容・目的を記述するため一般的に又は日常的に用いられる表現か否か、といった点が総合的に判断されている。

(2)　創作性と侵害の成否

　最一小判平成13・6・28民集55巻4号837頁〔江差追分事件〕によれば、表現上の創作性がない部分において既存の著作物と同一性を有するにすぎない著作物を創作する行為は、既存の著作物の複製にも翻案にも当たらない。

　同判決は、著作権法が創作的な表現を保護するもので、表現それ自体ではない部分や表現上の創作性がない部分において同一性があっても、翻案とはいえないことを、最高裁判所として初めて明確に判断したものである。このことは、著作権法の保護対象という、著作権法の基本的な原則から導かれるものである。この点の詳細は、第4章Ⅰを参照されたい。

　また、表現それ自体ではない部分や表現上の創作性がない部分は、著作権法上保護されるべき対象に当たらないことを示したものということもでき、著作物性を判断する上でも、参考になると思われる。

(3)　著作物の種類と創作性の範囲

ア　各種著作物における創作性

　著作権法は、その保護の対象にさまざまなものを含み、絵画や小説など、古典的な著作物に限らない。著作権侵害訴訟において、著作物性が特

37　中山信弘『著作権法〔第2版〕』73頁

に争われるのは、応用美術、設計図、写真、プログラム等についてである。これらの著作物に関しては、創作性がどこに存在するか、裁判例や学説も分かれており、微妙な判断を求められる。その詳細は、第4章Vに譲り、ここでは、最高裁判決のあるタイプフェイスについてのみ、解説する。

イ　印刷用書体の著作物性

(ア)　最一小判平成12・9・7民集54巻7号2481頁〔タイプフェイス事件〕は、印刷用書体が著作権法2条1項1号にいう著作物に該当するためには、従来の印刷用書体に比して顕著な特徴を有するといった独創性及びそれ自体が美術鑑賞の対象となり得る美的特性を備えていなければならないと判示した。印刷用書体について上記の独創性を緩和し、又は実用的機能の観点から見た美しさがあれば足りるとすると、この印刷用書体を用いた小説、論文等の印刷物を出版するためには印刷用書体の著作者の氏名の表示及び著作権者の許諾が必要となり、これを複製する際にも著作権者の許諾が必要となり、既存の印刷用書体に依拠して類似の印刷用書体を制作し又はこれを改良することができなくなるなどのおそれがあり（著作権法19条〜21条、27条）、著作物の公正な利用に留意しつつ、著作者の権利の保護を図り、もって文化の発展に寄与しようとする著作権法の目的に反すること、また、印刷用書体は、文字の有する情報伝達機能を発揮する必要があるために、必然的にその形態には一定の制約を受けるものであるところ、これが一般的に著作物として保護されるものとすると、著作権の成立に審査及び登録を要せず、著作権の対外的な表示も要求しない我が国の著作権制度の下においては、わずかな差異を有する無数の印刷用書体について著作権が成立することとなり、権利関係が複雑となり、混乱を招くことが予想されることを理由とする。

(イ)　国際的には、タイプフェイスの保護に関する国際条約である「タイプフェイスの保護及びその国際寄託のためのウィーン協定」によりタイプフェイスを保護する国（フランス・ドイツなど）もあるが、上記協定は未

発効であり、我が国は、現段階で上記協定を批准していない。イギリスでは、タイプフェイスを美術的著作物の一種として著作権により保護することとされ、アメリカ合衆国でも、タイプフェイスは、伝統的に特許法により保護され、デザインパテントとして登録されるほか、スイス、カナダにおいても、タイプフェイスを保護しているという。

　(ウ)　純粋に鑑賞用としての書家による書と異なり、実用に供されるタイプフェイスの著作物性については、従前、肯定否定両説があった。

　タイプフェイスも美術の著作物と認められる場合があるとする肯定説は、少数ながら、有力に唱えられていた[38]。その論拠として、①沿革は著作物性を否定する決め手とはならないこと、②工業所有権制度との調整が必要であることを理由として保護を拒むのは不当であること、③美的価値の多寡高低によって著作権の発生が左右されることはなく、美術鑑賞の対象となり得ることを要件とするのはおかしいこと、④実用性ゆえに著作物性を有しないとはいえないことなどが挙げられる。

　しかし、多数説は、書や花文字は著作物といえる場合があるが、一般的に印刷用書体が著作物というのは無理であるという否定説を採用していた[39]。その論拠としては、①活字として使われる文字の創作性は、各種の実用的な目的に適う手段としての特性にすぎないから、いかに広く解するにせよ、文字の型を思想・感情を表現する媒体と見るのは困難であること、②印刷用書体は実用品として利用されることを前提とするものであるから、利用の都度、著作権者の承諾が必要であり（著作権法21条）、印刷用書体の創作者の氏名を表示すべきである（同法19条）とするのは不合理であり、言語著作物の利用に支障をきたすおそれがあること（例えば、言語

38　牛木理一『意匠法の研究〔4訂版〕』431頁、弥永真生「書体の著作物性」裁判実務大系『知的財産関係訴訟法』96頁、播磨良承「タイプフェイスの保護法理に関する一試論」判時1064号148頁

39　玉井克哉「文字の形と著作権」ジュリ945号76頁、田村善之「写真植字機用文字書体の機械的複写行為と不法行為」ジュリ1015号283頁、大家重夫「印刷用文字書体保護の現状と問題点」特許管理37巻12号1448頁、久々湊伸一「応用美術の保護」半田正夫ほか編『著作権のノウハウ〔第6版〕』61頁

Ⅲ　保護対象（著作物性）　■　**117**

の著作物を印刷用書体を用いて複製する場合に書体の著作権者の許諾をも必要としたり、著作権の目的とならない法令を複製することも書体の著作権者の許諾がなければ著作権侵害となるような結果は、著作権法の趣旨に反する。）、③既存の印刷用書体に依拠して類似の字体を考案したり、文字の形を改良することができなくなる（同法20条、27条）のは、著作物の公正な利用を図り、文化の発展に寄与しようとする著作権法の趣旨（同法1条）に反すること、④タイプフェイスは人間社会における意思伝達の手段であるから、創意工夫が加えられても、万人共有の財産として、私有化を認めるべきではないこと、⑤応用美術は原則として意匠法により保護されるべきであり、著作権法により保護すると意匠法との関係が不明確になること、⑥著作権法の制定過程において、応用美術は美術工芸品を例外的に保護し、それ以外は著作物に含まれないとされていたことなどが挙げられる。

　下級審裁判例も、タイプフェイスの著作物性を否定するものが多かった（東京地判昭和54・3・9判タ383号149頁・東京高判昭和58・4・26判タ495号238頁〔ヤギボールド事件〕、大阪地判平成元・3・8判時1307号137頁〔写植文字盤用書体事件〕、東京地判平成5・4・28知的裁集25巻1号170頁・東京高判平成5・11・18知的裁集25巻3号472頁〔岩田書体事件〕）。

　㋑　このような中、最一小判平成12・9・7民集54巻7号2481頁〔タイプフェイス事件〕は、上記のとおり、印刷用書体が独創性及び美的特性を備えている場合に限り著作物性を認める余地を認めた。

　実用に供されるタイプフェイスは、書家による毛筆体のような場合を除き、原則として、著作権法2条1項1号所定の著作物の要件のうち、少なくとも創作性の要件を欠くものと思われる。また、同項にいう「美術」について、文化的な所産すなわち純粋美術又はこれと同視し得るような美的鑑賞に堪えるものをいうと解する立場に立てば、この要件も欠くということになろう。

118 ■ 第2章　当事者と保護対象

4 文芸、学術、美術又は音楽の範囲に属するもので あること

著作権法は、文芸、学術、美術又は音楽という4つのジャンルのいずれかに属することを著作物の要件と規定している。もっとも、そのうちいずれのジャンルに属するかは、余り重要ではない。

5 保護期間

(1) 保護期間一般

著作権法51条以下に、著作権の保護期間が規定されている。

その始期は、著作物の創作のときであり、無方式主義により、何らの手続を要することなく、著作物が保護される（同法51条1項）。

また、期間の計算方法は、著作者が死亡した日等の属する年の翌年から起算される（同法57条）。

その存続期間については、従前、原則として著作者の死後50年であったが（同条2項）、平成29年改正により、TPP協定が日本において効力を生ずる平成30年12月30日以降、死後70年となった。

無名又は変名の著作物の保護期間及び団体名義の著作物の保護期間については、原則として公表後50年から70年に改正された（同法52条、53条）。

なお、映画の著作物については、後記(2)のとおり、従前、公表後50年であったが、平成15年改正により、平成16年1月1日以降は公表後70年となった（同法54条1項）。

(2) 映画の著作物の保護期間

映画の著作物の保護期間は、旧法時代から改正が繰り返され、しかも独創性の有無や著作名義によって異なる規律としていたことから、法律関係

Ⅲ 保護対象（著作物性） ■ **119**

が複雑になっている。

　すなわち、旧著作権法（明治32年法律第39号）は、映画の著作物の保護期間を、独創性の有無（旧著作権法22条の３後段）及び著作名義の実名、無名・変名、団体の別（同法３条、５条、６条）によって別異に取り扱っていたところ、暫定的に数次にわたり保護期間を延長する旨の改正がされ、団体の著作名義をもって公表された独創性を有する映画の著作物の保護期間は、公表（発行又は興行）後33年間とされ（同法22条の３、６条、52条２項）、団体名義ではなく個人を著作者として公表された映画に関しては、死後38年の保護期間が適用される（同法３条、52条１項）。

　旧著作権法は、現行著作権法（昭和45年法律第48号。昭和46年１月１日に施行）により全部改正された。現行著作権法は、映画の著作物の保護期間を原則として公表後50年を経過するまでと定める（著作権法54条１項）とともに、附則２条１項において、「改正後の著作権法…中著作権に関する規定は、この法律の施行の際現に改正前の著作権法…による著作権の全部が消滅している著作物については、適用しない」旨の経過措置を定めた。

　なお、旧著作権法及び現行著作権法を通じて、上記保護期間の終期を計算するときは、公表された日の属する年の翌年から起算するものとされ（旧著作権法９条、著作権法57条）、その年から所定の年数を経過した年の末日の終了をもって当該期間は満了することとなる（民法141条）。

　映画の著作物の保護期間の延長措置等を定めた著作権法の一部を改正する法律（平成15年法律第85号）が、平成16年１月１日から施行された。これにより、映画の著作物の保護期間は、原則として公表後70年を経過するまでとされることとなった（上記改正後の著作権法54条１項）。なお、上記改正法附則２条は、この保護期間の延長措置の適用に関し、「改正後の著作権法…第54条第１項の規定は、この法律の施行の際現に改正前の著作権法による著作権が存する映画の著作物について適用し、この法律の施行の際現に改正前の著作権法による著作権が消滅している映画の著作物については、なお従前の例による」旨の経過規定を有している。

(3) 団体名義の独創性を有する映画の保護期間

ア 問題の所在

昭和28年に団体の著作名義をもって公表された独創性を有する映画の著作物は、旧著作権法上の保護としては、公表後33年を経過するまで、すなわち昭和61年12月31日までの保護期間が予定されていたところ、昭和46年1月1日の現行著作権法の施行に伴い、公表後50年を経過するまで、すなわち平成15年12月31日まで保護されることとなった。そして、映画が平成15年改正法附則の上記経過規定にいう「この法律の施行の際現に改正前の著作権法による著作権が存する映画の著作物」として上記改正後の著作権法54条1項の適用が認められるとすれば、その保護期間は平成35年12月31日まで延長されたことになるのに対し、上記経過規定にいう「この法律の施行の際現に改正前の著作権法による著作権が消滅している映画の著作物」として上記改正後の著作権法54条1項の適用が認められないとすれば、保護期間は延長されず、その著作権は既に消滅していることになる。

このように、昭和28年に公表され、改正前の著作権法によれば平成15年12月31日に存続期間が満了する予定であった映画の著作物につき、上記改正法が適用されるか否かが問題となる事案が登場した（東京地決平成18・7・11判時1933号68頁〔ローマの休日事件〕）。

イ 改正法の適用関係

文化庁長官官房著作権課は、上記改正につき、「昭和28年に公開され、平成15年12月31日24時（平成16年1月1日0時）に保護期間が満了することとなっていた映画の著作物の保護期間が延長されることになる。」旨の見解をくり返し表明していた[40]。

40　文化庁長官官房著作権課『著作権テキスト～初めて学ぶ人のために～平成17年度』25頁、文化庁『著作権法入門（平成16年版）』32頁、文化庁長官官房著作権課「解説著作権法の一部を改正する法律について」コピライト508号37頁、加戸守行『著作権法逐条講義〔六訂新版〕』975頁

この考え方は、「改正後の著作権法（以下「新法」という。）中著作権に関する規定は、この法律の施行の際現に改正前の著作権法（以下「旧法」という。）による著作権の全部が消滅している著作物については、適用しない。」との経過規定が設けられて昭和46年１月１日に施行された現行の著作権法（昭和45年法律第48号）について、従前文化庁が行ってきた説明と同様である[41]。

　しかしながら、法制執務としては、例えば「この法律は、平成11年３月31日限り、その効力を失う。」と規定されている場合に、平成11年３月31日午後12時まで効力を有し、同年４月１日午前零時に効力を失うと解釈されている[42]。平成15年12月31日午後12時と平成16年１月１日午前零時とが同時であるとしても[43]、法律の文言上は、平成15年12月31日午後12時まで権利が存在することと、平成16年１月１日午前零時にも存在することとは同義ではなく、文化庁のような解釈を導くことは困難であろう。

　ウ　最高裁判決

　最三小判平成19・12・18民集61巻９号3460頁〔シェーン事件〕は、「昭和28年に団体の著作名義をもって公表された独創性を有する映画の著作物は、平成16年１月１日から施行された著作権法の一部を改正する法律（平成15年法律第85号）による保護期間の延長措置の対象となる同法附則２条所定の「この法律の施行の際現に改正前の著作権法による著作権が存する映画の著作物」に当たらず、その著作権は平成15年12月31日の終了をもって存続期間が満了した」旨判示した。

41　加戸守行『著作権法逐条講義〔六訂新版〕』861頁、作花文雄『詳解著作権法〔第４版〕』217頁、佐野文一郎ほか『新著作権法問答〔改訂版〕』236頁、佐野文一郎「著作権制度改正の概要」ジュリ452号55頁、吉田大輔『明解になる著作権201答』228頁、文化庁編『最新版著作権法ハンドブック1987』37頁、著作権法令研究会編著『著作権法ハンドブック〔改訂新版〕』53頁

42　武蔵誠憲「立法と調査」210号、前田正道編『ワークブック法制執務〔全訂26版〕』253頁

43　星野英一『民法概論Ⅰ』246頁、我妻榮ほか『コンメンタール民法総則〔第３版〕』342頁

同判決は、上記経過規定中の「…の際」という文言は、一定の時間的な
広がりを含意させるために用いられることもあり、「…の際」という文言
だけに着目すれば、「この法律の施行の際」という法文の文言が本件改正
法の施行日である平成16年1月1日を指すものと断定することはできな
い。しかし、一般に、法令の経過規定において、「この法律の施行の際現
に」という上記経過規定と同様の文言が用いられているのは、新法令の施
行日においても継続することとなる旧法令下の事実状態又は法状態が想定
される場合に、新法令の施行日において現に継続中の旧法令下の事実状態
又は法状態を新法令がどのように取り扱うかを明らかにするためであるか
ら、そのような文言の一般的な用いられ方を前提とする限り、上記文言が
新法令の施行の直前の状態を指すものと解することはできない。したがっ
て、上記文言の一般用法においては、「この法律の施行の際」とは、当該
法律の施行日を指すものと解するほかなく、「…の際」という文言が一定
の時間的な広がりを含意させるために用いられることがあるからといっ
て、当該法律の施行の直前の時点を含むものと解することはできないと判
断して、昭和28年に団体の著作名義をもって公表された独創性を有する映
画の著作物は、本件改正による保護期間の延長措置の対象となるものでは
なく、その著作権は平成15年12月31日の終了をもって存続期間が満了し消
滅したとした。

　同判決は、自然人が著作者である旨がその実名をもって表示されたこと
を前提とするものではなく、旧法6条の適用がある著作物であることを前
提として平成15年法律第85号附則2条の適用について判示したものであ
る[44]。

(4)　個人の著作名義の映画の存続期間

　他方、現行著作権法制定の際、旧著作権法の定める著作権の存続期間が

44　宮坂昌利「判解」最高裁判所判例解説民事篇〔平成19年度〕〔38〕事件

現行法の存続期間より長い場合には、旧法が適用されると規定されたため（附則 7 条）、昭和28年以前に公表された映画の著作物であっても、未だ存続期間が満了していないものが存在することには、注意が必要である。

最一小判平成21・10・8 判タ1314号127頁〔チャップリン映画事件〕は、「著作者が自然人である著作物の旧著作権法（昭和45年法律第48号による改正前のもの）による著作権の存続期間については、当該自然人が著作者である旨がその実名をもって表示され、当該著作物が公表された場合には、仮に団体の著作名義の表示があったとしても、同法 6 条ではなく同法 3 条が適用され、当該著作者の死亡の時点を基準に定められる」と判断した。

旧著作権法の下において、著作物とは、精神的創作活動の所産たる思想感情が外部に顕出されたものを意味すると解される。そして、映画は、脚本家、監督、演出者、俳優、撮影や録音等の技術者など多数の者が関与して創り出される総合著作物であるから、同法の下における映画の著作物の著作者については、その全体的形成に創作的に寄与した者がだれであるかを基準として判断すべきであって、映画の著作物であるという一事をもって、その著作者が映画製作者のみであると解するのは相当ではない。また、同法の下において、実際に創作活動をした自然人ではなく、団体が著作者となる場合があり得るとしても、映画の著作物につき、同法 6 条によって、著作者として表示された映画製作会社がその著作者となることが帰結されるものでもない。同条は、その文言、規定の置かれた位置に鑑み、あくまで著作権の存続期間に関する規定と解すべきであり、団体が著作者とされるための要件及びその効果を定めたものと解する余地はない。

旧著作権法 3 条は、著作者が自然人であることを前提として、当該著作者の死亡の時点を基準にその著作物の著作権の存続期間を定めることとしている。しかし、無名又は変名で公表された著作物については、著作者が何人であるかを一般世人が知り得ず、著作者の死亡の時点を基準にその著作権の存続期間を定めると、結局は存続期間が不分明となり、社会公共の利益、法的安定性を害するおそれがある。著作者が自然人であるのに団体

の著作名義をもって公表されたため、著作者たる自然人が何人であるかを知り得ない著作物についても、同様である。そこで、同法5条、6条は、社会公共の利益、法的安定性を確保する見地から、これらの著作物の著作権の存続期間については、例外的に発行又は興行の時を基準にこれを定めることとし、著作物の公表を基準として定められた存続期間内に著作者が実名で登録を受けたときは、著作者の死亡の時点を把握し得ることになることから、原則どおり、著作者の死亡の時点を基準にこれを定めることとしたもの（同法5条ただし書参照）と解される。そうすると、著作者が自然人である著作物の旧法による著作権の存続期間については、当該自然人が著作者である旨がその実名をもって表示され、当該著作物が公表された場合には、それにより当該著作者の死亡の時点を把握することができる以上、仮に団体の著作名義の表示があったとしても、同法6条ではなく同法3条が適用され、上記時点を基準に定められる。

　なお、旧著作権法の下において映画製作会社の名義で興行された独創性を有する映画の著作物につき、監督を担当した者が著作者の一人であり、著作者の死亡の時点を基準に著作権の存続期間を定める同法3条が適用される結果著作権が存続している場合において、著作権者の許諾を得ずに、海外において製造した同著作物の複製物を輸入し、国内で頒布する行為をした者が上記映画の興行の時点から所定の期間が経過して著作権の存続期間が満了したと誤信していたとしても、上記の行為について、同人に少なくとも過失があるとされた。そこでは、①上記映画の監督を担当した者が同映画の全体的形成に創作的に寄与したことを疑わせる事情はなく、かえって、同人が同映画の冒頭部分等において監督として表示されていたこと、②旧著作権法の下において団体名義で興行された独創性を有する映画の著作物については、一律に、又は団体の著作名義をもって興行された著作物若しくはいわゆる職務著作による著作物として当然に、同法6条が適用され、興行の時点を基準に著作権の存続期間が定まるとの解釈を示す公的見解、有力な学説、裁判例があったことはうかがわれないことが、事情

として考慮されている（最三小判平成24・1・17判時2144号115頁〔暁の脱走事件〕）。

(5) 戦時加算

　外国人の著作物のうち、第二次世界大戦中に著作権が実質的に保護されなかったことを理由として、保護期間について戦時加算が必要な場合がある。詳細は、第6章Ⅲを参照されたい。

(6) 連載漫画の保護期間

　最一小判平成9・7・17民集51巻6号2714頁〔ポパイ事件〕によれば、連載漫画において登場人物が最初に掲載された漫画の著作権の保護期間が満了した後に当該登場人物について著作権を主張することの可否について、連載漫画において、登場人物が最初に掲載された漫画の著作権の保護期間が満了した場合には、後続の漫画の著作権の保護期間が未だ満了していないとしても、当該登場人物について著作権を主張することはできない。

第3章

請求の趣旨と原因

I

〔 著作権侵害訴訟における各種の請求 〕

1 請求権の概要

(1) 著作権の効力

　著作者又は著作権者は、自己の著作者人格権、著作権、出版権、実演家人格権又は著作隣接権（以下、併せて「著作権等」ということがある。）を侵害する者に対し、その侵害の停止を請求することができる（著作権法112条1項）。著作権者は、複製や上映といった行為を行う権利を専有するから（同法21条～28条）、第三者が原告の著作物を利用すれば著作権を侵害することになる。このように、著作権の効力の範囲は、それぞれの支分権や著作者人格権、著作隣接権の種類によって異なる。

　換言すれば、著作権の侵害とは、著作権者が専有する著作物の利用をする権利を、第三者が権原なく利用する行為をいう。

　以下、著作権等の侵害訴訟における差止請求、廃棄請求、損害賠償請求及び名誉回復措置の請求ごとに、言語の著作物等の侵害訴訟の典型的なケースを念頭において、請求権の内容や訴訟物を検討し（I）、各請求ごとの請求の趣旨及び判決主文とその問題点を検討した上（IIないしV）、その要件事実を検討することとする（VI）。

(2) 差止請求権の内容

　差止請求は、著作権法112条1項に規定され、侵害停止請求権と侵害予防請求権とがある。侵害停止請求権は、現に行われている著作権等の侵害行為、例えば、複製物の印刷、出版等が行われている場合に侵害行為の停止を求めることを内容とする。侵害予防請求権は、侵害のおそれのある場

128 ■ 第3章　請求の趣旨と原因

合、例えば、複製物の印刷、出版等が行われるおそれがある場合に侵害行為の予防を求めることを内容とする。

差止請求訴訟は、被告が現に行っている、あるいは将来行うであろう、対象作品の複製譲渡等の行為が原告の著作権等を侵害するものであることを理由として、被告に対し、当該著作権に基づき、被告作品の複製譲渡等の行為をしないという不作為を求める給付請求訴訟である（著作権法112条1項）。

(3)　廃棄請求権の内容

著作権法112条2項は、侵害の行為を組成した物、侵害の行為によって作成された物（例えば、無断で複製された書籍そのもの）又は専ら侵害の行為に供された機械若しくは器具（例えば、無断複製を行うためのネガフィルム、写真用原版、紙型）の廃棄その他の侵害の停止又は予防に必要な措置を請求できることを規定する。

(4)　損害賠償請求権の内容

著作権者は、故意又は過失によりその著作権を侵害した者に対し、その侵害により自己が受けた損害の賠償を請求することができる（民法709条）。著作権等の侵害という不法行為に基づく損害賠償請求であって、請求の趣旨は、民法709条に基づく一般の損害賠償請求の場合と変わるところはない。

(5)　名誉回復措置請求権の内容

著作者は、故意又は過失によりその著作者人格権を侵害した者に対し、損害の賠償に代えて、又は損害の賠償とともに、著作者であることを確保し、又は訂正その他著作者の名誉若しくは声望を回復するために適当な措置を請求することができる（著作権法115条）。著作者であることを確保するための適当な措置としては、具体的には著作者を明らかにする旨の広告

I　著作権侵害訴訟における各種の請求　■　129

が考えられる。また、訂正その他著作者の名誉若しくは声望を回復するための適当な措置としては、典型的には、訂正広告や謝罪広告の請求という体裁をとることが多い。なお、著作権法115条は、著作者人格権の侵害の場合の規定であり、著作権の侵害の場合に謝罪広告が認められる法的根拠がないことに注意を要する。

2　訴 訟 物

⑴　訴訟上の請求の特定

　確定判決は、主文に包含するものに限り、既判力を有する（民事訴訟法114条1項）。訴訟物は、既判力の客観的範囲を画するものである。

　そして、原告は、訴えにおいて、どのような裁判を求めるのかを明示することを要するところ、裁判所は、当事者が申し立てていない事項について、判断することができない（同法246条）。このように、裁判所は、原告が対象とした訴えの範囲に拘束される。

⑵　訴訟物の特定要素

　ア　債権は、①権利の主体と義務者（債権者と債務者）、②権利の内容（権利の種類と給付内容）、③権利の発生原因となる事実によって、特定される。

　したがって、まず、上記①のとおり、原告と被告という当事者によって、特定される。また、上記②のとおり、差止請求権や損害賠償請求権といった、請求権の内容によっても、特定される。著作権侵害訴訟において、上記③の発生原因事実については、保護を求める原告の著作権の対象となる著作物という被侵害利益と、侵害行為たる被告の行為如何によっても、異なってくる。

　イ　不法行為に基づく損害賠償請求権の訴訟物について、同一の事故により生じた同一の身体傷害を理由とする財産上の損害及び精神上の損害と

は、原因事実及び被侵害利益を共通にするものであるから、訴訟物は１個であるとみるべきであるとされている（最一小判昭和48・４・５民集27巻３号419頁）。被侵害利益の個数を基準に訴訟物の個数を決していると解される。

したがって、著作権侵害訴訟において、保護を求める原告の著作権の対象となる著作物が異なれば、被侵害利益が異なるから、別個の訴訟物となる[1]。なお、最一小判平成９・７・17民集51巻６号2714頁〔ポパイ事件〕は、一話完結形式の連載漫画について、完結した漫画それぞれについて侵害が成立し得るものであり、著作権の侵害があるというためには連載漫画のどの回の漫画についていえるのかを検討しなければならないとしている。

ウ　また、最二小判昭和61・５・30民集40巻４号725頁〔パロディ事件第二次上告審〕は、「１個の行為により同一著作物についての著作財産権と著作者人格権とが侵害されたことを理由とする著作財産権に基づく慰藉料請求と著作者人格権に基づく慰藉料請求とは、訴訟物を異にする別個の請求である。」旨判示した。上記判例の立場からすると、少なくとも、原告の同一の著作物に関する被告の同一の行為についても、原告の権利である著作財産権に基づく請求と著作者人格権に基づく請求とでは、被侵害利益が異なるから、訴訟物としては異なることになる。

上記③の発生原因事実のうち、被侵害利益については、上記のとおり、原告の権利としての著作財産権に基づく請求と著作者人格権に基づく請求とでは、被侵害利益が異なるから、訴訟物としては異なることになるが、さらに、著作財産権の中の支分権や著作者人格権の種類ごとに訴訟物が異なるといえるのか否かは問題がある。

被侵害利益が異質であるとして、複製権侵害に基づく差止請求と公衆送

1　小松一雄「著作権侵害行為の差止請求権」新裁判実務大系『著作権関係訴訟法』511頁

信権侵害に基づく差止請求とは訴訟物として別個であるとの見解もある[2]。

　他方、支分権ごとに著作物の利用態様が異なるから、異なる侵害態様の差止めを合わせて求める場合、例えば絵画の複製権と展示権に基づいて、絵画を複製することの差止めと原作品を展示することの差止めを求める場合は、支分権ごとに訴訟物が異なるということも可能であろうが、例えば、甲曲に依拠して乙曲を作曲したという同一の利用行為を対象に、複製権と翻案権の2つの支分権を主張する場合には、被侵害利益の共通性ないし要件の連続性に鑑み、1つの訴訟物と解することも可能だと思われる[3]。東京高判平成14・9・6判時1794号3頁〔記念樹事件〕では、第1審における複製権侵害の主張を撤回して翻案権（編曲権）侵害の主張を追加したが、控訴審における新請求とは捉えず、訴訟物を同一と捉えて原判決を変更している。

　エ　さらに、上記③の発生原因事実のうち、被告の侵害行為によっても、訴訟物は異なってくる。

　すなわち、原告の同一の著作物に基づく請求であっても、例えば、原告が創作した音楽の著作物について、被告が異なる日時場所で演奏したことが著作権侵害に当たるという主張をする場合には、侵害行為が連続的なものではなく別個であるとすれば訴訟物としては異なる。また、原告が創作した言語の著作物について、被告が出版した書籍が異なるものであれば、訴訟物は異なることになる。もっとも、書籍の改訂版について、異なるといえるか否かが問題になった事案もあり、対象となる書籍の特定が重要であることが、改めて認識させられる。東京高判平成15・9・29最高裁HP（平成15年㈹第582号）〔だれでもできる在宅介護事件〕は、原告が訴状にお

2　小松一雄「著作権侵害行為の差止請求権」新裁判実務大系『著作権関係訴訟法』511頁
3　小松一雄「著作権侵害行為の差止請求権」新裁判実務大系『著作権関係訴訟法』511頁、森義之「著作権侵害訴訟における訴訟物について」現代裁判法大系『知的財産権』370頁、田中浩之「著作権侵害訴訟の訴訟物」『著作権判例百選〔第4版〕』204頁

いて被告書籍として特定した事項は、前訴判決が前訴目録記載の書籍として特定した前訴書籍と題号が一致するものの、編集者、発行・印刷者及び発行日の記載は一致せず、又は表紙及び背表紙の名入れ並びに奥付の記載が一致していないなどとして、原告が訴状において、前訴目録に特定のために引用された事項のうち、題号以外の特定事項の記載を異なったものとして特定した被告書籍を、前訴判決において審理の対象とされた前訴書籍に当たるものということはできないとした。

なお、被告の侵害態様ごとに、すなわち例えば被告の行為の態様が複製か公衆送信かによって更に細かく区別するのかも問題になり得るが、少なくとも、同一の行為についてであれば、訴訟物を同一と捉えて、最早再訴を提起することはできないと解するべきであろう。

⑶　差止請求の訴訟物

以上によれば、原告の主張する著作物と被告の侵害行為の態様によって、差止請求の訴訟物が画されることになる。

そうすると、著作権侵害訴訟のうち、差止請求の訴訟物については、例えば、「原告の有するＡという著作物に係る複製権に基づく、被告のＢという書籍（別紙目録記載の書籍）の出版行為についての差止請求権の存否」であると解すべきであろう。そして、差止請求については、１つの権利（原告のＡという著作物に係る著作権又は著作者人格権）と１つの行為（被告のＢという書籍の出版という利用態様）の関係で訴訟物が画されるものと解される。このように考えると、被告の書籍が、例えばＢ′に改訂された場合には、ＢとＢ′とでは作品として異なることになり、訴訟物としても異なることになる。

⑷　損害賠償請求の訴訟物

著作権侵害訴訟のうち損害賠償請求訴訟は、被告が過去に原告の著作権を侵害する行為をしたことによる損害賠償（民法709条）として、被告に対

し、金員の支払を求める給付請求である。したがって、判決の主文ないし請求の趣旨としては、金額が特定されていれば足りる。

　損害賠償請求の訴訟物は、「不法行為（著作権侵害又は著作者人格権侵害）に基づく損害賠償請求権」、具体的には「原告の有するAという著作物に係る複製権を侵害する、いつからいつまでの被告のBという書籍（別紙目録記載の書籍）の出版行為についての損害賠償請求権」であり、当事者、原告の権利（Aという著作物に係る著作権又は著作者人格権）、被告の行為（Bという書籍の出版）の要素に加えて、損害賠償の対象期間によって、訴訟物が画されると解すべきであろう。

Ⅱ 〔 差止請求 〕

1 請求の趣旨・判決主文

⑴ 文　　例

差止請求の趣旨や判決主文は、被告の行為態様によってさまざまなものがあり得るが、以下に代表的な例を挙げる。

ア　書籍の販売の場合

被告らは、別紙目録記載の書籍を複製し、頒布してはならない。

（別紙）　目録

題号：「○○」

著作者名：Y_1

発行所名：Y_2

発行年月日：令和元年10月10日

イ　絵画の展示の場合

被告は、東京都○○区○○町○番地所在の○○ホールにおいて、別紙目録記載の絵画を展示してはならない。

ウ　音楽の演奏の場合

被告は、令和○年○月○日、東京都○○区○○町○番地所在の○○ホールで開催されるコンサートにおいて、別紙目録記載の音楽

Ⅱ　差止請求　■　135

を歌唱してはならない。

被告は、○○市○○町○○番地所在のスナック○○において、別紙目録記載の楽曲を演奏してはならない。

エ　映画の上映の場合

被告は、○○において、別紙目録記載の映画を上映してはならない。

オ　ピアツーピアにおけるサービスの場合

被告は、○○サービスにおいて、○○ファイル情報に係る○○形式によって複製された電子ファイルを送受信の対象としてはならない。

カ　差止請求権不存在確認請求の場合

被告は、原告に対し、原告が行う別紙目録1記載の内容の「○○」なる名称のサービスの提供について、被告が、別紙目録2記載の音楽著作物の著作権に基づき、これを差し止める請求権を有しないことを確認する。

（別紙1）　目録
　サービス名：○○
　サービスの内容：
（別紙2）　目録
　楽曲名：「○○」
　作曲者：X

⑵ 留意点

ア　差止めの対象及び内容

被告が現に行っている、又は行うおそれのある具体的な行為が、原告の著作者人格権や著作権を侵害するとして、その侵害行為の停止又は予防を求めるのが差止請求である。有体物に対する侵害行為と異なり、著作権等の侵害行為は、さまざまな態様によって行われ得る。差止請求に関しては、以下の点に留意すべきである。

① 　目録が社会的に見て特定されるよう記載すること（著作物の種類）

② 　支分権の内容と合致した行為の差止めを求めること

③ 　必要かつ十分な差止めを請求すること（過剰差止めに注意）

イ　差止めの内容の特定

上記①②のとおり、原告の主張する著作物の種類や支分権の内容、被告の行為態様にそって、差し止めるべき対象を特定することが必要である。

請求の趣旨や判決主文は、前記⑴のとおり、別紙目録を用いて差止めの対象等を特定するが、その別紙目録に添付すべき差止めの対象物件としては、例えば、被告が印刷、出版等をしている書籍を題号、著作者名、発行所名、発行年月日等により特定する必要がある。なお、いかなる第三者かを特定することもなく抽象的に「第三者をして被告各文献を発行、頒布すること」の差止めを認めるのは相当でない（東京地判平成17・5・17判タ1243号259頁〔通勤大学法律書コース事件〕）。

特定の程度については、後記2に詳述する。

ウ　被告の行為の一部が侵害の場合

また、上記③のとおり、差止めの対象は、必要かつ十分なものでなければならない。被告の出版する書籍の全体が著作権を侵害するものであるときは、差止請求は、「被告は、別紙目録記載の書籍を複製し、頒布してはならない。」という請求の趣旨となろうが、その一部分が原告の著作権を侵害する場合の請求の趣旨は、後記3を参照されたい。

2　差止めの内容の特定

(1)　特定の必要性

　特許法は、特許権者に業として特許発明の実施をする権利を専有させ
（特許法68条）、「実施」について定義規定を置いているから（同法2条3
項）、侵害者に請求する差止請求の内容も、それによって画されている。
これに対し、著作権法には、多くの支分権が規定されており、どの権利が
どのような態様で侵害されるかによって、請求の趣旨及び主文も異なって
くる。有体物に対する侵害行為と異なり、著作権等の侵害行為は、さまざ
まな態様によって行われ得る。そのため、差し止めるべき対象を特定する
ことが必要である。

　著作権等が侵害され又は侵害のおそれがあると認定されて差止請求が認
容される場合、判決主文において、被告に対し特定の行為の禁止が命じら
れる。判決主文で差止めを命じられた特定の内容の行為について、判決の
既判力及び執行力が生じる。差止請求は不作為請求であり、その強制執行
は、間接強制の方法による。また、不作為義務に違反して侵害行為がされ
た場合には、代替執行の方法による違反行為の結果の除去と適当な処分に
よる方法により、執行が行われる（民法414条2項、3項、民事執行法171
条、172条）。このように、判決主文は、強制執行の対象の範囲確定を判断
する上で重要な役割を果たすところから、債務名義において不作為命令の
対象はどの程度特定されていなければならないか、執行対象の特定として
十分か否かの観点から問題とされる。したがって、執行機関が強制執行を
するときの明白性が要求され、その判断資料として判決主文に必要かつ十
分な事項を記載すべきである。そして、判決主文においては、差止命令の
内容（行為の態様及び対象）を具体的に表現する必要があり、その表現は、
一義的、客観的、明確な用語でなければならない[4]。

⑵ 特定の内容

ア 行為態様の特定

まず、被告が現に行っている、又は将来行うおそれのある具体的な行為を特定する必要がある。その行為が著作権等の侵害に該当する行為であることが必要である。

㈠ 演奏権侵害

例えば、飲食店において原告が著作権を有する音楽著作物を演奏する被告の行為が著作権法22条の演奏権侵害に当たる場合であれば、

> 被告は、○○に所在する△△店において、別紙目録記載の楽曲を演奏してはならない。

となる。この場合、演奏される楽曲そのものが原告の権利に係る著作物であるから、別紙目録の楽曲には、原告の著作物を特定して掲げることになる（例えば、楽曲名や作詞者、作曲者等で特定する）。公衆に直接見せ又は聞かせることを目的として（公に）演奏することが演奏権侵害となるのであるから（著作権法22条）、公に演奏し、又は公に演奏するおそれがある場所（所在地及び会場名等）の記載が必要である。また、行為としてはその態様（歌唱、演奏、CD の再生等）によって特定される。

被告が JASRAC 等からの許諾を受けないでカラオケ装置を操作し、音楽や歌詞を再生させたり、客や従業員に歌唱させている場合であれば、

> 被告は、○○に所在する△△店において、別紙目録記載の著作物を次の方法により使用してはならない。

4 　髙部眞規子「著作権侵害訴訟の請求の趣旨及び判決主文」新裁判実務大系『著作権関係訴訟法』41頁

> ① カラオケ装置を操作し、又は従業員をして操作させ、伴奏
> 音楽及び歌詞の文字表示を再生させること。
>
> ② カラオケ装置を操作し、又は従業員をして操作させ、伴奏
> 音楽に合わせて従業員に歌唱させ、若しくは自ら歌唱するこ
> と。

となる。著作権法22条の上演権や、同法22条の2の上映権の侵害の場合も
同様であろう。

(イ) 複製権、譲渡権の侵害

原告が著作権を有する著作物をそのまま掲載した書籍を出版すること
が、著作権法21条の複製権侵害、26条の2の譲渡権侵害に当たる場合に、
「被告は、別紙目録記載の書籍を出版し、販売し、頒布してはならない。」
とする例がみられる。しかし、「出版」には文書等を複製し、その複製物
を刊行物として販売・頒布することも含まれるから、出版の差止めを認め
る以上、頒布の差止めを重ねて求める理由はない（大阪地判平成4・8・
27判時1444号134頁〔静かな焔事件〕）。また、販売は頒布に含まれるから（同
法2条1項19号）、頒布差止めと別個に販売差止めを認める必要はない（東
京地判平成17・5・17判タ1243号259頁〔通勤大学法律書コース事件〕）。この
ようなケースにおいて、

> 被告は、別紙目録記載の書籍を複製し、頒布してはならない。

という主文（東京地判平成10・10・29判時1658号166頁〔SMAP事件〕）は、法
の規定に忠実であって、ここでいう「複製」とは著作権法2条1項15号に
規定するとおりであり、「頒布」とは同項19号を指す。

さらに、このような場合に「被告は、別紙目録記載の書籍を印刷、製
本、頒布してはならない。」とする例も見られるが、行為類型のうち少な
くとも「製本」という行為が直接著作権等を侵害するものではない以上、

これを著作権法112条1項による差止めの対象とすることには、問題があるのではなかろうか。この点につき、同条2項による侵害の予防に必要な措置として認める余地がないとはいえないが、「製本」の前の「印刷」（複製）という行為と、「製本」の後の「頒布」という行為を差し止めれば、通常は十分であろう。

また、「…頒布等の一切の行為」の禁止を求めた事案について、「等の一切の行為」は不特定といわざるを得ないであろう（東京地判平成17・5・17判タ1243号259頁〔通勤大学法律書コース事件〕）。

(ウ) 公衆送信権侵害

さらに、被告が運営するインターネット上の電子掲示板に、原告の著作物が無断で転載されたため、その行為の差止めを求めた事案においては、次のような主文が言い渡されている（東京高判平成17・3・3判時1893号126頁〔2ちゃんねる小学館事件〕）。

被告は、○○と題するホームページ（http://www.…）の△△倉庫（http://comic.….html）における別紙目録記載の発言を自動公衆送信又は送信可能化してはならない。

イ　差止対象の特定

書籍の出版が著作権等の侵害になる場合であっても、被告において、原告が著作権を有する著作物をそのままで複製する場合ではなく、原告著作物の表現上の本質的な特徴の同一性を維持しつつ、具体的表現に修正、増減、変更等を加えた書籍を出版する場合には、単に、「原告著作物を複製してはならない」という主文を掲げたとしても、具体的に被告の作成した書籍が原告著作物を複製等したものであるか否かが執行段階で問題になり得る。複製や翻案に当たるか否かを執行機関が判断するには限界があるから、そのような場合には、被疑侵害著作物（被告の作成した書籍）と行為態様の2点によって特定すべきことになる。

被疑侵害著作物の特定の仕方は、著作物の種類や態様によって異なるが、対象物が社会通念上他の類似の物と区別できる程度に具体的に記載する必要があり、そのため、通常は目録を用いて特定している。

　例えば、被告の作成に係る1冊の書籍全体が、原告著作物の複製権侵害であるとされる場合には、差止対象となるのは当該書籍であり、別紙書籍目録により、書籍名、発行所、著者、発行日等によって特定することになる。また、それが映画であれば、表題、上映時間、監督、映画製作者等により、音楽であれば、題名、作詞者、作曲者、編曲者等により、CDであれば、題名、発売元、曲目、実演者名等により、プログラムであれば、表題やオブジェクトプログラム等により特定し、また、絵画や写真であれば、作者や表題のほかその写しを添付することにより、特定することになる[5]。

ウ　行為者の特定

　差止めは、著作権等を侵害し又は侵害するおそれのある者に対して請求すべきものであり（著作権法112条1項）、いかなる第三者かを特定することもなく「第三者をして被告書籍を発行、頒布すること」の差止めを認めるのは相当でないと思われる。また、上記のような差止めを命じるとすれば、被告がそれ以外の第三者をして被告書籍を発行、頒布するおそれがある場合であろうが、判決の既判力は民事訴訟法115条所定の者のみに、判決の執行力も民事執行法23条所定の者のみにしか及ばないのであるから、被告の支配が及ばない第三者の行為の差止めを求める請求は、主張自体失当である。仮に、被告以外の者が被告書籍を発行、頒布するおそれがある場合には、その者に対して別途差止請求訴訟を提起すべきであろう（東京地判平成17・5・17判タ1243号259頁〔通勤大学法律書コース事件〕）。

5　具体例については、石原修「著作権侵害に基づく差止請求訴訟をめぐる問題点」『理論と実務4』313頁

3 部分差止めの可否

(1) 侵害が一部にとどまる場合（部分差止め）

　問題となるのは、一個の著作物の全部ではなく一部のみが侵害となる場合である。訴訟物ともからんでくるが、請求原因のレベルでは、例えば、複製権侵害が問題となる部分、すなわち被告の作成に係る書籍の一部（複数箇所に分かれる場合がある。）を特定して、原告の著作物と対比する必要があり、通常は原告が対比表を作成して主張する。請求の趣旨及び主文のレベルではどうすべきであろうか。ことに、侵害部分が全体のごく一部を占めるにすぎない場合に、それを理由に全体の差止めを求めることができるかという問題もある。

(2) 侵害部分が可分の場合

　侵害部分が可分である場合、例えば、1冊の書籍が数個の論文から成りその一論文のみが侵害である場合には、侵害部分を削除すれば、当該書籍を出版することは複製権を侵害するものではないから、当該書籍全体について差し止めるのではなく、その限度で認容する趣旨を明らかにすべきであろう。すなわち、「当該論文を含む当該書籍」の差止めを命じるべきであろう[6]。

　例えば、

　被告は、別紙論文目録1記載の論文を含む別紙書籍目録記載の書籍を複製、頒布してはならない。

6　高林龍『標準著作権法〔第3版〕』264頁

Ⅱ　差止請求　**143**

> 被告は、別紙論文目録1記載の論文を掲載したまま別紙書籍目録
> 記載の書籍を複製、頒布してはならない。

> 被告は、別紙論文目録1記載の論文を削除しない限り、別紙書籍
> 目録記載の書籍を複製、頒布してはならない。

といった主文が考えられる。実際に、被告書籍の一部分が原告の著作権を
侵害する場合において、「被告は、別紙目録記載の書籍のうち、別紙一覧
表…の部分を全て削除しない限り、右書籍を発行し、販売し又は頒布して
はならない。」（東京地判昭和53・6・21判タ366号343頁〔日照権事件〕）、又
は「被告は、別紙…の部分のいずれかを含む別紙目録記載の書籍を発行
し、販売等頒布してはならない。」（東京地判平成7・12・18判時1567号126
頁〔ラストメッセージin最終号事件〕）とした例がある。

　著作権を侵害する部分が書籍全体に占める割合がわずかな部分にすぎ
ず、当該書籍全体の差止めを認めることは、被告に過大な不利益を与え、
正義・公平に反する結果となるからである。書籍に掲載された絵画や写真
の一部のみが著作権侵害である場合も、同様である。

　もっとも、もとの書籍の一部を削除したり改訂等をしたものが同一の書
籍とはいえないとすると、当該書籍全体（1冊）の差止めを求めることも
可能であろう。

　従前、著作権侵害事件について最高裁判例が是認した主文例は見当たら
ないが、最大判昭和61・6・11民集40巻4号872頁〔北方ジャーナル事件〕
は、人格権としての名誉権に基づき、「別紙物件目録記載の著作物の印刷
…頒布させてはならない。ただし、目録記載の記事の掲載のないものを除
く。」とした上、物件目録において「ただし、○○と題する△頁から△頁
までの掲載のあるもの。」とした保全命令による差止めを認めたことが参

考になろう。

⑶ 侵害部分が不可分の場合

著作権を侵害する部分が可分でない場合において差止請求を認容すると
きには、当該書籍全体の差止めを認めることになろう（大阪地判平成４・
８・27判時1444号134頁〔静かな焔事件〕）。

東京地判平成７・10・30判時1560号24頁〔システムサイエンス事件〕は、
「別紙目録記載のプログラムを収納した別紙目録記載の装置を頒布し、又
は頒布のために広告し、展示してはならない。」という主文により、著作
権を侵害して複製されたプログラムを収納するROMを装着した装置につ
いての差止請求を認容した。技術的な支障があるために、装置に通じてい
る被告以外のものではROMのみを取り出して除去することが困難である
という事情が認められる場合には、かかる差止めも許されると評されてい
る[7]。

なお、名誉毀損に係る東京地判平成11・６・22判時1691号91頁〔石に泳
ぐ魚事件〕は、名誉毀損となる部分が不可分であったが、「…別紙目録記
載の作品につき、書籍の出版、出版物への掲載、放送、上演、戯曲、映画
化等の一切の方法による公表をしてはならない。」とし、上記判決は、東
京高判平成13・２・15判タ1061号289頁により控訴が棄却され、最三小判
平成14・９・24判時1802号60頁により、上告が棄却されて確定した。

⑷ 抽象的差止めの可否

差止めの対象が余りに具体的に特定されすぎていると、敗訴した被告
が、その侵害行為の態様（対象）をわずかに変更することで判決の効力を
免れ、権利者の保護に欠けるという指摘がある。被告が判決主文に掲げら

7　田村善之「知的財産侵害訴訟における過剰差止めと抽象的差止め」ジュリ1124号
　89頁

れた書籍そのものではなく、若干の変更を加えた書籍の出版を企てた場合、原告は、先の確定判決に基づいて執行することができるか否かという問題とも関連する。

抽象的差止めの適否については、請求の特定に欠けるとする見解もあるが、一定の場合には、特定の基準を緩やかに解することも可能であり、具体的危険、権利侵害の発生源と侵害結果をもって特定すれば適法であるとする見解も近時は有力である。最一小判平成5・2・25裁判集民事167号359頁〔横田基地事件〕は、国を被告として、「米軍をして、夜間の一定の時間帯につき、本件飛行場を一切の航空機の離着陸に使用させてはならず、かつ、原告らの居住地（屋外）において55ホン以上の騒音となるエンジンテスト音、航空機誘導音等を発する行為をさせてはならない」ことを求める請求について、被告に対して給付を求めるものであることが明らかであり、また、このような抽象的不作為命令を求める訴えも、請求の特定に欠けるものということはできないとした。もっとも、被告に対してその支配の及ばない第三者の行為の差止めを請求するものというべきであるから、上記差止請求は、主張自体失当として棄却を免れないとしている。

知的財産権の分野でも、被告が実施態様を変更して侵害を継続することが見込まれる場合には、差止判決の実効性を確保するため、抽象的な差止めを認めることを許容してよいとする学説もある[8]。そして、被告イラストが原告イラストの複製・翻案と認められる事案において、被告イラストを翻案することは原告イラストを翻案することにほかならないなどとして、被告イラストの複製の差止めのみならず、「被告イラストの翻案の差止め」を認容した裁判例もある（大阪地判平成31・4・18最高裁HP（平成28年(ワ)第8552号）〔眠り猫イラスト事件〕）。

しかし、無限定で微妙な判断を伴う翻案の差止めを認めることは、相当とは思えない[9]。

8　田村善之「特許権侵害における差止め」判タ1062号64頁
9　辻村和彦「判批」知財ぷりずむ202号20頁

また、余りに一般的抽象的な差止命令では、既判力や執行力の客観的範囲が不明確になり、執行の可否に問題が生ずるのみならず、審理の対象が明確でないために、被告の防御に支障が生じ、迅速な審理をすることの妨げとなりかねない。当初の差止訴訟において、仮に、侵害の対象物の改変をすることが予想され、改変後のものも侵害であるとすれば、侵害のおそれがあることを、請求原因としても主張立証すべきではなかろうか。訴訟物の同一性とも関連するが、著作権侵害か否かの判断は微妙な場合が多く、わずかな態様の変化によっても判断が分かれる可能性がないわけではなく、被告の防御の観点からも、抽象的な差止めを認めることには躊躇を覚える。

　この点に関し、民事訴訟法の学説において、執行機関の権限強化を目指し、又は債務名義の特定緩和を指向する見解が登場しており、ドイツの核心説も紹介されている[10]。差止訴訟における審理の円滑な進行及び被告の防禦の保障のみならず、執行対象とされる具体的な侵害態様と債務名義の不作為命令の同一性について、執行裁判所がどの程度判断することができるか、著作権者が新たな債務名義を取得することが衡平に反しないか等の観点から、さらに検討の余地があると思われる。

　現段階においては、わずかの変更を行ったにすぎないもの（実質的に同一のもの）については、執行機関が対応し、さらに対象が改変された場合には、仮処分を迅速に発令すること等の方法により対応するのが相当であろう。

4　差止めの必要性

⑴　侵害するおそれの要否

　差止請求が認められるためには、現に侵害行為が行われ、又は将来侵害

10　野村秀敏「債務名義における不作為命令の対象の特定—不正競争事件を中心にして」判タ559号11頁、560号15頁

が行われるおそれがあることが必要である（著作権法112条）。

　侵害するおそれが認められない場合は、訴えの利益を欠くことを理由に却下すべきであるとする見解もある[11]。しかし、著作権の侵害は、侵害停止請求の実体的要件であり、同様に、著作権を侵害するおそれがあることは、侵害予防請求の実体的要件と解すべきであり（同法112条1項）、これが認められない場合には、却下ではなく、侵害予防請求を棄却すべきであろう。

⑵　差止めの必要性

　侵害の停止予防を請求するには、過去における侵害があったこと、現に被告が原告への権利の帰属や侵害の事実を争っているなど将来侵害が繰り返されるおそれがあること等の事実が主張立証されるべきである。

　口頭弁論終結時に侵害行為を行っていないことの一事をもって差止めの必要性が消滅するわけではないが、具体的に、侵害物件を絶版として、取扱店等にも通知等している事案において差止めを認めなかった例がある（東京地判平成16・5・28判タ1195号225頁〔教科書準拠国語問題集事件〕）。同判決は、既に新版が発行されていて出版されていない教材はもとより、訴訟提起後に絶版等された教材についても、口頭弁論終結時における侵害のおそれを認めるに足りないとして、差止請求を棄却した。

　また、プログラムの新バージョンが開発され、販売されている場合に、それ以降旧プログラムの製造販売及び在庫の存在を認めるに足りる証拠がないとして、旧プログラムの差止め及び廃棄請求を棄却した例がある（東京地判平成7・10・30判時1560号24頁〔システムサイエンス事件〕）。

　著作権の侵害となる写真は1点のみで極小さい割合を占めているにすぎず、原告に生じる損害の金額は極少額である一方、同請求を認めるときは、被告らにおいて、既に多額の資本を投下して発行済みの写真集を販売

11　田村善之「特許権侵害における差止め」判タ1062号77頁

等することができなくなるという重大な不利益が生じることや写真集がさ
らに出版される可能性が小さいことを併せ考慮して、著作権侵害に係る出
版の差止請求について、権利の濫用であるとした事例もある（那覇地判平
成20・9・24判時2042号95頁〔写真で見る首里城事件〕）。

5 差止めの相手方

(1) 判例の立場

　差止めの相手方は、現に侵害行為をしている者又は侵害するおそれのあ
る者である（著作権法112条1項）。複数主体が侵害に関与する場合に、だ
れが「侵害行為をしている者」といえるか問題となる場合がある。

　ア　クラブキャッツアイ事件

　最三小判昭和63・3・15民集42巻3号199頁〔クラブキャッツアイ事件〕
は、スナックにおいて、カラオケ装置と音楽著作物たる楽曲が録音された
カラオケテープとを備え置き、ホステス等従業員においてカラオケ装置を
操作し、客に曲目の索引リストとマイクを渡して歌唱を勧め、客の選択し
た曲目のカラオケテープの再生による演奏を伴奏として他の客の面前で歌
唱させ、また、しばしばホステス等にも客とともにあるいは単独で歌唱さ
せ、もって店の雰囲気作りをし、客の来集を図って利益を挙げることを意
図していたという事実関係の下においては、ホステス等が歌唱する場合は
もちろん、客が歌唱する場合を含めて、演奏（歌唱）という形態による当
該音楽著作物の利用主体はスナックの経営者であるとして、不法行為責任
を肯定した。上記判決は、支配管理及び営業上の利益の帰属を理由に、客
による歌唱も、著作権法上の規律の観点からは経営者による歌唱と同視し
得るものであるとして、著作権侵害の主体を判断した。

　この判例理論によれば、ゲームセンターに設置されたゲーム機の操作に
より著作権を侵害する場合は、客であるプレイヤーではなくゲームセン
ターの経営者が主体であると解する余地があるが（上映につき、東京地判

II　差止請求　■　149

昭和59・9・28判時1129号120頁〔パックマンビデオゲーム事件〕)、その場合でも、ゲームのプレイという場面で捉える限り、ゲーム機の提供者を行為の主体と解することにはならないであろう。

イ　ときめきメモリアル事件

最三小判平成13・2・13民集55巻1号87頁〔ときめきメモリアル事件〕は、専らゲームソフトの改変のみを目的とするメモリーカードを輸入、販売し、他人の使用を意図して流通に置いた者は、他人の使用により、ゲームソフトの同一性保持権の侵害を惹起したものとして、著作者に対し、不法行為に基づく損害賠償責任を負うとした。上記判決は、メモリーカードの使用によって同一性保持権侵害が惹起されたものであり、この場合に輸入販売業者が損害賠償責任を負うと判断したものである。上記判決は、侵害の主体がユーザーであるとする見解（ユーザー説）に立って、輸入販売業者は、専ら侵害を生じる装置を提供したことにより、ユーザーの侵害行為の幇助者として共同不法行為責任を負う（民法719条2項）と解したものと理解することが可能である。あるいは、侵害の主体が装置提供者であるとする見解（装置提供者説）に立って、輸入販売業者自身が、ユーザーを手足とする侵害の主体であると解したものと理解することも可能であるが、家庭用ゲーム機の場合に、ゲームソフトのプレイヤーと侵害のための装置を提供した者との関係は、支配管理の点でカラオケ店の従業員や客と経営者との関係より遠く、装置提供者の管理の下に、又はその手足又は道具として改変行為を行ったと評価することは、困難な場合が多いと思われる[12]。大阪地判平成9・7・17判タ973号203頁〔ネオジオ事件〕は、侵害のための装置の販売業者は、ユーザーが家庭用ゲームソフトの上映をすることについて支配管理を及ぼしていないと判示した。

ウ　まねきTV事件、ロクラクⅡ事件

最一小判平成23・1・18民集65巻1号121頁〔まねきTV事件〕、最三小

12　髙部眞規子「判解」最高裁判所判例解説民事篇〔平成13年度〕〔4〕事件

判平成23・1・20民集65巻1号399頁〔ロクラクⅡ事件〕は、いずれも、テレビ番組の送信の主体ないし複製の主体が、サービス提供者であるとしたから、差止請求の相手方も、当然サービス提供者であることを前提としている。

(2) 装置提供者に対する差止請求の可否

我が国の著作権法は、間接侵害の規定を置いておらず、専ら著作権等を侵害する物の製造、輸入、販売等の行為を侵害とみなすこともしていないから（著作権法113条参照）、前記(1)イのユーザー説を採用すると、侵害の幇助をしたにすぎない輸入販売業者に差止めを認める根拠はないことに帰する。

他方、装置提供者説によると、輸入販売業者自身が侵害者として侵害の停止を求められることになる。しかし、装置提供者説によっても、メモリーカードの輸入販売行為自体が同一性保持権の侵害に当たるわけでなく、その使用行為によって侵害が生じることからすると、著作権法112条1項によりメモリーカードの輸入販売という行為の差止めを認めることは困難である。装置提供者説によった場合の差止請求として、「被告は、別紙目録記載のメモリーカードを使用し、又はその購入者をして使用させてはならない。」という判決主文とし、このような差止請求をするに際し、侵害の停止又は予防に必要な措置として著作権法112条2項に基づき、「被告は、別紙目録記載のメモリーカードを輸入、販売してはならない。」とすることが考えられなくはないが、通常の解釈から直ちに導けるものではない。

いずれにせよ、このような事案については、仮にユーザー説に立っても、個々のユーザーに対し差止めや損害賠償を請求することは、事実上困難であり、また、装置提供者説に立っても、上記のような無理な解釈論を展開するよりは、英米法を参考にして、侵害の行為に供される装置の提供者の行為（製造販売、輸入販売等）を侵害とみなす旨の立法がされる方が

Ⅱ　差止請求　■　**151**

簡明であり、装置の提供の差止めを認めることこそが実効性を有するものと解される。

⑶　幇助者に対する差止めの可否

　著作権の侵害を行う直接の主体ではなく、幇助者に対し差止めを求めることができるか否かについて、従前の裁判例及び学説は、分かれている。

ア　肯　定　説

　侵害の幇助行為を現に行う者であっても、幇助者の行為が当該著作権侵害行為に密接な関わりを有し、当該幇助者が幇助行為を中止する条理上の義務があり、かつ当該幇助行為を中止して著作権侵害の事態を除去できるような場合には、当該幇助行為を行う者は侵害主体に準じるものと評価できるから、著作権法112条1項の「著作権を侵害する者又は侵害するおそれがある者」に当たるとする見解である[13]。

　肯定説の根拠は、大阪地判平成15・2・13判時1842号120頁〔ヒットワン事件〕に集約されており、同判決は、その理由付けとして、以下の4点を挙げる。

　㈠　著作権法112条1項に規定する差止請求の制度は、著作権等が著作物を独占的に支配できる権利（著作者人格権については人格権的に支配できる権利）であることから、この独占的支配を確保する手段として、著作権等の円満な享受が妨げられている場合、その妨害を排除して著作物の独占的支配を維持、回復することを保障した制度であるということができるところ、物権的請求権（妨害排除請求権及び妨害予防請求権）の行使として当該具体的行為の差止めを求める相手方は、必ずしも当該侵害行為を主体的に行う者に限られるものではなく、幇助行為をする者も含まれるものと解し得ることからすると、同法112条1項に規定する差止請求についても、

13　田中豊「著作権侵害とこれに関与する者の責任」コピライト485号2頁、著作権研究所研究叢書№4『寄与侵害・間接侵害に関する研究』36頁〔田中豊〕、同59頁〔鎌田薫〕、作花文雄「民法法理と著作権制度の体系及び構造」コピライト500号16頁

少なくとも侵害行為の主体に準じる立場にあると評価されるような幇助者を相手として差止めを求めることも許容される。

(イ) 同法112条1項の規定からも、上記のように解することに文理上特段の支障はない。

(ウ) 現に侵害行為が継続しているにもかかわらず、このような幇助者に対し、事後的に不法行為による損害賠償責任を認めるだけでは、権利者の保護に欠けるものというべきであり、また、そのように解しても著作物の利用に関わる第三者一般に不測の損害を与えるおそれもない。

(エ) 特許法と著作権法とは法領域を異にするものであるから、特許法における間接侵害の規定が著作権法にないとしても、著作権法が幇助的ないし教唆的な行為を行う者に対する差止請求を認めていないと解する必然性はないし、本件において著作権法112条1項の差止請求の対象に含めるべきであるとする行為は、現に著作権侵害が行われている場合において、その侵害行為に対する支配・管理の程度等に照らして侵害主体に準じる者と評価できるような幇助行為であるから、特許法上の間接侵害に当たる行為とその適用場面を同一にするものではないから、著作権法において特許法上の間接侵害に該当する規定が存在しないことは、上記解釈の妨げになるものではない。

イ　否定説

しかし、以下のとおり、現行法の解釈として、著作権侵害の主体でなく幇助者にすぎなくても、著作権法112条1項にいう「著作権を侵害する者又は侵害するおそれがある者」として差止請求の相手方になることが可能であるという、肯定説の見解には、直ちに賛同することはできない。また、著作権法112条を類推適用して差止めを認めるくらいであれば、同法113条で侵害とみなした意義が乏しく、直截に差止請求権を法定すべきであろう[14]。

(ア) 理由付け(ア)について

民法上、妨害排除請求権・妨害予防請求権の相手方は、「妨害状態を生

じている者・おそれのある者」であるといわれている。例えば、物権的請求権の行使として建物収去土地明渡しを求める相手方についていえば、現実に建物を所有することによって土地を占有して所有権を侵害している者であり、他人に譲渡した後も登記名義を保有する場合も含むとされている（最三小判平成6・2・8民集48巻2号373頁）。しかしながら、ヒットワン事件が述べるように、民法上、一般的に、相手方として妨害行為を幇助する者も含まれると考えられているといえるのであろうか。肯定説の理由付け(ア)は、いかなる事例を念頭において妨害行為を幇助する者も含まれると判示しているのであろうか。実際に、民法上の物権的請求権に基づき、幇助者に対する差止めが認容された事例があるのだろうか。

(イ)　理由付け(イ)について

　文理解釈という観点からは、著作権法112条1項にいう「著作権の侵害」「侵害の停止・予防」とは、何を意味するのかを考える必要がある。著作権の各支分権が、「著作権者は○○する権利を専有する」という権利である以上、著作権の侵害とは、当該専有する対象を著作権者に無断で行う行為である。すなわち、例えば、音楽著作物を演奏する権利を専有する著作権者の許諾なく演奏した場合には、同著作物を「演奏してはならない」ことを命じるのが差止請求の内容となるはずである。著作権法は、特許法のように厳密に実施行為を法定してはいないが、特許権侵害による差止請求が特許法2条3項各号に規定された実施行為の禁止を求めることである（特許権に基づく差止請求は、特許発明の技術的範囲に属する物の生産・譲渡や、方法の使用の禁止等を求めることである）こととパラレルに考えれば、演奏や複製等専有する支分権の内容に応じた行為について差止めを命

14　半田正夫ほか編『コンメンタール〔第2版〕3』467頁〔早稲田祐美子〕、松本重敏『特許発明の保護範囲』252頁、井関涼子「方法の特許発明の一部実施による特許侵害を認めた事例」特許研究33号46頁、髙部眞規子「カラオケリース業者に使用禁止措置を命じた裁判例をめぐって」AIPPI 49巻4号2頁、同「著作権侵害の主体について」ジュリ1306号114頁、知財高判平成22・8・4判タ1342号235頁〔北朝鮮の極秘文書事件〕

じるべきものと解される。よって、リース業者は、カラオケ装置をリースしたのであって自ら演奏していないのであるから、このように演奏していない者に対して演奏の差止めを求めることはできないはずである。そうすると、「著作権の侵害」が自ら侵害する者に限らないとする点には疑問がある。

　また、著作権法112条1項にいう「侵害の停止・予防」は、一般的には、不作為を命じることが予定され、同条2項において、1項の不作為とともに作為を命じることが予定されていると解されるが、判決主文として、侵害行為の幇助者に対する作為義務を命じることは、同条1項と2項といずれによるものであろうか。さらに、明文で規定された著作権法113条所定の著作権侵害とみなす行為以外に「著作権の侵害」による差止めを認めるのは、同条の存在意義を無にするもので、法的安定性を害するのではなかろうか。

　(ウ)　理由付け(ウ)について

　例えば、改変ツールを市場で購入して使用することにより著作権を侵害している末端のユーザーに対し権利行使をするのは著しく困難であると思われるが、このように、直接侵害者に対する権利行使が著しく困難な事案は格別、そうでない場合にも、一般的に権利者の保護に欠けるといえるのであろうか。具体的に、大阪地判平成15・2・13判時1842号120頁〔ヒットワン事件〕は、侵害に対処する十分な能力を有する著作権者（JASRAC）が直接侵害者であるカラオケ店の経営者らに対して差止請求をすることが困難であると評価することは難しい事案であった。経営者らの名称、住所等については、既に特定されており、著作権者が同人らに対して警告しあるいは訴訟を提起することが格別困難であるとは思えない。アメリカ合衆国では、直接侵害を行っているピアツーピアのユーザーに対する権利行使を行う例すらある。

　(エ)　理由付け(エ)について

　上記(ア)ないし(ウ)は、特許法についても同様に当てはまることである。肯

定説は、特許権侵害の幇助者に対する差止請求についてどのように考えているのであろうか。

仮に、特許権については否定し、著作権の場合のみ肯定するとすれば、例えば、プログラムの著作物が特許発明の対象にもなっている場合に、特許法に基づいては間接侵害といえない場合にも、著作権法を根拠とすることにより、幇助者に対しても差止め可能ということになってしまう。

逆に、特許権についても幇助者に対する差止請求を肯定するのであれば、理由付け(エ)は不要といわざるを得ないであろう。

しかし、従前、特許法101条の間接侵害の規定は、幇助形態の行為の類型の一部について、これを侵害するものとみなすことにより、差止請求の対象としたと解することができ、そうすると、立法があれば格別、そのような規定に当てはまらない行為については、現行法上、差止めの対象とすることは困難であるとの否定説が多数を占めていた（大阪地判昭和36・5・4下民集12巻5号937頁）。差止請求権は、著作権が排他的独占権を内容とする権利であることから当然に発生する権利であるのに対し、教唆又は幇助による不法行為責任は、自ら権利侵害をするものではないにもかかわらず、被害者保護の観点から、特にこれを共同不法行為として損害賠償責任を負わせることとしたものであり（民法719条2項）、差止請求と損害賠償請求とは、制度の目的を異にする（最一小判平成14・9・26民集56巻7号1551頁〔FM信号復調装置事件〕）。そのように解さなければ、差止請求権が、故意過失といった主観的要件を必要としないものであり、差止めの主文も広範なものになりかねない上、不法行為を理由とする差止めを一般的に認めることにつながりかねない。

(4) 直接的侵害者以外の関与者に対する差止請求の内容

幇助者はともかく、前記第2章Ⅱで述べたとおり、物理的、直接的な侵害者以外の関与者についても、一定の範囲で差止めを認めるべき場合があるが、その場合には、差止めの内容に留意すべきである。従前、以下のよ

うな主文が出されている。

ア　ピアツーピア方式による電子ファイル交換サービスの提供者

東京地判平成15・12・17判時1845号36頁〔ファイルローグ事件〕は、ピアツーピア方式による電子ファイル交換サービスの提供者に対するファイルの送受信の差止めを請求する事案について、「被告は、○○サービスにおいて、○○ファイル情報に係る○○形式によって複製された電子ファイルを送受信の対象としてはならない。」との主文を言い渡した。その控訴審である東京高判平成17・3・31最高裁HP（平成16年㈱第405号）は、上記「電子ファイル」を「同楽曲リスト記載の音楽著作物の複製に係るもの以外のものを除く。」と限定した上、上記差止めの主文を実行するのに、サービス全体を停止せざるを得ないことにはならないと判示している。

イ　カラオケ装置のリース業者

大阪地判平成15・2・13判時1842号120頁〔ヒットワン事件〕は、カラオケ装置のリース業者に対し、「被告は、○○店舗に対し、○○音楽著作物のカラオケ楽曲データの使用禁止措置をせよ。」との判決主文を言い渡した。

ウ　テレビ番組の転送サービスの提供者

東京地決平成16・10・7判時1895号120頁〔録画ネット事件〕は、テレビ番組の受信・録画機能を有するパソコンをインターネット回線を通じて操作する方法により、海外など遠隔地においてテレビ番組の録画・視聴を可能とするサービスを提供する業者に対し、「債務者は、○○サービスにおいて、○○の放送に係る音又は影像を、録音又は録画の対象としてはならない。」との主文の仮処分を発令した。

また、大阪地判平成17・10・24判時1911号65頁〔選撮見録事件〕は、テレビ放送からあらかじめ選定された最大5局分の番組を同時に1週間分録画することができるサーバーを有する集合住宅向けハードディスクビデオレコーダーシステムの販売等をしている業者に対し、「被告は、○○県内の集合住宅向けに被告商品を販売してはならない。」との主文を言い渡し

た。もっとも、著作隣接権の複製権及び送信可能化権の侵害行為がされた場合の差止めの対象となる行為として、商品の販売が該当するのは、例外的な場合といわざるを得ない。

知財高判平成24・1・31判時2142号96頁〔まねきTV事件差戻審〕は、「被告は、別紙サービス目録記載のサービスにおいて、別紙放送目録記載の放送を送信可能化してはならない。被告は、別紙サービス目録記載のサービスにおいて、別紙放送番組目録記載の番組を公衆送信してはならない。」との主文を言い渡した。

エ　インターネット上の電子掲示板運営者

東京高判平成17・3・3判時1893号126頁〔2ちゃんねる小学館事件〕は、インターネット上の電子掲示板「2ちゃんねる」の運営者に対し、「被告は、○○ホームページの○○発言を自動公衆送信又は送信可能化してはならない。」との主文を言い渡した。

オ　音楽演奏会を主催したプロモーター

東京地判平成14・6・28判時1795号151頁〔演奏会プロモーション事件〕は、著作権者が、音楽演奏会を主催したプロモーターに対し、「被告は、○○演奏会場において、○○著作物を、歌謡ショーの催物を開催し、歌手及びバンドにより演奏させる方法により使用してはならない。」との主文を言い渡した。被告に所属する歌手やバンドについては、被告の手足とみ ていると解されるが、これを具体的に特定しなくてもよいかは、検討の余地があろう。

〔廃棄及び侵害の予防に必要な行為の請求〕

1 請求の趣旨・判決主文

(1) 文　例

廃棄請求の請求の趣旨又は判決主文としては、例えば、

> 被告は、別紙目録記載の書籍及びその印刷用原版を廃棄せよ。

となる。書籍の一部分だけが侵害であるときは、部分差止めに準じて、例えば、

> 被告は、別紙目録記載の論文を含む別紙目録記載の書籍を廃棄せよ。

となる。

(2) 留意点

　ア　特定の程度

　廃棄請求等の対象物は、いかなる物がそれに該当するか客観的に識別できるように特定されなければならない。差止請求の対象と同一の作品についての廃棄を求めるのであれば、同一の目録を用いることができる。

　差止請求の対象となった物のみならず、その半製品についての廃棄を請求する例が見られる。そもそも、特許権侵害品の場合と異なり、著作権侵害品で半製品のものがあるのか不明な点もあるが、仮に半製品が観念でき

Ⅲ　廃棄及び侵害の予防に必要な行為の請求　■　159

る場合は、まず、半製品とは何かを定義する必要があり、定義なくして、執行は行えない。

　イ　実効性と必要性

　廃棄等の著作権法112条2項に基づく請求は、差止請求権の行使を実効あらしめるものであって、かつ、差止請求権の実現のために必要な範囲内のものであることを要すること（最二小判平成11・7・16民集53巻6号957頁〔生理活性物質測定法事件〕）に留意し、特に必要性の点を看過しないようにすべきである。

　ウ　所有と占有について

　なお、廃棄請求について、「被告が所有する」といった限定は不要である。被告が所有する物であることを認定した上で、廃棄請求が認容される上、「被告が所有する」との記載があると、執行機関に所有の有無を認定させることになってしまうからである。

　また、強制執行の場面で被告が占有していない物は執行の対象とならないから、「被告が占有する」という限定も不要である[15]。

2　著作権法112条2項の趣旨

(1)　著作権法112条2項による請求権の内容

　著作権法112条2項は、侵害の行為を組成した物、侵害の行為によって作成された物、又は専ら侵害の行為に供された機械若しくは器具の廃棄その他の侵害の停止又は予防に必要な措置を請求できることを規定する。廃棄請求は、「差止請求をするに際し」請求することができるとされており、差止請求とは別に請求することはできない。なお、この請求について、独立して請求することを容認する学説[16]もあるが、上記条項の法文上

15　山田知司「特許権侵害差止訴訟等における判決の主文及び執行について」『理論と実務2』159頁、沖中康人「知的財産権侵害訴訟の請求の趣旨及び主文」新裁判実務大系『知的財産関係訴訟法』40頁

明らかなように、差止請求に付帯してしなければならず、独立して請求することはできない[17]。

(2) 廃棄請求

ア 対 象

著作権法112条2項にいう「侵害の行為を組成した物、侵害の行為によって作成された物」とは、侵害行為の必然的内容をなす物をいい、刑法19条1項1号の「犯罪行為を組成した物」にたとえられる。具体的には、著作権侵害によって作成されたもの（言語の著作物の複製物と認められる書籍、美術の著作物の複製物等）である。

また、「専ら侵害の行為に供された機械若しくは器具」とは、侵害行為に供した物をいい、刑法19条1項2号の「犯罪行為の用に供し、又は供しようとした物」にたとえられる。具体的には、侵害する書籍の版下等である。

イ 具 体 例

具体的には、書籍の出版差止めに伴う、ネガフィルムの廃棄（東京地判昭和52・3・30判時845号25頁〔日本人の海外活動に関する歴史的調査事件〕）、原稿・紙型及び版下の廃棄（東京地判平成10・10・29判時1658号166頁〔SMAP事件〕）、彫刻の複製物の販売差止めに伴う、製造に使用される型枠の廃棄（神戸地姫路支判昭和54・7・9無体裁集11巻2号371頁〔仏壇彫刻事件〕）等がその例である。

侵害部分が被告書籍のかなりの部分を占め、侵害部分を削除した上で書籍を発行することが不可能であるとして、書籍全体の廃棄を命じた裁判例がある（東京地判平成13・1・23判時1756号139頁〔ふぃーるどわーく多摩事件〕）。

また、原告の著作物の侵害部分が被告書籍の一部を構成するにすぎず、

16　田村善之「特許権侵害における差止め」判タ1062号64頁
17　中山信弘『著作権法〔第2版〕』598頁

可分であるときは、侵害行為によって作成された部分に限って廃棄の請求ができるとされている（東京地判昭和59・8・31判時1127号138頁〔藤田嗣治事件〕）。廃棄すべき物が可分であれば、当該侵害行為によって作成された部分又は侵害行為に直接供された部分に限るのが、後記「差止請求権の実現のために必要な範囲」として相当であろう。

　可分でない場合であって、全体のごく一部のみが侵害を構成する場合には、廃棄まで請求するのが「差止請求権の実現のために必要な範囲」として適当といえるか否かを検討すべきであろう。

(3)　侵害の予防に必要な行為の請求

ア　判断基準

　最二小判平成11・7・16民集53巻6号957頁〔生理活性物質測定法事件〕は、著作権法112条2項と同旨の特許法100条2項について、「侵害の予防に必要な行為」は、特許発明の内容、現に行われ又は将来行われるおそれがある侵害行為の態様、特許権者が行使する差止請求権の具体的内容等に照らし、差止請求権の行使を実効あらしめるものであって、かつ、差止請求権の実現のために必要な範囲内のものであることを要するとした上、方法の発明に係る特許権を侵害する行為が医薬品の品質規格の検定のための確認試験において当該方法を使用する行為であって、侵害差止請求としては当該方法の使用の差止めを請求することができるにとどまるという事情の下においては、上記医薬品の廃棄及びこれについての薬価基準収載申請の取下げは、差止請求権の実現のために必要な範囲を超えるものであって、特許法100条2項にいう「侵害の予防に必要な行為」に当たらないと判示した。

　この判断を著作権についての著作権法112条2項の解釈に当たって参考にすると、「侵害の予防に必要な行為」とは、著作権法112条2項の規定が侵害組成物や侵害供用設備等の廃棄を例示しているところからすれば、差止請求権の行使を実効あらしめるものであって、かつ、それが差止請求権

の実現のために必要な範囲内のものであることを要するものと解するのが
相当である。そして、その判断は、①被侵害利益（著作権や著作者人格権
等の支分権）の内容、②現に行われ又は将来行われるおそれがある侵害行
為の態様及び③著作権者が行使する差止請求権の具体的内容等に照らして
なされるべきものということができる[18]。

　イ　具体例

　従前、「侵害の予防に必要な行為」について、大多数の文献に、例とし
て担保の提供が掲げられていたが、これを認めた裁判例は見当たらない。

　侵害の行為を組成した物及び侵害の行為に供した機械器具の廃棄以外の
行為を命じた裁判例として、著作権者の許諾を得ないでカラオケスナック
においてピアノ演奏やカラオケによる歌唱・伴奏音楽の再生を行うことが
著作権を侵害する場合において、店舗からピアノ及びカラオケ装置の撤去
を命じたものがある（高松地判平成３・１・29判タ753号217頁〔まはらじゃ事
件〕、大阪高判平成20・９・17判時2031号132頁〔デサフィナード事件〕）。しか
し、ピアノの撤去を認めた点について、著作権侵害の問題を生じないクラ
シック音楽を演奏することができることに照らし勇み足を踏んだものであ
るとして、過剰差止めと評価されている[19]。汎用性を有するピアノの撤去
は、差止請求権の実現のために必要な範囲を超えるものであるとの趣旨で
あると思われる。

　著作権侵害以外に活用しようのない紙型等と異なり、物理的には権利侵
害以外の用途に供することができる機械器具（許諾を受ければ侵害とならな
いカラオケ装置、高速ダビング機）の撤去を認める裁判例（東京地判平成
10・８・27判時1654号34頁〔ビッグエコー事件〕）や、演奏目的を限定してピ

18　髙部眞規子「判解」最高裁判所判例解説民事篇〔平成11年度〕〔21〕事件。加戸守
　　行『著作権法逐条講義〔六訂新版〕』732頁も、侵害の停止・予防に必要な措置である
　　かどうかは、請求の目的、侵害の態様・度合い、請求する措置の内容・程度など諸般
　　の事情を勘案した裁判所の判断にゆだねられると述べる。
19　田村善之「知的財産侵害訴訟における過剰差止めと抽象的差止め」ジュリ1124号
　　92頁、高林龍「侵害の停止または予防に必要な措置」『著作権判例百選〔第４版〕』
　　188頁、同『標準著作権法〔第３版〕』265頁

アノその他の楽器類の搬入を禁止する裁判例（大阪高判平成20・9・17判時2031号132頁〔デサフィナード事件〕）もあるが、同様の問題があると思われる。

　また、小売店等に販売した侵害物の回収を請求する例も見られるが（東京地判平成13・1・23判時1756号139頁〔ふぃーるどわーく多摩事件〕）、一般に頒布された侵害行為組成物や侵害行為作成物については、回収を認めるのは難しい[20]。被告がその対象物を販売した結果もはや所有していなければ請求を認容される余地はなく、被告が占有していない対象物については強制執行することもできない。

20　半田正夫ほか編『コンメンタール〔第2版〕3』458頁〔早稲田祐美子〕、高林龍『標準著作権法〔第3版〕』264頁

Ⅳ 〔 損害賠償請求 〕

1 請求の趣旨・判決主文

⑴ 文　　例

損害賠償請求の請求の趣旨及び判決主文は、通常の金銭請求事件の場合
と、同様である。

> 被告は、原告に対し、○○円及びこれに対する令和元年10月１日
> （訴状送達の日の翌日）から支払済みまで年５分の割合による金
> 員を支払え。

⑵ 留 意 点

著作権侵害訴訟のうち損害賠償請求訴訟は、被告が過去に原告の著作権
を侵害する行為をしたことによる損害賠償（民法709条）として、被告に対
し、金員の支払を求める給付請求である。したがって、判決の主文ないし
請求の趣旨としては、金額が特定されていれば足り、民法709条に基づく
一般の損害賠償請求の場合と変わるところはない。

なお、当事者が複数の場合は、債権債務関係が連帯か否かを含め、これ
を明確にすることに留意が必要である。

2 故意又は過失

(1) 主観的要件

著作権等が侵害された場合、著作権者等は、差止請求（著作権法112条）のほか、損害賠償を請求することができる（民法709条）。

損害賠償請求の要件として、故意又は過失が必要であるが、過失の推定規定を有する特許法等とは異なり（特許法103条）、著作権法には、そのような規定がないから、侵害者の故意又は過失を主張立証する必要がある。

(2) 直接侵害者の過失

通常の著作物の複製権や翻案権の侵害の場合は、依拠の要件が必要とされているため、直接複製や翻案を行った者については、少なくとも過失が認められる事案がほとんどであろう。

なお、旧著作権法の下において映画製作会社の名義で興行された独創性を有する映画の著作物につき、監督を担当した者が著作者の一人であり、著作者の死亡の時点を基準に著作権の存続期間を定める同法3条が適用される結果著作権が存続している場合において、著作権者の許諾を得ずに、海外において製造した同著作物の複製物を輸入し、国内で頒布する行為をした者が上記映画の興行の時点から所定の期間が経過して著作権の存続期間が満了したと誤信していたとしても、上記の行為について、同人に少なくとも過失がある（最三小判平成24・1・17判時2144号115頁〔暁の脱走事件〕）。

(3) 複数の関与者の責任

ア 著作権侵害訴訟においては、侵害に関与した複数の被告に対し損害賠償を請求する場合も少なくない。複数の侵害者が、例えば、同一の書籍についてそれぞれ複製権侵害と譲渡権侵害に当たる行為をするなど、それ

ぞれ異なる支分権の侵害をする場合もあろうし、刑法でいえば正犯の場合のみならず、教唆や幇助（刑法61条、62条）に該当する場合もあろう。教唆とは、他人をして不法行為の意思決定をなさしめ、これを実行させることをいい、幇助とは、他人が不法行為をするのを容易にする行為をすることであり[21]、直接の違法行為の実行を補助し容易ならしめる行為をいう。教唆及び幇助は、民事上は、損害填補の観点から、共同行為者とみなされて責任を負う（民法719条2項）。

　著作権侵害に関与する者の行為は、共同不法行為を構成することになろうが、侵害行為者が複数の場合の裁判例としては、テレビドラマの放映につき、東京高判平成8・4・16判時1571号98頁〔目覚め事件〕があり、執筆者と出版社の関係の事例として、東京地判昭和53・6・21判タ366号343頁〔日照権事件〕、東京地判昭和55・9・17判時975号3頁〔地のさざめごと事件〕、東京地判平成2・6・13判時1366号115頁〔昭和大薬学書事件〕等が見られる[22]。

　イ　著作権侵害訴訟において、侵害に関与した複数の被告に対し損害賠償を請求する場合に、直接複製や翻案行為を行った者ではない者については、どのような過失（注意義務違反）が問われるべきか、争点となる場合も少なくない。特に、不作為が不法行為を構成するためには、その前提として作為義務の存在が不可欠である。作為義務の根拠として、法令の規定、契約のほか、条理が挙げられる。条理に基づく不作為による過失責任を認めた判例として、最一小判昭和62・1・22民集41巻1号17頁〔京阪電車置石脱線事件〕がある。

　ウ　過失概念については、いろいろな見解が展開されているが、予見可

21　刑法的には、他人の違法行為に加功する意思をもって、有形、無形の方法により他人の違法行為を容易ならしめるものであり、他人の違法行為を容易ならしめる行為を、それと認識、認容しつつ行い、実際に正犯行為が行われることによって成立する（最三小判平成23・12・19刑集65巻9号1380頁〔Winny事件〕）。

22　久保利英明「侵害行為者側が複数の場合の問題点」裁判実務大系『知的財産関係訴訟法』342頁も、併せて参照されたい。

Ⅳ　損害賠償請求　■　167

能な結果に対する回避義務に違反したものとして捉える見解が支配的である（客観的過失論）。そして、当該行為がなされたと同じ具体的状況におかれた場合に、通常人がなすであろうと考えられる行為を基準として結果回避義務の存否が決定される（抽象的過失）。結果回避義務の存否とその内容は、行為の結果として予見される危険の大きさや侵害されるおそれのある利益の重大さによって決まってくる[23]。なお、共同不法行為は、共同行為者各自の行為が専ら客観的に関連共同していればよいとされている（客観的共同説。最三小判昭和43・4・23民集22巻4号964頁〔山王川事件〕）。

直接侵害行為者以外の注意義務違反については、被告それぞれの行為に照らし、通常の不法行為の場合における過失と同様、予見可能性と結果回避可能性を勘案した上で、過失の有無を判断する必要がある。

(4) 直接侵害行為者以外の者の注意義務

ア　カラオケ装置のリース業者

(ア)　最二小判平成13・3・2民集55巻2号185頁〔パブハウスG7事件〕は、カラオケ装置のリース業者に、リース契約の相手方が著作権者との間で著作物使用許諾契約を締結し又は申込みをしたことを確認した上でカラオケ装置を引き渡すべき条理上の注意義務を負うとして、損害賠償責任を肯定した[24]。

カラオケ装置は、専ら侵害のみを目的とする装置（最三小判平成13・2・13民集55巻1号87頁〔ときめきメモリアル事件〕におけるメモリーカード）とは異なり、著作権者の許諾がない場合に限り原則として侵害という結果を生ずる装置である。しかし、侵害の行為に供する装置の提供者が常に責任を負うわけではなく、コピー機のリースのように、適法な用途を有し、たまたま侵害に供されたというだけでその提供者に責任が生じるわけではない。

23　『新注釈民法(15)』334頁〔橋本佳幸〕
24　髙部眞規子「判解」最高裁判所判例解説民事篇〔平成13年度〕〔6〕事件

㈠　注意義務発生の根拠

その意味で、パブハウスＧ７事件判決が示した以下の要素は、注意義務違反の有無を判断するに当たり、参考になる。

① 　カラオケ装置の危険性（カラオケ装置により上映又は演奏される音楽著作物の大部分が著作権の対象であることに鑑みれば、カラオケ装置は、当該音楽著作物の著作権者の許諾がない限り一般的にカラオケ装置利用店の経営者による著作権侵害を生じさせる蓋然性の高い装置ということができること）

② 　被害法益の重大性（著作権侵害は刑罰法規にも触れる犯罪行為であること）

③ 　リース業者の社会的地位（カラオケ装置のリース業者は、このように著作権侵害の蓋然性の高いカラオケ装置を賃貸に供することによって営業上の利益を得ているものであること）

④ 　予見可能性（当時においてカラオケ装置利用店の経営者が著作物使用許諾契約を締結する率が必ずしも高くないことは公知の事実であって、カラオケ装置のリース業者としては、リース契約の相手方が著作物使用許諾契約を締結し又は申込みをしたことが確認できない限り、著作権侵害が行われる蓋然性を予見すべきものであること）

⑤ 　結果回避可能性（カラオケ装置のリース業者は、著作物使用許諾契約を締結し又は申込みをしたか否かを容易に確認することができ、これによって著作権侵害回避のための措置を講ずることが可能であること）

なお、上記判決の指摘する④の予見可能性についての事情は、カラオケ装置利用店の著作物使用許諾契約の締結率の変化によっては、注意義務の内容が変わってくる可能性が否定できないことに留意すべきである[25]。

また、著作権等管理事業法（平成13年10月１日施行）により、音楽著作物の著作権の管理事業にＪＡＳＲＡＣ以外の業者が参入することになった。

25 　上野達弘「カラオケリース業者の責任」コピライト491号34頁

独占状態から複数の業者の参入に事情が変わったことにより、上記判決の指摘する、上記①ないし④についての事情は変わらないと思われるが、上記⑤の結果回避可能性については、時期によって違いがあり得る。JASRACの独占状態の場合に比べ、複数の管理事業者が登場することによって、むしろだれに対して許諾を求めるべきかを把握できるのは、カラオケ装置利用店の経営者よりリース業者といえるようになった。契約書の提示を求めることにより、著作物使用許諾契約の有無を調査することは容易であるから、リース業者に上記判決のいう引渡しの際の注意義務を課することの妨げとはならないと思われ、著作権等管理事業法の施行後においても、上記判決の判決要旨は、妥当するものと解される。なお、後記(エ)の「カラオケ利用に係る許諾契約締結業務の協力に関する協定書」を締結したリース業者は、契約上の義務として、著作物使用許諾契約を締結し又は申込みをしたことを確認した上でカラオケ装置を引き渡すべき義務を負う。

(ウ)　引渡し時の注意義務

　最二小判平成13・3・2民集55巻2号185頁〔パブハウスG7事件〕が判示したとおり、カラオケ装置のリース業者は、カラオケ装置のリース契約を締結した場合において、当該装置が専ら音楽著作物を上映し又は演奏して公衆に直接見せ又は聞かせるために使用されるものであるときは、リース契約の相手方に対し、当該音楽著作物の著作権者との間で著作物使用許諾契約を締結すべきことを告知するだけでなく、上記相手方が当該著作権者との間で著作物使用許諾契約を締結し又は申込みをしたことを確認した上でカラオケ装置を引き渡すべき条理上の注意義務を負う。

　カラオケ装置利用店の経営者とリース業者は、個別の独立した権利義務の主体であるが、リース業者の行為が著作権侵害を惹起し、著作権者の損害との間に相当因果関係があることに照らせば、自己責任の原則のゆえをもって引渡しの際の注意義務を否定することにはならず、内部の求償関係においては格別、リース業者の幇助による共同不法行為責任を否定するの

は相当でない。引渡しの際の注意義務に関連して、著作物使用許諾契約の締結又は申込みの確認をすべき注意義務を肯定するときは、「違法を犯すべからず。」のコロラリーとして、リース業者が著作物使用許諾契約締結又は申込みまでカラオケ装置の引渡しをしないことは、不履行につき責に帰すべき事由がなく、リース契約の相手方に対する債務不履行にはならないと解することができよう。

　なお、故意による場合、すなわちリース業者において、カラオケ装置利用店の経営者が著作物使用許諾契約を締結しておらず、今後も締結しないであろうことを現に認識しながらカラオケ装置のリース契約を締結してこれを引き渡す場合には、著作権侵害行為に加功するものとして幇助に当たり、責任を負うと解すべきことは当然であろう。

　㈡　引渡し後の注意義務
　大阪高判平成9・2・27判時1624号131頁〔魅留来事件〕は、カラオケ装置のリース行為は、管理著作権侵害発生の危険を創出し、その危険を継続させ、危険の支配管理に従事する行為であると同時にそれによって対価としての利得を得ているから、リース業者は、上記行為に伴い、当該危険の防止措置を講じる義務、危険の存在を指示警告する義務があるとして、①リース契約締結の際、経営者に使用許諾契約を締結することが必要であることを伝え、周知徹底させるべき注意義務のみならず、②契約締結後も随時使用許諾契約締結の有無を調査確認した上、未だ許諾契約を締結していない場合には、速やかに許諾契約の締結に努めるよう促すべき注意義務や、③経営者が応じない場合、リース契約の解消も検討しカラオケ装置の引き揚げに努めるべき注意義務があると判示した。同判決後の平成9年10月、JASRACは、カラオケリース事業者の組織である全国カラオケ事業者協会との間で「カラオケ利用の適正化事業に関する協定書」を締結し、その会員である各リース業者との間で「カラオケ利用に係る許諾契約締結業務の協力に関する協定書」を締結することとし、この協定書を締結したリース業者は、契約上の義務として、上記①ないし③の義務を負うことに

なった。

　もっとも、最二小判平成13・3・2民集55巻2号185頁〔パブハウスＧ7事件〕は、引渡しの際の注意義務を肯定したものであって、引渡し後の義務の有無について触れるものではない。パブハウスＧ7事件判決は、いったん著作物使用許諾契約の締結又は申込みを確認して引き渡した以上、条理上の注意義務を果たしているのであって、特段の事情のない限り、条理上、その後随時許諾契約が有効に存続していることを確認すべき義務（上記②）までも要求する趣旨ではないと解される。もっとも、カラオケ装置利用店の経営者が許諾を得ていないこと又は許諾契約が終了したこと等について具体的な疑いが生じた場合には、著作物使用許諾契約の存続について確認すべき義務を負うものと解すべきであろう。

　(オ)　引渡し後無許諾となったことが判明した場合

　他方、リース契約締結後無許諾となったことが判明した場合の注意義務については、カラオケ装置利用店の経営者に対し、直ちに著作物使用許諾契約の締結を促し、著作権侵害の事態を除去すべきであるとともに、それでもカラオケ装置利用店の経営者が許諾を得ようとしない場合には、リース契約を解除し、通信カラオケ装置にあってはその使用の停止措置をとり、カラオケ装置を引き揚げるべき条理上の注意義務があるとした裁判例もある（大阪高判平成9・2・27判時1624号131頁〔魅留来事件〕）。

　リース業者は、契約上の解除事由に基づき又はリース契約の相手方が法令を遵守しなかったこと等を理由として、リース契約を解除することが可能であろう。すなわち、リース業者がリース契約の相手方であるカラオケ装置利用店の経営者に対し、リース契約の解除や、通信カラオケ装置の使用の停止措置ないしカラオケ装置の引揚げという行為に出ることを容認することができ、リース業者にリース契約の相手方に対する上記の権利を認めることができる。しかし、リース業者がリース契約の相手方との関係でリース契約を解除することができることから直ちに、著作権者との関係において解除権を行使し、通信カラオケ装置の使用の停止措置をとり、カラ

オケ装置を引き揚げるべき注意義務を負うという結論を導き出すことができるであろうか。この点については、両説あり得るであろう。

第1の見解として、カラオケ装置による著作権侵害行為は、第一次的に飲食店の経営者が責任を負うべき性質のものであり、リース業者とは独立の権利義務の主体であり、リース業者にとって契約解除によりリース料債権を失う等の不利益があるのに対し、著作権者の被害法益が生命身体等に比すれば重大性が低いという見地からすれば、リース業者はリース契約解除の上カラオケ装置を引き揚げる義務までは負わないとする考え方も成り立ち得る[26]。そもそもカラオケ装置自体必然的に著作権侵害となるわけではなく、リース業者は幇助者としての責任を負うのであるから、リース業者としては、経営者に対し許諾を受けるよう指導するか、JASRACに通告して著作権者が権利行使可能な状態を作出すればよく、これを受けて、JASRACにおいて、カラオケスナックの経営者を相手に差止めを求めればよいとの考え方である。この考え方によれば、解除権を行使し、カラオケ装置を引き揚げることは、著作権者に対するいわば道義上の義務の履行にすぎず、これを怠ったとしても損害賠償義務を負うものではないことになる。

他方、第2の見解として、著作権侵害は、刑罰法規にも触れる犯罪行為であり（著作権法119条以下）、私法上も違法な行為であって、無許諾であること即著作権侵害という図式が成り立ち、多数の著作権者の権利が侵害されるものである以上、カラオケ装置利用店の経営者において著作物使用許諾契約を締結することなくカラオケ装置を使用し続ける場合に、カラオケ装置のリースを業とし、これにより営業上の利益をあげる者がその事実を認識しているときは、条理に基づき、著作権侵害を回避すべき義務を肯定するということも可能かもしれない。具体的には、まずは経営者に著作

26　五味由典「カラオケ・リース事件」著作権研究22号152頁は、リース業者に利用料支払の具体的調査権限や代位徴収権限を法的に認めない以上は、一般的義務としてカラオケ装置を引き揚げるべき義務を認めることはできないという。

物使用許諾契約の締結を促し、あるいは著作権者に通告するなどの方法を採るべきである。このような段階に至れば、著作権者が自らカラオケ装置利用店の経営者に対し権利行使をすることが可能となる。

イ　出版社

著作権を侵害する書籍を出版した会社についても、差止め及び損害賠償請求が認容され、執筆者とともに共同不法行為責任を負うとされている裁判例が多いが、出版社について、過失を否定した事例もある。

東京地判平成7・5・31判時1533号110頁〔ぐうたら健康法事件〕は、執筆者が名の知れた医師であるのに対し、出版社が地方の小規模な会社であること等に照らし、出版社の過失を否定した。仙台高判平成9・1・30判タ976号215頁〔石垣写真事件〕は、出版社が著者から提供された原稿中の表現や掲載写真の1つ1つについて、著作権侵害の問題が生ずることの有無を調査・確認すべき義務があるとはいえないとした。

原告が著作権を有する楽曲に係る編曲権を侵害する曲を収録したアルバムの原盤を制作し、自らアルバムを製作・販売した者及び音楽出版社については、収録した曲が他人の楽曲の著作権を侵害するものでないことを調査し、確認すべき注意義務に違反した過失があるとされた（東京地判平成15・12・19判タ1149号247頁〔記念樹ポニーキャニオン事件〕）。

ウ　監修者

著作権を侵害した出版物の監修者の責任に関しては、本来の著作者とともに共同著作者と評価され得る程度に関与している場合は、監修者も著作者とともに著作権侵害について共同不法行為による損害賠償責任を負う場合があるというべきである。他方、監修者としての関与の程度が出版物の権威付けのために名義のみを貸すにすぎない場合又は単に表現上の軽微な事項や内容的に不適切な点を指摘するにすぎない場合は、特段の事情がない限り、共同不法行為責任を負わないというべきである。東京地判平成17・5・17判タ1243号259頁〔通勤大学法律書コース事件〕は、そのような観点から、事実を詳細に認定して、監修者としての関与の程度が軽微であ

るなどの事情を考慮し、著作権及び著作者人格権を侵害しているか否かについて注意を払うべき義務を認めるに足りないとして、監修者の不法行為責任を否定した。

エ　プロバイダ

プロバイダ責任制限法は、インターネット・サービスプロバイダの責任に関し、権利を侵害した情報の不特定の者に対する送信を防止する措置を講ずることが技術的に可能な場合であって、侵害の事実を知っていたか知ることができたと認めるに足りる相当の理由があるときに限り、賠償の責めに任ずること、また、他人の権利が不当に侵害されていると信じるに足りる相当の理由があったとき等には、情報の送信を防止する措置を講じたために発信者に損害が生じても賠償の責めに任じないこと等を規定する（同法3条）。

東京高判平成17・3・3判時1893号126頁〔2ちゃんねる小学館事件〕のようなインターネットの掲示板の運営者については、自動公衆送信という観点では、直接侵害という構成も可能であるとの見解もあるが、立案担当者は、ネットワークプロバイダなどサーバを設置、管理、運営等を行う者は送信可能化には該当しないとの見解をとっている[27]。著作権侵害の書き込みをした直接侵害者に侵害の手段を提供したという意味では、プロバイダが責任を負うのであれば、幇助という位置付けになるものと解される。著作権侵害が生じたことを知った場合に是正すべき義務が生じると思われるが、作為義務として何をすべきか、削除すべきか直接侵害者に通告すれば足りるかは、上記プロバイダ責任制限法との関係も含めて、なお検討を要する。その時点でどのような行為をすべきかについても、検討が必要であろう。

オ　著作権侵害の曲を放送・配信した放送事業者

末端の著作物利用者にどの程度の注意義務を課すかは、事案によるもの

27　著作権法令研究会ほか編『著作権法・不正競争防止法改正解説』67頁

と思われ、例えば、JASRAC の許諾を受けたカラオケ店において著作権侵害に係る曲を歌唱した者等に著作権侵害についての過失責任を肯定するのは困難であると思われる。しかし、末端の利用者であっても、編曲権を侵害する曲を放送した放送事業者については、少なくとも具体的にその曲が編曲権侵害であるとの別件訴訟が提起された後は、放送という形での権利侵害の結果を回避すべき義務があると解される（東京地判平成15・12・19判タ1149号274頁〔記念樹フジテレビ事件〕）。

　なお、知財高判平成28・11・2判時2346号103頁〔The Good Life 事件〕は、著作隣接権者の利用の許諾なく原盤を複製して製作された CD を、再委託を受けてレンタル事業者に販売し、インターネット配信事業者を通じて楽曲を配信した衛星一般放送事業者は、CD のレンタル事業者への販売及び楽曲の配信に当たり、著作隣接権者からの利用の許諾の有無を確認すべき条理上の注意義務を負い、これに違反した受託業者は、過失があると判断した。同判決は、衛星一般放送事業者が、再委託の契約元が原盤について著作権及び著作隣接権を有しないことを認識していたこと、原盤に関し、原盤会社として明記されている著作隣接権者と再委託の契約元との利用許諾関係を確認することができたもので、同確認をすれば、著作隣接権者の許諾がないことを明確に認識し、以後、上記販売及び配信をしないことによって、著作隣接権の侵害を回避することができたなどの事情の下で、CD のレンタル事業者への販売及び楽曲の配信に当たり、著作隣接権者の許諾の有無を確認すべき条理上の注意義務を負うとした。

カ　JASRAC

仲介業務法又は著作権等管理事業法に基づき文化庁長官の認可ないし登録を受け、音楽著作権を管理している一般社団法人である JASRAC について、目的や業務の性質上、自ら管理し著作物の利用者に利用を許諾する音楽著作物が他人の著作権を侵害することのないように、万全の注意を尽くす義務があるとした上、遅くとも乙曲が甲曲の編曲権侵害であるとの別件訴訟が提起された時期以降は、乙曲が甲曲に係る著作権を侵害するもの

か否かについて真摯にかつ具体的に調査検討し、著作権侵害の結果が生じることのないようにする方策をとるべき注意義務があったとした裁判例がある（東京地判平成15・12・26判時1847号70頁〔記念樹 JASRAC 事件〕）。もっとも、その控訴審は、使用料の分配留保措置をとりつつ使用許諾を継続しても損害賠償責任はないとした（東京高判平成17・2・17最高裁 HP（平成16年㈱第806号））。

キ　バレエやコンサートの公演を企画管理する者及び場所の提供者

バレエやコンサートの公演において、基本的には、著作物を上演したり演奏するのはダンサーや歌手であって、その行為は「公に」の要件も満たし、かつ許諾がない限り違法性がある。公演を主催し、企画管理する者は、事実関係にもよろうが、通常はそれを教唆・幇助する立場と考えられる場合が多く、上演又は演奏の主体とはいえない場合が多いのではなかろうか。もっとも、著作権者からの許諾を得ることを専ら主催者・企画管理者が行っているとすれば、間接正犯型又は共同正犯型として差止請求の相手方にもなるべき場合があるかもしれない。

東京地判平成10・11・20知的裁集30巻4号841頁〔ベジャール振付事件〕は、海外からバレエ団ないしダンサーを招へいしてバレエ公演を主催し、実施した場合に、舞踊の著作物の上演の主体は、実際に舞踊を演じたダンサーに限られず、同上演を管理し、営業上の利益を収受する者も主体となり得るとして、著作権又は著作者人格権侵害を理由とする損害賠償請求を認めた。もっとも、装置提供者とユーザーの関係は、侵害行為が直接行われる場所との関係からも、カラオケスナックの経営者と顧客や従業員の関係に比して支配管理の要素が弱い場合が多いといわざるを得ないであろう。

また、公演場所を提供した者については、単に場所を貸しただけなら幇助が成立する場合があり得るにすぎないであろう。イギリス法では、場所を貸した者も侵害の主体となるが、我が国では、侵害の認識についての故意過失がある場合に初めて、せいぜい幇助者として損害賠償責任があるか

否か検討すればよいのではなかろうか。

　ク　著作物を貸し出しコピー機の設置の許可を与えた者

　知財高判平成20・9・30判時2024号133頁〔土地宝典事件〕は、著作物た
る土地宝典を法務局に備え置いて利用者に貸し出すとともに、法務局内に
コインコピー機を設置し、当該コインコピー機を用いた利用者による無断
複製行為を放置していた国の行為について、不特定多数の第三者であるコ
インコピー機を用いて土地宝典を無断複製した者による複製権侵害行為を
幇助したとして、国の共同不法行為責任を認めた。同判決は、国におい
て、著作権者に対して、包括的な許諾を得たり、土地宝典を利用するため
の簡便な方法を構築するための努力をした形跡はないのみならず、法務局
において、土地宝典を第三者に貸し出すに当たって、貸出しを受けた第三
者が、違法な複製行為をしないよう注意を喚起するなどの適宜の措置を講
じたと評価できるような具体的な事実もなく、漫然と土地宝典を貸し出
し、不特定多数の者の複製行為を継続させていたことから、適宜の措置を
講じたと評価できるような事情が認められないとして、貸出しを受けた第
三者のした無断複製行為を幇助した点について、少なくとも過失があると
判断した。

3　侵害の行為に供する機器の提供者の責任

⑴　専ら侵害行為に供する機器の提供

　ア　学　　説

　著作権又は著作者人格権を侵害する装置を製造又は輸入し、プレイヤー
（ユーザー）に販売して、ユーザーがプレイすることにより著作権又は著
作者人格権を侵害した場合において、侵害の主体をどう捉えるか、学説
は、次の2説に分かれる。

　㋐　ユーザー説

　著作権の侵害者は侵害のための装置（例えば改変ツール）の提供を受け

たユーザーであり、装置を提供した者（製造販売業者又は輸入販売業者）は、その幇助者として共同不法行為責任を負うとする説である[28]。

〔イ〕　装置提供者説

第三者であるユーザーの関与が手足として行われる場合、指示管理や経済的対価の取得の観点から、侵害の行為に供する装置を提供した者が侵害の主体として責任を負うとする説である[29]。

装置提供者説は、最三小判昭63・3・15民集42巻3号199頁〔クラブキャッツアイ事件〕の考え方を援用したものと解される。同判決は、支配管理及び営業上の利益の帰属を理由に、スナックにおける客による歌唱も、著作権法上の規律の観点からは経営者による歌唱と同視し得るものであるとして、著作権侵害の主体を判断したものである。

イ　ときめきメモリアル事件

〔ア〕　最三小判平成13・2・13民集55巻1号87頁〔ときめきメモリアル事件〕は、専らゲームソフトの改変のみを目的とするメモリーカードを輸入、販売し、他人の使用を意図して流通に置いた者は、他人の使用により、ゲームソフトの同一性保持権の侵害を惹起したものとして、ゲームソフトの著作者に対し、不法行為に基づく損害賠償責任を負うと判示した。

〔イ〕　ときめきメモリアル事件におけるゲームソフトの改変の態様をみると、そこで使用されるメモリーカードは、プログラムそのものを改変するものではなくアウトプットである影像ないしストーリーを改変するものであるため、メモリーカードの製造、輸入又は販売の段階ではなく、改変のためのツールというべきメモリーカードが使用された段階で同一性保持権の侵害行為が行われることになる。

英米法では、著作権侵害行為であることを知って他人の侵害行為を誘発

28　小倉秀夫「ときめきメモリアル著作権事件」CIPICジャーナル91号62頁、茶園成樹「アメリカにおけるビデオゲームの改変と著作権侵害の成否」『牧野退官』665頁、岡邦俊『マルチメディア時代の著作権の法廷』61頁
29　松田政行「判批」判例評論446号67頁

し、惹起し、物質的寄与をなす者が責任を負うとされている。しかるに、我が国の著作権法はそのような規定を置いておらず、侵害の道具となるメモリーカードの作成や、輸入、販売行為をもって、直接著作権ないし著作者人格権侵害とすべき根拠条文は見い出し難い。

この点につき、原判決は、著作権法113条のみなし侵害の規定を根拠として、輸入販売業者の責任を肯定したが、同条が本件のような場合に適用されると解するのは、文理解釈上困難であろう。最高裁判決は、原審のこの点に関する判断を結論において正当であると判示しており、同条を適用する趣旨ではないと解される。

そこで、その使用によって著作権又は著作者人格権を侵害するような装置を製造又は輸入し、プレイヤー（ユーザー）に販売し、ユーザーがこれを使用した場合、侵害の主体は、装置提供者かユーザーか、また、ユーザーの行為は侵害に問われるか、装置提供者の責任の有無及びこれを肯定する場合の根拠条文をいずれに求めるか等の点が問題となる。

(ウ) 上記判決は、メモリーカードを実際に使用するユーザーの行為そのものが同一性保持権侵害に当たる違法なものであるか否かを直接に判示することなく、輸入販売業者の損害賠償責任を認めたものである。したがって、①ユーザー説に立って、輸入販売業者がユーザーの幇助者として共同不法行為責任を負うと解したものとも、又は、②装置提供者説に立って、輸入販売業者につきユーザーを手足とする侵害の主体としていわば代位責任を認めたものとも、いずれの理解も可能であると思われ、いずれによっても、同判決の結論を導くことができるものであった[30]。

いずれにせよ、このような事案については、仮にユーザー説に立っても、個々のユーザーに対し差止めや損害賠償を請求することは、事実上困難であり、また、装置提供者説に立っても、差止請求の可否については、無理な解釈論を展開するよりは、特許法101条1号の間接侵害にならっ

30　髙部眞規子「判解」最高裁判所判例解説民事篇〔平成13年度〕〔4〕事件

て、侵害の行為にのみ供される装置の提供者の行為（製造販売、輸入販売
等）を侵害とみなす旨の立法がされる方が明確であり、メモリーカードの
輸入販売の差止めを認めることこそが実効性を有するものと解される。

　なお、ユーザーの使用過程における改変が同一性保持権の侵害といえる
か否かについては、議論があり得る。ユーザーの行為が、著作権法50条に
より、形式的には私的な改変も同一性保持権を侵害していると評価せざる
を得ないと解すれば、ユーザー説に立って装置提供者が幇助による責任を
負うという説明がしやすくなる。ユーザーの行為が違法でないとすると、
装置提供者説に立つことにつながり、アメリカ法の代位責任やクラブ
キャッツアイ事件判決を想起させる。クラブキャッツアイ事件の判例理論
によれば、ゲームセンターに設置されたゲーム機の場合は、プレイヤーで
はなくゲームセンターの経営者が主体であると解する余地があるが（上映
につき、東京地判昭和59・9・28判時1129号120頁〔パックマンビデオゲーム事
件〕）、その場合でも、ゲームのプレイという場面で捉える限り、ツール提
供者を行為の主体と解することにはならないであろう。ときめきメモリア
ル事件のような家庭用ゲーム機の場合に、ゲームソフトのプレイヤーとメ
モリーカードを提供した者の関係は、支配管理の点でこれより遠く、メモ
リーカードの販売業者の管理の下に、又はその手足又は道具として改変行
為を行ったと評価することは、困難な場合が多いと思われる。大阪地判平
成9・7・17判タ973号203頁〔ネオジオ事件〕は、侵害のための装置の販
売業者は、ユーザーがゲームソフトの上映をすることについて支配管理を
及ぼしていないと判示し、その控訴審大阪高判平成10・12・21知的裁集30
巻4号981頁も、ゲームソフトの上映に必要不可欠なコントローラーの製
造販売行為がゲームソフトの上映行為と同視することができないとして、
製造販売業者が侵害の主体であることを否定している。

⑵ 侵害を惹起するのに不可欠な機器・方法を提供し、現に侵害を惹起していることを認識している場合（特許法101条2号参照）

　上記⑴の侵害にのみ用いられる専用品の場合と異なり、侵害を惹起することもあれば適法な使用を行うことも可能であるような機器であって侵害を惹起するのに不可欠な機器の提供者については、権利侵害に利用されることが定型的に想定されるか例外的に侵害に利用されるかによって違ってくる。

　直接侵害者であるユーザーの自由意思が介在する場合であっても、定型的に侵害に利用されることが想定されるのであれば、対象物の侵害寄与の蓋然性が高い。侵害の専用品ではなく、適法な用途もある機器の場合には、特許法101条2号や5号と同様、主観的な要件とセットとし、侵害の認識が必要であるものと解すべきであろう。特許法とのバランスや寄与侵害を設けるイギリス法との比較から、これを認めてよいようにも思われる。

　前記のとおり、経営者にカラオケ装置を提供したリース業者は、たとえ経営者においてJASRACからの許諾を得ていないことを知っていたとしても、主体（正犯）にはならず侵害を可能にした道具を提供した幇助者（幇助犯）と位置付けられる。権利者であるJASRACも、経営者に対し権利行使をすることにより、より直接的に演奏上映行為を差し止めることが可能であり（最二小判平成13・3・2民集55巻2号185頁〔パブハウスＧ7事件〕）、あえて機器の提供者について、故意過失を要件とした損害賠償責任はともかく、差止めをも求める必要性は乏しいように思われる。

⑶ 例外的に侵害を惹起する機器の提供

　さらに、侵害に利用されることが例外的であるものについては、現段階では責任を否定的に考えざるを得ない。このような関与者の責任を広く追

及すると、社会的な損失も伴うことになる。直接侵害行為がなされた時点において、当該機器の販売者が当該侵害行為を現実に認識し、実質的な寄与行為をした場合には、一定の義務が生じ、損害賠償責任を認める余地がないとはいえないであろう。例えば、単なるメモリーカードが侵害に使用される場合があるとしても、それだけでは損害賠償責任を負わせるのは酷であり、損害賠償にしても特定のユーザーが現実に侵害に使用することを知り、知り得べかりしことが必要であろう。

このような場合においては、直接侵害を行う個々のユーザーの行為が違法であって、故意過失があれば、ユーザーを差止めや損害賠償の相手方にすることができ、その場合の侵害の幇助者は、故意過失を要件として共同不法行為による損害賠償責任を負わせれば足りると考えられる。

4 損　　害

⑴　損害論の審理

ア　損害論の主張

知的財産権の侵害訴訟においては、一般に、侵害論と損害論とが峻別して審理されているため、侵害の心証を裁判所が開示した後、損害論の主張立証に入る。もっとも、例えば慰謝料や弁護士費用といった費目については、訴状の段階できちんとした主張をしていれば、あえて侵害論と峻別した形で損害論を展開する必要はない。

損害論において逸失利益が問題になる場合は、まず、原告において、損害賠償の対象行為（物件）及び対象期間を明らかにした上、著作権法114条1項ないし3項のいずれによるものか、損害に関する法的構成を明らかにして整理し、その要件事実を主張することになる。

次に、被告において、原告が具体的に主張した、侵害行為によって作成された物（侵害品）の譲渡数量、販売額、利益率等の事実について、具体的に認否する。被告が原告の主張を認める場合は、自白が成立するため、

以後の原告の立証は不要となるが、被告が原告の主張を争う場合は、具体的な数字を示して争うべきである。被告において、侵害品の譲渡の期間を明らかにした上、例えば、年度ごとに譲渡数量、販売額、利益率等についての一覧表を提出する場合に、それが原告の見込みと大きく違わない場合には、原告が被告の主張を援用することにより損害の基礎となる数字に争いがなくなり、以後の立証が不要となる場合もある。

イ　損害論の立証

他方、損害算定の基礎となる数字に争いが残る場合には、原告がこれらを立証すべきである。もっとも、その証拠資料が被告側に存在することが多いため、被告において被告自らが開示した数字を裏付けるのに必要な証拠資料を任意に提出することが可能か、打診する。被告が任意にこれを開示しない場合には、著作権法114条の3による書類提出命令等の手続を利用することになる。

損害額の算定に必要な証拠資料が提出された場合であっても、原告において会計の専門的知識が十分でないために正確な調査分析ができなかったり、これを調査分析するのに膨大な時間を要したりすることがある。このような場合に、当事者は、損害の計算をするため必要な事項についての鑑定（いわゆる計算鑑定）を申し立てることができる（著作権法114条の4）[31]。

(2)　損害の内容

ア　著作権侵害を理由とする損害賠償請求は、民法709条を根拠条文とするものである。同条によって請求できる損害は、積極的財産損害（弁護士費用等）、消極的財産損害（逸失利益）があり、民法710条に基づく無形損害（慰謝料）がある。著作権法114条は、このうち侵害による権利者の販売減少を理由とする消極的財産損害についての賠償を求める場合に、損害額の立証が従来困難であったことに鑑み、損害額の算定については、推

31　計算鑑定についての詳細は、髙部眞規子『実務詳説特許関係訴訟〔第3版〕』272頁を参照されたい。

定規定等が設けられ、損害立証を容易化した損害算定の特則と位置付けられる。同条１項ないし３項により算出される額以上の損害額を民法709条によって立証することができるのであれば、それによる請求は可能であるが、実務的には、民法709条による逸失利益の請求をするための相当因果関係の立証が容易ではないため、著作権法114条１項ないし３項によって損害を請求する事案が多い。

　イ　著作権者等は、以下のいずれかの損害を請求することができる。なお、その際、損害賠償の対象期間を明らかにすべきである。

①　著作権法114条１項に基づき、著作権者が侵害行為がなければ販売することができた逸失利益を損害額とする方法

　　計算式：「侵害者の譲渡数量」×「権利者の製品の単位数量当たりの利益額」（ただし、権利者の販売等の能力に応じた額を超えない限度）

②　同条２項に基づき、侵害者の利益の額を損害額と推定する方法

　　計算式：「侵害者の譲渡数量」×「侵害品の単位数量当たりの利益額」

③　同条３項に基づき、著作権の行使に対し受けるべき金銭の額に相当する額を損害額とする方法

　　計算式：「侵害者の譲渡数量」×「権利者が単位数量当たり受けるべき金銭の額」

④　民法709条により得べかりし利益を請求する方法

　ウ　後記のとおり、損害額がどの条項に基づくものかによって立証方法は異なってくる。相手方の譲渡数量や利益率等は、基本的に相手方に証拠が存在する上、営業秘密が含まれると主張される場合もあるため、その提出方法の工夫が必要である。手続的には、書類提出命令（著作権法114条の３）や計算鑑定（同法114条の４）等の規定が整備されたことにより、損害立証の容易化にもつながっている。

⑶ 書類提出命令

ア　著作権侵害訴訟における文書の提出

　著作権侵害訴訟において、文書の提出が問題になり得る事案の大多数は、侵害が認められるとして損害論の審理に入った場合における「侵害行為による損害の計算」のために必要な場合であることから、ここで書類提出命令について説明する。なお、プログラムの著作物に係る侵害訴訟において被告プログラムの態様が問題となるケースや、デジタル化時代において機器やサービスの提供者の責任が問われる事案において、機器やサービスの仕組みが問題になるケース等、「侵害行為の立証」に必要な場合については、第4章V5を参照されたい。

　著作権法114条の3は、著作権侵害訴訟において、当該侵害行為の立証又は侵害行為による損害の計算のための書類の提出につき、特別の規定を置いている。同条は、民事訴訟法220条の特則として、権利者の侵害行為及び損害額立証の困難さを解消し、より実効性のあるものとするために設けられた規定である。それによれば、裁判所は、当該侵害行為の立証又は侵害行為による損害の計算のため必要な書類の提出を命じることができ、書類の所持者においてその提出を拒むことができる正当な理由があるときは、この限りでないとされている。

　著作権法114条の3第1項ただし書は、「正当な理由」があれば、書類の所持者はその提出を拒むことができる旨規定しており、民事訴訟法220条4号がイないしホのいずれにも該当しないとき文書の所持者は提出を拒むことができないとしているのと比較して、規定の仕方が異なる。民事訴訟法がいわば除外事由を限定的に列挙しているのに対し、一般条項的文言で除外できる場合をより限定している。

イ　文書提出命令申立書の記載例

基本事件　令和元年㈻第12345号
　　原告　A
　　被告　株式会社B　外1名
　　　　　　　　文書提出命令申立書 (注①)

　　　　　　　　　　　　　　　　　　令和○○年○月○日
東京地方裁判所民事第47部　御中

　　　　　　　　　　　　申立人（原告）　　　　　A
　　　　　　　　　　　　同訴訟代理人弁護士　甲野一郎　㊞
　　　　　　　　　　　　相手方（被告）　　　　株式会社B

第1　文書の表示 (注2)
　被告が平成30年1月1日から同年12月31日までの間に、別紙目録記載の
DVDを販売したことに関し、出荷台帳、売上げ台帳その他売上げ数量及
び売上げ金額が記載された文書又は磁気ディスクからプリントアウトした
もの

第2　文書の趣旨
　上記文書は、著作権侵害による損害の立証に必要な計算のために必要な
書類であり、被告が平成30年1月1日から同年12月31日までの間に販売し
た、別紙目録記載のDVDの売上げ数量及び売上げ金額が記載されている。

第3　証明すべき事実 (注3)
　被告が平成30年1月1日から同年12月31日までの間に、別紙目録記載の
DVDを、単価3000円、少なくとも1万枚販売した事実

第4　文書の提出義務の原因
　民事訴訟法220条、著作権法114条の3第1項

（別紙）目録
　「ローマの休日」と題するDVD

注①　文書提出命令の申立ては、民事訴訟法221条に従う。

注② 文書の表示や文書の趣旨を明らかにすることが著しく困難な場合には、申立書には、文書の所持者が申立てに係る文書を識別することができる事項を明らかにすれば足りる。その場合には、文書の所持者に文書の表示や文書の趣旨を明らかにすることを求めるよう申し出なければならない（民事訴訟法222条）。

注③ 当事者が文書提出命令に従わないときは、当該文書の記載に関する相手方の主張を真実と認めることができ（同法224条1項）、当該文書の記載に関し具体的な主張をすること及び当該文書により証明すべき事実を他の証拠により証明することが著しく困難であるときは、相手方の主張を真実と認めることができること（同条3項）に照らすと、これらの事項をできるだけ事実に即して記載すべきであろう。証明すべき事実として荒唐無稽な主張をした場合に、裁判所がこれを認めることは困難である。

ウ 書類提出命令発令の判断枠組み

(ア) 判 断

著作権法114条の3第1項の規定を条文に即して書類提出命令の要件を分説すれば、①「侵害行為の立証又は侵害行為による損害の計算のための必要性」が認められれば、②「正当な理由」のない限り、書類の提出を命じることができる。すなわち、書類の提出を求める権利者側で、上記①の事情すなわち訴訟追行上の必要性を主張疎明し、書類の所持者側で、上記②の事情すなわち開示されることによる所持者の不利益を主張疎明して、裁判所がこれを判断することになる。

(イ) 侵害行為の立証又は侵害行為による損害の計算のための必要性

上記(ア)①の「侵害行為の立証又は侵害行為による損害の計算のための必要性」については、当該文書を取り調べる必要性の有無、程度すなわち証拠としての重要性や代替証拠の有無、さらには真実発見・裁判促進という司法の利益をも考慮することになると思われる。

前段の「侵害行為の立証」のための必要性の場面と異なり、後段の「侵害行為による損害の計算」のための必要性の場面では、既に侵害立証が尽くされ、侵害の心証が開示された上で損害論に入っていることを考慮すれば、損害の計算という訴訟追行上の必要性は高い場合が多いように思われる。

(ウ) 正当な理由

上記(ア)②において提出義務が免除されるのは、提出拒絶に「正当な理由」がある場合である。

記載内容が営業秘密に該当することから直ちに「正当な理由」があるとはされておらず、提出義務が免除されるわけではない（東京高決平成9・5・20判時1601号143頁）。

従前から、「正当な理由」の有無は、開示することにより文書の所持人が受ける不利益と、文書が提出されないことにより文書提出命令の申立人が受ける不利益とを比較衡量して判断されていた（利益衡量説）。秘密保持命令制度（著作権法114条の6）が導入されたことにより、当該文書に記載されている営業秘密について開示した後も秘密性を維持することが可能となった。このため、「その事項が公開されると当該技術の有する社会的価値が下落し、これによる活動が困難になるもの又は当該職業に深刻な影響を与え、以後その遂行が困難になる」か否かという判断基準（最一小決平成12・3・10民集54巻3号1073頁）に照らすと、秘密保持命令を発令した場合には、公開による不利益が従来ほど大きいものとは考えられない。

前段の「侵害行為の立証」のための文書提出命令の場合と異なり、後段の「侵害の行為による損害の計算」のための文書提出命令の場合は、侵害行為の立証の場合ほど高度な秘密がある場合は少ないと思われる。後段の規定は、民事訴訟法が平成8年改正で文書の提出の一般義務化を規定する以前から存在するものであり、その意味で当時は意義の大きい規定であったと思われるが、現行法の下で正当な理由を考えつくのは難しい。侵害行為とは別の売上げ等が記載されている部分があるのであれば、侵害品に関する部分のみの一部提出（民事訴訟法223条1項ただし書）によることも可能である。

エ インカメラ手続

営業秘密が記載された書類について書類提出命令の申立てがされ、その書類について書類の保持者において提出を拒む正当な理由があるかどうか

Ⅳ 損害賠償請求 ■ **189**

を判断するため必要があると認めるときは、民事訴訟法223条6項と同様のインカメラ手続で書類を提示させることができる（著作権法114条の3第2項）。

オ　営業秘密を含む書類の提出

営業秘密を含む文書の提出に当たっては、営業秘密が不必要に開示されることを避けることが必要である。

文書の一部に営業秘密が含まれている場合（例えば、侵害品の売上げの立証に必要な売上元帳に、侵害品以外の製品の販売先・卸値や販売数量が記載されている場合等）に、その部分を除いて提出を命じることが可能である（民事訴訟法223条1項ただし書、最一小決平成13・2・22判時1742号89頁）。

なお、秘密保持命令制度の導入により、開示された営業秘密を刑事罰の担保の下に保持することができるようになったことから、提出による所持人の不利益を従前より小さく押さえることができるようになった。また、インカメラ審理においても、秘密保持命令の下で、文書提出命令の申立人の側でも対象書類につき開示を受けることができるようになったため（著作権法114条の3第3項、114条の6第1項1号）、開示後、当事者間で訴訟に提出する書類の範囲を合意するなどした上で、書類の所持人が、任意に当該部分を提出することもあり得よう。このように、提出される書類の範囲は、従前より広がるものと思われる[32]。

⑷　著作権法114条1項による損害賠償

ア　立法趣旨

著作権法114条1項本文の規定は、著作権はその著作物を独占的に利用する権利であり、その著作物の利用は著作権者しかできないことによれば、著作権者の販売能力の限度では侵害者の譲渡数量と権利者の喪失した販売数量が一致するところから、「侵害者の譲渡等数量」に「著作権者が

32　高部眞規子「知的財産権訴訟における秘密保護手続の現状と課題」ジュリ1317号187頁

その侵害行為がなければ販売することができた物（受信複製物を含む。）の単位数量当たりの利益額」を乗じた額を、販売能力に応じた額の限度において、損害額とするものである。ただし書の規定は、実際の侵害訴訟では著作権者において侵害品の譲渡等数量と同数の販売をすることが困難であった事情により、侵害者の譲渡等数量と権利者の喪失した販売数量が一致しない事情が存在する場合があるところから、侵害者がその事情を立証することにより、その事情に応じた額を控除するものである。

イ　計算式

有体物の複製物を譲渡する形態では、「その侵害の行為によって作成された物の譲渡数量」から「販売することができない事情に相当する数量」を控除した数量に「著作権者がその侵害行為がなければ販売することができた物の単位数量当たりの利益額」を乗じる。ネット配信の形態では、「その侵害の行為を組成する公衆送信が公衆により受信されることにより作成された著作物若しくは実演等の複製物の数量」から「受信することができない事情に相当する数量」を控除した数量に「著作権者がその侵害行為がなければ受信することができた複製物の単位数量当たりの利益額」を乗じた額である。ただし、著作権者が販売等の行為を行う能力に応じた額を超えない限度であることが必要である。

ウ　譲渡等数量

著作権法114条１項に基づき、著作権者が侵害行為がなければ販売することができた逸失利益を損害額とする方法により、損害賠償を請求する場合には、著作権者において、「侵害者の譲渡等数量」を主張立証する必要がある。もっとも、有体物の複製の場合はともかく、公衆の受信により作成された著作物や実演等の複製物の個数を著作権者が立証することは、実際には困難を伴う。

同項適用のためには、侵害者と同様に当該物に係る販売その他の行為を行う能力を有することが必要で、著作権者の製品と侵害品とが代替関係にある必要があるとされている（東京高判平成16・6・29最高裁HP（平成15年

IV　損害賠償請求　■　191

(ネ)第2467号)〔国語テスト事件〕)。著作権者が自ら同種の著作物を譲渡又は公衆送信等していない場合には、代替関係が存在しないため、同項による損害が認められるのは困難であろう。

なお、「譲渡」数量という以上、複製をしたが譲渡をしなかったものについては、同項の適用はないと解されている[33]。

エ 単位数量当たりの利益の額

「著作権者がその侵害行為がなければ販売することができた物の単位数量当たりの利益の額」について、侵害行為がなかったとしたら権利者が得たであろう利益として、権利者の経費のうちどのようなものを減じるのかが問題となる。著作権者の利益の額としては、①粗利益（売上高から製造原価又は仕入れ額を差し引いた額）、②限界利益（粗利益からその販売数量の増加に伴って増加する必要不可欠な経費を控除した1個当たりの利益）、③直接費用の控除（売上げから製造原価・販売原価のほか、製品の製造販売に直接要した諸経費を控除した額）、④純利益（売上高から製造原価又は仕入れ額を差し引いた粗利益から、販売手数料・宣伝広告費・人件費・店舗の賃料等売上げを得るために必要な全ての経費を控除した額）等のいろいろな見解がある。著作権者の販売している製品の売上高からこれを製造販売することによりその製造販売に直接関連して追加的に必要となった経費を控除した限界利益の額と解すべきであろう。

また、著作権侵害が著作権者の製品の一部分である場合については、単位数量当たりの利益の額の問題として考慮するか、ただし書の事情として考慮するかなど争いがある。

その場合は、当該部分の著作権者の製品中における数量的割合のみならず、その位置付けや顧客誘引力等の事情を総合的に考慮すべきであろう。ただし書の事情と解する場合には被告側が主張立証責任を負うが、単位数量当たりの利益の額の問題として考慮する場合であっても、全体利益の中

---

[33] 半田正夫ほか編『コンメンタール〔第2版〕3』521頁〔松川実〕

の当該著作権の位置付け等の事情の立証を、被告側に負わせると解する見解もある。

オ　販売その他の行為をする能力の限度

侵害品の数量に対応する製品を権利者において供給することができる能力をいう。実際に供給が可能な状態にあった場合だけでなく、権利者が保護期間中に供給することができる潜在的な能力を有する場合を含むか否かは、争いがある。

カ　販売することができないとする事情

著作権法114条1項ただし書に規定する「販売することができないとする事情」は、侵害行為と著作権者の製品の販売減少との相当因果関係を阻害する事情を対象とし、例えば、①市場における競合品の存在、②侵害者の営業努力やブランド力、宣伝広告、③侵害品の性能（機能、デザイン等著作権以外の特徴）、④市場の非同一性すなわち価格や販売形態の相違（特許権につき、知財高判平成27・11・19判タ1425号179頁〔オフセット輪転機版胴事件〕）などの事情がこれに該当するものと解される。

(5)　著作権法114条2項による損害賠償

ア　立法趣旨

著作権者等が侵害行為による損害の額を立証することが困難であるために、損害額の立証を容易にしたものであり、法律上の事実推定を定めるものである。そうすると、侵害者の利益の額が立証されても、侵害者は推定を覆滅させる事実の立証をすることが可能である（特許権につき、東京地判平成11・7・16判時1698号132頁〔悪路脱出具事件〕）。推定を覆滅させる事実として、例えば、被告が侵害行為により利益を受けても、原告に損害が生じなかった事情や、原告に生じた損害額が被告の利益額を下回ることを示す事情がある。

イ　計　算　式

著作権法114条2項に基づき、侵害者の利益の額を損害額と推定する方

法により、損害賠償を請求する場合には、著作権者は、「侵害者の譲渡数量」に「侵害品の単位数量当たりの利益額」を乗じて得た額を主張立証すべきである。推定規定であるから、被告において、著作権者が受けた損害との相当因果関係が欠けることを主張立証することにより、これを覆すことができる。

　ウ　侵害品の単位数量当たりの利益額

　著作権法114条2項の侵害行為により侵害者が受けた利益の額は、侵害者の侵害品の売上高から、侵害者において侵害品を製造販売することによりその製造販売に直接関連して追加的に必要となった経費を控除した限界利益の額であり、その主張立証責任は権利者側にある。また、控除すべき経費は、侵害品の製造販売に直接関連して追加的に必要となったものをいい、例えば、侵害品についての原材料費、仕入費用、運送費等がこれに当たるのに対し、例えば、管理部門の人件費や交通・通信費等は、通常、侵害品の製造販売に直接関連して追加的に必要となった経費には当たない（特許権につき、知財高判令和元・6・7最高裁HP（平成30年㈹第10063号）〔二酸化炭素含有粘性組成物事件〕）。限界利益説は、東京地判平成7・10・30判時1560号24頁〔システムサイエンス事件〕以降の裁判例や学説の多数を占めている[34]。

　通常は、原告が被告の売上高と経費の控除を主張立証するが、被告においてさらに控除すべき費目があることを指摘するなどして、損害額を定める。なお、被告の侵害品全体ではなく、その一部のみが侵害部分である場合には、侵害品において侵害部分が占める割合を、その重要度や分量に応じて斟酌するのが通常である。

　なお、東京地判平成13・5・16判時1749号19頁〔LEC事件〕は、顧客が正規品に示された販売代金を支払い、正規品を購入することによって、プログラムの正規複製品をインストールして複製した上、それを使用するこ

34　中山信弘『著作権法〔第2版〕』635頁、山本隆司「損害額の算定」『理論と実務4』378頁

とができる地位を獲得する契約態様が採用されている場合（いわゆる「ペイド・アップ方式」による使用許諾契約）において、損害額は、著作権法114条1項又は2項により、正規品小売価格と同額であるとした。そして、プログラムの著作物の複製権を侵害した場合、著作権侵害行為は、被告がプログラムをインストールして複製したことによって成立し、複製した時点において、既に損害が確定しているから、その後、侵害者が当該プログラムと同一の正規品を市場から有償で入手したとしても、これによって、既に確定的に発生した原告らの被告に対する損害賠償請求権が消滅すると解することはできず、損害賠償の額に影響を与えるものではないと判断した。

エ　著作権者の利用の要否

著作権法114条2項適用の要件として、権利者が著作物を現実に利用している必要があるか否かについては見解が分かれている[35]。

著作権者が自ら著作物の販売等を行っていない場合に、著作権法114条2項の適用を否定した裁判例がある（東京高判平成10・2・12判時1645号129頁〔四谷大塚進学教室事件〕、東京地判平成11・10・18判時1697号114頁〔三島由紀夫手紙事件〕、東京地判平成15・3・28判時1834号95頁〔国語テスト事件〕）。同項の適用を認めた裁判例として、東京地判平成17・3・15判時1894号110頁〔グッバイキャロル事件〕は、著作権法114条2項の適用が認められるためには、現実の利用ではなく著作権者が侵害者と同様の方法で著作物を利用して利益を得られる蓋然性があることが必要であるとした上、著作権者が他社と契約すること等により、被告と同様の方法で著作物を利用し、同様の利益を得られる蓋然性があったものとして、同項の適用を認めたものである。

学説上も、権利者自らが現実に権利を利用していることを要件とし、原

35　早稲田祐美子「著作権侵害による損害」新裁判実務大系『著作権関係訴訟法』533頁、作花文雄『詳解著作権法〔第4版〕』525頁、田村善之『著作権法概説〔第2版〕』323頁

告が実施していない場合には著作権法114条2項による請求はできないと解する見解もある[36]。他方、著作権者の著作物の利用は要件ではないとする有力説もあり[37]、著作権者が、他社と契約するなどして被告と同様の方法で著作物を利用して利益を得られる蓋然性があれば同項を適用するのに足りると解することも可能であろう[38]。

著作権法114条2項は、民法の原則の下では、著作権侵害によって著作権者が被った損害の賠償を求めるためには、著作権者において、損害の発生及び額、これと著作権侵害行為との間の因果関係を主張立証しなければならないところ、その立証等には困難が伴い、その結果、妥当な損害の塡補がされないという不都合が生じ得ることに照らして、侵害者が侵害行為によって利益を受けているときは、その利益の額を著作権者の損害額と推定するとして、立証の困難性の軽減を図った規定である。そして、著作権者に、侵害者による著作権侵害行為がなかったならば利益が得られたであろうという事情が存在する場合には、著作権法114条2項の適用が認められると解すべきである（著作権法114条2項と同旨の特許法102条2項に関する知財高判平成25・2・1判タ1388号77頁〔ごみ貯蔵機器事件〕）。

オ　推定覆滅の事情

著作権法114条2項は推定規定であるから、侵害者の側で、侵害者が得た利益の一部又は全部について、著作権者が受けた損害との相当因果関係が欠けることを主張立証した場合には、その限度で上記推定は覆滅されるものということができる。著作権法114条2項における推定の覆滅については、同条1項ただし書の事情と同様に、侵害者が主張立証責任を負うものであり、侵害者が得た利益と著作権者が受けた損害との相当因果関係を

---

[36]　青柳昉子「著作権侵害及び著作者人格権侵害の場合の損害賠償請求」民事弁護と裁判実務『知的財産権』682頁、早稲田祐美子「著作権侵害による救済」新裁判実務大系『著作権関係訴訟法』526頁

[37]　中山信弘『著作権法〔第2版〕』636頁は、蓋然性で足りるとし、田村善之『著作権法〔第2版〕』は、不要とする。

[38]　髙部眞規子「著作権侵害訴訟の要件事実」民事弁護と裁判実務『知的財産権』540頁

阻害する事情がこれに当たると解される。例えば、①著作権者と侵害者の業務態様等に相違が存在すること（市場の非同一性）、②市場における競合品の存在、③侵害者の営業努力（ブランド力、宣伝広告）、④侵害品の性能などの事情を推定覆滅の事情として考慮することができるものと解される（著作権法114条2項と同旨の特許法102条2項に関する知財高判令和元・6・7最高裁HP（平成30年(ネ)第10063号）〔二酸化炭素含有粘性組成物事件〕）。

(6) 著作権法114条3項に基づく損害賠償の請求

ア 立法趣旨

著作権法114条3項は、損害額の推定規定である同条2項を適用してもなお逸失利益の立証が困難であることに鑑みて置かれた規定であり、著作権の行使につき受けるべき金銭に相当する額を請求できるとして、著作権侵害の際に著作権者が請求し得る最低限度の損害額を法定した規定であるとされている[39]。平成12年改正により、「通常受けるべき金銭の額」では侵害のし得になってしまうとして、「通常」の部分が削除された。

イ 計算式

著作権者は、「侵害者の譲渡数量」に「権利者が単位数量当たり受けるべき金銭の額」を乗じた額を主張立証すべきである。

ウ 譲渡数量

著作権法114条1、2項と異なり、数量としては、現実に譲渡した数量に限られず、例えば、複製権の侵害であれば、印刷した数量により算定することが可能である。すなわち、販売しないで無償配布した数量や返品された数量についても、複製が行われていることには変わりがないから、計算の基礎とすることができる（東京地判平成16・5・28判タ1195号225頁〔教科書準拠国語問題集事件〕、知財高判平成22・11・10判時2102号136頁〔SLDVD事件〕）。

39　金井重彦ほか編著『コンメンタール（下）』251頁〔岡村久道〕

著作権侵害による損害の発生は認められるが、譲渡や受信の数量を立証することが性質上極めて困難な場合は、著作権法114条の5の活用が考えられる。使用の事実自体は認められるが使用の回数が証拠によって認定しにくい事案において、著作権法114条の5が適用された先例として、東京地判平成15・12・19判タ1149号271頁〔記念樹フジテレビ事件〕、東京地判平成15・12・26判時1847号70頁〔記念樹JASRAC事件〕、知財高判平成20・9・30判時2024号133頁〔土地宝典事件〕、知財高判平成21・9・15最高裁HP（平成21年㈱第10042号）〔黒澤映画事件〕、知財高判平成28・11・2判時2346号103頁〔The Good Life事件〕がある。

　エ　単位数量当たり受けるべき金銭の額

　著作権法114条3項の平成12年改正の経緯に照らせば、同項に基づく損害の算定に当たっては、必ずしも当該著作権についての使用許諾契約における使用料に基づかなければならないわけではなく、著作権侵害をした者に対して事後的に定められるべき、使用に対し受けるべき額は、むしろ、通常の使用料に比べて自ずと高額になるであろうことを考慮すべきである。したがって、受けるべき金銭の額を算定するに当たっては、①当該著作権の実際の使用許諾契約における使用料等も考慮に入れつつ、②当該著作権自体の価値、他のものによる代替可能性、③当該著作権を使用した場合の売上げ及び利益への貢献や侵害の態様、④著作権者と侵害者との競業関係や著作権者の営業方針等訴訟に現れた諸事情を総合考慮して、合理的な料率を定めるべきである（著作権法114条3項と同旨の特許法102条3項に関する知財高判令和元・6・7最高裁HP（平成30年㈱第10063号）〔二酸化炭素含有粘性組成物事件〕）。

　なお、著作権者は、その著作権又は著作隣接権が著作権等管理事業者（JASRACなど）が管理するものであるときは、当該事業者が定める使用料規程のうちその侵害の行為に係る著作物等の利用の態様について適用されるべき規定により算出した使用料の額（当該額の算出方法が複数あるときは、当該複数の算出方法によりそれぞれ算出した額のうち最も高い額）をもっ

て、受けるべき金銭の額とすることができる（著作権法114条4項）。JASRACの著作物使用料については、包括的な許諾契約を締結している場合の数倍もの1回当たりの使用料が定められているところ、同条4項の新設前から、これを基準として損害が算定されている（東京地判平成15・12・19判タ1149号271頁〔記念樹フジテレビ事件〕）。

また、著作権侵害による損害賠償において将来における使用料ではなく、過去の著作権侵害に対する損害額を算定するための受けるべき金銭の額であること、国語テストにとって教科書掲載著作物を掲載する必要性は極めて高い反面、著作権者としては副教材としての性質上その単価が低額に抑えられていることなど国語テストへの著作物の利用の目的、態様、販売方法等を考慮して、日本児童文藝家協会が定めて著作権等管理事業法に基づき文化庁長官に届け出ている著作物使用料規程の料率の2倍とした裁判例が参考になる（東京地判平成18・3・31判タ1274号255頁〔教科書準拠国語テスト事件〕）。

逆に、侵害者の販売価格が低廉な場合に、侵害者の現実の販売価格にかかわらず、受けるべき金銭の額を算定した事案もある（知財高判平成21・9・15最高裁HP（平成21年(ネ)第10042号）〔黒澤映画事件〕、知財高判平成22・11・10判時2102号136頁〔SLDVD事件〕）。

また、被告の侵害品の全体ではなく、その一部のみが侵害部分である場合には、同条3項についても、侵害品において侵害部分が占める割合を、その重要度や分量に応じて斟酌している。

(7) 慰 謝 料

ア 著作権侵害による慰謝料

最二小判昭和61・5・30民集40巻4号725頁〔パロディ事件第二次上告審〕は、財産権たる著作権の侵害に基づく慰謝料請求もあり得ることを前提にしているが、実際の訴訟においては、財産権たる著作権侵害による慰謝料については、財産損害の賠償と別途に賠償に値する精神上の損害を受

けたという特別事情がない限り否定され、通常の侵害態様であれば財産的損害の賠償により回復することができるとして、これを棄却するケース（東京地判平成元・10・6判時1331号120頁〔タロットカード事件〕、東京地判平成10・11・20知的裁集30巻4号841頁〔ベジャール振付事件〕）が多い[40]。ただし、慰謝料の肯定例（東京高判昭和60・10・17判時1176号33頁〔藤田嗣治事件〕）もある。

　イ　著作者人格権侵害による慰謝料

　これに対し、著作者人格権の侵害に基づく慰謝料請求（民法710条）は、認められるケースが多い。慰謝料の額については、侵害された著作物の内容、著作者人格権侵害の態様、当事者双方の社会的地位その他本件に現れた諸般の事情を総合考慮して算定されているが、財産的損害賠償額を補完調整する機能をも有しており、財産的損害の額を超える慰謝料額が認容されるケースも少なくない。

　原告が中国に在住し、その貨幣価値が日本の20分の1程度である旨の主張があった事案において、中国における貨幣価値は慰謝料等の算定の一事情にとどまるとして、著作者人格権侵害による慰謝料として30万円を認容した事案がある（東京地判平成16・5・31判時1936号140頁〔XO醤男と杏仁女事件〕）。外国人が被害者である場合の慰謝料について、一時的に我が国に滞在している出稼ぎ的外国人の場合、母国の賃金水準や物価水準を考慮すべきである旨の見解もある。この見解は、母国の賃金水準等が日本におけるそれと著しく異なる場合には、同じ金額でも被害者が慰謝される程度が異なり、被害者が受け取るべき金額の実質的価値を考慮すべきであるという考え方に基づくものであろう。もっとも、これを考慮するとしても、実務上は、慰謝料を受領する者の生活の場所における賃金水準や物価水準は、諸般の事情の1つとして考慮されるにとどまり、慰謝料額がこれに比例するという形で厳密に反映するものではないと解されている[41]。

40　早稲田祐美子「著作権侵害による損害」新裁判実務大系『著作権関係訴訟法』533頁

⑻ 弁護士費用

　不法行為の被害者が権利行使のために訴えを余儀なくされ、弁護士に訴訟を委任した場合には、相当と認められる範囲内で、当該不法行為と相当因果関係のある弁護士費用が損害と認められる（最一小判昭和44・2・27民集23巻2号441頁）。著作権侵害訴訟は、不法行為による損害賠償として、訴訟提起に必要な相当因果関係のある弁護士費用を請求する場合が多い。裁判所の認定する弁護士費用は、必ずしも認容される金銭の額の1割程度というわけではなく、差止請求等が認容される場合には、差止請求の訴訟物の価格をも勘案して、より妥当な弁護士費用の認定をしている（東京高判平成7・5・16知的裁集27巻2号285頁〔出る順宅建事件〕では、逸失利益35万円に対し、弁護士費用25万円を認容した。東京地判平成16・5・31判時1936号140頁〔XO醤男と杏仁女事件〕）。

41　川神裕「判解」最高裁判所判例解説民事篇〔平成9年度〕〔4〕事件

V 〔 名誉回復措置請求 〕

1 請求の趣旨・判決主文

(1) 文　例

名誉回復措置請求の趣旨及び判決主文は、以下のようなものとなる。

　　被告は、別紙1記載の要領をもって、別紙2記載の広告を一回掲載せよ。

（別紙1）広告の内容

　　被告は、原告が著作した「○○○」について、原告には無断で改変して「△△△」に掲載し、もって、原告が保有する同一性保持権を侵害し、原告に多大なるご迷惑をお掛けいたしましたことを、ここに深く陳謝いたします。

　　　　令和　　年　　月　　日
　　　　　　　　　　　　　　　住所
　　　　　　　　　　　　　　　氏名

　　　住所

　　　　原告　　　殿

（別紙1′）広告の内容

　　「○○」の表題で「△△」に掲載した随筆について、筆者の氏名の表示が欠けておりました。筆者は、甲野太郎さんでした。ここに訂正いたします。

（別紙2）広告の要領

　　○○新聞全国版朝刊（○○新聞社発行）

　(1)　掲載スペース：社会面、2段×4.0cm

　(2)　使用活字：見出し及び末尾被告の名称は12ポイント（ゴシック）、その他は10ポイント

⑵ 留 意 点

ア　著作者が、名誉回復のための措置を求める場合、「名誉・声望を回復するために適当な措置」というような、一般的抽象的な行為の内容では不十分であることは明白であり、具体的な行為の内容を特定することが必要である。請求の趣旨において、行為態様、時期、場所、媒体、回数、活字の大きさ等を具体的に特定することが必要である[42]。通常は、別紙として、掲載条件（スペース、使用文字の大きさ等）、広告文を添付することが多い。

イ　謝罪広告を命じる判決の強制執行は、代替執行によるから（民事執行法171条、民法414条2項）、掲載対象の出版物、体裁、使用する活字の大きさ、広告文等を特定する必要がある。

著作権等を含む知的財産権の侵害訴訟においては、ともすれば侵害か非侵害かの点に審理の中心が置かれ、侵害と認められた場合に原告の申し立てた請求の趣旨に引きずられて判決主文が記載される例も散見されたところである。強制執行の場面をも念頭に置いて実効性のある必要かつ十分な内容の判決主文を記載することが肝要である。

なお、広告文の内容としても、著作権法115条の規定にそう表現によることが必要である。

2　名誉回復措置請求の要件

⑴　著作権法115条の内容

著作者は、故意又は過失によりその著作者人格権を侵害した者に対し、損害の賠償に代えて、又は損害の賠償とともに、①著作者であることを確保するために必要な措置、又は②訂正その他著作者の名誉若しくは声望を

42　半田正夫ほか編『コンメンタール〔第2版〕3』605頁〔飯村敏明〕

回復するために適当な措置を請求することができる（著作権法115条）。

上記①の著作者であることを確保するための適当な措置としては、具体的には著作者を明らかにする旨の訂正広告が考えられる。また、上記②の訂正その他著作者の名誉若しくは声望を回復するための適当な措置としては、典型的には、訂正広告や謝罪広告の請求という体裁をとることが多い。

(2) 名誉回復措置の要件

著作権法115条により、名誉回復措置請求が認められるための要件は、以下のとおりである。

ア　著作者人格権の侵害

公表権、氏名表示権、同一性保持権の侵害のほか、著作権法113条7項により著作者人格権の侵害とみなされる行為をした場合が含まれる。なお、同法115条は、著作者人格権の侵害の場合についてのものであり、著作権の侵害の場合に謝罪広告が認められる法的根拠はない。

イ　故意又は過失

差止請求権の場合と異なり、名誉回復措置請求のためには、故意又は過失が必要である。

ウ　必 要 性

「著作者であることを確保するために、又は訂正その他著作者の名誉若しくは声望を回復するために、必要であること」が要件と解される。

著作権法115条の明文そのものにはないものの、最二小判昭和61・5・30民集40巻4号725頁〔パロディ事件第二次上告審〕によれば、客観的に著作者の人格的価値が低下したことを要し、その事実が認められなければ、名誉回復措置請求は認められないとされている。そして、著作者の名誉声望とは、著作者がその品性、徳行、名声、信用等の人格的価値について社会から受ける客観的な評価を指し、名誉感情を含まないとされている。

他方、著作者であることを確保するために必要な措置を請求する場合と

訂正を請求する場合には、人格的価値の低下は要件ではないとする見解もある[43]。著作権法115条の条文構造に照らすと、著作者であることを確保するために必要な措置を請求する場合には、それ自体の必要性が要件とされるとしても、人格的価値の低下は要件とはいえない。「訂正その他著作者の名誉若しくは声望を回復するための適当な措置」と規定され、「訂正」が「著作者の名誉若しくは声望を回復するための適当な措置」と並列されていることに照らすと、著作者の名誉若しくは声望を回復する必要性がない場合に、著作権法115条に基づき訂正ができるか否かは、法文上は、議論の余地がありそうである。

3　名誉回復措置の内容

(1)　謝罪広告

謝罪広告の請求をする事案は多いが、実際にこれが認容された事案は少なく、大多数の事案で、社会的名誉声望が低下していないか、謝罪広告までの必要性がないとして、棄却されている（東京地判平成7・5・31判時1533号110頁〔ぐうたら健康法事件〕、東京地判平成10・10・29判時1658号166頁〔SMAP事件〕、東京地判平成17・5・17判タ1243号259頁〔通勤大学法律書コース事件〕）。

謝罪広告が認められた東京高判平成8・4・16判時1571号98頁〔目覚め事件〕は、同一性保持権侵害の態様と、被告側が誠意ある措置をとっていなかったことを理由としている。同じく肯定例である東京高判平成8・10・2判時1590号134頁〔市史事件〕は、学術論文として先行性が重視されること、被告が故意に侵害したにもかかわらず、著作権の帰属を争っていたこと等を理由としている。

43　半田正夫ほか編『コンメンタール〔第2版〕3』603頁〔飯村敏明〕、土肥一史「名誉回復等措置(2)」『著作権判例百選〔第4版〕』218頁

(2) 訂正広告、事実告知

ア　他方、東京地判平成11・10・18判時1697号114頁〔三島由紀夫手紙事件〕は、公表権の侵害の事案において、著作者の遺族の求めた謝罪広告請求を、公表権の侵害というお知らせの形式に変更した上で、認容している。そこでは、①被告が出版に当たり大々的に宣伝広告したこと、②原告らの警告に従わず、出版を強行したこと、③多数出版されたこと等の諸事情が考慮されている。

イ　また、知財高判平成22・3・25判時2086号114頁〔駒込大観音事件〕は、原告が、原告の亡父Rらと共同制作した観音像につき、被告らが仏頭部をすげ替え、公衆の観覧に供していることが、原告の著作者人格権（同一性保持権）等を侵害しているとして、著作権法115条に基づき、仏頭部を原状回復するまでの間、観音像を一般公開することの差止め及び仏頭部の原状回復並びに謝罪広告等を求めた事案である。同判決は、被告らの行為は、著作権法113条7項に該当するとして、原告が求める謝罪広告中（訂正広告を含む。）、その客観的な事実経緯を周知するための告知をすることで、Rの名誉又は声望を回復するための措置としては十分であり、仏頭部を本件原観音像制作当時の仏頭部に原状回復する措置や謝罪広告を掲載する措置、公衆の閲覧に供することの差止めについては、いずれも、Rの名誉又は声望を回復するための適当な措置等とはいえないものと判示した。

そこで名誉又は声望を維持するためには、事実経緯を広告文の内容として摘示、告知すれば足りるとされ、「別紙広告目録記載第1の内容が記載された広告文を同目録記載第2の新聞に、同目録記載第2の要領で掲載」することが命じられた。その目録は、以下のとおりである。

（別紙）広告目録
第1　広告の内容
広告

被告らは、光源寺から委託を受けて故R殿が共同して制作し、光源寺が東京文京区向丘○丁目○番○号所在の光源寺境内観音堂内に安置した木造十一面観音菩薩立像である「駒込大観音」について、光源寺においてYに対して仏頭部の再度の制作を委託し、これを受けてYにおいて仏頭部を新たに制作し、これにより光源寺においては新たに制作された仏頭部を備えた観音像を観音堂に安置し、拝観に供していること、及び故R殿の制作にかかる仏頭部も同じく観音堂に安置していることについて、故R殿の名誉・声望を回復するための適当な措置として、お知らせ申し上げます。

令和　　年　　月　　日

東京都文京区向丘○丁目○番○号

光源寺

代表者代表役員　　　　　　A

千葉県佐倉市山王○丁目○番○号

Y

第2　広告の要領

○○新聞

⑴　掲載スペース：2段×4.0cm

⑵　使用活字：見出し及び末尾被告らの名称は12ポイント（ゴシック）、その他は10ポイント

⑶　通知請求

　銅像についての氏名表示権の侵害が認められた事案で、原告が著作者であることを銅像の所有者に通知することを命じた判決もある（知財高判平成18・2・27最高裁HP（平成17年㈱第10100号）〔ジョン万次郎銅像事件〕）。

4　名誉回復措置の判断

⑴　必要性の判断要素

　名誉回復措置請求を認めるか否かの判断要素としては、以下の諸事情を総合して判断すべきである[44]。

ア　侵害行為の態様

侵害行為が、著作者がその品性、徳行、名声、信用等の人格的価値について社会から受ける客観的な評価を低下させるものであるのみならず、侵害の回数が多いとか、くり返し侵害するなど、社会的な影響が多い場合や、他人の著作物を自己の著作物と偽るとか、著作権者の権利を争ったり、警告を無視して出版を強行するなど、行為が悪質な場合は、名誉回復措置の必要性が高くなろう。

イ　侵害行為後の態度及び被害回復状況

侵害者が、侵害品を回収したり、自ら訂正したりするなどした結果、著作者の名誉回復がされている場合は、必要性が低くなるが、非を認めず、違法でないと公言するなど、誠意ある行動をとらなかった場合は、必要性が高くなろう。

ウ　著作者が求める措置の内容

請求の内容が、侵害者の経済的、精神的な負担が重いものか否か等が考慮要素になる。もっとも、この点は、請求の範囲内で、裁判所が質的な一部認容をすることが可能であろう。

(2)　名誉回復措置の在り方

前記のとおり、著作者人格権の侵害の場合に、謝罪広告の請求をする事案は多いが、実際に差止めや損害賠償を命ずるほかに、それに加えて謝罪広告請求が認容される事案は多くない。謝罪を求めることに重点を置くと、名誉感情を慰撫するものとなって、著作者の名誉声望とは、著作者がその品性、徳行、名声、信用等の人格的価値について社会から受ける客観的な評価を指し、名誉感情を含まないとする最二小判昭和61・5・30民集40巻4号725頁〔パロディ事件第二次上告審〕には沿わないし、広告する必要が認められにくい。むしろ、公表権や氏名表示権を侵害されたことによ

44　半田正夫ほか編『コンメンタール〔第2版〕3』604頁〔飯村敏明〕

り、謝罪ではなく、著作者であることを確保する必要性や訂正広告をする
必要性が高いことを主張立証することに重点を置く方が、事案の解決とし
ても、実効性があるように思われる[45]。

45　村越啓悦「著作者人格権の侵害に対する救済」新裁判実務大系『著作権関係訴訟
　　法』499頁

Ⅵ 〔 要件事実 〕

1 著作権等侵害訴訟における要件事実の概略

(1) 原告の主張立証

ア 差止請求の場合

原告は、訴訟物たる差止請求権の発生原因事実を主張立証しなければならない。請求原因事実として必要なのは、大きく分けて次の2点である。

> Kg1 原告が著作権（著作権、著作者人格権、著作隣接権等）を有すること

> Kg2 被告が原告の著作権等を侵害したこと

差止請求の場合は、Kg2に代えて、「被告が原告の著作権等を侵害するおそれがあること」を主張立証することができる。また、侵害者の故意過失等の主観的要件や権利侵害の違法性の強弱等の要件は必要でない（東京高判昭和60・10・17判時1176号33頁〔藤田嗣治事件〕）。

イ 損害賠償請求の場合

著作権等の侵害を理由とする損害賠償請求の場合は、Kg1及びKg2に加えて、次の請求原因が必要である。

> Kg3 被告の故意過失

> Kg4　被告の行為による損害の発生

ウ　名誉回復措置請求の場合

Kg1ないしKg3に加えて、次の請求原因が必要である。

> Kg5　著作者であることを確保するために、又は訂正その他著作
> 　　　者の名誉若しくは声望を回復するために必要であること

(2)　被告の主張立証

　相手方たる被告は、差止請求権や損害賠償請求権の権利発生障害事実（不発生の抗弁）、権利排斥事実（阻止の抗弁）、権利消滅の事実（消滅の抗弁）を主張立証して、著作権侵害を否定することを要する。

　ア　Kg1に対する主な抗弁として、著作権侵害の場合は、

> E1　著作権の消滅（保護期間満了・相続人不存在）

> E2　著作権の喪失（譲渡・放棄等）

等がある。著作者人格権の場合は一身専属であり、著作者の死亡による喪失はあり得るが、譲渡等による喪失は考えられない。

　イ　Kg2に対する主な抗弁として、著作権侵害に対しては、

> E3　許諾契約

> E4 著作権の制限（私的利用のための複製、引用等）

> E5 権利の濫用

等がある。

　著作者人格権については、著作権の制限規定が及ばない（著作権法50条）が、氏名表示権の場合は、著作物の利用の目的及び態様に照らし著作者が創作者であることを主張する利益を害するおそれがないことや（著作権法19条3項）、同条4項所定の事実が、抗弁となる。また、同一性保持権の場合は、同法20条2項1号ないし3号のほか、著作物の性質並びにその利用の目的及び態様に照らしやむを得ないと認められること（同法20条2項4号）が、抗弁となる。

　ウ　Kg4に対しては、著作権法114条1項、2項による損害が主張される場合には、それに対する抗弁として、

> E6 販売することができないとする事情（著作権法114条1項に対し）
> 　　推定を覆滅させる事情（同条2項に対し）

等がある。

(3) ブロックダイヤグラム

　これをブロックダイヤグラムで示すと、以下のようになる。

ア　著作権侵害の場合

〈請求原因〉	〈抗弁〉
Kg1　原告の著作権	E1　著作権の消滅（保護期間満了・相続人不存在） E2　著作権の喪失（譲渡・放棄等）
Kg2　被告の著作権侵害行為	E3　許諾契約 E4　著作権の制限 E5　権利の濫用
Kg3　被告の故意過失	
Kg4　被告の行為による損害の発生	E6　販売することができないとする事情 　　推定を覆滅させる事情

イ　著作者人格権侵害の場合

〈請求原因〉	〈抗弁〉
Kg1　原告の著作者人格権	
Kg2　被告の著作者人格権侵害行為 　　〔氏名表示権の場合〕… 　　〔同一性保持権の場合〕…	E5　権利の濫用 E7　利益を害するおそれがないこと E8　やむを得ない改変
Kg3　被告の故意過失	
Kg4　被告の行為による損害の発生	
Kg5　名誉回復措置の必要性	

VI　要件事実　■　213

2 著作権の侵害の請求原因

⑴ 原告の著作権（請求原因Kg1）について

ア 原告が著作権者であることの意義

「原告が著作権者であること」の原告の主張は、事実に関する主張ではなく、法律効果の存否に関する主張であり、被告がこれを認めれば、権利自白が成立する[46]。

そして、「原告が著作権者であること」を主張するには、

⑺ 権利の客体が著作物であること

⑻ 原告の著作権取得原因事実

の2点が必要であるとされている。

イ 著作物性

したがって、請求原因Kg1としては、まず、権利の客体について

> 別紙目録1記載の作品に著作物性があること

を主張立証しなければならない。

もっとも、上記の著作物性については、特定の事実が特定の法規の構成要件に該当するか否かの評価の表明であり、自白の対象とならないと考えられている[47]。

⑷ 著作物性の有無

著作物の要件としては、①思想又は感情を表現したものであること、②創作性を有すること、③文芸、学術、美術又は音楽の範囲に属するものでなければならない（著作権法2条1項1号）。創作性の判断は、表現の内容である思想について要求されるものではなく表現の具体的形式について要

---

46 大橋正春「著作物性の主張立証」『斉藤退職』179頁
47 大橋正春「著作物性の主張立証」『斉藤退職』179頁

214 ■ 第3章 請求の趣旨と原因

求されるものであり、公知の事実又は一般常識に属する事項であっても、その具体的表現に創作性が認められる限り、著作物性は肯定される。逆に表現の対象となった思想自体がどんなに独創的なものであっても、その思想を表現するとすればだれが書いても大同小異とならざるを得ないような場合、だれが著作しても同様の表現となるようなありふれた表現のものは、創作性を欠き、著作物性を否定せざるを得ない。著作物性についての詳細は、第2章Ⅲを参照されたい。

　㋑　著作物性の主張立証

　知財高判平成17・10・6最高裁HP（平成17年㈹第10049号）〔ヨミウリ・オンライン事件〕は、「著作権侵害に基づく差止請求や損害賠償請求をするためには、請求する側において、侵害された著作物を特定した上、著作物として保護されるための創作性の要件を具備することを主張立証することが必要であり、特に、本件では、被控訴人が上記期間における YOL 見出しの著作物性を否認しているのであるから、控訴人としては、上記期間における個々の YOL 見出しについて、YOL 見出しの表現を具体的に特定し、それに創作性があることを主張立証すべきである。しかし、控訴人は、上記期間の YOL 見出しについては、どのような表現、内容のものであったのかさえ明らかにせず、上記主張立証をしていない。したがって、上記期間における YOL 見出しの著作権侵害をいう控訴人の主張は、主張自体失当であるというべきである（著作権侵害を裏付ける事実を認めるに足りる根拠もない。）。」と判断した。

　原告が権利の対象として主張する原告の著作物が著作物性を有することは、請求原因として原告の主張立証責任に属するとされている[48]が、実際の訴訟では、被告が争う場合を除き、例えば、言語の著作物の場合、著作物であることの主張、すなわち、著作権法10条1項各号に該当すること又は同法2条1項1号所定の要件を充足することが著作権の帰属の主張と別

48　青柳昤子「著作物性の認定」民事弁護と裁判実務『知的財産権』551頁

になされることは少ない。

　著作権法に規定する著作物に該当するか否かは、法的評価であって、著作権法2条1項1号に規定する前記(イ)の①ないし③の要件の有無により裁判所が判断すべき事項と思われ、現に、タイプフェイスの事件では、著作物性について当事者間に争いがなかったにもかかわらず、裁判所が著作物性を否定している。東京地判平成5・4・28知的裁集25巻1号170頁〔岩田書体事件〕は、「原告としては、原告設計図に記載されたそれぞれの文字が、以前から存在した文字に比べて、いかなる特徴を有し、その創作性はどこにあるのか等をも具体的に明らかにしなければ、原告設計図の著作物性に関する主張立証がなされたものとはいえないところ、原告は、右の点に関する具体的な主張立証をなしていないから、原告設計図中の文字が、以前から存在している同種の文字に比べて顕著な特徴を有するものと認めることはできない。」として、原告設計図中の文字及びその書体に著作物性を認めることはできないし、また、文字枠及び中心を示す線それ自体に創作性を認めることはできないから、文字並びに文字枠及び中心を示す線からなる原告設計図に著作物性を認めることはできないと判断した。

　さらに、言語の著作物の複製等が争われる事件では、原告の著作物の一部分が被告の著作物の一部に複製されているというケースがある。一個の著作物の全体的な複製でなく、部分複製であっても、その部分が著作物として価値を持ち得るものである限り、著作権者の複製権が及ぶ[49]。しかしながら、侵害されたとする部分が余りに細切れの場合には、全体として著作物性が認められるときであっても、被侵害部分のみに創作性を認めることができず、その部分が著作物として保護に値しないという場合もあり得る。

　(エ)　被告側の反論

　著作物性（創作性）を欠くという主張は、被告の積極否認と解するべき

49　加戸守行『著作権法逐条講義〔六訂新版〕』183頁

であろう。もっとも、ありふれた表現であることを被告側で多数の書証等を提出して立証することも、効果的であろう。

また、被告が、創作性を否定する主張において、原告の作品は、訴外Ａの既存の作品と類似しているという主張をした場合、原告の作品がＡの作品の二次的著作物として保護されるのは、二次的著作物において新たに付与された創作的部分のみであり、原作品と共通し、その実質を同じくする部分は保護されないから（最一小判平成９・７・17民集51巻６号2714頁〔ポパイ事件〕）、原告としては、被告作品との関係で侵害されたとする部分が、新たに付与された創作的部分であることを主張すべきである。

著作権者が、被告製品の一部を捨象し特定の部分だけを対比の対象としたときに、被告の側は、その捨象された部分を含めて対比すると、表現上の本質的な特徴を直接感得できず、類似しない旨主張することもできると考えられる（知財高判平成24・８・８判時2165号42頁〔釣りゲーム事件〕）。詳細は、第４章Ⅰを参照されたい。

ウ　著作権の取得原因

(ｱ)　原告自身が創作した場合

我が国の著作権法は無方式主義を採用しており、著作者が著作権法に規定する権利を享有するには、著作物を創作したという事実があれば足り、登録その他いかなる方式の履行をも要しない（著作権法17条）。

原告が、原告が著作物の権利者であることを主張して、被告がこれを認めれば、権利自白が成立する。被告においてこれを争えば、原告としては、著作権の取得原因となる具体的事実を主張立証しなければならない。ここでの要件事実は、原告の著作権ないし著作者人格権の取得原因事実であり、権利自白が成立する限りにおいて具体的事実の主張立証を省略できるにすぎない。

したがって、原告は、原告が権利者であること、すなわち、例えば、

> ①　原告は、平成○年○月○日、別紙目録1記載の作品を創作し
> たこと

を主張立証しなければならない。

　著作物が自己の著作であることを立証することが困難な場合もあると思われるが、著作者の推定規定（著作権法14条、75条3項）があるから、原作品に表示があれば、原告は、①に代えて、

> ①′　別紙目録1記載の著作物の原作品に、又は著作物の公衆への提供若しくは提示の際に、原告の実名又は変名として周知のものが著作者名として通常の方法により表示されていること

又は

> ①″　別紙目録1記載の著作物について、原告の実名の登録がされていること

を主張立証すれば、表示又は実名登録された者が著作者と推定され、その者が著作者人格権及び著作当初の著作権を享有するものと認められる（著作権法17条1項）。著作権法14条等の規定は法律上の事実推定と解されるから、被告としては、推定された事実、すなわち、表示又は実名登録された者が著作者である事実の不存在を主張立証することによって上記推定を覆すことが可能であるが、その主張立証責任は推定の効果を争う被告が負う。

　(イ)　著作権の譲渡を受けた場合

　著作者人格権は譲渡できないが（著作権法59条）、著作権は全部又は一部

を譲渡できるから（同法61条）、原告が譲受けによる権利を主張する場合
は、上記①に代えて、

> ②-1　甲は、令和○年○月○日、別紙目録1記載の作品を創作
> 　　　　したこと
> ②-2　原告は、令和○年○月○日、甲から上記作品に係る著作
> 　　　　権の譲渡を受けたこと

の事実を主張立証すべきことになる。

　(ウ)　時効取得の場合

　最一小判平成9・7・17民集51巻6号2714頁〔ポパイ事件〕は、著作権
法21条に規定する複製権は、民法163条にいう「所有権以外の財産権」に
含まれるから、自己のためにする意思をもって平穏かつ公然に著作物の全
部又は一部につき継続して複製権を行使する者は、複製権を時効により取
得すると解することができると判示している。そして、複製権が著作物の
複製についての排他的支配を内容とする権利であることに照らせば、時効
取得の要件としての複製権の継続的な行使があるというためには、著作物
の全部又は一部につきこれを複製する権利を専有する状態、すなわち外形
的に著作権者と同様に複製権を独占的、排他的に行使する状態が継続され
ていることを要する。

　したがって、時効により著作権（複製権）を取得したと主張する場合に
は、①に代えて、

> ③-1　原告は、平成○年○月○日から、別紙目録1記載の著作
> 　　　　物の全部又は一部につき独占的、排他的に行使してきたこ
> 　　　　と
> ③-2　原告は、自己のためにする意思をもって、平穏に、公然
> 　　　　とこれを行使してきたこと

③－3　20年の経過

又は

③－3′　独占的行使の開始の時善意無過失であったこと及び10
　　　　年の経過

を主張立証すべきである。

　上記③－2の「自己のためにする意思」は、不動産等の占有の場合は、
自己のためにする意思をもって、善意で、平穏に、かつ公然と占有をする
ものと推定されているが（民法186条）、著作権の準占有の場合に上記推定
規定が適用されるわけではないから、原告において主張立証すべきものと
解する。そして、自己のためにする意思をもってか否かは、財産権行使の
原因たる事実によって外形的客観的に定められるものであって、準占有者
がその性質上自己のためにする意思のないものとされる権原（例えば、著
作権者からの使用許諾等）に基づいて財産権を行使しているときは、その
財産権行使は自己のためにする意思を欠く。

　(エ)　職務著作の場合

　職務著作の場合の要件は、次のとおりであり（著作権法15条）、原告は、
以下の請求原因事実を主張立証しなければならない。

④－1　法人その他使用者の発意に基づくものであること
④－2　法人等の業務に従事する者が職務上作成するものである
　　　　こと
④－3　法人等が自己の著作の名義の下に公表するものであるこ
　　　　と
④－4　作成の時における契約、勤務規則その他に別段の定めが
　　　　ないこと

上記④－1については、(a)法人等が著作物の作成を企画、構想し、業務に従事する者に具体的に作成を命じる場合、(b)業務に従事する者が法人等の承諾を得て著作物を作成する場合、(c)法人等と業務に従事する者との間に雇用関係があり、法人等の業務計画に従って、業務に従事する者が所定の職務を遂行している場合には、法人等の具体的な指示あるいは承諾がなくとも、業務に従事する者の職務の遂行上、当該著作物の作成が予定又は予期される限り、「法人等の発意」の要件を満たすとされている（知財高判平成18・12・26判時2019号92頁〔宇宙開発事業団事件〕、知財高判平成22・8・4判タ1344号226頁〔北見工大事件〕）。詳細は、第2章Ⅰを参照されたい。

④－2については、法人等と雇用関係にある著作物を作成した者が「法人等の業務に従事する者」に当たることは明らかであるが、雇用関係の存否が争われた場合には、同項の「法人等の業務に従事する者」に当たるか否かは、法人等と著作物を作成した者との関係を実質的にみたときに、法人等の指揮監督下において労務を提供するという実態にあり、法人等がその者に対して支払う金銭が労務提供の対価であると評価できるかどうかを、業務態様、指揮監督の有無、対価の額及び支払方法等に関する具体的事情を総合的に考慮して、判断すべきものである（最二小判平成15・4・11裁判集民事209号469頁〔RGBアドベンチャー事件〕）。法人との間に著作物の作成に関する指揮命令関係があり、法人に当該著作権全体を原始的に帰属させることを当然の前提にしているような関係にあると認められる場合を含む（東京地判平成8・9・27判時1645号134頁〔四谷大塚進学教室事件〕）から、そのような法人と作成者との関係を主張すべきである。また、「職務上作成する著作物」の要件については、業務に従事する者に直接命令されたもののほかに、業務に従事する者の職務上、プログラムを作成することが予定又は予期される行為も含まれる（知財高判平成18・12・26判時2019号92頁〔宇宙開発事業団事件〕）。

④－3については、公表を予定していない著作物であっても、仮に公表

するとすれば法人等の名義で公表されるべきものを含む（東京地判昭和60・2・13判時1146号23頁〔新潟鉄工事件〕、東京高判昭和60・12・4判時1190号143頁〔新潟鉄工事件〕、知財高判平成18・12・26判時2019号92頁〔宇宙開発事業団事件〕）。

④－4は抗弁と解する見解もある[50]。④－1ないし4は、全てを満たして初めて職務著作が成立する要件であり、④－4の要件も含めて原告に著作権が帰属する原因事実となり、また原告側で勤務規則等を提出するなどとして主張立証するのに困難はないから、請求原因と解する[51]。

(オ) 映画の著作物の場合

著作者と著作権者は一致するのが原則であるが、映画の著作物の場合については、著作権法29条により、その例外の場合が定められ、著作者人格権の帰属主体と著作権の帰属主体が分離する場合がある。映画の著作物を創作した者以外の者が著作権を有する場合には、前記①に代えて、職務著作により著作権を取得したこと（上記(エ)の④－1〜4と同様）を主張するか、又は著作権法29条の映画の著作物の法定譲渡の場合には以下の主張をする必要がある。

---

⑤－1　映画製作者（映画の著作物の製作に発意と責任を有する者）であること

⑤－2　映画の著作者が映画の製作に参加約束をしていること

⑤－3　著作権法15条1項、29条2項又は3項の適用を受けないこと

(カ) 共同著作物の場合

共同著作の要件は、共同創作と個別利用可能性の欠如であるから、著作

50　大江忠『要件事実知的財産法』483頁
51　髙部眞規子「著作権侵害訴訟の要件事実」民事弁護と裁判実務『知的財産権』540頁

物が X_1 と X_2 との共同著作物の場合には、前記①に代えて、以下の主張を
する必要がある。

---

⑥－1　X_1 及び X_2 が共同して創作した著作物であること

⑥－2　各人の寄与を分離して個別的に利用することができない
　　　こと

---

⑥－1は、X_1 と X_2 が共同して創作行為を行ったこと及び X_1 と X_2 間に
共同して1つの著作物を創作するという共同意思があることに分説でき
る。詳細は、第2章Ⅰを参照されたい。

㈠　外国人の著作物の場合

日本国民の著作物の場合我が国の著作権法により保護を受けるのは当然
であるが（著作権法6条1号）、そうでない場合は、最初に国内において発
行された著作物であるか（同条2号）、条約により我が国が保護の義務を
負う著作物である場合（同条3号）に限り、我が国の著作権法により保護
を受ける。

したがって、外国人の著作物の場合には、著作権法6条2号又は3号に
該当する前提事実を主張すべきである。

同条2号による場合は、前記①に加えて、

---

①－2　最初に国内において発行された著作物であること

を主張立証すべきである。なお、発行について同法3条に定義規定があ
る。

同法6条3号による場合には、同様に、

---

①－2′　条約により我が国が保護の義務を負う著作物であること

①－3　原告の作品が我が国の著作権法上客観的に著作物性を有

> するものであり、本国の法令上保護される著作物の種類に
> 属するものであること

の要件が必要である（東京地判昭和56・4・20判時1007号91頁〔アメリカＴ
シャツ事件〕）。

(2)　被告の侵害行為（請求原因Kg2）について

ア　侵害行為の特定

　被告の行為が原告の権利の何を侵害するのか、侵害された著作権の支分
権は複製権なのか、翻案権なのか、具体的に主張する必要がある。このほ
か、複製・翻案の場合には、原告の著作物に依拠して複製等の侵害行為が
行われたことを要する。この点は、特許権の侵害の場合に被告が原告の特
許権の存在、内容を知らなくても、特許発明の技術的範囲に属すれば特許
権侵害が成立するのと異なる。

イ　複製権侵害の場合

　複製について、著作権法2条1項15号は、「印刷、写真、複写、録音、
録画その他の方法により有形的に再製すること」と定義している。最一小
判昭和53・9・7民集32巻6号1145頁〔ワンレイニーナイト・イントー
キョー事件〕は、旧著作権法における著作物の複製とは、既存の著作物に
依拠し、その内容及び形式を覚知させるに足りるものを再製することをい
うと判示した。そして、同判決は、既存の著作物と同一性のある作品が作
成されても、それが既存の著作物に依拠して再製されたものでないとき
は、その複製をしたことに当たらず、著作権侵害の問題を生ずる余地はな
いことを明らかにしている。

　したがって、複製権侵害を主張する原告としては、具体的には、

> ①－1　被告が、原告の著作物を有形的に再製したこと
> ①－2　被告の作品は、既存の原告の著作物に依拠して作成され

> たものであること
>
> ①− 3　被告の作品は、原告の著作物の表現上の本質的な特徴と
> 　　　同一性を有すること

を主張立証する必要がある[52]。

①− 1 の「有形性」の要件は、具体的に存在する物の中に著作物等を収録する行為をいい[53]、紙、磁気テープ、CD-ROM 等の有形的媒体への固定を意味する。固定というためには、将来反復して使用される可能性のある形態の再製物を作成するものであることが必要である（東京地判平成12・5・16判時1751号128頁〔スターデジオ事件〕）。

①− 2 については、既存の著作物と同一性のある作品が作成されても、それが既存の著作物に依拠して再製されたものでないときは、その複製をしたことに当たらず、既存の著作物に接する機会がなく、したがってその存在、内容を知らなかった者は、これを知らなかったことにつき過失があると否とにかかわらず、既存の著作物に依拠した作品を再製するに由ないものであるから、既存の著作物と同一性のある作品を作成しても、これにより著作権侵害の責に任じなければならないものではない（最一小判昭和53・9・7民集32巻6号1145頁〔ワンレイニーナイト・イントーキョー事件〕）。よって、「依拠」が必要であるが、「依拠」は、被告が原告著作物を知り、その表現形式を素材として使用していること、すなわち、既存の著作物を自己の作品へ利用することであり、原告においてこれを直接的に立証することが困難な場合が多い。被告の作品と同一性を有する原告の著作物がそれ以前から存在していることが要件であり、依拠を推認させる間接事実としては、アクセス可能性が重要であり、具体的には、被告が原告の著作物

52　西田美昭「複製権の侵害の判断の基本的考え方」裁判実務大系『知的財産関係訴訟法』122頁、山本隆司「複製権侵害の成否」新裁判実務大系『著作権関係訴訟法』308頁

53　加戸守行『著作権法逐条講義〔六訂新版〕』54頁

の存在、内容を知っていたこと、これに接する合理的機会があったこと等がある。また、原告の著作物の表現と被告の書籍の表現が同一であることや、特に誤字、脱字等の表現が同一であることは、①－３の同一性を基礎付けるだけでなく、依拠を推認させる間接事実とも評価される。他方、被告が独自に創作したことは、依拠についての積極否認と解される。

　①－３の「同一性」については、既存の著作物の表現上の特徴が感得される場合に認められる。原告は、原告著作物と被告著作物の表現が同一性を有することを主張立証するため、通常は対照表を作成した上、対応部分の対比を評価するという方法で行っている。複製には、既存の著作物と全く同一のもの（デッドコピー）を作成する場合のほか、既存の著作物の具体的表現に修正、増減、変更等を加えたがその部分に創作性が認められない場合を含む。

　ウ　翻案の場合

　最一小判平成13・６・28民集55巻４号837頁〔江差追分事件〕によれば、言語の著作物の翻案とは、既存の著作物に依拠し、かつ、その表現上の本質的な特徴の同一性を維持しつつ、具体的表現に修正、増減、変更等を加えて、新たに思想又は感情を創作的に表現することにより、これに接する者が既存の著作物の表現上の本質的な特徴を直接感得することのできる別の著作物を創作する行為をいう。詳細は、第４章Ⅰを参照されたい。

　したがって、翻案権侵害を主張する原告としては、具体的には、

---

②－１　被告が別紙目録記載の作品を創作したこと

②－２　被告の作品は、既存の原告の著作物に依拠して作成された
　　　　ものであること

②－３　被告の作品は、原告の著作物の表現上の本質的な特徴の
　　　　同一性を維持しつつ、具体的表現に修正、増減、変更等を
　　　　加えて、新たに思想又は感情を創作的に表現することによ
　　　　り、これに接する者が既存の著作物の表現上の本質的な特

徴を直接感得することのできるものであること

を主張立証する必要がある。

②－１及び②－２の要件は、複製の場合と同様の、被告の行為及び主観的側面を述べたものである。

②－３は、翻案の客観的側面であり、更に次の４点に分説できる。

A　表現上の本質的な特徴の同一性を維持していること

この点は、翻案（二次的著作物の創作）と著作権非侵害（別個独立の著作物の創作）との相違を意味し、両者を画する基準となる。複製の場合も②－３Ａと共通の①－３の要件がある。

B　具体的表現に修正、増減、変更等を加えて、新たに思想又は感情を創作的に表現すること

この点は、翻案と複製との相違を意味し、「新たに思想又は感情を創作的に表現すること」の部分が両者を画する基準となる。

C　これによりこれに接する者が既存の著作物の表現上の本質的な特徴を直接感得することのできること

上記Ａと同様のことを著作物に接する者の視点から述べて、著作権侵害か否かを画する基準となっている。なお、表現それ自体でない部分又は表現上の創作性がない部分は、「表現上の本質的な特徴」を基礎付けない。

D　別の著作物を創作すること

翻案により創作された著作物は、既存の著作物とは別の著作物となり、著作権法２条１項11号所定の二次的著作物とされることを明らかにしたものである。

エ　みなし侵害の場合

(ア)　著作権法113条には、形式的には、著作者人格権や著作権等の侵害行為には当たらないが、著作者の人格的利益又は著作権者等の経済的利益を実質的に害することとなる行為を、これらの権利の侵害行為とみなして、保護を十全ならしめようとして、いくつかの行為類型が規定されてい

Ⅵ　要件事実　■　**227**

る。同条は、たびたび改正され、権利者の保護を強化しようとしている。

(イ) 同条1項1号は、頒布目的で、輸入の時において国内で作成したとしたならば著作権等の侵害となるべき行為によって作成された物を輸入する行為を侵害とみなしている。

(ウ) 同項2号は、著作権等を侵害する行為によって作成された物を情を知って、頒布、頒布目的所持、輸出、輸出目的所持の行為を行った場合に、侵害とみなしている。

「情を知って」とは、頒布等の行為の時点における侵害行為を基礎付ける事実の認識であり、まず、侵害物の作成が著作権等に抵触することを認識していること、すなわち、例えば複製という事実の存在を認識していることが必要である。他方、侵害を阻却する事由があると認識していること、すなわち、例えば権利者から利用許諾を得ているという事実の存在を認識していれば、「情を知って」には当たらない。

次に、著作権を侵害するという違法性の認識については、遅くとも、中間的ではあっても、著作権侵害である旨又は著作権侵害行為によって作成された物であることに直結する公権的判断があれば足りるとする裁判例があり（東京地判平成8・9・27判時1645号134頁〔四谷大塚進学教室事件〕、東京高判平成10・2・12判時1645号129頁〔四谷大塚進学教室事件〕、東京地判平成7・10・30判時1560号24頁〔システムサイエンス事件〕、東京地判平成7・12・18判時1567号126頁〔ラストメッセージ in 最終号事件〕)、単に著作権に関して争いがあることを知っていたとか、著作権者と称する者から警告を受けただけでは足りないとされている。他方、違法性の意識は不要であるとの学説もある[54]。

オ　差止請求の場合

差止請求が認められるためには、Kg1及びKg2に加えて、差止めの必要性が必要である。具体的には、過去における侵害があったこと、現に被告

---

[54]　半田正夫ほか編『コンメンタール〔第2版〕3』479頁〔山本隆司〕

が原告への権利の帰属や侵害の事実を争っているなど将来侵害が繰り返されるおそれがあること等の事実である。

カ　廃棄請求の場合

差止請求とともに、廃棄を請求する場合の請求原因は、差止請求の請求原因Kg1及びKg2に加え、廃棄の対象について、

> 侵害の行為を組成した物、侵害の行為によって作成された物又は専ら侵害の行為に供された機械若しくは器具であって、被告が所有占有すること

を主張立証すべきである。

廃棄請求には、差止請求の場合と同じく、侵害者の故意過失等の主観的要件や権利侵害の違法性の強弱等の要件は必要でない。

(3)　故意又は過失（請求原因Kg3）について

ア　故意過失の意義

故意とは、被告が請求原因Kg1及びKg2及び損害の発生の事実を認識し、容認した被告の心理状態である。

過失とは、自己の行為が著作権を侵害することを認識ないし予見することが可能であり、また認識予見すべきであるのに不注意によりこれを認識ないし予見しなかったことをいう。過失は、規範的評価に関する一般的・抽象的概念であるから、原告は、これを基礎付ける具体的事実（評価根拠事実）の主張立証をする必要があり、被告はそれを否定する具体的事実（評価障害事実）の主張立証をする必要がある[55]。特許権については、特許権侵害についての過失の推定規定がある（特許法103条）が、著作権には特許公報等の公示の手段がないため、過失の推定規定はない。

55　司法研修所編『民事訴訟における要件事実第一巻』30頁、山本和敏「損害賠償請求訴訟における要件事実」『新実務民訴講座4』328頁

イ　依拠との関係

著作権侵害には、依拠が必要であるところ（最一小判昭和53・9・7民集32巻6号1145頁〔ワンレイニーナイト・イントーキョー事件〕）、依拠の事実があれば、侵害行為者が原告著作物の存在を認識していたこと、被告作品は原告著作物の表現形式を素材として使用して作出したものであることについての事実認識があったことになる。そして、依拠の認識がある以上、原則的に、他人が著作権を有する著作物の複製等を行うには、著作権者の許諾を得るべき注意義務があり、無許諾でこれを行った場合には、少なくとも侵害についての過失があるというべきである。なお、法律の錯誤は故意過失を阻却しない。また、抗弁事実が成立しないのに抗弁が成立すると誤信した場合も、過失がある（東京高判昭和60・10・17判時1176号33頁〔藤田嗣治事件〕）。

ウ　直接行為者以外の者の過失

なお、侵害となる作品を作成した者（複製物を執筆した者）自身は、依拠が必要であることからすれば、故意又は過失がある場合がほとんどであるが、企画、編集、発行等を行う出版社が著作権を侵害した書籍を発行した場合等は、必ずしも執筆者と一律に考えることはできない。詳細は、第3章Ⅳを参照されたい。直接侵害者ではない出版社等を被告とする場合には、出版社としての注意義務の内容（予見可能性及び結果回避可能性）及び注意義務違反の事実を具体的に主張立証すべきであろう。

(4)　損害（請求原因Kg4）について

ア　訴訟物について

一個の行為により同一著作物についての著作権と著作者人格権とが侵害されたことを理由とする、著作権に基づく慰謝料請求と著作者人格権に基づく慰謝料請求とは訴訟物を異にする別個の請求であるから（最二小判昭和61・5・30民集40巻4号725頁〔パロディ事件第二次上告審〕）、両者の請求を訴訟上併せて請求するときは、それぞれ損害額を特定して請求すべきで

ある。

また、著作権法114条各項による請求同士の関係は、著作権侵害という
1個の不法行為に基づく損害の計算方法に関するものであるから、「著作
権侵害による損害賠償請求権」という一つの訴訟物についての二つの攻撃
防御方法と解する（通常は予備的又は選択的な主張となろう。）。したがっ
て、原告が同条1項のみによる主張をして請求が棄却されたときは、同条
2項に基づき再訴を提起することはできない[56]。

イ　損害額の算定方法

損害の額については、算定方法が規定されている（著作権法114条1項〜
3項）。原告としては、①民法709条により被告の権利侵害によって原告の
被った全損害を請求する方法、②著作権法114条1項により原告が販売す
ることができた利益の額を請求する方法、③同条2項により被告の得た利
益を原告の損害として請求する方法、④同条3項により受けるべき金銭の
額を損害として請求する方法、のいずれをとることも可能である。詳細
は、第3章Ⅳを参照されたい。

(ア)　民法709条による場合

被告の権利侵害によって原告の被った全損害を請求する場合の例として
は、侵害者による違法な著作物の利用行為によって、著作者が本来目的と
した著作物の利用が実現できなくなり、そのまま他に利用することもでき
なくなった場合等があり、そのような場合には、当該著作物の創作に直接
要した知的労力や費用を求めることもできるとされた例がある（東京高判
平成8・10・2判時1590号134頁〔市史事件〕）。

逸失利益を民法709条の不法行為の規定に基づき請求する場合は、著作
権侵害行為による著作権者の得べかりし利益の額と著作権侵害行為との間
の相当因果関係を主張立証する必要がある。市場が原告著作物と被告の侵

56　青柳昤子「著作権侵害及び著作者人格権侵害の場合の損害賠償請求」民事弁護と
　　裁判実務『知的財産権』673頁

害品の2社独占状態であり、又は売上げに寄与する他の原因がないこと等の、限られた場合以外、相当因果関係が認められるケースは少ないと思われる（相当因果関係を認めた事例として、大阪地判昭和59・1・26判タ536号450頁〔ストロングＸ事件〕）。

逸失利益以外の損害として、侵害の調査費用や弁護士費用が考えられる。

(イ)　著作権法114条1項により請求する場合

同項による場合の計算式は、「侵害者の譲渡数量－販売することができない事情に相当する数量」×「著作権者がその侵害行為がなければ販売することができた物の単位数量当たりの利益額」（権利者の販売等の能力に応じた額を超えない限度）であるから、原告は、

---

①－1　被告が侵害品を○○個譲渡したこと

①－2　原告が販売している著作物又はその複製物の1個当たりの利益が△円であること

①－3　原告は、○○個を販売する能力があること

を主張立証すべきである。被告は、「原告が①－1の数量の全部又は一部を販売することができない事情があること」を主張立証することにより、それに応じた額を控除することができる（著作権法114条1項ただし書）。

(ウ)　著作権法114条2項により請求する場合

同項により請求する場合の計算式は、「侵害者の譲渡数量」×「侵害品の単位数量当たりの利益額」であるから、原告は、

---

②－1　被告が侵害品を○○個譲渡したこと

②－2　被告が上記行為によって1個当たり□円の利益を受けたこと

を主張立証すべきである。侵害が一部のみの場合は、通常、被告の作品全体における侵害部分の割合を乗じて損害を算定することが多いが、一部だけの侵害であっても、その部分が被告の販売に大きく貢献している場合には、機械的に割合を乗じることが適切ではない場合もある（東京地判平成12・2・29判時1715号76頁〔中田英寿事件〕）。

被告は、被告が得た利益と著作権者が受けた損害との相当因果関係が欠けることを主張立証した場合には、その限度で上記推定は覆滅される（著作権法114条2項と同旨の特許法102条2項に関する知財高判令和元・6・7最高裁HP（平成30年(ネ)第10063号）〔二酸化炭素含有粘性組成物事件〕）。

なお、著作権法114条2項所定の「利益」については、粗利益や純利益ではなく、限界利益とする見解が多く採用されている。上記②-2について、原告が、被告の売上げと控除すべき費用を主張立証するのに対し、被告において、更に控除すべき費目を指摘することができる。

(エ)　著作権法114条3項により請求する場合

同項に基づき、著作権の行使に対し受けるべき金銭の額に相当する額を損害額とする場合の計算式は「侵害者の譲渡数量」×「権利者が単位数量当たり受けるべき金銭の額」であるから、原告は、

---

③-1　被告が侵害品を〇〇個譲渡したこと
③-2　著作権の行使につき受けるべき金銭の額が1個当たり☆円であること

を主張立証すべきである。

3 著作者人格権の侵害の請求原因

(1) 請求原因の概略

ア 差止請求

差止請求の請求原因事実は、大まかにいえば次のとおりである。

> Kg1 原告が著作者人格権を有すること

> Kg2 被告が原告の著作者人格権を侵害する行為をしたこと

差止請求の場合は、Kg2に代えて、「被告が原告の著作者人格権を侵害するおそれがあること」を主張立証することができる。

イ 損害賠償請求

損害賠償請求の請求原因事実は、Kg1及びKg2に加えて、次のとおりとなる。

> Kg3 被告の故意過失

> Kg4 被告の行為による損害の発生

ウ 名誉回復措置請求

著作権法115条に基づき名誉回復措置の請求をする場合の請求原因事実は、Kg1ないしKg3に加えて、次のとおりである。

> Kg5　著作者であることを確保するため、又は著作者の名誉声望
> 　　　を回復するため、必要であること

(2)　原告の著作者人格権（請求原因Kg1）について

著作者人格権は、原告が著作物を創作したことにより発生するから、原告は、著作権の場合と同様、

> 別紙目録1記載の作品に著作物性があること
> 原告は、別紙目録1記載の作品を創作したこと

を主張立証しなければならない。著作者人格権は、著作者の一身に専属し、譲渡することができない（著作権法59条）。なお、著作者が存しなくなった後は、著作者の遺族は、著作権法60条に基づき、著作者人格権を有している場合に、これに相当する請求が可能である（同法116条）。

(3)　著作者人格権の侵害行為（請求原因Kg2）について

例えば、同一性保持権の侵害の場合であれば、著作者は、

> 著作物の改変があること
> 改変が著作者の意に反して行われたこと

を主張立証しなければならない。

(4)　故意過失（請求原因Kg3）について

故意とは、自己の行為が著作者人格権を侵害することを意図し、又は侵害の発生を認識予見していながらこれを容認することであり、過失とは、

VI　要件事実　235

自己の行為が著作者人格権を侵害することを認識・予見することが可能であり、また認識・予見すべきであるのにこれを認識・予見しなかったことである。原告は、故意又は過失を基礎付ける具体的な事実を主張立証する責任がある。

公表権については、未公表著作物を譲渡した場合には公表に同意したものと推定される（著作権法18条2項）。したがって、このような場合には公表権侵害のためには、推定の覆滅が必要であり、覆滅事由の存在の主張立証は、公表権侵害の故意又は過失を基礎付けるものとなる。

(5)　損害（請求原因Kg4）について

著作者人格権侵害による損害は、精神的損害である。慰謝料の算定要素としては、原告の地位、原告著作物の価値、原告がこれを作成した経緯、被告の故意又は過失の態様、侵害の態様、侵害に至った経緯等が参酌される。

また、弁護士費用も損害となる。

(6)　著作者であることの確保又は名誉声望の回復の必要性（請求原因Kg5）について

著作者であることを確保するための広告が認められるのは、侵害行為の態様とその後の経過に照らし、原告が著作者であることを社会的に明らかにするために必要な場合である（東京高判平成8・10・2判時1590号134頁〔市史事件〕）。

著作者の名誉声望とは、著作者がその品性、徳行、名声、信用等の人格的価値について社会から受ける客観的な評価、すなわち社会的声望名誉を指すものであって、人が自己自身の人格的価値について有する主観的な評価、すなわち名誉感情は含まれない（最二小判昭和61・5・30民集40巻4号725頁〔パロディ事件第二次上告審〕）。侵害行為の態様、侵害の程度、名誉声望の毀損の程度、侵害者の対応、訴訟に至る経緯、慰謝料の額等の諸般

の事情を考慮して、名誉回復措置の必要性が判断されている。詳細は、第3章Vを参照されたい。

4 抗　弁

⑴　著作権侵害に対する抗弁

ア　非侵害を導く手法

著作権侵害（複製権・翻案権の侵害）に当たるか否かを判断する上で、最近話題になっている侵害の主体論を別にすると、古くから争点になってきたのは、著作物性の有無・複製や翻案の成否・制限規定の適用の可否等である。

非侵害とされる理由付けとして、原告の作品に著作物性がないとか、被告が利用した部分が創作的表現といえないとされる場合が多くある。ここでは、「創作性」の判断において、極めて規範的な判断を迫られるが、この点に関する主張は、あくまで原告著作権者側に主張立証責任があり、被告側は、積極否認の形式で、例えば、原告作品の表現がありふれていることを、多くの書証をもって同様の表現の存在を反論反証を展開することになる。

他方、被告作品に創作的表現が利用されていると、形式的には、複製・翻案に当たってしまう場合がある。そこで、どんな抗弁が有効か、どんな道具があるかを検討すべきであり、ここでは、著作権制限規定の性質も問題になる。

侵害訴訟において多く主張される複製権・翻案権侵害については、引用といえるか、その他の制限規定に当たるか、権利濫用やフェアユースに当たるか、同一性保持権侵害については、やむを得ない改変といえるか否か等が主として問題となる。

イ　著作権の制限規定の立法趣旨

著作権法は、第2章第3節第5款に「著作権の制限」について規定して

いる。著作権の制限規定は、30条から49条まで、近時の法改正により追加されたものを含め、30か条以上に及び、さまざまな条項がある。著作権の制限規定は、文化的所産である著作物の公正な利用という観点から規定されたとされている[57]。

その性質上の分類としては、①著作物の利用の性質による制限（私的使用のための複製（著作権法30条1項）や試験問題としての複製（同法36条）等）、②公益上の理由又は非営利利用行為であることによる制限（図書館等における複製（同法31条）等）、③他の権利との調整又は著作物の利用促進のための制限（引用としての利用（同法32条）や時事問題に関する論説の転載等（同法39条）等）がある。

そのうち、著作権侵害訴訟で抗弁としてよくあらわれる主張として、私的使用のための複製（同法30条）、引用（同法32条）、時事の事件の報道のための利用（同法41条）等がある。もっとも、これらの規定は、著作者人格権には適用されない（同法50条）。

ウ　制限規定に反する契約の効力

著作権法の権利制限規定に定められた行為であるという理由のみをもって、これらの行為を制限する契約は一切無効であると主張することはできず、いわゆる強行規定ではないと解される。したがって、制限規定をオーバーライドする契約については、契約自由の原則に基づき、原則として有効であると考えられるものの、実際には、権利制限規定の趣旨、ビジネス上の合理性、ユーザーに与える不利益の程度、不正競争又は不当な競争制限を防止する観点等を総合的にみて個別に判断することが必要である。

(2)　私的使用のための複製

ア　著作権法30条1項は、私的使用のための複製に対して著作権者の複製権を制限しており、抗弁となる。

57　金井重彦ほか編著『コンメンタール（上）』366頁〔桑野雄一郎〕、加戸守行『著作権法逐条講義〔六訂新版〕』227頁

その要件事実は、

---

① 　個人的に又は家庭内その他これに準ずる限られた範囲内にお
　いて使用することを目的とすること
② 　その使用する者が複製すること

である。

　イ　著作権法30条1項1号から3号に該当する事実は、再抗弁となる。

⑶　引　　用

　最三小判昭和55・3・28民集34巻3号244頁〔パロディ事件〕は、「旧著
作権法（明治32年法律第39号）30条1項2号にいう引用とは、紹介、参照、
論評その他の目的で自己の著作物中に他人の著作物の原則として一部を採
録することをいい、引用を含む著作物の表現形式上、引用して利用する側
の著作物と、引用されて利用される側の著作物とを明瞭に区別して認識す
ることができ、かつ、右両著作物間に前者が主、後者が従の関係があるこ
とを要する。」と判示し、著作権法32条1項は、「公表された著作物は、引
用して利用することができる。この場合において、その引用は、公正な慣
行に合致するものであり、かつ、報道、批評、研究その他の引用の目的上
正当な範囲内で行なわれるものでなければならない。」と規定している。
詳細は第4章Ⅰを参照されたい。

　著作権法32条1項は、あくまで著作権行使の制限規定である以上、その
適用については、基本的に適用を主張する側が要件充足の主張立証責任を
負い（知財高判平成30・8・23最高裁HP（平成30年㈱第10023号）〔沖縄うり
ずんの雨事件〕）、その要件事実は、以下のとおりである。

---

① 　引用された著作物（原告著作物）が公表されたものであるこ
　と

Ⅵ　要件事実 ■ 239

② 公正な慣行に合致するものであること
③ 報道、批評、研究その他の引用の目的上正当な範囲内で行われること

前記最高裁判決と著作権法32条1項の文言の関係については議論が多いが、上記③の「正当な範囲内」であるというためには、同判決が指摘するように、

③-1 引用を含む著作物（被告作品）の表現形式上、引用して利用する側の著作物と、引用されて利用される側の著作物（原告著作物）とを明瞭に区別して認識することができること
③-2 両著作物の間に前者が主、後者が従の関係があると認められること
③-3 引用される側の著作物（原告著作物）の著作者人格権を侵害するような態様でないこと

の要件が必要であると解される。もっとも、③-3は、上記②の内容と解することも可能である。

そして、上記③-2の主従の関係は、引用の目的、両著作物の各性質、内容、分量、被引用著作物の採録の方法、態様、引用著作物が想定する読者の一般的観念に照らし判断すべきである（東京高判昭和60・10・17判時1176号33頁〔藤田嗣治事件〕）。

(4) 著作者人格権の侵害に対する抗弁

上記のとおり、著作権が制限される場合であっても、これに伴って著作者人格権が制限されることにはならないため（著作権法50条）、別途著作者人格権侵害回避の措置が必要である。契約によって著作者から翻案等をす

る権利を取得する場合と異なり、著作権の制限規定によって翻案等が許容
される場合にあっては、著作者人格権侵害回避措置を執ることは困難が伴
う。翻案に必要な限度での改変について、著作権法20条2項4号所定の
「やむを得ないと認められる改変」に該当し、同一性保持権を侵害しない
との見解もある（東京地判平成10・10・30判時1674号132頁〔血液型と性格事
件〕）[58]。

(5) 許　　諾

　原告の著作権侵害の主張に対し、利用の許諾を得ているという主張は、
抗弁となる。黙示の同意もあり得る（東京地判平成9・8・29判時1616号
148頁〔俳句添削事件〕、知財高判平成28・6・29最高裁HP（平成28年㈹第
10019号）〔怪獣ウルトラ図鑑事件〕）。

　ライセンサーである著作権者は、著作権法上の支分権を専有し、その法
的効果として、著作物の利用行為を第三者に対して禁止することができる
のであるから、ライセンシーが取得する利用権の法的性質は、著作権法上
の禁止の効力が及ぶ利用行為をライセンシーが行うことについて、差止請
求権と損害賠償請求権を行使させないという不作為の請求権と解されてい
る。

(6) その余の違法性阻却事由

　被告の侵害行為を適法化する事由があるときは、被告は、それぞれの要
件に該当する具体的事実を抗弁として主張立証することにより、差止めや
損害賠償請求権の成立を阻止することができる。例として、権利濫用の抗
弁（民法1条3項）がある。権利濫用は、規範的評価に関する一般的・抽
象的概念であるから、権利濫用を基礎付ける具体的事実（評価根拠事実）
の主張立証をする必要がある[59]。

58　田村善之『著作権法概説〔第2版〕』435頁

なお、アメリカ著作権法107条が定めるフェアユース（公正使用）の法理を抗弁として主張する例も見られるが、我が国の著作権法は、30条ないし49条に著作権が制限される場合や要件を具体的に定め、フェアユースの法理に相当する一般条項を定めていないから、実定法の根拠のないまま上記法理を適用すべき事情はないとして、従前は、同法理を適用した裁判例はない（東京地判平成7・12・18判時1567号126頁〔ラストメッセージ in 最終号事件〕、東京高判平成6・10・27判時1524号118頁〔ウォールストリートジャーナル事件〕、東京地判昭和59・8・31判時1127号138頁〔藤田嗣治事件〕）。

59　司法研修所編『民事訴訟における要件事実第一巻』30頁

第 **4** 章

著作権侵害の成否

I

〔 複製権・翻案権 〕

　著作権は、著作権法21条ないし28条が規定するとおり、支分権として種々の権利を含むが、複製権及び翻案権が問題になる事案は、著作権侵害訴訟の中で、圧倒的多数を占める。

1　複製・翻案の意義

⑴　複製・翻案の意義を知る手がかり

　　ア　著作権法上の規定

　複製とは、著作権法上、「印刷、写真、複写、録音、録画その他の方法により有形的に再製すること」をいうと定義されている（著作権法2条1項15号）。

　翻案について、著作権法27条は、「著作者は、その著作物を翻訳し、編曲し、若しくは変形し、又は脚色し、映画化し、その他翻案する権利を専有する。」と規定するのみで、具体的な定義規定をおいていない。翻案は、条文上、翻訳、編曲、変形と並列的に規定され、また、脚色及び映画化を含む意味でも用いられている。翻案の例として、条文上は、脚色及び映画化が挙げられている。

　　イ　最高裁判決

　複製・翻案の意義を理解する上で参考になる最高裁判決として、以下のものがある。

　⑺　最一小判平成9・7・17民集51巻6号2714頁〔ポパイ事件〕は、「複製というためには、第三者の作品が漫画の特定の画面に描かれた登場人物の絵と細部まで一致することを要するものではなく、その特徴から当該登場人物を描いたものであることを知り得るものであれば足りるというべき

244　■　第4章　著作権侵害の成否

である」として、第1回作品においては、その第3コマないし第5コマに主人公ポパイが、水兵帽をかぶり、水兵服を着、口にパイプをくわえ、腕にはいかりを描いた姿の船乗りとして描かれているところ、本件図柄は、水兵帽をかぶり、水兵服を着、口にパイプをくわえた船乗りが右腕に力こぶを作っている立ち姿を描いた絵の上下に「POPEYE」「ポパイ」の語を付した図柄であることによれば、本件図柄に描かれている絵は、第1回作品の主人公ポパイを描いたものであることを知り得るものであるから、上記のポパイの絵の複製に当たり、第1回作品の著作権を侵害すると判示した。

(イ) 最一小判平成13・6・28民集55巻4号837頁〔江差追分事件〕は、言語の著作物の翻案とは、既存の著作物に依拠し、かつ、その表現上の本質的な特徴の同一性を維持しつつ、具体的表現に修正、増減、変更等を加えて、新たに思想又は感情を創作的に表現することにより、これに接する者が既存の著作物の表現上の本質的な特徴を直接感得することのできる別の著作物を創作する行為をいうと判示した。同判決は、この点を「判決要旨1」として判例集に登載しているほか、「判決要旨2」として、「思想、感情若しくはアイデア、事実若しくは事件など表現それ自体でない部分又は表現上の創作性がない部分において既存の言語の著作物と同一性を有するにすぎない著作物を創作する行為は、既存の著作物の翻案に当たらない。」ことを挙げている。

(ウ) なお、旧著作権法（明治32年法律第39号）1条に規定する複製については、既存の著作物に依拠し、その内容及び形式を覚知させるに足りるものを再製することをいうとされていた（最一小判昭和53・9・7民集32巻6号1145頁〔ワンレイニーナイト・イントーキョー事件〕）。旧著作権法の複製には、現行法にいう翻案、変形に相当する改作も含まれる[1]。

---

1 榛村専一『著作権法概論〔改訂版〕』179頁、小酒禮「判解」最高裁判所判例解説民事篇〔昭和53年度〕〔32〕事件

(2) 江差追分事件最高裁判決の意義

ア　表現上の本質的な特徴の直接感得説の採用

　江差追分事件最高裁判決の示した意義の第1は、従前学説及び裁判例に対立があった翻案の判断基準につき、表現上の本質的な特徴の感得を基準とする見解に立つことを明らかにしたことにある。

　すなわち、翻案の判断基準については、従前、①「著作物の外面的形式が変更されても内面的形式が同一であること」、②「基本的な内容又は主要な思想・感情が同一であること」、③「既存の著作物の表現形式上の本質的特徴を直接感得することができること」といった諸説があった[2]。

　①説（内面的形式の同一性を基準とする見解）は、外面的形式がいかに変更されようとも内面的形式が変更されない限り、著作物の同一性は失われないと解するものであって、外面的形式の共通性については、一切勘案しない。したがって、例えば、本質的特徴の感得を基準とする見解によれば、著作物中の文章や語句、話の順序なども本質的特徴といえる場合があり、翻案となり得るのに対し、内面的形式の同一性を基準とする見解によれば、これらは外面的形式として翻案とならないことになる。そして、内面的形式の同一性という点を厳格に要求すると、原著作物の内面的形式に同一性を超えた大幅な変更が加えられたが、なお外面的表現要素の重要な

2　①説は、榛村専一『著作権法概論〔改訂版〕』64頁、加戸守行『著作権法逐条講義〔六訂新版〕』50頁、名古屋高判平成9・5・15判タ971号229頁及びその原審である名古屋地判平成6・7・29判時1540号94頁〔春の波涛事件〕、②説は、渋谷達紀「判批」判例評論517号26頁、東京地判平成6・2・18判時1486号110頁〔日経コムライン事件〕、東京地判平成6・3・23判時1517号136頁〔ぼくのスカート事件〕、③説は、小泉直樹「江差追分事件」著作権研究24号167頁、橋本英史「著作物の複製と翻案について」現代裁判法大系『知的財産権』390頁、茶園成樹「新聞記事の要約」裁判実務大系『知的財産関係訴訟法』174頁、東京地判平成10・10・29判時1658号166頁〔SMAP事件〕、東京地判平成10・10・30判時1674号132頁〔血液型と性格事件〕、東京地判平成13・3・26判時1743号3頁〔大地の子事件〕、京都地判平成7・10・19判時1559号132頁〔アンコウ行灯事件〕（美術の著作物）、東京地判平成10・6・29判時1667号137頁〔地獄のタクシー事件〕（漫画の著作物）、東京地判平成11・12・15判時1699号145頁〔西瓜写真事件〕（写真の著作物）

部分に同一性が残存しており原著作物の特徴を認識できる場合であって
も、翻案権侵害が否定されてしまい、適切でない場合があると思われる。
「外面的形式」、「内面的形式」という用語は、保護される表現形式の中に
レベルの異なるものが存在することを示す語としては有用であるが、その
内容や境界は必ずしも明確とはいえず、内面的形式のみを比較の対象と
し、外面的形式を排斥するのは厳格にすぎると思われる。

　②説（基本的な内容又は主要な思想・感情の同一性を要求する見解）につい
ては、著作権法の保護対象が、思想又は感情そのものではなく、これを創
作的に表現したものであること（著作権法2条1項1号）に照らし、問題
があると思われる。その表現上の本質的な特徴の同一性こそが著作物の同
一性を基礎付けるものといえよう。

　これに対し、③説（本質的な特徴の感得を基準とする見解）は、内容・内
面的形式・外面的形式三分論から脱却し、著作物の同一性を基礎付ける表
現上の創作性や特徴は、伝統的見解のいう内面的形式のみならず、著作物
の種類や特性に応じて外面的形式にも存在し得ると解するものであり、こ
れらを総合的に勘案するものである。

　イ　パロディ事件との関係

　第2に、江差追分事件最高裁判決の採用した「表現上の本質的な特徴の
感得」という判断基準は、最三小判昭和55・3・28民集34巻3号244頁〔パ
ロディ事件〕を想起させる。同判決は、他人が著作した写真を改変して利
用することによりモンタージュ写真を作成して発行した場合において、同
モンタージュ写真から他人の写真における本質的特徴自体を直接感得する
ことができるときは、同他人の同意がない限り、その著作者人格権を侵害
するものである旨判示した。この判例は、写真の著作物についての、著作
者人格権の一つである同一性保持権（旧著作権法18条）に関する事例的な
判示であり、言語の著作物の翻案権侵害の判断基準そのものを直接判示す
るものではないが、旧著作権法（明治32年法律第39号）18条は、現行法の
複製及び翻案の両者を含む概念であり、著作者人格権である同一性保持権

と対応する著作（財産）権である翻案権について、これを参考にしたものと考えられる[3]。

なお、著作者人格権（同一性保持権）と著作権（複製権及び翻案権）の関係については、次のように整理することができようか。すなわち、複製のうち、既存の著作物（a）の具体的表現に修正、増減、変更等を加えたがその部分に創作性が認められない場合（$a \rightarrow a'$）及び翻案すなわち既存の著作物の具体的表現に修正、増減、変更等を加え、その部分に創作性が認められる場合（$a \rightarrow a + \beta$）には同一性保持権が侵害され、もはや表現上の本質的特徴が維持されていないような著作物の創作（$a \rightarrow \beta$）は、複製にも翻案にも当たらず、同一性保持権の侵害にも当たらない。

ウ　その後の裁判例

江差追分事件最高裁判決は、翻案について、「既存の著作物に依拠し、かつ、その表現上の本質的な特徴の同一性を維持しつつ、具体的表現に修正、増減、変更等を加えて、新たに思想又は感情を創作的に表現することにより、これに接する者が既存の著作物の表現上の本質的な特徴を直接感得することのできる別の著作物を創作する行為をいう」という基準を定立したが、同判決後の下級審裁判例を見ると、そのほとんどが上記判断基準を用いている[4]。

また、上記判決の判断手法については、多くの学説においても、支持されている[5]。

もっとも、いかなる判断基準を立てようとも、その具体的事件における

3　小泉直樹「江差追分事件」著作権研究24号167頁
4　江差追分事件最高裁判決後に、同判決の示した翻案についての判断基準にそって判断した裁判例として、東京高判平成14・1・30最高裁HP（平成13年㈹第601号）〔井深大葬儀事件〕（言語の著作物）、東京高判平成14・2・18判時1786号136頁〔雪月花事件〕（書）、大阪高判平成14・6・19判タ1118号238頁〔コルチャック先生事件〕（言語の著作物）、東京地判平成14・9・5判タ1121号229頁〔サイボウズ事件〕（ソフトウェアの表示画面）、東京高判平成14・9・6判時1794号3頁〔記念樹事件〕（音楽の著作物）、東京地判平成17・5・17判タ1243号259頁〔通勤大学法律書コース事件〕（言語の著作物）、知財高判平成22・7・14判時2100号134頁〔箱根富士屋ホテル事件〕（言語の著作物）等がある。

あてはめが重要であることは、いうまでもない[6]。

(3) 複製と翻案

ア 依拠と再製

上記最高裁判決にいう「依拠」とは、既存の著作物の存在及びその表現内容を、これを再製する者が認識していることが前提であり、既存の著作物に接したことという客観的な要件だけでなく、これに既存の著作物を利用しようといった主観的な要件が加わった概念である[7]。既存の著作物に接する機会がなかったためその存在、内容を知らないでこれと同一性のある作品を作成した者は、上記著作物の存在、内容を知らなかったことにつき過失があると否とにかかわらず、著作権侵害の責任を負わない（最一小判昭和53・9・7民集32巻6号1145頁〔ワンレイニーナイト・イントーキョー事件〕）。

また、著作権法2条1項15号にいう「再製」とは、当該著作物と同一性のあるものを作成することであり、具体的表現に修正、増減、変更等がされても、その部分に創作的表現がなければ、翻案ではなく複製に当たることになる。

イ 複製と翻案の違い

このように、複製には、既存の著作物（a）と全く同一のものを作成する場合（$a \rightarrow a$）と、既存の著作物の具体的表現に修正、増減、変更等を加えたが、その部分に創作性が認められず表現上の本質的な特徴の同一性が維持されている場合（$a \rightarrow a'$）とがあり、翻案は、既存の著作物の具体的表現に修正、増減、変更等を加え、その部分に創作性が認められ、表

---

5 大家重夫「判批」発明99巻4号112頁、岡邦俊「続・著作権の事件簿（34）」JCAジャーナル48巻8号48頁、島並良「言語の著作物に関する翻案の意義」コピライト488号18頁。反対：渋谷達紀『知的財産法講義Ⅱ〔第2版〕』59頁

6 高部眞規子「判解」最高裁判所判例解説民事篇〔平成13年度〕〔18〕事件、同「判例からみた翻案の判断手法」著作権研究34号4頁

7 高林龍『標準著作権法〔第3版〕』73頁

現上の本質的な特徴の同一性が維持されている場合（$a \rightarrow a + \beta$）として、両者を区別することができる。さらに、表現上の本質的な特徴の同一性が維持されない場合（$a \rightarrow \beta$）には、もはや別個の著作物と評価することとなり、著作権侵害とはいえない。

ウ　複製と翻案の概念を明らかにすることの意義

複製及び翻案の概念を明らかにすることは、著作権侵害か否かを決定する上で重要である。すなわち、著作物を翻訳し、編曲し、若しくは変形し、又は脚色し、映画化し、その他翻案することにより創作された著作物は、原著作物とは別個の著作物となる。これによって創作された二次的著作物（著作権法2条1項11号）の著作権は、二次的著作物において新たに付与された創作的部分のみについて生じ、原作品と共通し、その実質を同じくする部分には生じない（最一小判平成9・7・17民集51巻6号2714頁〔ポパイ事件〕）。換言すれば、既存の著作物（a）の具体的表現に修正、増減、変更等を加えて作成された著作物（$a + \beta$）については、修正、増減、変更等を加えた創作的部分 β について二次的著作物の著作権が生じ、既存の著作物と共通する a の部分には生じない。

そうすると、翻案は、それによって作成されたものが原著作物と別個に二次的著作物として保護を受けるか否かという意味において、複製との境界についても重要な意義を有する。ことに、著作権を譲渡する契約において、特掲されていないときは、翻案権が譲渡の対象とならず（同法61条）、その結果複製権と翻案権が別人に帰属することがある。この場合は、翻案と複製を特に区別する意味がある。

もっとも、著作権の侵害か非侵害かという場面では、複製権侵害でも翻案権侵害でも侵害には変わりはない。両者を厳密に区別することなく、「複製権又は翻案権」とする選択的認定をしている判決もみられる[8]。また、複製と翻案とを一元的に理解すれば足りるとする学説もある[9]。両者の共通点は、既存の著作物に依拠し、かつ、その表現上の本質的な特徴の同一性を維持しつつ、これに接する者が既存の著作物の表現上の本質的な

特徴を直接感得することのできる著作物を創作するという点にある。

エ　複製の概念

近時の裁判例には、翻案の意義については、江差追分事件最高裁判決の判示によりつつ、複製の概念については、「既存の著作物に依拠し、その内容及び形式を覚知させるに足りるものを再製すること」というワンレイニーナイト・イントーキョー事件最高裁判決の判示に従うもの（知財高判平成26・3・12判時2229号85頁〔ディスクパブリッシャー制御事件〕）と、「既存の著作物に依拠し、これと同一のものを作成し、又は、具体的表現に修正、増減、変更等を加えても、新たに思想又は感情を創作的に表現することなく、その表現上の本質的な特徴の同一性を維持し、これに接する者が既存の著作物の表現上の本質的な特徴を直接感得することのできるものを創作する行為をいう」と江差追分事件を参考にするもの（知財高判平成25・9・30判時2223号98頁〔風にそよぐ墓標事件〕）がある。

オ　複製及び翻案に当たらない場合

以上の複製及び翻案の意義に照らすと、複製又は翻案に該当するためには、既存の著作物とこれに依拠して創作された著作物との同一性を有する部分が、著作権法による保護の対象となる思想又は感情を創作的に表現したものであることが必要である。

そして、既存の著作物と同一性を有する部分が、いずれも思想又は感情を創作的に表現した部分において同一性を有するとはいえない場合、すなわち表現それ自体でない部分又は表現上の創作性がない部分において既存の言語の著作物と同一性を有するにすぎない場合には、複製にも翻案にも当たらない。

8　森義之「著作権侵害訴訟における訴訟物について」現代裁判法大系『知的財産権』368頁、小松一雄「著作権侵害行為の差止請求権」新裁判実務大系『著作権関係訴訟法』516頁は、複製権侵害に基づく差止請求と翻案権侵害に基づく差止請求は1個の訴訟物であるとしている。選択的認定に対する批判として、大須賀滋「著作権の侵害」最新裁判実務大系『知的財産権訴訟II』686頁

9　田村善之『著作権法概説〔第2版〕』47頁

江差追分事件の第1、2審判決も、一般論としては本質的特徴の感得という説に立っていたにもかかわらず、最高裁判決と結論を異にしたのは、「表現上の本質的な特徴」とは何かの捉え方及び「表現」と「アイデア」の区別が、実務上極めて重要であることを示すものといえよう。

2　複製・翻案の要件

(1)　要件の分説

　最一小判平成13・6・28民集55巻4号837頁〔江差追分事件〕が示した言語の著作物の翻案の意義によれば、翻案の要件は、次の2つである。

---

　①　既存の著作物に依拠すること
　②　その表現上の本質的な特徴の同一性を維持しつつ、具体的表現に修正、増減、変更等を加えて、新たに思想又は感情を創作的に表現することにより、これに接する者が既存の著作物の表現上の本質的な特徴を直接感得することのできる別の著作物を創作すること

　上記②は、さらに4つに分説できる。

　A　「その表現上の本質的な特徴の同一性を維持」していること
　B　「具体的表現に修正、増減、変更等を加えて、新たに思想又は感情を創作的に表現すること」
　C　これにより「これに接する者が既存の著作物の表現上の本質的な特徴を直接感得することのできる」こと
　D　「別の著作物を創作すること」

　複製の場合は、上記②Bの新たに思想又は感情を創作的に表現するこ

とが要件とならず、具体的表現に修正、増減、変更等を加えても、新たに思想又は感情を創作的に表現していないものを指す。

(2) 翻案の主観的側面

翻案の主観的側面として、「既存の著作物に依拠すること」が挙げられる。

ア 依拠の意義

依拠とは、既存の著作物の表現内容を知り、これを利用して自己の作品を作出することをいう。すなわち、依拠は、既存の著作物の表現内容の認識及び自己の作品への利用の意思に分析される。具体的には、例えば、既存の著作物を読んでその内容を認識し、その表現を利用して自己の作品を創作することがこれに当たる。

イ 依拠を要件とする理由

最一小判昭和53・9・7民集32巻6号1145頁〔ワンレイニーナイト・イントーキョー事件〕は、旧著作権法下の複製について、原著作物に依拠することが必要であり、既存の著作物の存在、内容を知らないでこれと同一性のある作品を作成したとしても（偶然の暗合）、著作権侵害が成立する余地がない旨判示した。同判決については、依拠性の要件は、著作物の要件として創作性が挙げられるが（著作権法2条1項1号）、創作性が、他人の著作物の再製に当たらない独自性のあるものであるという点に求められ、著作権者の専有する複製権は、当該著作権者がその著作物に自ら具体化した上記独自性それ自体の利用権能にとどまるから、複製の要件として依拠性が必要とされると説明されている[10]。

特許権の場合には、独自発明といえども、先使用の要件を満たさない限り、特許権侵害となり、依拠性が要件とされていない。これに対し、著作権は、いわゆる相対的独占権であり、創作だけで直ちに権利が発生するも

---

10 小酒禮「判解」最高裁判所判例解説民事篇〔昭和53年度〕〔32〕事件

Ⅰ 複製権・翻案権 ■ 253

のであるところ、独自に創作したものがたまたま既存の著作物と類似して
いるために、著作権侵害の責任を免れないとすれば、独自創作者に不測の
不利益を与え、創作を奨励する著作権法の趣旨に反するから、依拠性の要
件が必要である[11]。

　江差追分事件最高裁判決は、翻案についても、複製の場合と同じく、既
存の著作物に依拠することが必要であり、偶然に同一性のある表現になっ
たとしても、著作権侵害が成立する余地がないとの趣旨をいうものであ
る。なお、ここで依拠の対象となるのは、アイデアや事実ではなく、創作
的な表現でなければならない。後述のとおり、アイデアや事実は著作権法
上保護されず、保護の対象となるのが創作的な表現であるからである。

　ウ　依拠の対象

　依拠の対象となるのは、アイデアや事実ではなく、創作的な表現でなけ
ればならない[12]。最一小判平成13・6・28民集55巻4号837頁〔江差追分事
件〕が判示するとおり、表現それ自体でないものや表現上の創作性のない
ものは、著作権法上保護されず、保護の対象となるのが創作的な表現であ
るからである。よって、他人のアイデアをもとに自ら具体的表現を作成し
た場合は、依拠があるとはいえない。

　なお、原著作物そのものへの依拠ではなく、原著作物の複製物への依拠
であっても、依拠の要件を満たすものとされている（大阪地判平成11・7・
8判時1731号116頁〔パンシロントリム事件〕）。

　エ　依拠の認定手法

　複製権侵害あるいは翻案権侵害が問題になる事案において、依拠の主張
立証責任は、侵害を主張する原告著作権者側にある。依拠を直接証拠に
よって立証することが容易ではない場合も少なくない。裁判例では、間接
事実を積み重ねて推認されることが多いが、依拠を推認させる間接事実と
しては、以下のようなものがある[13]。

11　田村善之『著作権法概説〔第2版〕』49頁
12　中山信弘『著作権法〔第2版〕』592頁

㈎　被告が原告著作物の表現内容を知っていたこと

被告が原告著作物の制作に関与したり、これを受領したりした事実は、原告著作物の表現内容を知っていたことを推認させる間接事実である（東京地判平成10・11・27判時1675号119頁〔壁の世紀事件〕、東京高判平成7・1・31判時1525号150頁〔会社案内事件〕、東京高判昭和62・2・19判時1225号111頁〔当落予想表事件〕、知財高判平成28・4・27判時2321号85頁〔接触角計算プログラム事件〕）。

被告が作成当時又はそれ以前に原告の著作物に接する機会があったこと（原告著作物が被告の作品の創作の時点で公表されており被告が入手可能であったこと）も、被告が既存の著作物の表現内容を知っていたことを推認させる（東京高判平成14・9・6判時1794号3頁〔記念樹事件〕、東京地判平成7・5・31判時1533号110頁〔ぐうたら健康法事件〕）。最一小判昭和53・9・7民集32巻6号1145頁〔ワンレイニーナイト・イントーキョー事件〕は、原告の曲が著名でないことを挙げているが、逆に、原告著作物がその分野で著名又は周知であることや、その分野の著作者が参照するのが通常であるような先駆的なものであれば、依拠を推認させる（知財高判平成25・4・18判時2194号105頁〔今日の治療薬事件〕）。

㈏　原告著作物と被告作品の同一性の程度

原告著作物との類似性の程度が高く、細部に至るまで酷似し、原告著作物を利用せずに作成されたとは考えられないほど共通していることは、依拠を推認させる間接事実である（東京地判平成4・11・25判時1467号116頁〔土産物用のれん事件〕）。

依拠の認定における同一性は、複製・翻案の別の要件である表現上の本質的特徴の同一性とは異なるものである。依拠の場面では、創作性ある表現が同一である必要はなく、誤記が共通する事実や、無断複製物発見用の

13　西田美昭「複製権の侵害の判断の基本的考え方」裁判実務大系『知的財産関係訴訟法』125頁、三好豊「複製権侵害について」『理論と実務4』181頁、髙部眞規子「依拠」著作権判例百選〔第6版〕86頁

Ⅰ　複製権・翻案権　■　255

罠（トラップ）又は電子透かし（デジタルウォーターマーク）が再現されている事実は、依拠を推認させる有力な間接事実である（東京地判平成4・10・30判時1460号132頁〔観光タクシータリフ事件〕、名古屋地判昭和62・3・18判時1256号90頁〔用字苑事件〕）。全角半角の使用箇所の一致や読み仮名の正誤の混在の事実も、同様である（東京地判平成26・3・14最高裁HP（平成21年(ワ)第16019号）〔旅行業システム事件〕）。

　(ウ)　被告の創作過程

　他方、被告作品の完成と原告著作物の公表との間に時間的制約があるなど、被告が原告の著作物に接する機会がなかったことは、依拠の事実の推認を妨げる間接事実といえよう（東京地判平成3・2・27知的裁集23巻1号91頁〔サンジェルマン殺人狂想曲事件〕、東京地判平成11・3・29判時1689号138頁〔赤穂浪士事件〕）。

　オ　共同著作における依拠

　また、共同著作物の場合には、共同制作者それぞれにつき依拠の要件を充足している必要があるとしつつ、その一人が原著作物に接する機会がない場合であっても、他の共同著作者が原著作物に接してこれに依拠していることを知っている場合には、依拠の要件を充足するとされた事例がある（東京高判平成8・4・16判時1571号98頁〔目覚め事件〕）。

(3)　翻案の客観的側面

　翻案の客観的側面として、「その表現上の本質的な特徴の同一性を維持しつつ、具体的表現に修正、増減、変更等を加えて、新たに思想又は感情を創作的に表現することにより、これに接する者が既存の著作物の表現上の本質的な特徴を直接感得することのできる別の著作物を創作すること」が挙げられ、更に次の4点に分説できる。

　ア　「その表現上の本質的な特徴の同一性を維持」していること

　「表現上の本質的な特徴の同一性」が維持されているか否かが、翻案（二次的著作物の創作）と著作権非侵害（別個独立の著作物の創作）との相違を

意味し、両者を画する基準となる。すなわち、その表現上の本質的な特徴の同一性が維持されていないような著作物の創作は、別個独立の著作物の創作であり、複製にも翻案にも当たらない。後記ウと同様のことを著作物を利用して創作する者の視点から述べたものであり、侵害か非侵害かの境界を画する基準となっている。なお、後述するとおり、思想、感情若しくはアイデア、事実若しくは事件など表現それ自体でない部分又は表現上の創作性がない部分における同一性は、表現上の本質的な特徴の同一性を基礎付けることはない。

　著作物の本質的な特徴は、思想又は感情そのものに存在することはないが、内容・内面的形式・外面的形式三分論にいう内面的形式のみならず、外面的形式の中に存在することもあり得る。

　もっとも、具体的に何をもって「表現上の本質的な特徴」と捉えるかこそが重要である。この点については、著作物の種類や特性に応じ、事案ごとに著作物として保護を受けるべき創作性や表現の特徴を判断すべきものであって、今後の裁判例の集積が待たれるところである。詳細は、第4章Ｖを参照されたい。

　なお、判決要旨2によれば、思想、感情若しくはアイデア、事実若しくは事件など表現それ自体でない部分又は表現上の創作性がない部分は、表現上の本質的な特徴を基礎付けることはないといえよう。

　イ　「具体的表現に修正、増減、変更等を加えて、新たに思想又は感情
　　　を創作的に表現すること」

　これが複製と翻案との境界を画する基準となっており、翻案と複製との相違は、「新たに思想又は感情を創作的に表現すること」の部分である。すなわち、翻案権（著作権法27条）と区別すべき概念として、複製権（同法21条）があるが、複製とは、前記のとおり、著作権法上、「印刷、写真、複写、録音、録画その他の方法により有形的に再製すること」をいうと定義されている（同法2条1項15号）。なお、再製とは、当該著作物と同一性のあるものを作成することであり、具体的表現に修正、増減、変更等がさ

Ⅰ　複製権・翻案権　■　257

れても、その部分に創作的表現がなければ、翻案ではなく複製に当たることになる。すなわち、複製には、既存の著作物と全く同一のものを作成する場合（$a \rightarrow a$）と既存の著作物の具体的表現に修正、増減、変更等を加えたがその部分に創作性が認められない場合（$a \rightarrow a'$）があり、翻案は、既存の著作物の具体的表現に修正、増減、変更等を加え、その部分に創作性が認められる場合（$a \rightarrow a + \beta$）として、両者を区別することができる。なお、二次的著作物の著作権は、二次的著作物において新たに付与された創作的部分のみについて生じ、原作品と共通し、その実質を同じくする部分には生じない（最一小判平成9・7・17民集51巻6号2714頁〔ポパイ事件〕）とされているから、翻案により「新たに思想又は感情を創作的に表現」した部分（上記 β）に、二次的著作物の著作権が生ずる。

　ウ　これにより「これに接する者が既存の著作物の表現上の本質的な特徴を直接感得することのできる」こと

　表現上の本質的な特徴の感得を基準とする見解は、内容・内面的形式・外面的形式三分論から脱却し、著作物の同一性を基礎付ける表現上の創作性や特徴は、伝統的見解のいう内面的形式のみならず、著作物の種類や特性に応じて総合的に勘案すべきものである。前記アと同様のことを著作物に接する者の視点から述べて、著作権侵害か否かを画する基準となっている。

　江差追分事件最高裁判決は、「表現それ自体でない部分又は表現上の創作性がない部分」は、「表現上の本質的な特徴」を基礎付けないとしている。

　エ　「別の著作物を創作すること」

　翻案により創作された著作物は、既存の著作物とは別の著作物となり、著作権法2条1項11号所定の二次的著作物とされることを明らかにしたものである。

3 複製権侵害及び翻案権侵害の判断手法

⑴ 江差追分事件最高裁判決の判断手法

ア　共通点（同一性のある部分）の認定

江差追分事件最高裁判決は、まず、原告著作物（本件プロローグ）と被告作品（本件ナレーション）とは、

a　江差町がかつてニシン漁で栄え、そのにぎわいが「江戸にもない」といわれた豊かな町であったこと

b　現在ではニシンが去ってその面影はないこと

c　江差町では９月に江差追分全国大会が開かれ、年に１度、かつてのにぎわいを取り戻し、町は一気に活気づくこと

を表現している点及びその表現の順序において共通し、同一性があると認定している。

イ　同一性ある部分が創作的表現か否かの判断

同判決は、次に、両者が同一性を有する部分のうち、a 及び b は、一般的知見に属し、江差町の紹介としてありふれた事実であって、表現それ自体ではない部分において同一性が認められるにすぎないと判断した。

また、c は、江差町民の一般的な考え方とは異なるもので原告に特有の認識ないしアイデアであるとしても、その認識自体は著作権法上保護されるべき表現とはいえず、これと同じ認識を表明することが著作権法上禁止されるいわれはなく、本件ナレーションにおいて、被告らが原告の認識と同じ認識の上に立って、c という表現をしたことにより、本件プロローグと表現それ自体でない部分において同一性が認められることになったにすぎず、具体的な表現においても両者は異なったものとなっており、さらに、表現の記述順序自体は独創的なものとはいい難く、表現上の創作性が認められない部分において同一性を有するにすぎないと判断した。

I　複製権・翻案権　■　**259**

ウ　表現上の本質的な特徴の直接感得の有無の判断

上記ａｂｃの部分から構成される本件ナレーション全体をみて、その量が格段に短く影像を背景に放送されたから、これに接する者が本件プロローグの表現上の本質的な特徴を直接感得することはできないと判断した。

エ　判断順序

このように、江差追分事件最高裁判決は、①まず、同一性を有する部分がどこかを認定し、②次に、その同一性を有する部分が「表現それ自体でない部分又は表現上の創作性がない部分」であるとした上、③本件ナレーションの量及び背景にも言及した上で、④「表現上の本質的な特徴を直接感得」することはできないと結論付けた。

同判決は、また、判決要旨１の「表現上の本質的な特徴の直接感得」の有無を判断するために、判決要旨２の「表現それ自体でない部分又は表現上の創作性がない部分」において同一性を有するにすぎないことを否定的判断の根拠として用いている。

オ　２段階テストと濾過テスト

従前から、複製権侵害や翻案権侵害を判断する手法として、①原告作品の著作物性を認定してから、被告作品に原告作品の創作的表現が複製又は翻案されているかを順次判断する手法（２段階テスト）と、②原告作品と被告作品の同一性を有する部分を抽出し、それが思想又は感情の創作的な表現に当たるか否かという判断をする手法（濾過テスト）があったところ、江差追分事件最高裁判決の判断手法は、②の濾過テストに近いものと思われる。

事案に応じていずれの判断手法を採用することも可能であろう。上記①の２段階テストにおいては、原告作品の著作物性を先に認定する必要があるが、原告作品のどの範囲を捉えるかが問題となり、それは被告作品と対比すべき範囲において創作性を検討すれば足りるところからも、②の濾過テストが妥当する事案が多いと思われる。

⑵ 江差追分事件最高裁判決の意図するところ
（判決要旨2の趣旨）

ア　判決要旨2と著作物性

　判決要旨2は、「思想、感情若しくはアイデア、事実若しくは事件など表現それ自体でない部分」又は「表現上の創作性がない部分」が同一である場合に翻案に当たらないと判示した。表現それ自体でない部分の例示として、「思想、感情若しくはアイデア」と「事実若しくは事件」という2つのグループのものを挙げている。これらの2つのグループの「表現それ自体でない部分」も、「表現上の創作性がない部分」も、著作権法の保護の対象となる著作物性を否定するものである。よって、表現それ自体ではない思想、感情若しくはアイデア、事実若しくは事件に同一性がある場合に、著作権（翻案権）侵害に当たらないとする理由付けには、①原告の作品に著作物性がないという理由と、②同一性のある部分が表現それ自体でないために翻案とはいえないという理由の2つが考えられる。このように、著作物性の判断と翻案の成否の判断には、重なりあう部分がある。著作権法の保護の対象にならないもの、著作物性の判断の詳細は、第2章Ⅲを参照されたい。

イ　「思想、感情若しくはアイデア」

　「思想、感情若しくはアイデア」が表現それ自体でないとして著作権法の保護を受けず、その部分に同一性があっても、著作権侵害とはいえないことは、「思想・表現二分論」又は「アイデアと表現の二分論」（idea vs. expression dichotomy）から導かれる。

　もっとも、アイデアと表現の境界は、著作権法の保護を受けるものと受けないものとを画する概念であるが、規範的要素が強く、その境界は、必ずしも明確ではなく、これを区別する一般的な基準を定立することには困難な面がある。著作物の種類によっても異なることが考えられ、著作物の創作者を保護し、保護の対象を表現に限定しアイデアを自由利用の対象と

Ⅰ　複製権・翻案権　■　**261**

することによって、創作活動を促し文化の発展に寄与することを目的とする著作権法の趣旨（著作権法1条）に鑑み、事案ごとにそれを検討して、両者を画することになろう。

上記事案ごとの検討の一例として、学説や学術論文の場合についてみると、学説や思想それ自体は、著作権法により保護されるものではなく、自然科学上の法則やその技術思想の創作である発明も、いかに独創性又は新規性があっても、著作権法上保護の対象とはならないし、学術論文の内容が類似する場合も、翻案に当たらない（大阪地判昭和54・9・25判タ397号152頁〔発光ダイオード学位論文事件〕）。

アイデアや着想、表現方法のほか、当該作品を特徴付ける小説家や画家の作風・画風も、それ自体は著作権法の保護対象ではない（京都地判平成7・10・19判時1559号132頁〔アンコウ行灯事件〕）。シリーズの教材と素材において類似しても、翻案権侵害には当たらない（東京地判平成15・11・28判タ1162号252頁〔幼児用教育教材事件〕）。

　ウ　「事実若しくは事件」

　(ア)　事実又は事件

事実や事件そのものも、「思想又は感情を創作的に表現したもの」ということはできず、著作権法の保護の対象にならないから、その部分が同一であっても、複製にも翻案にも当たらない。

　(イ)　歴史に関する著述

実在する人物の生涯を時系列的に表現した伝記や、歴史上の事実に関する著述、ノンフィクション等においては、既存の著作物と類似する部分が生じ、著作権侵害か否か争われることが多い。歴史上の事実そのものは著作権の保護の対象とはならず、それが同一であっても翻案といえない（名古屋高判平成9・5・15判タ971号229頁〔春の波涛事件〕）。

東京地判平成10・10・30判時1674号132頁〔血液型と性格事件〕も、歴史上の事件、事実そのもの、史料について、歴史についての著作物の著作者の著作権が及ぶものではないから、単に同じ歴史上の事件、事実を採り上

げ、同じ史料を利用したからといって、表現の本質的特徴が同一であるとはいえない旨判示する。また、東京地判平成13・3・26判時1743号３頁〔大地の子事件〕は、記述された歴史的事実を、創作的表現形式を変えた上、素材として利用することについてまで、著作者が独占できると解するのは妥当といえないとし、歴史的事実、日常的な事実等を描く場合に、他者の先行著作物で記述された事実と内容において共通する事実を採り上げたとしても、その事実を基礎的な素材として利用することは広く許容されるとする。大阪高判平成14・6・19判タ1118号238頁〔コルチャック先生事件〕も、伝記の創作性は、既存の文献の中から著作者にとって重要と考える記述やエピソードを抽出し、相互に関連付けて当該人物の生涯を描き出した、その選択と配列及び具体的な表現方法にあるとし、個々の記述やエピソードに重複する部分があったとしても、それだけで著作権侵害が認められることはないとしている。

　他方、歴史的事実そのものではなく、これを創作的に表現したものには、著作物性が肯定される場合もある。また、歴史的事実に関する著述であっても、基礎資料からどのような事実を取捨選択するか、どのような視点や表現を選択するかについて、さまざまな方法があり得るところから、事実の選択、配列や、歴史上の位置付け等が、本質的特徴を基礎付ける場合があり得ることには注意すべきであろう。東京地判平成10・11・27判時1675号119頁〔壁の世紀事件〕は、「歴史的事実に関する記述であっても、数多く存在する基礎資料からどのような事実を取捨選択するか、また、どのような視点で、どのように表現するかについては、さまざまな方法があり得るのであるから、歴史的事実に関して叙述された作品が、思想又は感情を創作的に表現したものでないとはいえない」旨判示している。

　したがって、例えば、実在の人物の生涯を綴った伝記や、歴史上の事実に関して記述した歴史小説等は、事実に立脚しつつ、著作者の思想又は感情がその著作物に創作的に表されるものであり、その解釈や論述の方法に個性の現れが認められ、著作物性が肯定される場合もあるということがで

きる。もっとも、それと同一の対象を扱って記述した場合において、単なる事実のみが同一である場合に著作権侵害とはなり得ず、仮にその事実が著作者の額に汗する研究や調査の結果初めて判明した事実であっても、その事実について独占権を主張することはできない。その意味で、事実に立脚した著作物の場合は、小説等の場合と比較して著作者が創作性を発揮する余地が少なく、表現の選択の幅が狭く、その結果保護範囲は限定されるので、その創作的表現部分をも同一であって初めて、侵害か否かが問題となり得よう。

　(ウ)　新聞記事

　新聞記事等の報道記事も事実の報道を目的とするものであり、記者の主観を混入することが望ましくないところから、その表現方法には自ずから限界がある。客観的事実を素材とする新聞記事であっても、収集した素材の中から記事に盛り込む事項を選択し、その配列、構成や具体的な文章表現に、著作者の思想又は感情が創作的に表現され、著作物性が認められる場合があり得る。東京地判平成6・2・18判時1486号110頁〔日経コムライン事件〕は、客観的な事実を素材とする新聞記事について、選択された素材の内容、量、構成等により、少なくともその記事の主題についての、著作者の賞賛、好意、批判、断罪、情報価値等の思想、感情が表現されているものとして、そのような記事の主要な部分を含み、その記事の表現している思想、感情と主要な部分において同一の思想、感情を表現している要約は、もとの新聞記事の翻案に当たるとしている。

　エ　表現上の創作性がない部分の同一性

　江差追分事件最高裁判決の判決要旨2は、著作権法が創作的な表現を保護するもので、表現それ自体ではない部分や表現上の創作性がない部分において同一性があっても、翻案とはいえないことを、最高裁判所として初めて明確に判断したものである。このことは、著作権法の保護対象という、著作権法の基本的な原則から導かれるものである。

　ありふれた表現は、創作性を有しないとして、著作権法の保護を受けら

れないが、アメリカ法においても、普通の経験やアイデアに基づく決まり切った光景、出来事、人物は保護されず、まる写しさえできるとされ、定型的情景の法理、ありきたりの表現（scenes a faire）という[14]。このように、思想又は感情の表現であっても、表現上の創作性のない部分が著作権法の保護の対象とならないことは、著作権法2条1項1号の文言上当然である。したがって、だれが書いても同じような表現にならざるを得ないように選択の幅が狭い場合や、ありふれた表現部分は、個性を表出することができず、表現上の創作性のない部分というべきであるから、その部分が同一であっても、複製権侵害とも翻案権侵害ともいえない。

　判決要旨2は、要するに、著作権法上保護に値しない部分において同一性があったとしても、翻案には当たらないという趣旨をいうものであるから、著作権法13条に規定された著作権の目的とならないもの（法令、告示・訓令・通達、判決・決定・命令、それらの翻訳物・編集物等）や、著作権の保護期間（著作権法51条〜58条）満了後のものについても、同様に解することができよう。

　また、表現それ自体ではない部分や表現上の創作性がない部分は、著作権法上保護されるべき対象に当たらないことを示したものということもでき、翻案の成否のみならず著作物性を判断する上でも、参考になると思われる。

　上記判決は、事案に即して、言語の著作物の場合について述べたものであるが、例えば美術の著作物の場合についてこれを応用すれば、画風、技法や素材、モデルなど、表現それ自体ではない部分や、表現上の創作性がない部分のみにおいて同一性を有するにすぎない場合には、翻案ということはできないであろう。各著作物については、第4章Vを参照されたい。

14　水戸重之「「ありふれた表現」の法理」『理論と実務4』3頁

(3) 江差追分事件最高裁判決の示した翻案の判断手法
（判決要旨1の存在意義）

ア　判決要旨1及び2の関係

判決要旨1の「表現上の本質的な特徴の直接感得」の有無を判断するために、判決要旨2の「表現それ自体でない部分又は表現上の創作性がない部分」において同一性を有するにすぎないことを否定的判断の根拠として用いている。これは、「表現それ自体でない部分又は表現上の創作性がない部分」が表現上の本質的な特徴を基礎付けることはないとの趣旨であると解される。

そして、判決要旨2の「表現それ自体でない部分又は表現上の創作性がない部分」において同一性を有するにすぎないことは、判決要旨1の「表現上の本質的な特徴の同一性」が維持されているとはいえず、これを感得することができないことを意味する。すなわち、判決要旨2に該当することは、判決要旨1にいう翻案の客観的要件のうち、「表現上の本質的な特徴の同一性の維持」及び「表現上の本質的な特徴の直接感得」の要件を欠くことを意味するものである。よって、判決要旨2に当たる場合は、常に判決要旨1の翻案の要件を満たさないことになる。

このように、江差追分事件最高裁判決は、「本質的な特徴の直接感得」の判断において、アイデアと表現の区別や創作性の有無といった著作権法の原則を重視して、限定を図っているから、結局「創作的表現の共通性」という観点が重要になる。

依拠の対象となるのは、アイデアや事実ではなく、創作的な表現でなければならない。前記のとおり、アイデアや事実は著作権法上保護されず、保護の対象となるのが創作的な表現であるからである。

イ　判決要旨1の存在意義

実務上は、判決要旨2によって翻案とはいえないとされる場合が多いが、判決要旨1は無用なものであろうか。

江差追分事件最高裁判決は、同一性ある部分が判決要旨2の理由により翻案に当たらないという判断をした後に、判決要旨1のあてはめをしている。仮に、判決要旨1が存在意義を有しないなら、不要な判断である。

　しかし、判決要旨2によって翻案に当たらないとはいえない場合、言い換えると同一性がある部分が創作的な表現であるといえる場合であっても、判決要旨1によって翻案とはいえないという場合があるのではなかろうか。

　すなわち、創作的な表現において同一性が認められる場合であっても、それが表現上の本質的な特徴を直接感得することができない場合があり得るものと解される。つまり、創作性とは、何らかの個性が発揮されていればよいとされ、必ずしも高度のものは要求されていないが、他人の既存の著作物に依拠して作成された場合であっても、そこに独自の創作性が加えられた結果、通常人の観察するところにおいて、既存の著作物としての特徴が、新たに創作された著作物の創作性の陰にかくれて認識されないときは、新たな著作物は複製でも翻案でもなく、他人の著作物の自由な利用により創作された独自の著作物であると認められ、著作権侵害とならない。この場合、依拠され利用された既存の著作物の創作性が高ければ高いほど、新たな著作物の中でも本質的な特徴として感得されやすいが、他方既存の著作物が個性的表現が高いものでないのであれば、結果的に新たな著作物に接した者がその本質的な特徴を感得しにくくなるといえる。

　そして、既存の著作物が別の著作物の中の一部に取り込まれた場合に、新たに思想又は感情を創作的に表現されたものが加わったことによって、同一性ある部分が新しい著作物の中で埋没してしまい、表現上の本質的な特徴を直接感得することができないほど色あせた状態になる場合があり得るところ、そのときは、判決要旨1の翻案の客観的要件のうち、「表現上の本質的な特徴の同一性の維持」及び「表現上の本質的な特徴の直接感得」の要件を欠き、これにより翻案とはいえないとの判断がされることになる。

Ⅰ　複製権・翻案権　■　**267**

ウ　表現上の本質的な特徴と創作性ある表現は同一か

判決要旨1にいう「表現上の本質的な特徴」と、判決要旨2にいう「創作性ある表現」は同一であろうか。前記のとおり、著作権法2条1項1号における著作物性の判断において、創作性のレベルは、何らかの個性が表れていればよいとされ、必ずしも高いものは要求されていない。

そのため、創作性のレベルが低くても、例えばデッドコピーのように、同一であったり類似性の程度が高いなら複製権侵害となる。しかし、翻案権侵害における「表現上の本質的な特徴」は、もう少しレベルが高いもののように思われる。また、既存の著作物に修正、増減、変更を加えた結果、新たに高度に創作的な表現が加わったことによって、新しい著作物の中では付加された部分に特徴が現れ、同一性ある部分が新しい著作物の中で埋没してしまい、表現上の本質的な特徴を直接感得することができないほど色あせた状態になる場合があり得よう。そうだとすると、判決要旨1は、判決要旨2により翻案を否定しきれなかった場合に、表現上の本質的な特徴が直接感得できないとの理由で否定することを可能とし、翻案の成立に絞りをかける役割を有しているということが可能である。

複製や翻案の概念は規範的に解釈する必要性があり、例えば、東京高判平成14・2・18判時1786号136頁〔雪月花事件〕では、利用された部分が著作物としての価値を有するものの再製・本質的部分の再製といえないとして非侵害と判断された。ドイツ著作権法57条のように、「重要でない付随的な著作物としての利用にすぎない場合には著作権侵害にならない」というアプローチもある。

エ　「表現上の本質的な特徴」がどこに存在するか

(ア)　翻案の成否を決するキーワードは「表現上の本質的な特徴」であり、これがどこに存在するかが問題である。

まず、何をもって「本質的な特徴」というかが問題である。著作物の本質的な特徴は、思想又は感情そのものに存在することはないが、内容・内面的形式・外面的形式三分論にいう内面的形式のみならず、外面的形式の

中に存在することもあり得る。江差追分事件最高裁判決は、具体的内容が必ずしも明確とはいえない「外面的形式」、「内面的形式」という用語を、意識的に避けて判示したものと思われるが、著作物の同一性を基礎付ける表現上の創作性や本質的な特徴は、伝統的見解のいう内面的形式のみならず、著作物の種類や特性に応じて外面的形式にも存在し得ると解するものであり、これらを総合的に勘案して判断するのが相当であるとの立場を採るものと解される。

　㈡　しかも、前記のとおり、上記判決は、「表現それ自体でない部分又は表現上の創作性がない部分」は、「表現上の本質的な特徴」を基礎付けないとしている。

　原告著作物と被告作品の表現を対比して、類似性が強かったり、共通する部分の創作性が高ければ、本質的特徴を直接感得するといいやすい。共通する部分に表現上の創作性があっても創作性が低い場合又は共通しない部分により高い創作性が認められる場合には、表現上の本質的特徴を感得することができにくくなる。

　江差追分事件最高裁判決は、表現上の本質的な特徴の直接感得の判断において、「その量が格段に短く」と、分量について触れている。原告著作物中に占める模倣された要素の割合について、分量が短いと本質的な特徴が感得できず、利用された分量が多ければ本質的特徴が感得しやすい。同事件では、全体からみて分量が短いために、本質的な特徴を感得しにくくなったことは否定できないであろう。

　また、同判決は、「影像を背景に放送された」ことも、表現上の本質的特徴が直接感得できない理由として触れている。被告作品における放送の態様（背景に影像が付加されていること）については、直接感得できるかの判断に必要とする見解と、影像が加わっても類似性を否定する方向に斟酌できないとする見解がある。言語の著作物である原告のノンフィクション作品と同じく言語の著作物である被告のナレーションの対比という観点からは、理論的には、影像の加わらないナレーションとの比較をすべきであ

Ⅰ　複製権・翻案権　■　**269**

ろうが、実際には、背景に影像が付加されて放送されたことにより、これに接した者が原告著作物の特徴を直接感得できないという方向に斟酌されたものと考えられる。

同判決が分量や背景を論じていることに照らし、「表現上の本質的な特徴」の同一性の維持ないし直接感得を否定する事情として、被告がこれらの事情を防御方法として主張することも許されると考えたい。

なお、2段階テストでは、創作的な表現と認めた部分と無関係な部分の共通性をもって類似性を肯定する過ちを犯す危険があるのに対し、濾過テストではそれが防げるとする見解もある[15]。

(ウ) 以上のことは、著作物の種類に応じても異なり得ると考えられる。著作物の種類によって、何をもって著作物性を基礎付ける創作性とするか、侵害の成否も異なり得ることは、第4章Ⅴのとおりであるが、個々の著作物の特性によって、表現上の本質的特徴がどこに存在するか異なってくる。

第1、2審の判断が異なった裁判例として、写真の著作物に関する東京地判平成11・12・15判時1699号145頁と東京高判平成13・6・21判時1765号96頁〔西瓜写真事件〕、音楽の著作物に関する東京地判平成12・2・18判時1709号92頁と東京高判平成14・9・6判時1794号3頁〔記念樹事件〕、言語の著作物についての東京地判平成17・5・17判タ1243号259頁と知財高判平成18・3・15最高裁HP（平成17年(ネ)第10095号、10107号、10108号）〔通勤大学法律書コース事件〕、東京地判平成22・1・29最高裁HP（平成20年(ワ)第1586号）と知財高判平成22・7・14判時2100号134頁〔箱根富士屋ホテル事件〕等がある。

例えば、上記通勤大学法律書コース事件では、第1審は、以下のように判示して、表現の一部について複製翻案を肯定した。法律書のように表現上の制約がある中で、一定以上のまとまりを持って、記述の順序を含め具

15　田村善之『著作権法概説〔第2版〕』48頁

体的表現において同一である場合には、複製権侵害に当たる場合があり、創作性の幅が小さい場合であっても、他に異なる表現があり得るにもかかわらず、同一性を有する表現が一定以上の分量にわたる場合には、複製権侵害に当たるというべきである。例えば、原告表現と被告表現とが、約２頁にわたり、同一の事項をその順序で記載した点において共通し、上記共通点のうち個々の内容は、法令の内容や実務の運用から導かれる事項であり、創作性の幅は大きくないが、表現上の制約がある中で、一般の法律書や解説書に記述されている内容や表現と必ずしも同一ではなく、原告表現の具体的表現については原告の個性が表現されたものということができる。確定日付の必要性や手続、意義について記述するのに創作性の幅は大きくないが、他に異なる表現があり得るにもかかわらず、被告表現は、約２頁にわたり、記述の順序を含め、具体的表現において些細な違いがあるのを除き、原告表現と酷似しており、実質的に同一である。また、上記のとおり、被告表現は、原告表現とその使用している用語、論じる順序及び具体例に至るまでほぼ同一であり、一般の法律書等に表現されていない部分においても、ほぼ同一の表現が使用されているから、原告表現に依拠して再製されたものとして、被告表現は、複製権侵害に当たると判断した。第１審は、原告の表現の創作性を認め、それが一定のまとまりをもって同一である場合に、その創作性の低さを同一性ある部分の分量や類似性の程度がカバーしてその相関関係によって複製を認める方向で判断したものと思われる。

　これに対し、控訴審は、原告表現の著作物性（創作性）を肯定したにもかかわらず、侵害の判断においては、２頁にわたり、用語等の同一性はあるが、法令の内容や実務の運用から導かれる当然の事項を普通に用いられる言葉で表現したにすぎず、創作的な表現であるとはいえないとして複製でも翻案でもないとした。しかし、著作物性の判断における創作性と翻案権侵害の成否の判断における創作性（上記判決要旨２）は同じ意味で判断すべきであり、著作物性を認めたにもかかわらず江差追分事件最高裁判決

I　複製権・翻案権　■　271

の判決要旨2によって全てを複製でも翻案でもないと判断した控訴審判決は、その整合性が理解しにくいものである。学説上も、第1審判決に賛成するものが多い[16]。

(4) 原告著作物の一部の再生による侵害の成否

ア 学説・裁判例の対立

原告著作物と被告作品の一部のみが共通する場合に、翻案権侵害を肯定するか否かについては、学説・裁判例の対立がある。

(ア) 創作的表現の共通性（＝類似性）一元説

権利侵害の判断においては、そもそも既存の著作物を利用したといえるかどうかが問題になり、そこでは既存の著作物の創作的表現が残っているか（すなわち「創作的表現の共通性」＝「類似性」）という基準によって一元的に判断されるものであり、既存の著作物の創作的表現が再生されている限り、付加された部分があっても、著作権侵害を肯定する見解である[17]。被告作品が少しでも類似する場合に著作権侵害を肯定した裁判例として、東京地判昭和53・6・21無体裁集10巻1号287頁〔日照権事件〕、東京地判平成22・1・29最高裁HP（平成20年(ワ)第1586号）〔箱根富士屋ホテル事件〕がある。

(イ) 原告著作物と被告作品の一部に類似する表現があっても、それ以外の部分の表現によっては著作権侵害が否定される場合もあるとする見解

単に既存の著作物の創作的表現要素を再現したということのみならず、

---

16 前田哲男「「思想・感情の創作的な表現」とは何か」コピライト599号2頁、田村善之「民法の一般不法行為法による著作権法の補完の可能性について」コピライト607号26頁

17 田村善之『著作権法概説〔第2版〕』58頁、同「著作権の保護範囲に関し著作物の『本質的な直接感得性』基準に独自の意義を認めた裁判例」知的財産法政策学研究41号79頁、42号89頁、上野達弘「著作権法における侵害要件の再構成―「複製又は翻案」の問題性―」知的財産法政策学研究41号33頁、42号39頁、駒田泰土「著作物と作品概念の異同について」知的財産法政策学研究11号148頁、同「複製または翻案における全体比較論への疑問」『斉藤退職』281頁

創作的な表現形式としての価値（創作性）の存否及び程度（質的・量的な観点）によっては、被告作品に接した者が原告著作物の表現上の本質的特徴を直接感得することができないこともあり、その場合は翻案権侵害を否定すべきであるとする見解である[18]。部分的に原告著作物の表現が再生されていても、全体として複製権又は翻案権の侵害を否定した裁判例として、東京高判平成4・9・24知的裁集24巻3号703頁〔サンジェルマン殺人狂想曲事件〕、大阪高判平成14・6・19判タ1118号238頁〔コルチャック先生Ⅰ事件〕、東京地判平成14・9・5判時1811号127頁〔サイボウズ事件〕、大阪高判平成14・9・18最高裁HP（平成14年㈭第287号）〔コルチャック先生Ⅱ事件〕、東京地判平成14・11・14最高裁HP（平成13年㈠第15594号）〔ファイアーエムブレム事件〕、知財高判平成24・8・8判時2165号42頁〔釣りゲーム事件〕がある。

イ　訴訟法的観点からの検討

㈐　訴訟物と攻撃防御方法

著作権侵害訴訟は、原告が侵害されたとする著作物と侵害したとする著作物及び被告の行為を提示して、被告の作品が原告の著作物に係る著作権を侵害する旨主張して、被告の作品の出版の差止めや損害賠償を請求するものである。

訴訟物の関係でいうと、著作権に基づく被告の利用行為の差止請求権の存否、又は同行為が原告の著作権を侵害することを理由とする損害賠償請求権である。原告は、自らの作品についての著作権を主張すべきところ、通常は、作品全体を主張することが多い。もっとも、その一部に著作物性

18　橋本英史「著作物の複製と翻案について」現代裁判法大系『知的財産権』382頁、同「著作権（複製権、翻案権）侵害の判断について」判時1595号27頁、判時1596号11頁、横山久芳「翻案権侵害の判断構造」『斉藤退職』295頁、同「翻案権侵害の判断基準の検討」コピライト609号24頁、島並良「二次創作と創作性」著作権研究28号28頁、大橋正春「翻訳」著作権判例百選〔第3版〕137頁、菊池絵理「翻案権と複製権」『知的財産訴訟実務大系Ⅲ』91頁、大須賀滋「翻案権侵害の主張立証」論究ジュリスト2号250頁、中島基至「著作権侵害」『著作権・商標・不競法関係訴訟の実務〔第2版〕』105頁

が認められるのであれば、一部のみを主張することも可能であろう。その場合に、例えば1冊の本の一部をさらに細かく分けて訴訟物を捉えるとすると、何十か所もある部分ごとに請求額を特定しなければならなかったり、原告が侵害の部分の主張を変更すると、訴えの変更の手続が必要になったりするなど、訴訟手続上は、きわめて煩瑣になる。このことは、被告作品についても同様であり、侵害部分の主張を変更するたびに訴えの変更の手続が必要であるとは思われない。

　また、原告が被告作品のa部分が原告著作物のA部分の著作権侵害だと主張して敗訴判決が確定した後に、被告作品のb部分が原告著作物のB部分の著作権侵害だと主張して再度訴訟を提起するのは、既判力の観点からみても、相当とはいえない。原告は、前訴においてB部分の主張立証することに支障はなかったはずであり、被告としても、前訴により、当該被告作品の出版等の行為の著作権侵害の成否については決着済みと考えるのが通常であると思われるからである。

　よって、原則として、原告の著作物対被告の作品の1作品ごとに、訴訟物が異なると考えるのが実務的な感覚にそうものというべきであろう。例えば、江差追分事件においては、原告著作物は、ノンフィクション「北の波濤に唄う」と題する書籍の中の短編「九月の熱風」の冒頭（プロローグ）であり、被告作品は、「ほっかいどうスペシャル・遥かなるユーラシアの歌声―江差追分のルーツを求めて―」と題するテレビ番組のナレーションの一部であったが、訴訟物としては、「ほっかいどうスペシャル・遥かなるユーラシアの歌声―江差追分のルーツを求めて―」と題するテレビ番組（被告作品）の放送が、「北の波濤に唄う」と題する書籍（原告著作物）に係る原告の著作権（翻案権）を侵害したことを理由とする損害賠償請求権と解される。

　(イ)　対比の主張

　著作権侵害訴訟において、裁判所は、原告著作物の内容であると原告が称する事柄が、原告著作物に本当に表現されているのかを明らかにするた

めに、それが、原告著作物のどこの具体的表現と結びついているか、どこの表現からそのような事柄が読み取れるのかを明確にし、原告著作物と被告作品の具体的表現の対比表の作成方法などを提示し、原告著作物及び被告作品の具体的表現に根拠のある形で、その内容に踏み込んだ主張立証を求めていくことが通例である。このように、著作権侵害訴訟において、原告は、侵害を主張するのに際し、例えば、言語の著作物であれば、対比表を作成して、原告著作物と被告作品を対比し、両者の表現の同一性や類似性を指摘するのが通常である。

　上記のとおり、著作権侵害訴訟では、通常、原告側に、対比表を作成してもらうことにより、主張についての具体的な表現上の根拠を求めて同一ないし類似する部分を主張させている。他方、原告による同一性や類似性の主張のみではなく、被告からも相違点とその評価についての主張をしてもらうことによって、侵害の成否についての判断に、より客観性が担保されることになると考えられる[19]。原告は、表現上の本質的特徴の同一性についての評価根拠事実を、被告はその評価障害事実を、それぞれ主張立証すべきであろう。翻案権侵害の判断は、著作物の性質に応じて創作性の要素とそれを構成する具体的な表現を対比し、具体的表現の共通点や相違点を踏まえて、表現上の本質的特徴を直接感得できるか否かを検討して行われており、そのためにも、当事者がそれを意識した主張立証をしていくことが必要である。

　その際、原告がごく一部のみを取りだして同一性を論じる場合に、被告がもう少し広い部分ないし著作物の全体を持ち出して類似しない旨主張することができるか否かが、上記学説の対立点ということができよう。創作的表現の共通性一元説は、表現上の本質的特徴の同一性という規範的要件についての被告の評価障害事実の主張を許さない趣旨と思われるが、上記のような主張を排斥する論拠は見当たらず、それが全く無関係の部分をい

19　大須賀滋「翻案権侵害の主張立証」論究ジュリスト 2 号250頁、髙部眞規子「著作権侵害の判断再考」『野村古稀』43頁

Ⅰ　複製権・翻案権　■　275

うのでない限り、裁判所としては、双方の主張を勘案した上で、判断することができるものと考えられる（知財高判平成24・8・8判時2165号42頁〔釣りゲーム事件〕）。

創作的表現の共通性（＝類似性）一元説の論者は、原告著作物と被告作品の一部に類似する表現があっても、それ以外の部分の表現によっては著作権侵害が否定される場合もあるとする見解を指して、「全体比較論」と名付けて批判するが、被告の主張に応じて、原告が主張する以外の部分を、判断の対象とし得る場合があるという趣旨であって、常に「全体を比較する」というわけではないので、「全体比較論」というネーミング自体、誤解を招くように思われる。

　㈦　対比の対象

著作権侵害を対比すべき対象として、例えば、美術の著作物や写真の著作物であれば、作品の一体性から、作品ごとに対比すべきであろう[20]。他方、言語の著作物等については、一律にはいえない。例えば、小説を例にとって考えると、文章の一部を切り出すことは意味を損ねるから、作品単位ということがいえなくもない。しかし、法律書の場合や、いくつかのテーマからなるテーマ別の書籍であれば、その1つが2頁程度のものであったとしても、著作権侵害が成り立ち得るだろう。表現を細切れにしすぎると、当該部分が著作物であるという前提を欠くことになりかねないが、著作物の一部であっても著作物性が認められる場合には、その範囲内での判断が可能である。

　ウ　些細な利用と著作権侵害の成否

創作的表現の共通性一元説に立つと、創作的表現が再生されている以上、著作権侵害であるとするのであり、背景的な取込みに見られるような些細な利用の場合に、処理に窮することになる。

著作物の一部のみが再生されている場合に、その余の部分をも判断の対

20　椙山敬士「著作権の侵害と差止―意味と無意味」『中山古稀』701頁

象にするか否かは、前記のとおり、部分的に翻案しているといえる場合に
原告著作物と被告著作物の全体を評価して、侵害を否定する余地を残すか
どうかにある。そのような見地からいうと、創作的表現の共通性一元説に
立つ論者も、引用や著作権法41条等、著作権の制限規定やさらには、実質
的違法性がないとか権利濫用を用いて侵害を否定すればよいというので
あって、結論としては、一部のみの侵害でも、著作権侵害の責任は否定す
べき場合を認めているものと解される。そうすると、両説の対立は、複製
権侵害・翻案権侵害という請求原因のレベルで判断するか、引用や制限規
定・権利濫用等の抗弁のレベルで判断するかの違いということになる。

エ　判断手法とあてはめの重要性

このようにみてくると、江差追分事件最高裁判決は、言語の著作物の翻
案の意義を最高裁判所として初めて明らかにするとともに、アイデアと表
現の二分論に基づき、著作権法が創作的な表現を保護するもので、表現そ
れ自体ではない部分や表現上の創作性がない部分において同一性があって
も、翻案とはいえないことを明確に判示したものであり、著作権法の基本
判例となるものである。もっとも、その具体的あてはめはなかなか難し
く、リーディングケース以降の判決においても、判断にばらつきが見られ
る。

特に、「表現上の本質的な特徴」がどこにあるかを捉えることの重要性
を鑑みると、①まず、判決要旨2により、著作物の性質に応じて、同一性
ある部分を認定し、その部分が創作性ある表現といえるか否か、②さら
に、判決要旨1により、本質的な特徴の同一性が維持されているかを判断
するという、江差追分事件最高裁判決が行ったような具体的判断手法は、
今後も参考になろう。そして、上記①の判断は、原則として原告が侵害と
主張する部分を対比して行い、また、上記②の判断は、付加された部分を
含め、被告の主張も勘案して総合的にされるべきものと解される。

オ　当事者の主張立証

(ア)　翻案権侵害を主張する原告は、表現上の本質的な特徴の同一性を基

I　複製権・翻案権　■　277

礎付ける事実（評価根拠事実）を主張立証し、被告の側はこの本質的な特徴の同一性についての評価障害事実を主張立証すべきである。

　㈡　原告への示唆

　著作権侵害と主張する部分の土俵を設定するのは、まず、原告の側である。したがって、どのような範囲を土俵にするのかは、原告次第ということになる。細切れで短すぎると創作性が認めにくくなってしまうのに対し、範囲を大きくしすぎると、創作性が肯定されても、相違点が多くなりすぎてしまうというジレンマがある。そこで、主位的な主張、予備的な主張がされることもある。

　また、対比表を作成するときに、原告の立場ではやはり共通点が浮き出るように対比表を作ることが重要である。被告としては、原告の表現がありふれているという立証をするのに対し、原告としては、同種の作品では、今までは別の表現がされていたとか、表現の選択の幅が広いということを立証する、ということがあり得る。いろいろな表現方法があるのに、あえて原告の表現と全く同じ表現をとったということになれば、翻案権侵害が認められやすい。

　㈢　被告への示唆

　著作権者が、一部を捨象し特定の部分だけを対比の対象としたときに、その捨象された部分を含めて対比すると、表現上の本質的な特徴を直接感得できないと主張するということができるのかという問題について、知財高判平成24・8・8判時2165号42頁〔釣りゲーム事件〕は、「まとまりのある著作物の範囲内のものである限り」という留保を付けた上で、捨象された部分を含めて本質的特徴の感得の有無を論じることができるとしている。

　また、原告作品の創作性に関し、先行する同種の作品を証拠提出することにより、原告作品の表現が創作性を有するか、ありふれていて創作性を欠くのかについて裁判所が認定することができる。

4 引　用

(1) 引用の規定

　著作権の制限規定である著作権法32条1項は、「公表された著作物は、引用して利用することができる。この場合において、その引用は、公正な慣行に合致するものであり、かつ、報道、批評、研究その他の引用の目的上正当な範囲内で行なわれるものでなければならない。」と規定している。

　引用の概念について定義規定は置かれていないが、報道、批評、研究等の目的のために他人の著作物を自己の作品に採録することをいい、その具体例としては、報道を目的とする著作物中に報道目的上必要な材料として他人の著作物を引用する場合、自説を展開するために自己の論文中に他人の論文の一部を引用する場合、自己の小説の叙述中に関連して他人の詩歌を引用する場合、美術史においてその記述に密接に関連した資料的な意味で絵画を引用する場合等が挙げられている。

　新しい技術の発展に直面して、著作権法の権利制限規定は、絶えず見直す必要性に迫られている。現行の制限規定の中で、最も適用の可能性が高いのが引用の規定であるとされ、要件も一般条項に近い柔軟な規定であるといわれている。しかし、第三者の予測可能性が害されることのない判断が求められる。

　ベルヌ条約10条(1)では「既に適法に公衆に提供された著作物からの引用（新聞雑誌の要約の形で行う新聞紙及び定期刊行物の記事からの引用を含む。）は、その引用が公正な慣行に合致し、かつ、その目的上正当な範囲内で行われることを条件として、適法とされる。」とされ、旧著作権法30条1項2号では「自己の著作物中に正当の範囲内において節録引用すること」とされていた。

(2) 判　　例

ア　パロディ事件最高裁判決

引用についての最高裁判決としては、最三小判昭和55・3・28民集34巻
3号244頁〔パロディ事件〕がある。同判決は、旧法下の事案についてであ
るが、「旧著作権法（明治32年法律第39号）30条1項2号にいう引用とは、
紹介、参照、論評その他の目的で自己の著作物中に他人の著作物の原則と
して一部を採録することをいい、引用を含む著作物の表現形式上、引用し
て利用する側の著作物と、引用されて利用される側の著作物とを明瞭に区
別して認識することができ、かつ、右両著作物間に前者が主、後者が従の
関係があることを要する。」と判示し、これが現行法の解釈にもそのまま
参考になると解説されている[21]。

イ　藤田嗣治事件判決

東京高判昭和60・10・17判時1176号33頁〔藤田嗣治事件〕は、パロディ
事件最高裁判決が示した①明瞭区別性の要件と②主従関係の要件を、現行
法における引用の成立要件としており、その後の学説・裁判例にも大きな
影響を与えた。

また、上記判決は、パロディ事件最高裁判決の示した上記②の要件を敷
衍して、主従関係の判断について、引用の目的、両著作物のそれぞれの性
質・内容・分量、被引用著作物の採録の方法・態様等さまざまな要素を考
慮すべきであるとしている。すなわち、主従関係は、両著作物の関係を、
引用の目的、両著作物のそれぞれの性質・内容・分量、被引用著作物の採
録の方法、態様等の諸点にわたって確定した事実関係に基づき、かつ、当
該著作物が想定する読者の一般的な観念に照らし、引用著作物が全体の中
で主体性を保持し、被引用著作物が引用著作物の内容を補足説明し、その
例証、参考資料を提供するなど引用著作物に対し付従的な性質を有してい

21　小酒禮「判解」最高裁判所判例解説民事篇〔昭和55年度〕〔11〕事件

るにすぎないと認められるかどうかを判断して決すべきであるとした。

ウ　その後の裁判例

同判決後の裁判例でも、従前は、①明瞭区別性と②主従関係を要件として検討しているものが多い。もっとも、あらゆる形態の引用が全てこの2要件で合理的に処理できるかは問題である。

近時は、上記①②の要件ではなく、現行著作権法32条1項の文言である「公正な慣行」や「正当な範囲内」への該当性をストレートに検討する裁判例（東京地判平成13・6・13判タ1077号276頁〔絶対音感事件〕、東京地判平成16・5・31判時1936号140頁〔XO醬男と杏仁女事件〕）も現れている。

(3)　引用の成立要件

ア　パロディ事件最高裁判決の示した要件

上記のとおり、パロディ事件最高裁判決は、引用の成立要件として、①明瞭区別性の要件と②主従関係の要件を挙げた。

もっとも、パロディ事件は、結論的には引用を否定したものであり、要件の全てを尽くしているといえるか、すなわち、引用を肯定するのに、これが必要十分条件か否か問題がある。

学説には、他にも要件が必要であるとして、例えば、引用の必要性ないしは必然性を要求する見解もある[22]。また、引用目的それ自体の正当性が必要であるとの見解[23]や、権利者に与える経済的影響を考慮する見解[24]もある。しかし、引用の範囲が引用の目的上必要最小限度の範囲内であることという点については、東京高判昭和60・10・17判時1176号33頁〔藤田嗣治事件〕では、独立の要件とは解しないで、限度を著しく超える場合は主体性・付従性を失わせ、上記②の主従関係の要件を欠くと判断している。

22　金井重彦ほか編著『コンメンタール（上）』404頁〔桑野雄一郎〕
23　斉藤博『著作権法〔第3版〕』242頁
24　茶園成樹「判批」判例評論492号40頁

I　複製権・翻案権　281

イ　著作権法32条の文言との関係

　著作権法32条の文言上は、㋐公正な慣行と㋑引用の目的上正当な範囲内が必要とされている。

㋐　公正な慣行

　公正な慣行については、

a　引用し、引用される著作物の性質・種類

b　引用の目的・態様等に照らし、通常、著作物の引用行為としての実態があり、かつ、それが社会通念上妥当と認められる場合

と説明し、引用の必要性ないし必然性が一般的に認められることが必要であるとする学説もある[25]。

　上記 a の著作物の性質・種類については、例えば、言語の著作物に言語の著作物を採録する場合は、引用の目的が問題となり、明瞭に区別できても、付従性が問題になる。また、絵画を言語の著作物に引用する場合について、藤田嗣治事件では、絵画に観賞性があり、付従性がないのに対し、脱ゴーマニズム事件では、経時的要素の一部のみで、批評目的に合致したものである。さらに、写真を写真に引用する場合は、パロディでは、従たるものといえないとか、音楽を映画に引用する場合は、出所明示できないなどといった指摘がある。

　他方、上記 b の利用の目的・態様については、原告著作物における被引用部分の割合、被告作品における引用部分の割合（量のみならず質も重要である。）、被告作品における掲載の態様（必要最小限度の範囲を著しく超えれば引用とはいえない。）等の要素を総合的に考慮することになると思われる。

㋑　引用の目的上正当な範囲内

　引用の目的上正当な範囲内についても、

a　被引用側の元の著作物全体における被引用部分の割合（全部か一部

25　金井重彦ほか編著『コンメンタール（上）』402頁〔桑野雄一郎〕

か）

　b　被引用著作物の権利者に与える経済的影響ないし効果

　c　引用の目的・批評関係

を総合的に判断するとの学説がある[26]。

　(ウ)　なお、引用して利用する側が著作物であることが、引用の要件か否かについては、見解が分かれる[27]。

　(エ)　パロディ事件最高裁判決と現行法の関係

　パロディ事件最高裁判決の提示した要件が、現行法にも妥当するとすると、①明瞭区別性と②主従関係も、引用の成立要件として必要であることになる。他方、パロディ事件最高裁判決の示した①明瞭区別性の要件と②主従関係の要件を、そのような文言で規定していない現行著作権法32条のどこに位置付けるかについても、明確ではない。

　このように、引用の要件として上記①②が必要であるとする点は、その後の裁判例・学説でも一致しているが、上記(ア)公正な慣行と(イ)引用の目的上正当な範囲内と①②との関係は、必ずしも明確ではない。この点については、①②とも(ア)の公正な慣行から導く見解[28]、①②とも(イ)の正当な範囲内から導く見解[29]、①は(ア)の公正な慣行、②は(イ)の正当な範囲内から導く見解[30]など、諸説ある。

　最近では、上記①②の要件ではなく、現行著作権法32条1項の文言である「公正な慣行」や「正当な範囲内」への該当性をストレートに検討すべきであるとする見解[31]も現れている。

26　上野達弘「引用をめぐる要件論の再構成」『半田古稀』307頁

27　要件ではないとするものに、知財高判平成22・10・13判時2092号135頁〔絵画鑑定書事件〕、中山信弘『著作権法〔第2版〕』326頁があり、要件とすべきであるとする見解に、高林龍『標準著作権法〔第3版〕』174頁がある。

28　斉藤博『著作権法〔第3版〕』242頁

29　金井重彦ほか編著『コンメンタール（上）』404頁〔桑野雄一郎〕

30　加戸守行『著作権法逐条講義〔六訂新版〕』266頁

31　飯村敏明「裁判例における引用の基準について」著作権研究26号91頁

Ⅰ　複製権・翻案権　■　283

⑷ 引用の成否

ア 否定例

裁判例をみると、否定例がほとんどである。

東京地判平成13・6・13判タ1077号276頁〔絶対音感事件〕は、台本を書籍に引用した事案において、被告著作物の目的・主題・構成・性質、引用複製された部分の内容・性質・位置付け、利用の態様・原告著作物の被告著作物に占める分量を考慮して、引用を否定した。その控訴審東京高判平成14・4・11最高裁HP（平成13年㈹第3677号）も、引用に当たること（明瞭区別性と主従関係が必要）、公正な慣行に合致すること、引用の目的上正当な範囲内（目的・分量）のうち、出典を明示せず著作者名の記載がないために公正な慣行の要件を満たさないとして、引用を否定した。

東京地判平成10・2・20判時1643号176頁〔バーンズコレクション事件〕は、絵画を広告に利用した事案において、主従関係がなく、複製に主眼があったとし、内容的にも引用の必要性は微弱、外形的にも絵画の方が印象が大きいとして、引用を否定した。

東京地判昭和61・4・28判時1189号108頁〔豊後の岩風呂事件〕は、論文を転載した事案において、明瞭区別性も主従関係もないとし、他人の著作物を自己の著作物として取り込むことは引用といえないとした。

東京地判平成12・2・29判時1715号76頁〔中田英寿事件〕は、詩を書籍に利用した事案において、主従関係がないとして、引用を否定した。

東京地判平成15・3・28判時1834号95頁〔国語テスト事件〕、東京地判平成16・5・28判タ1195号225頁〔教科書準拠国語問題集事件〕は、詩を国語テストないし問題集に利用した事案において、2要件のうち、主従関係がないとして、引用を否定した。

東京地判平成16・5・31判時1936号140頁〔XO醤男と杏仁女事件〕は、詩を小説に利用した事案において、2要件を挙げた上、原告の詩は、被告小説において、主人公の心情を描写するために利用され、本文中のストー

リーの一部を構成し、被告小説における本件詩の利用目的は、それを批評したり研究したりするためではなく、本文中においてある場面における主人公の心情を描写するためであって、当該場面において当該心情を描写するために必ずしも本件詩を利用する以外の方法がないわけではないこと等の事情が重視され、したがって、公正な慣行に合致し、かつ、引用の目的上正当な範囲内で行われたものということはできないとして、引用の抗弁を否定した。

イ　肯　定　例

これに対し、東京地判平成10・10・30判時1674号132頁〔血液型と性格事件〕は、書籍を書籍に利用した場合に、明瞭区別性も主従関係も認められるとして、引用を肯定した。

東京地判平成11・8・31判時1702号145頁〔脱ゴーマニズム事件〕は、漫画を書籍に利用した事案において、2要件が必要であるとして、明瞭区別性の要件は満たし、主従関係の要件も、被告論説の対象を明示し、その例証・資料を提示するなどして、被告論説の理解を助けるものであり、他方、各原告カットがそれ自体完結した独立の読み物となるといった事情も存しないから、引用著作物である被告論説と被引用著作物である原告カットの間には、被告論説が主、原告カットが従という関係が成立しているとして、引用を肯定した。その控訴審東京高判平成12・4・25判時1724号124頁は、引用の目的（批評の対象を示すこと）、両著作物の性質・内容（本文の方が重要な位置を占めること）、分量（3分の1以下であり、カット数が多いのはやむを得ないこと）、被引用著作物の採録の方法・態様（引用を取り去ったらつながらなくなっても主従関係はなくならないこと）を総合して、引用を肯定した。

知財高判平成22・10・13判時2092号135頁〔絵画鑑定書事件〕は、引用の判断においては、他人の著作物を利用する側の利用の目的のほか、その方法や態様、利用される著作物の種類や性質、当該著作物の著作権者に及ぼす影響の有無・程度などを総合考慮すべきであるとして、絵画の鑑定書に

絵画の複製が添付された場合において、その目的が鑑定対象である絵画を特定し、かつ、鑑定書の偽造を防ぐためであって、添付の必要性・有用性が認められること、鑑定業務が適正に行われることは著作権者等の権利の保護を図ることにつながること、当該複製物が鑑定書と分離して利用に供されることや鑑定書が当該絵画と別に流通することも考え難いこと、著作権者が当該絵画の複製権を利用して経済的利益を得る機会が失われることも考え難いこと等の事情の下において、引用を肯定した。

(5) 引用の将来展望

新しい技術の発展に直面して、著作権法の権利制限規定は、絶えず見直す必要性に迫られている。フェアユースの規定のない現行の制限規定の中で、最も適用の可能性が高いのが引用の規定とされており、要件も、公正な慣行や正当な範囲内など一般条項に近い柔軟な規定であるからとされている。しかし、柔軟な規定であるからこそ、第三者の予測可能性が害されることのない判断が求められる。

写真を写真に複製したパロディ事件と観賞性のある絵画を言語の著作物に複製した藤田嗣治事件とでは、著作物の性質が異なり、言語の著作物を言語の著作物に複製する場合は更に異なる。また、引用の成否を検討するに当たっては、原告著作物における被引用部分の割合と被告作品における引用部分の割合が重要であるが、ここでは量のみならず質も問題にすべきである。さらに、被告作品における掲載の態様として、必要最小限度の範囲を著しく超えれば適法引用とはいえないであろう。

上記のような点を考慮すると、今後は、著作権法32条の文言に沿って、「公正な慣行」と「正当な範囲内」という2つの柱について、著作物の性質・利用態様・利用目的・利用分量等の諸要素を総合的に勘案して引用に当たるか否かの判断をするのが相当であると思われる[32]。

32　髙部眞規子「引用(2)」『著作権判例百選〔第4版〕』120頁

なお、未だ公正な慣行が確立されていない新しい分野においては、条理をもって慣行を認定することも必要であろう。

5　フェアユース

(1)　諸外国の制度

ア　アメリカ法のフェアユース

アメリカ著作権法107条は、「著作権のある著作物に対する批評、解説、ニュース報道、授業、研究、調査等を目的とする fair use は、著作権侵害とならない」と規定し、考慮すべき要素として、①使用の目的及び性格（商業的であるか、非営利の教育に関するものであるかを含む）、②使用される著作物の性質、③使用される著作物全体と対比した使用部分の量及び実質性、④使用される著作物の潜在的市場又は価格に対する使用の影響を挙げている。

イ　イギリス法のフェアディーリング

イギリス著作権法においては、「非商業的目的の研究」、「私的学習」、「批判又は評論」、「時事報道」、「授業」という利用行為の目的を限定した上で、その目的に応じて公正な利用、いわゆるフェアディーリングを認める権利制限規定が置かれている。また、引用やパロディについての権利制限規定もある。

ウ　WIPO著作権条約

上記条約10条は、いわゆるスリーステップテストを規定している[33]。そこでは、以下の3つのステップについて検討される。

(ア)　著作物の通常の利用 normal exploitation を妨げないこと（著作物が利用許諾等を介し複製送信等の利用がなされ、市場においても流通の経路ができているところへ、権利制限の結果として、無許諾で利用されたものが競合的

33　斉藤博『著作権法〔第3版〕』226頁

に介入しているか否か）

　㈡　著作権の正当な利益を不当に害しないこと（権利の制限が権利者の利益にある程度の影響を与えることは必然であるとしても、その域を超え、権利者の利益が不当に害されるか否か）

　㈢　特別な場合であること（私的使用・教育目的等）

　エ　EU諸国

　EU諸国でも、加盟国が過剰な権利制限をしないよう、加盟国が導入すべき又は導入可能な例外又は権利制限を限定的に列挙し、いわゆるスリーステップテストについて規定している（EC情報社会指令５条５項）。これにより、これら以外の利用にも対応が可能である権利制限の一般規定をEU加盟各国の国内法に導入することは、否定されるべきものと解釈されている。

⑵　フェアユースに関する裁判例・学説

　ア　裁　判　例

　東京地判昭和59・8・31判時1127号138頁〔藤田嗣治事件〕、東京高判平成6・10・27判時1524号118頁〔ウォールストリートジャーナル事件〕は、著作権に対する公正利用の制限は、著作権者の利益と公共の必要性という、対立する利害の調整の上に成立するものであるから、これが適用されるためには、その要件が明確に規定されていることが必要であるとして、フェアユースの抗弁を排斥した。

　また、東京地判平成7・12・18判時1567号126頁〔ラストメッセージin最終号事件〕も、著作権法は、著作権者等の権利という私権と社会、他人による著作物の公正な利用という公益との調整のため、30条ないし49条に著作権が制限される場合やそのための要件を具体的かつ詳細に定め、それ以上に「フェアユース」の法理に相当する一般条項を定めなかったのであるから、著作権の公正な利用のために著作権が制限される場合を上記各条所定の場合に限定するものであるとし、東京地判平成22・5・19判時2092号

142頁〔絵画鑑定書事件〕も、フェアユースの抗弁を排斥している。

　イ　学説の動向

　学説の中には、複製概念の苦しい解釈により妥当な結論を導いた裁判例もあるが、元来は具体的又は一般的なフェアユースで処理されるべき事案であり、ドイツ著作権法57条の付随的著作物、イギリス著作権法31条のincidental inclusion として合法であるから、明らかに不合理な事案では、解釈上一般的フェアユースの法理を認めて立法を促すべきであるとする見解も登場している[34]。

　このような場合に、別途権利濫用を認める余地があるとする学説もあるが[35]、フェアユースの法理は一定の行為が著作権侵害にならないが、権利濫用は権利侵害に該当する場合に当該権利の行使を制限する法理であるとして、フェアユースの法理を適用する可能性を示す学説もある[36]。

　ウ　立法の動向

　このような状況の下、日本版フェアユースの立法化を検討する動きはあったが、結果として、権利制限の一般規定は設けられず、個別の制限規定が次々に新設されている状況にある。そこでは、通常権利者の利益を害しないと考えられる行為類型や、権利者に及び得る不利益が軽微な行為類型、著作物に表現された思想又は感情の享受を目的としない行為類型等が、列挙されている。

　その中でも、特に重要と考えられるのは、付随対象著作物の利用に関する著作権法30条の２、検討の過程における利用に関する同法30条の３、著作物に表現された思想又は感情の享受を目的としない利用に関する同法30条の４の規定等である。そこでは、①必要と認められる限度において（又は軽微な構成部分）、②著作物の種類・用途、利用の態様に照らし著作権者の利益を不当に害することがないことが要件とされている。

34　椙山敬士「フェアユースと教育利用」『半田古稀』293頁
35　田村善之『著作権法概説〔第2版〕』197頁
36　金井重彦ほか編著『コンメンタール（上）』368頁〔桑野雄一郎〕

(3) 取込型と複製・翻案

ア　取込型と引用

　取込型ないしパロディについて、パロディ事件最高裁判決の2要件を要求すると、明瞭区別性・附従性の要件を欠くとして、引用の抗弁を認めることが困難なことが多いと思われる（大阪地判平成8・1・31判タ911号207頁・大阪高判平成9・5・28知的裁集29巻2号481頁〔エルミア・ド・ホーリィ贋作事件〕、東京地決平成13・12・19最高裁HP（平成13年㈲第22103号）〔チーズはどこへ消えた？事件〕）。

　それゆえ、学説には、取込型の引用を認める要件として、①引用する側の著作物の表現の目的上、他の代替措置によることができないという必然性があること、②必要最小限度の引用にとどまっていること、③著作権者に与える経済的な不利益が僅少なものにとどまることという3要件を唱えるものも登場しているが[37]、東京地判平成16・5・31判時1936号140頁〔XO醤男と杏仁女事件〕では、引用の必然性はなく、表現の目的上他の代替措置によることができないという要件を欠き、全文掲載したことが必要最小限の引用ということもできないとして、引用の抗弁が否定された。

イ　写り込み

　東京地判平成11・10・27判時1701号157頁・東京高判平成14・2・18判時1786号136頁〔雪月花事件〕は、照明器具の宣伝カタログに掲載した写真に書が写り込まれていた事案について複製を否定したが、学説の反応はさまざまである。原著作物の創作的表現が再生されている限り、付加された部分があっても、侵害は侵害であり、創作的な表現たり得る部分の盗用があれば、著作権侵害というに十分であり、近視眼的にみると似ていないが、より大きくみると似ている場合、共通する創作的表現のレベルの位相の抽象度が高い事例であるとするもの[38]、利用された部分が著作物として

37　田村善之『著作権法概説〔第2版〕』243頁

の価値を有するものの再製・本質的部分の再製といえるか否かで判断し、ドイツ著作権法57条にいう「重要でない付随的な著作物としての利用にすぎない場合には著作権侵害にならない」というアプローチもあるとするもの[39]、元の著作物の創作的表現が当該パロディ作品としての固有の創作性に収斂されていると評価されるか否かが判断基準であるとするもの[40]、原告著作物の一部が複製されたことを前提にしても、全体について翻案が成立するかどうかを検討するのは、原告著作物に表現された思想感情のうち、どの次元のものが侵害されたという態様によって異なるとするもの[41]がある。

　写り込みに関しては、平成24年改正により、写真の撮影等の方法によって著作物を創作するに当たって、当該著作物（写真等著作物）に係る撮影等の対象とする事物等から分離することが困難であるため付随して対象となる事物等に係る他の著作物（付随対象著作物）は、当該創作に伴って複製又は翻案することが侵害行為に当たらないこと等が明確になった（著作権法30条の2第1項）。付随対象著作物は、当該写真等著作物における軽微な構成部分となるものに限る。また、「分離することが困難である」とは、ある著作物（写真等著作物）を創作する際に、創作時の状況に照らして、付随して対象となった他の著作物（付随対象著作物）を除いて創作することが、社会通念上困難であると客観的に認められることをいうものと解される。

　ウ　取込型と複製・翻案の成否

　既存の著作物が別の著作物の中の一部に取り込まれた場合に、新たに思想又は感情を創作的に表現されたものが加わったことによって、同一性ある部分が新しい著作物の中で埋没してしまい、表現上の本質的特徴を直接

38　田村善之『著作権法概説〔第2版〕』58頁
39　岡崎洋「引用」『著作権判例百選〔第3版〕』128頁
40　作花文雄『詳解著作権法〔第4版〕』863頁
41　中平健「翻案権侵害の成否」新裁判実務大系『著作権関係訴訟法』333頁

感得することができないほど色あせた状態になる場合があり得る。そのときは、江差追分事件最高裁判決が示した翻案の客観的要件のうち、「表現上の本質的な特徴の同一性の維持」及び「表現上の本質的な特徴の直接感得」の要件を欠き、これにより翻案とはいえないとの判断をされることになる。すなわち、創作的な表現において同一性が認められる場合であっても、それが表現上の本質的特徴を直接感得することができない場合があり得るものと解される。

　ところで、著作権法2条1項1号における著作物性の判断において、創作性のレベルは、何らかの個性が表れていればよいとされ、必ずしも高いものは要求されていない。そのため、創作性のレベルが低くても、例えばデッドコピーのように、同一であるか、若しくは類似性の程度が高いなら複製権侵害となる。ここでも、全体としてみて、ほんのわずかの利用であれば、雪月花事件のように、複製に当たらないとか、ドイツ著作権法57条のような考え方が考えられる。請求原因としての複製に当たると判断されると、取込型の場合は、明瞭区別性がないとして引用の抗弁が認められないことも多いように思われる。

　他方、翻案権侵害における「表現上の本質的特徴」は、単に著作物か否かの判断で要求されるよりもう少し創作性のレベルが高いもののように思われる。また、既存の著作物に修正、増減、変更を加えた結果、新たに高度に創作的な表現が加わったことによって、新しい著作物の中では付加された部分に特徴が現れ、同一性ある部分が新しい著作物の中で埋没してしまい、表現上の本質的特徴を直接感得することができないほど色あせた状態になる場合があり得よう。そうだとすると、江差追分事件最高裁判決の判決要旨1は、判決要旨2により翻案を否定しきれなかった場合に、表現上の本質的特徴が直接感得できないとの理由で否定することを可能とし、翻案の成立に絞りをかける役割を有しているということが可能である。

　複製権についても、同様に考えられる。

292　■　第4章　著作権侵害の成否

⑷　複製・翻案の規範的解釈

　ア　著作物の複製・翻案・改変の概念は、規範的に解釈する必要性があ
る。雪月花事件では、利用された部分が著作物としての価値を有するもの
の再製・本質的部分の再製といえるか否かで判断されたし、ドイツ著作権
法57条の「重要でない付随的な著作物としての利用にすぎない場合には著
作権侵害にならない」というアプローチもある。

　翻案についての江差追分事件最高裁判決は、言語の著作物の翻案の意義
を最高裁判所として初めて明らかにするとともに、アイデアと表現の二分
論に基づき、著作権法が創作的な表現を保護するもので、表現それ自体で
はない部分や表現上の創作性がない部分において同一性があっても、翻案
とはいえないことを明確に判示したものであり、著作権法の基本判例とな
るものである。

　また、江差追分事件における「表現上の本質的特徴」の捉え方をみる
と、まず、同一性ある部分を認定し、その部分が創作性ある表現といえる
か否か、さらに本質的特徴の同一性が維持されているかを判断するという
手法をとった。江差追分最高裁判決が行ったような具体的判断手法を取る
ことにより、翻案の成立する場面をある程度絞っていく道具ともなり得る
ものと思われる。

　イ　著作物性があり、かつ、複製や翻案に当たるといわざるを得ない場
合には、引用等の制限規定の解釈が重要になる。ここでも、「正当な範囲
内」といった条項の中にさまざまな要素を考慮して総合的な判断を行うこ
とが求められよう。

　ウ　そして、著作権法は、文化の発展と権利者保護を目的とする法律で
あって、著作権者等の権利という私権と社会、他人による著作物の公正な
利用という公益との調整のため、30条ないし49条に著作権が制限される場
合やそのための要件を具体的かつ詳細に定めている。そのような我が国の
著作権法は、それ以上に「フェアユース」の法理に相当する一般条項を定

Ⅰ　複製権・翻案権　**293**

めなかったのであるから、著作権の公正な利用のために著作権が制限される場合を上記各条所定の場合に限定するという考え方もあり得よう。

しかし、制限規定にない権利濫用といった一般条項を用いることは、権利濫用が権利侵害に該当する場合に当該権利の行使を制限する法理であるために、利用しにくい場面が多い。

6 その余の抗弁

(1) 私的使用のための複製

著作権法30条1項は、私的使用のための複製に対して著作権者の複製権を制限している。

同項は、個人の私的な領域における活動の自由を保障する必要性があり、また閉鎖的な私的領域内での零細な利用にとどまるのであれば、著作権者への経済的打撃が少ないことなどに鑑みて規定されたものである。そのため、同条項の要件として、著作物の使用範囲を「個人的に又は家庭内その他これに準ずる限られた範囲内において使用することを目的とする」（私的使用目的）ものに限定するとともに、これに加えて、複製行為の主体について「その使用する者が複製する」との限定を付すことによって、個人的又は家庭内のような閉鎖的な私的領域における零細な複製のみを許容し、私的複製の過程に外部の者が介入することを排除し、私的複製の量を抑制するとの趣旨・目的を実現しようとしたものと解される（知財高判平成26・10・22判時2246号92頁〔自炊代行事件〕）。

著作権法30条は、著作物は、個人的に又は家庭内その他これに準ずる限られた範囲内において使用することを目的とするときは、同条1項1号ないし3号に掲げる場合を除き、その使用する者が複製することができる旨を規定する。このように、私的領域に著作権が及ばないこととしている趣旨は、個人的又は家庭内における零細な複製を許容し、その程度であれば著作権者の利益に与える影響が少ないであろうこと、またそのような行為

を捕捉することが困難であること等が考慮されている。

　したがって、「個人的」な使用とは、職業上の使用とは対照的に、個人が趣味や教養を深めたりするために使用することをいうが、自己使用のための複製が結果的にその職業に奉仕する結果となるような場合にも許容されるとされている。

　また、「家庭内」における使用は、自己使用のほか、家族に使用させるために複製することを許容する趣旨であり、そこには、非営利目的の意味合いを含むと解される。

　次に、「これに準ずる限られた範囲内」については、複製する者の属するグループのメンバー相互間に強い個人的な結合関係があることが必要とされている。東京地判昭和52・7・22無体裁集9巻2号534頁〔舞台装置設計図事件〕は、企業その他の団体において、内部的に業務上利用するために著作物を複製する行為は、同法30条所定の私的使用には該当しないと判断した。

(2)　図書館における複製

　著作権法31条1項は、政令で定める図書館において、図書館の利用者の求めに応じ、その調査研究の用に供するために、公表された著作物の一部分等所定のものの複製物を一人につき一部提供する場合に、図書館資料を用いて著作物を複製することができることを定めた規定であって、著作権者の専有する複製権の及ばない例外として、一定の要件のもとに図書館において一定の範囲での著作物を複製することができるとしたものであり、図書館に対し、複製物提供業務を行うことを義務付けたり、蔵書の複製権を与えたものではないし、図書館利用者に図書館の蔵書の複製権あるいは一部の複製をする権利を定めた規定と解することもできない（東京地判平成7・4・28判時1531号129頁〔多摩市立図書館事件〕）。

　そして、複数の執筆者が項目ごとに執筆し、項目ごとにまとまった内容を有し、かつ、著作者が明示されている事典の1項目は、編集著作物中の

I　複製権・翻案権　■　**295**

一個の著作物の全部に当たり、著作権法31条1項1号にいう「著作物の一部分」に当たらないとされた。

⑶ 試験又は検定の問題としての複製

著作権法36条1項は、入学試験その他人の学識技能に関する試験又は検定の目的上必要と認められる限度において、当該試験又は検定の問題として複製問題として複製等することを許容する規定である。同項の趣旨は、入学試験等の人の学識技能に関する試験又は検定の公正な実施のために、その問題としていかなる著作物を利用するかということ自体を秘密にする必要性があることにある。

国語の教科用テストや市販の学習用教材、問題集等に複製することは、試験又は検定の公正な実施のために秘密にする必要性があるわけではなく、そのために当該著作物の複製についてあらかじめ著作権者から許諾を受けることが困難であるとはいえないから、同項所定の「試験又は検定の問題」ということはできないとされている（東京高決平成12・9・11最高裁HP（平成12年(ラ)第134号）〔国語テスト事件〕、東京地判平成15・3・28判時1834号95頁〔国語テスト事件〕、東京地判平成16・5・28判タ1195号225頁〔教科書準拠国語問題集事件〕）。市販の教材における問題がそもそも試験又は検定に当たるとは言い難い上、これらの教材を試験の実施主体が作成したものではないことからも、著作権法36条1項は適用されない。

II
〔 上演権・演奏権・上映権 〕

1 上演・演奏・上映の意義

(1) 意　義

　上演とは、演奏以外の方法により著作物を演ずることをいい（著作権法
2条1項16号）、上映とは、著作物を映写幕その他の物に映写することをい
い、これに伴って映画の著作物において固定されている音を再生すること
を含む（同項17号）。著作権者の有する上演権・演奏権及び上映権は、い
ずれも、その著作物を、公衆に直接見せ又は聞かせることを目的とする
（「公に」）上演・演奏・上映の権利である。そして、上演・演奏には、同
条7項に定める場合を含む。

(2) 「公に」の要件

　「公衆」については、不特定の者のみならず、特定かつ多数の者を含む
（著作権法2条5項）。著作物が不特定一般の者のために用いられる場合は
もちろんのこと、多数の者のために用いられる場合にも、著作物の利用価
値が大きいことを意味するから、それに見合った対価を権利者に還流させ
る方策を採るべきとの判断によるものと考えられる。このような法の趣旨
に照らすならば、著作物の公衆に対する使用行為に当たるか否かは、著作
物の種類・性質や利用態様を前提として、著作権者の権利を及ぼすことが
社会通念上適切か否かという観点をも勘案して判断するのが相当である
（名古屋地判平成15・2・7判時1840号126頁〔社交ダンス教室事件〕）。この
ような判断の結果、著作権者の権利を及ぼすべきでないとされた場合に、
当該使用行為は「特定かつ少数の者」に対するものであると評価されるこ

II　上演権・演奏権・上映権　■　297

とになる。

したがって、公衆概念は、著作物の種類・性質や利用態様に応じて排他的権利が及ぶ著作物の利用の範囲を適切に画することにあり、当該利用が私的領域内か否かが、公衆か否かを判断する重要な基準となる[42]。

具体的には、人的・物的条件が許容する限り、何らの資格や関係を有しない顧客を受講生として迎え入れることができる社交ダンス教室の受講生が「公衆」に当たるとされ（名古屋地判平成15・2・7判時1840号126頁〔社交ダンス教室事件〕）、また、伴奏音楽の再生及び顧客の歌唱により管理著作物を演奏し、その複製物を含む映画著作物を上映しているカラオケボックスの経営者にとって、店舗に来店する顧客は不特定多数の者であるとされている（東京地判平成10・8・27判時1654号34頁〔ビッグエコー事件〕）。このように、「公衆」概念は、著作物の利用主体との関係で判断すべきものであることは、公衆送信に係る最三小判平成23・1・18民集65巻1号121頁〔まねき TV 事件〕においても、確認された。

2　カラオケ装置による著作権侵害

仮処分事件等で頻繁に登場するカラオケ音楽著作物については、歌詞と楽曲のそれぞれについて、歌唱、歌詞の画面表示、楽曲の再生という各側面についての著作権侵害を検討すべきである。

(1)　客及び従業員の歌唱

最三小判昭和63・3・15民集42巻3号199頁〔クラブキャッツアイ事件〕は、「スナック等の経営者が、カラオケ装置と音楽著作物たる楽曲の録音されたカラオケテープとを備え置き、客に歌唱を勧め、客の選択した曲目のカラオケテープの再生による伴奏により他の客の面前で歌唱させるなど

42　作花文雄『詳解著作権法〔第4版〕』224頁

し、もって店の雰囲気作りをし、客の来集を図って利益をあげることを意図しているときは、右経営者は、当該音楽著作物の著作権者の許諾を得ない限り、客による歌唱につき、その歌唱の主体として演奏権侵害による不法行為責任を免れない。」と判示した。

歌唱が著作権法上「演奏」に当たることは明らかであるところ（著作権法2条1項16号参照）、レーザーディスク用カラオケ装置又は通信カラオケ用カラオケ装置による伴奏により歌唱することは、営利を目的としないものでない限り演奏権侵害といわざるを得ない。もっとも、後記のとおり、上記判決の当時とは異なり、歌詞の画面表示や楽曲の再生という場面で著作権侵害を捉えることが可能であるから、今日では、あえて歌唱について侵害の主体（カラオケ法理）を擬制する必要はなくなったというべきであろう。

(2) レーザーディスク用カラオケ装置による歌詞の画面表示及び楽曲の再生

クラブキャッツアイ事件は、オーディオカラオケで影像を伴わないものであったが、最二小判平成13・3・2民集55巻2号185頁〔パブハウスG7事件〕で問題となったレーザーディスク用カラオケ装置は、影像を伴い、画面上に歌詞が文字により表示される。影像の連続を伴うレーザーディスクの再生、すなわちレーザーディスク用カラオケ装置による歌詞の画面表示及び伴奏音楽の再生は、映画の著作物の「上映」（著作権法2条1項17号、平成11年法律第77号による改正前の著作権法2条1項18号）に該当する。レーザーディスク用カラオケ装置による歌詞及び伴奏音楽の再生の主体についても、前記(1)と同様に飲食店の経営者ということができ、これが上映権の侵害に当たることは、下級審裁判例でも認められ、学説上も異論がない（広島地裁福山支判昭和61・8・27判時1221号120頁〔クラブ明日香事件〕、大阪地判平成6・3・17判時1516号116頁〔魅留来事件〕、大阪高判平成9・2・27判時1624号131頁〔魅留来事件〕、東京地判平成10・8・27判時1654号34頁・

東京高判平成11・7・13判時1696号137頁〔ビッグエコー事件〕)[43]。

(3) 通信カラオケ用カラオケ装置による歌詞の画面表示

　通信カラオケは、スーパーインポーズ法により歌詞の画面表示を行っており、別の記憶媒体に記憶された背景影像と合成されている。平成11年法律第77号による改正により、全ての著作物につき上映権が及ぶこととなり（著作権法22条の2）、著作権者の許諾を得ない場合には、通信カラオケ用カラオケ装置による歌詞の画面表示は、上映権侵害に当たることになった。

(4) 通信カラオケ用カラオケ装置による楽曲の再生

ア　平成11年改正前

　通信カラオケ用カラオケ装置を使用して伴奏音楽を再生したことが伴奏音楽の演奏権（著作権法22条）侵害に当たるか否かについて、平成11年法律第77号による改正前の著作権法附則14条の下では、議論があった。

　旧著作権法（明治32年法律第39号）30条1項第8、2項は、適法な録音物を用いて著作物を興行し又は放送することは、その出所を明示することを条件として自由にできることを規定していた。昭和45年の著作権法全面改正により、録音物の再生にも演奏権が及ぶことになったが（著作権法2条7項）、政策的配慮から、附則14条（平成11年法律第77号による改正前のもの）により、適法に録音された音楽の著作物の演奏の再生については、放送又は有線放送に該当するもの及び「営利を目的として音楽の著作物を使用する事業で政令で定めるもの」を除き、旧著作権法30条1項第8の規定は効力を有すると規定された。これを受けて、著作権法施行令附則3条は、上記政令で定めるものとして、「喫茶店その他客に飲食させる営業

43　水野武「判解」最高裁判所判例解説民事篇〔昭和63年度〕〔8〕事件、田村善之『著作権法概説〔第2版〕』177頁、半田正夫「カラオケ文化と音楽著作権」ジュリ911号26頁

で、客に音楽を鑑賞させることを営業の内容とする旨を広告し、又は客に音楽を鑑賞させるための特別の設備を設けているもの」（1号）、「キャバレー、ナイトクラブ、ダンスホールその他フロアにおいて客にダンスをさせる営業」（2号）、「音楽を伴って行われる演劇、演芸、舞踊その他の芸能を観客に見せる事業」（3号）を規定していた。

クラブキャッツアイ事件判決の多数意見は、カラオケテープの時代に、伴奏音楽の再生ではなく、客の歌唱の側面を著作権侵害と捉えたものである。これに対し、伊藤正己裁判官の意見は、「従業員が歌唱する場合や従業員が客とともに歌唱する場合に営業主である経営者が音楽著作物の利用主体と捉えることに異論はないが、客のみが歌唱する場合の利用主体を経営者と捉えるのは不自然であり、擬制的にすぎる。その場合はカラオケ装置によるカラオケテープの再生自体を演奏権の侵害と捉えるべきである。カラオケ装置によるカラオケテープの再生が著作権法施行令附則3条1号に準ずるものとして著作権法附則14条が適用されない。」というものであり、伊藤裁判官の意見から推し量ると、多数意見は、伴奏音楽の再生自体については著作権侵害とはいえないとの立場を採っていたとも解される。

その後の急速な科学技術の進展により通信カラオケ等の機器が中心となった最二小判平成13・3・2民集55巻2号185頁〔パブハウスG7事件〕の当時においては、カラオケスナックやカラオケパブは、「客に飲食させる営業」であって、伴奏音楽の再生及び歌唱が「音楽の鑑賞」に当たり、客に音楽を鑑賞させることを営業の内容とする旨を広告し、又は客に音楽を鑑賞させるための「特別の設備」を設けているものということができよう。そうすると、通信カラオケによる伴奏音楽の再生は、著作権法施行令附則3条1号に該当するとして著作権法附則14条が適用されず、演奏権が及ぶ場合に当たると解することができた。

イ　平成11年改正後

著作権法附則14条は、平成11年改正により削除されたから、現行法の下

においては、前記のような問題はなく、当然に演奏権が及ぶことになる。

したがって、飲食店の経営者は、通信カラオケ用カラオケ装置による伴奏音楽の再生により、音楽著作物についての演奏権を侵害したものということができる。

⑸　最二小判平成13・3・2民集55巻2号185頁〔パブハウスG7事件〕

以上のとおり、著作権者の許諾を得ない場合の飲食店経営者の行為は、客及び従業員の歌唱、歌詞の画面表示及び楽曲の再生のいずれの側面からも、演奏権、上映権侵害に当たる。パブハウスG7事件最高裁判決は、クラブキャッツアイ事件最高裁判決の判断枠組みが、カラオケ装置の種類が異なる事案にも妥当することを確認したもので、このことは、平成11年改正後にも妥当するものと解される。

3　演奏権が及ばない場合

著作権法38条は、演奏権が及ばない場合として、①営利を目的とせず、②聴衆又は観衆から料金を受けない場合で、③実演家等に対して報酬が支払われない場合を挙げる。

上記①の要件のうち、非営利目的であることとは、当該利用行為が直接的にも間接的にも営利に結び付くものでないことをいう（名古屋地判平成16・3・4判時1870号123頁〔ダンス教授所事件〕、大阪高判平成20・9・17判時2031号132頁〔デサフィナード事件〕）。

上記②の料金を受けないことの「料金」は、著作物の提供又は提示の対価が全く含まれていないことをいう。社交ダンスの教授に際して音楽著作物を演奏することは必要不可欠であるから、その受講料は対価としての料金に当たる。

上記③の実演家等に対して報酬が支払われない場合の要件は、実演家等

と著作権者との保護のバランスからして、実演家等に報酬を支払う場合には、公の利用の対価を著作権者に対しても支払わせることによってその被る不利益を塡補すべきは当然であるという立法趣旨によるものであり、上記③の要件を含め、被告側の抗弁事由となる[44]。

---

[44] 田中豊編『判例でみる音楽著作権訴訟の論点60講』258頁〔田中豊〕

Ⅲ 〔 公衆送信権 〕

1 公衆送信権の意義

(1) 公衆送信権の意義

著作者は、公衆送信（自動公衆送信にあっては送信可能化を含む。）を行う権利を専有し、公衆送信される著作物を受信装置を用いて公に伝達する権利を専有する（著作権法23条）。公衆送信に関する著作権法の規定は複雑である。

まず、「公衆送信」とは、公衆によって直接受信されることを目的として無線通信又は有線電気通信の送信を行うことをいう（同法2条1項7号の2）。

(2) 送信可能化権の意義

ア　自動公衆送信に対応する支分権が規定されても、いつだれにされたかを把握することは、極めて困難であるという実情に鑑み、その前段階又は準備段階を捉えて、自動公衆送信をし得る状態を送信可能化という概念で定義し、公衆送信の支分権の中に加えたものである（著作権法2条1項9条の5、23条）。すなわち、著作権法が送信可能化を規制の対象となる行為として規定した趣旨、目的は、公衆送信のうち、公衆からの求めに応じ自動的に行う送信（後に自動公衆送信として定義規定が置かれたもの）が既に規制の対象とされていた状況の下で、現に自動公衆送信が行われるに至る前の準備段階の行為を規制することにある[45]。

イ　「自動公衆送信」は、公衆送信の一態様であり、公衆からの求めに応じ自動的に行うものをいい、放送又は有線放送が除かれる（著作権法2

304 ■ 第4章 著作権侵害の成否

条1項9号の4）。「送信可能化」とは、公衆の用に供されている電気通信回線に接続している自動公衆送信装置に情報を入力するなど、著作権法2条1項9号の5イ又はロ所定の方法により自動公衆送信し得るようにする行為をいう。すなわち、①自動公衆送信装置の公衆送信用記録媒体に情報を記録すること、②情報が記録された記録媒体を自動公衆送信装置の公衆送信用記録媒体として加えること、③情報が記録された記録媒体を自動公衆送信装置の公衆送信用記録媒体に変換すること、④自動公衆送信装置に情報を記録すること、⑤自動公衆送信装置について公衆の用に供されている電気通信回線に接続することが「送信可能化」に当たる（同項9号の5）。

なお、「自動公衆送信装置」とは、公衆の用に供されている電気通信回線に接続することにより、その記録媒体のうち自動公衆送信の用に供する部分に記録され、又は当該装置に入力される情報を自動公衆送信する機能を有する装置をいう。

(3)　まねき TV 事件最高裁判決

インターネットを通じた番組転送サービスに関する事案で公衆送信権及び送信可能化権の侵害が争われたものとして、最三小判平成23・1・18民集65巻1号121頁〔まねき TV 事件〕がある。

同判決は、公衆の用に供されている電気通信回線に接続することにより、当該装置に入力される情報を受信者からの求めに応じ自動的に送信する機能を有する装置は、これがあらかじめ設定された単一の機器宛てに送信する機能しか有しない場合であっても、当該装置を用いて行われる送信が自動公衆送信であるといえるときは、自動公衆送信装置に当たるとした上、自動公衆送信が、当該装置に入力される情報を受信者からの求めに応じ自動的に送信する機能を有する装置の使用を前提としていることに鑑み

45　著作権法令研究会ほか編『著作権法・不正競争防止法改正解説』30頁、加戸守行『著作権法逐条講義〔六訂新版〕』40頁、金井重彦ほか編著『コンメンタール（上）』57頁〔磯谷文明〕、作花文雄『詳解著作権法〔第4版〕』271頁

Ⅲ　公衆送信権　■　305

ると、その主体は、当該装置が受信者からの求めに応じ情報を自動的に送信することができる状態を作り出す行為を行う者と解するのが相当であり、当該装置が公衆の用に供されている電気通信回線に接続しており、これに継続的に情報が入力されている場合には、当該装置に情報を入力する者が送信の主体であると判断した。

同判決は、自動公衆送信装置該当性と送信の主体について判断しているところ、自動公衆送信装置に該当するか否かの判断手法としては、まず、自動送信装置によって行われる送信が自動公衆送信に当たるか否かを判断する必要があるが、そのためには、送信の主体を確定し、その主体との関係で受信者が公衆といえるか否かを判断している。

2　自動公衆送信装置の意義と送信の主体

(1)　自動公衆送信装置

「自動公衆送信装置」とは、公衆の用に供されている電気通信回線に接続することにより、その記録媒体のうち自動公衆送信の用に供する部分に記録され、又は当該装置に入力される情報を自動公衆送信する機能を有する装置をいう（著作権法2条1項9号の5）。

自動公衆送信装置の上記の「自動公衆送信する機能」について、装置自体の機能として、公衆に、すなわち1対多数の送信が行われることが必要であり、あらかじめ設定された単一の機器宛てに送信するという1対1の送信を行う機能を有するにすぎないのであれば、自動公衆送信装置には当たらないという考え方もあり得、まねきTV事件の仮処分及び本案に関する4つの裁判例（東京地決平成18・8・4判時1945号95頁、知財高決平成18・12・22最高裁HP（平成18年(ラ)第10010号）、東京地判平成20・6・20最高裁HP（平成19年(ワ)第5765号）、知財高判平成20・12・15判時2038号110頁）は、いずれもその考え方を採用していた。しかし、上記最高裁判決は、あらかじめ設定された単一の機器宛てに送信する機能しか有しない場合であっても、

当該装置を用いて行われる送信が自動公衆送信であるといえるときは、自動公衆送信装置に当たると判示している。

そうすると、送信の主体を先に検討すべきことになり、その送信の主体からみて「公衆」によって直接受信されることを目的とするか否か、すなわち、送信を行う者にとって、当該送信行為の相手方（直接受信者）が不特定又は多数の者であれば、「公衆」に対する送信に当たると解すべきことになる。そして、行為者との間に個人的な結合関係がある場合でなければ、すなわち何人も行為者と個人的な関係を問題にされることなく受信できる場合には、「公衆」に対する送信に当たる[46]。

(2)　自動公衆送信の主体

以上のように、自動公衆送信装置に該当するか否かの判断において、送信の主体を基準として公衆性を判断するため、送信の主体の決定が極めて重要である。

まねき TV 事件最高裁判決は、自動公衆送信の主体は、「当該装置が受信者からの求めに応じ情報を自動的に送信することができる状態を作り出す行為を行う者」であるとし、具体的事案において、テレビアンテナとベースステーションを接続して、当該テレビアンテナで受信された放送をベースステーションに継続的に入力されるように設定した上、ベースステーションをその事務所に設置し、これを管理しているサービス提供者が、送信の主体であると判断した。そして、同判決については、入力の主体について規範的な評価をするまでもなくサービス提供者が送信の主体とみることが自然であると解説されている[47]。

もっとも、まねき TV の番組転送サービスについては、仮処分とその異議審及び第1、2審の4つの裁判においては、同サービスに使用される機器の中心をなすベースステーションは、名実ともに利用者が所有するもの

46　半田正夫ほか編『コンメンタール1〔第2版〕』385頁〔伊藤真〕
47　山田真紀「判解」最高裁判所判例解説民事篇〔平成23年度〕〔2〕事件

であり、その余は汎用品であり、上記サービスに特有のものではなく、特別なソフトウェアも使用していないことや、1台のベースステーションからは、当該利用者の選択した放送のみが、当該利用者の専用モニター又はパソコンのみに送信されるにすぎず、特定の利用者のベースステーションと他の利用者のベースステーションとは、それぞれ独立しているなどの事実に照らし、ベースステーションにおいて放送波を受信してデジタル化された放送データを専用モニター又はパソコンに送信するのは、ベースステーションを所有するサービスの利用者であり、ベースステーションからの放送データを受信する者も、当該専用モニター又はパソコンを所有するサービスの利用者自身であると判断されていた。アンテナにおいて放送波を受信する状態を作り出したこと、すなわち、「自動的に送信することができる状態を作り出す」という文言のみをもって、送信の主体が「規範的な評価をするまでもなく当然に」、サービス提供者であるとまではいえないとする見解もあり、上記最高裁判決については賛否両論がある。

　上記最高裁判決は、「公衆の用に供されている電気通信回線に接続することにより、当該装置に入力されている情報を受信者からの求めに応じ自動的に送信する機能を有する装置が、公衆の用に供されている電気通信回線に接続しており、これに継続的に情報が入力されている場合」という、限定された場合における送信の主体を判断したにすぎないものであることには、留意が必要である。したがって、その射程は限定されており、単に送信の機能を行う装置（サーバ）を設置管理し、運営するネットワークプロバイダは送信可能化を行う者とは解されないし[48]、自動送信機能を有する装置に情報が既に蓄積されていて、当該装置をインターネットに接続する場合（著作権法2条1項9号の5ロ）には、接続行為者が送信の主体と捉えられるべきである[49]。

48　著作権法令研究会ほか編『著作権法・不正競争防止法改正解説』67頁
49　小泉直樹「まねき TV・ロクラク II 最判の論理構造とインパクト」ジュリ1423号6頁

IV 〔頒布権〕

1 頒布権の意義

(1) 映画の著作物の頒布権

　映画の著作物については、著作者がその映画の著作物をその複製物により頒布する権利及び映画の著作物において複製されているその著作物を当該映画の著作物の複製物により頒布する権利を専有する（著作権法26条1、2項）。「頒布」とは、「有償であるか無償であるかを問わず、複製物を公衆に譲渡し、又は貸与することをいい、映画の著作物又は映画の著作物において複製されている著作物にあっては、これらの著作物を公衆に提示することを目的として当該映画の著作物の複製物を譲渡し、又は貸与すること」を含み（同法2条1項19号）、譲渡及び貸与の2つの態様を含む概念である。頒布権は、映画の著作物にのみ認められる権利である。

　映画の著作物の頒布権は、現行著作権法立法の当初から設けられていた。映画の著作物にのみ頒布権が認められたのは、①映画製作には多額の資本が投下されており、流通をコントロールして効率的に資本を回収する必要があったこと、②著作権法制定当時、劇場用映画の取引については、専ら複製品の数次にわたる貸与を前提とするいわゆる配給制度の慣行が存在していたこと（映画フィルムは極めて貴重なものであり、映画配給会社は、一番館から下位の映画館までどの映画館にいつ上映させるかの配給計画を立て、その計画に従って映画館に貸し渡すという慣行が確立されていた。）、③著作権者の意図しない上映行為を規制することが困難であるため、その前段階である複製物の譲渡と貸与を含む頒布行為を規制する必要があったこと等の理由によるものである[50]。

Ⅳ　頒布権　■　**309**

頒布権は、このような劇場用映画の配給制度における権利義務関係を法律上の権利に関係に反映させるべく、立法されたものといわれており、このような立法経過に照らすと、少なくとも、頒布権は、劇場用映画の配給（貸与）に関しては消尽しない権利であることを予定していたといえるが、条文上はこのような限定は付されていない。

(2) 映画の著作物以外の著作物

映画の著作物以外の一般の著作物については、頒布権としてではなく、譲渡権（著作権法26条の２）及び貸与権（同法26条の３）が規定されている。

すなわち、映画以外の一般の著作物については、平成11年法律第77号による改正により、譲渡権が新設された（同法26条の２）。この権利は、WIPO著作権条約の批准に合わせた国内法の規定整備のため、規定が設けられたものであるが、第一譲渡により消尽することが明文で定められているため（同条２項）、著作権者は、複製物が転々流通する過程をコントロールすることはできない。

また、映画以外の一般の著作物については、昭和59年法律第46号による改正により、貸与権が新設された（同法26条の３）。貸与権は、貸レコード業等をはじめとする著作物の複製物のレンタル業の発達に対応するために、公衆への貸与に関して著作権者が排他的権利を有することを定めた規定である。一つの著作物が多数人に貸与されることにより、あるいは貸与を受けた者が著作物を録音・複製することなどにより、著作物の売上げが減少し、著作権者の経済的利益に影響を与えることから、主として商業的貸与（レンタル業）を念頭において貸与権が設けられたものであり、貸与権は、著作物が第一譲渡又は第一貸与により一般の流通に置かれた後も消尽しないことを前提としている。なお、同法38条４項により、非営利かつ無償の貸与については、著作権者の権利が及ばない。

50　加戸守行『著作権法逐条講義〔六訂新版〕』198頁、著作権法令研究会ほか編『著作権法・不正競争防止法改正解説』114頁

2 劇場用映画以外の映画の著作物の頒布権

(1) 頒布権の有無

　上記のように、頒布権が劇場用映画の特殊性から設けられた規定であったために、劇場用映画以外の映画の著作物について、著作権者が頒布権に基づきその複製物の流通をコントロールできるか否かが問題となった。

　ア　制　限　説

　頒布権の立法趣旨から、上映を前提とした劇場用映画に限定すべきであるとし、それ以外の映画の著作物には頒布権は及ばないとする見解であり、著作権法26条の映画の著作物と同法2条3項の映画の著作物を別異の概念と解するものである[51]。

　イ　肯　定　説

　著作権法26条には頒布権の客体を劇場用映画に限定するという文言がないこと、貸与権が認められた際に映画のビデオカセット等を貸与権の対象としなかったことから、劇場用映画以外の映画の著作物についても、頒布権を肯定する見解である。もっとも、肯定説に立つ学説の多くは、頒布権が消尽することを前提にしている[52]。従前の下級審裁判例は、映画の著作物であるビデオゲーム等の頒布権を肯定している（東京地判平成6・1・31判タ867号280頁〔パックマンフリーソフト事件〕、東京地判平成6・7・1判時1501号78頁〔101匹ワンチャン事件〕）。

(2) 最高裁判決

　最一小判平成14・4・25民集56巻4号808頁〔中古ゲームソフト事件〕は、対象とされたゲームソフトが映画の著作物に該当する以上、その著作権者が著作権法26条1項所定の頒布権を専有すると解すべきであるとのみ簡潔に判示している。同判決は、同じ著作権法の中で同法26条の「映画の著作物」と同法2条3項の「映画の著作物」とを別異の概念であると解す

IV　頒布権　■　**311**

ることが困難であることを考慮したものであろう。また、法の文言に照らす限り、ゲームソフトが映画の著作物に該当するとしながら頒布権が存在しないと解釈すると、他の著作物には認められている譲渡権や貸与権（同法26条の2、3）が劇場用映画以外の映画の著作物にのみ存在しないということにもなりかねない。そして、頒布権を肯定する以上、その対象となる複製物の概念を漠然とした基準で限定するのは相当でないとしたものである。

　また、上記最高裁判決と同日付けで言い渡された最一小判平成14・4・

51　泉克幸「ゲームソフトの譲渡制限と頒布権」『紋谷還暦』505頁は、現行法の立法当時劇場用映画ではない映画の著作物が存在していたことのみをもって、著作物の流通を妨げたり、市場をコントロールすることが可能となる強力な頒布権を安易に認めるべきではなく、頒布権の認められる対象は劇場公開を予定している本来的な映画に限定するのが現行法の立法趣旨であったから、ソフトメーカーが販売業者に対し中古ゲームソフトの供給を受けることを制限させることは、独禁法違反に該当するという。
　　龍村全「音楽・映画・美術の著作物侵害訴訟に特有の問題」民事弁護と裁判実務『知的財産権』623頁は、法文上映画の著作物が広い概念として用意されているため、映像の効果を有するものは全て映画の著作物に盛り込まれているが、それに予定されている頒布権という権利を付与することが本当に必要なのか、個別に吟味する必要があり、興行主にのみレンタルされる劇場用映画と異なり、転売・再譲渡を予定している市販のビデオカセット等について頒布権を認めることの懸念が立法当時から指摘されていたと述べる。
　　吉田大輔「映画の著作物概念に関する一考察」『紋谷還暦』741頁は、プログラムには頒布権がないのに、そのプログラムを実施した結果としての影像について頒布権があるとするのは、合理的でなく、視聴覚著作物については、映画の著作物のような頒布権を与えるべきではないと述べる。
　　辰巳直彦「知的財産権と並行輸入」甲南法学35巻3＝4号75頁は、頒布権の内容を劇場用映画配給を内容とするフィルムの頒布権として限定解釈し、有体物としてそれ以上に転々流通するビデオカセットには適用はないと解すべきであるとする。
　　小倉秀夫「優越的地位ないし頒布権を利用したゲームソフトの中古販売規制の可否」『知的財産権研究Ⅳ』153頁は、著作権法26条の立法趣旨が映画の配給というシステムを立法化したものでビデオカセット等は客体として想定されていないこと、ビデオカセットのように流通保護の要請の高いものについても頒布権の客体とすることは他の著作物と均衡がとれないことからすれば、ゲームソフトは頒布権の対象とはならないと述べる。
52　高橋岩和「映画の著作物の頒布権と中古ゲームソフトの販路制限」CIPICジャーナル111号44頁、阿部浩二「テレビゲーム用ソフトをめぐり、その理由を異にする4判決」コピライト483号34頁、布井要太郎「ドイツにおける著作権の用尽理論について」判例評論509号14頁

25判タ1091号80頁〔中古ゲームソフト東京事件〕は、同法26条1項の規定上は、劇場用映画か否か、複製物が少数製造されるか否か、又は視聴者が多数か否かによって区別されていないから、大量の複製物が製造され、その一つ一つは少数の者によってしか視聴されないものという漠然とした基準で、本件ゲームソフトが頒布権の対象となる複製物に該当しないとはいえない旨判示している。劇場上映用として当初は少数の複製物を製造することを予定していたが、後に劇場上映せず、多数の複製物が製造される場合や、その逆の場合もないとはいえず、映画の著作物の内容や態様等によって、その利用方法が一義的に定まるわけではないことも、考慮されたものと思われる。

　配給制度を前提とした頒布権の立法趣旨、転売・再譲渡を予定している市販のビデオカセット等について頒布権を認めると転々譲渡のたびに許諾が必要となって、他の著作物との均衡を欠くことなどを考慮して頒布権を否定する制限説は、結局、頒布権侵害を認めないという結論に至るための解釈論であると評価できる。

3　頒布権の消尽

(1)　消尽の意義

　ア　「消尽」とは、著作権者自身又はその許諾を得た者が、著作物の原作品又は複製物を販売等の方法によりいったん市場の流通におくと、以後の頒布には頒布権が及ばないことをいう。

　消尽（Erschopfung, exhaustion）は、もともと特許権について論じられてきたものである。特許権の消尽論とは、明文の規定はないが、特許権者又は適法な製造販売権を有する者により特許製品が販売されたときは、特許権は使い尽くされたものとなり、もはや同一物について再び特許権を行使することはできないという理論である。講学上「用尽」「消耗」ともいわれている。最三小判平成9・7・1民集51巻6号2299頁〔BBS並行輸入

IV　頒布権　■　**313**

事件〕、最一小判平成19・11・8民集61巻8号2989頁〔インクカートリッジ事件〕は、①社会公共の利益との調和、②商品の自由な流通の阻害の防止、③特許権者の二重利得の禁止を根拠とするものと位置付けて、特許権の国内消尽を肯定した。消尽理論は、半導体集積回路の回路配置に関する法律12条3項には明文がある。

イ　消尽は、映画の著作物を除き、著作権についても当てはまるとされ、平成11年法律第77号による改正により、第一譲渡により消尽する譲渡権が規定された（著作権法26条の2第2項参照）。なお、劇場用映画の頒布権は、第一譲渡の後も消尽しない権利であると解されているが、それは、映画フィルムへの資本投下、経済的効用及び配給制度を根拠とする。劇場用映画とは、上記いずれの点においても異なるゲームソフト等の頒布権について、同様に解することが妥当か否かが問題となる。なお、前記のとおり、頒布の概念は、譲渡と貸与を含むが、両者を分けて考える必要がある。

(2)　諸外国の制度

ア　EU諸国

ドイツでは、ビデオゲームにつき、映画の著作物として保護するのが通説・判例の立場である。ドイツ著作権法17条は、頒布権とは、原著作物又はその複製物を公衆に提示し、流通におく権利であるとし、原著作物又はその複製物が頒布権を有する者の同意を得てこの法律の施行地域において譲渡の方法により流通におかれた場合には、営利的貸与の場合を除き、その再頒布は許容されるとして、第一譲渡による消尽を規定する。消尽の根拠は、①著作権者が著作物の最初の頒布行為に際しその対価の支払を約定している場合には、著作権者の利用権上の利益は確保されたことになること（報酬理論）、②著作権者が著作物を販売した後、当該著作物の爾後の頒布にも介入し得るとすると自由な商品流通が著しく阻害され取引の安全が害されることになること（取引安全論）にあるという[53]。

314　■　第4章　著作権侵害の成否

イギリス、フランス、スイス、スペイン、ロシア等の著作権法にも、頒布権の消尽の規定がある。このうち、フランス法は貸与につき消尽しないことを明文で定めており、スペイン法は消尽の対象を譲渡のみと規定している。

イ　アメリカ合衆国

アメリカ著作権法106条(3)により頒布権が認められるが、同法109条(a)項（ファーストセールドクトリン）により、適法に作成された個々の複製物の所有者又は所有者から許諾を得た者は、著作権者の許諾を得ることなく、その複製物を販売し又はその占有権を処分することができ、権利者の第1次頒布は頒布権を消滅させる。なお、同条(b)項により、商業的貸与が除かれる[54]。

ウ　WIPO著作権条約（1996年）6条1項は、「文学的及び美術的著作物の著作者は、販売又はその他の所有権の移転により、その著作物の原作品及び又は複製物を公衆に利用可能にすることを許諾する排他的権利を享有する。」として、頒布権を定め、2項において、「この条約のいかなる規定も、著作物の原作品及び又はその複製物について、著作者の許諾を得て最初に販売又はその他の所有権の移転が行われた後に1項の権利が消尽する条件を締約国が定める自由に、影響を与えるものではない。」として、締約国が第一譲渡の後に消尽する条件を定める自由を規定している。

(3)　裁判例・学説

映画の著作物の頒布権の消尽について、従前、下級審裁判例及び学説は、消尽を否定する説と肯定する説に分かれていた。

ア　消尽否定説

第一譲渡による権利消尽の明文の規定がないことや、平成11年改正によ

53　布井要太郎「ドイツにおける著作権の用尽理論について」判例評論509号14頁192頁

54　山本隆司訳『アメリカ著作権法』70頁

る譲渡権の消尽（著作権法26条の２第２項）の反対解釈から、消尽論の適用に疑問を呈する説である[55]。

なお、東京地判平成６・７・１判時1501号78頁〔101匹ワンチャン事件〕は、実質的に国内消尽を否定したものといえようが、これを正面から判断したものではない。

　イ　消尽適用説

映画の著作物に関しても、著作権者の許諾を得て流通に置かれた複製物の譲渡に関しては、上映権侵害の目的がからまない限り、以降、頒布権侵害に該当しないとする説である[56]。

(4)　最一小判平成14・4・25民集56巻4号808頁〔中古ゲームソフト事件〕

　ア　最一小判平成14・４・25民集56巻４号808頁〔中古ゲームソフト事件〕は、最三小判平成９・７・１民集51巻６号2299頁〔BBS並行輸入事件〕を引用した上、消尽理論は、著作物又はその複製物を譲渡する場合にも、原則として妥当すると判示した。そして、家庭用テレビゲーム機に用いられる映画の著作物の複製物を公衆に提示することを目的としないで譲渡する場合にも、当該著作物の複製物を公衆に譲渡する権利は、いったん適法

55　森本紘章「ゲームソフトの頒布権と用尽論に関する一考察」JCAジャーナル42巻12号２頁は、頒布権行使を制約する旨の明文の定めはないし、ゲームソフトのようなデジタル著作物は、映画のように上映回数が増えても影像が劣化することはなく、新品も中古品と同一の市場で競合することになるところ、価格の面で中古品にたち打ちできないため、中古品が市場に流通すると新品を購入する者がいなくなり、メーカーは開発意欲を失い、新品の価額が高くなり、購買者が自由に二次頒布ができないとしても、予想・受忍の範囲内にあることなどを利益衡量すると、消尽論の適用を排除すべきであるという。

半田正夫「デジタル化時代の著作権」コピライト446号18頁は、第一譲渡による権利消尽の明文の規定はないから、解釈で第一譲渡による権利消尽を作り出すのは無理であり、ゲームソフトに頒布権が及ぶことも、法的には可能であるが、妥当ではないと述べる。

阿部浩二「テレビゲーム用ソフトをめぐり、その理由を異にする４判決」コピライト483号34頁は、平成11年改正による譲渡権の消尽（著作権法26条の２第２項）の反対解釈から、消尽論の適用に疑問を呈する。

に譲渡されたことにより、その目的を達成したものとして消尽し、もはや
著作権の効力は、当該複製物を公衆に再譲渡する行為には及ばないとし
た。

　その理由として、①著作権法による著作権者の権利の保護は、社会公共
の利益との調和の下において実現されなければならないこと、②一般に、
商品を譲渡する場合には、譲渡人は目的物について有する権利を譲受人に
移転し、譲受人は譲渡人が有していた権利を取得するものであり、著作物
又はその複製物が譲渡の目的物として市場での流通に置かれる場合にも、
譲受人が当該目的物につき自由に再譲渡をすることができる権利を取得す
ることを前提として、取引行為が行われるものであって、仮に、著作物又
はその複製物について譲渡を行う都度著作権者の許諾を要するということ
になれば、市場における商品の自由な流通が阻害され、著作物又はその複
製物の円滑な流通が妨げられて、かえって著作権者自身の利益を害するこ

56　田村善之『著作権法概説〔第2版〕』156頁は、著作権法26条は、上映権侵害の予
　備的行為を押さえることを可能とするとともに、ベルヌ条約上の義務を履行している
　ことを明確化するために、他の著作物とは別の規定ぶりにしただけであり、他の著作
　物以上に適法に作成された複製物の流通に対するコントロールを強化する権能を付与
　する趣旨ではないから、映画の著作物に関しても、著作権者の許諾を得て流通に置か
　れた複製物の譲渡に関しては、上映権侵害の目的がからまない限り、以降、頒布権侵
　害に該当しないと述べる。
　　小倉秀夫「優越的地位ないし頒布権を利用したゲームソフトの中古販売規制の可
　否」『知的財産権研究Ⅳ』153頁は、頒布権者自ら又はその許諾を得た者が真正な複製
　物を流通においた後は、頒布権者は、当該複製物について爾後頒布権を行使して譲渡
　を禁止することはできないとし、その理論構成として、①特許権についての消尽論と
　同様に考える見解、②当該複製物を自ら市場に流通させ又は第三者が市場に流通させ
　ることにつき許諾・承諾を与えておきながら爾後の転々流通につき頒布権を行使して
　これを禁止するのは権利の濫用であるとする見解、③複製物を頒布権者自らが市場に
　流通させ又は第三者が市場に流通させることにつき許諾・承諾を与えた際に爾後の
　転々流通についても許諾したものとみなす見解があるという。
　　小泉直樹「並行輸入をめぐる経済と法（中）」NBL 565号28頁は、ビデオカセット
　の国内における販売後の頒布については、特許権における消尽の類推によるか、又は
　黙示の許諾を認め、権利対象外と考えておくべきであろうと述べる。
　　美勢克彦「商標権、特許権、著作権による輸入差止について」『小坂・松本古稀』
　254頁は、映画と異なり一般家庭にまで入り込んでいるビデオカセット、ゲームカ
　セットの再譲渡にまで頒布権が及ぶとすることは社会的混乱を招くことは必定であ
　り、法解釈として疑問であると述べる。

とになるおそれがあり、ひいては著作権法の目的にも反することになるこ
と、③著作権者は、著作物又はその複製物を自ら譲渡するに当たって譲渡
代金を取得し、又はその利用を許諾するに当たって使用料を取得すること
ができるのであるから、その代償を確保する機会は保障されているものと
いうことができ、著作権者又は許諾を受けた者から譲渡された著作物又は
その複製物について、著作権者等が二重に利得を得ることを認める必要性
は存在しないことの3点を挙げている。

　イ　上記判決は、著作権法が制定された昭和45年当時、劇場用映画につ
いては、映画館等で公に上映されることを前提に、映画製作会社や映画配
給会社がオリジナル・ネガフィルムから一定数のプリント・フィルムを複
製し、これを映画館経営者に貸し渡し、上映期間が終了した際に返却さ
せ、あるいは、指定する別の映画館へ引き継がせることにより、映画館等
の間を転々と移転するという、いわゆる配給制度による取引形態が、慣行
として存在していたこと、そして、映画製作会社は、配給制度を通じた公
の上映によって劇場用映画の製作に投下した資金を回収しており、個々の
プリント・フィルムは、劇場公開により多額の収益を生み出すものとし
て、高い経済的価値を有する状態にあったことを事実として確定してい
る。その上で、上記判決は、映画の著作物の頒布権に関する著作権法26条
1項の規定について、配給制度という取引実態のある映画の著作物又はそ
の複製物については、これらの著作物等を公衆に提示することを目的とし
て譲渡し、又は貸与する権利（著作権法26条、2条1項19号後段）が消尽し
ないと解されていたが、同法26条は、映画の著作物についての頒布権が消
尽するか否かについて、何らの定めもしていない以上、消尽の有無は、専
ら解釈にゆだねられているとした。劇場用映画の頒布権に関する立法の沿
革を考慮すると、ゲームソフト等の転々流通する映画の著作物の複製物に
ついては、劇場用映画と同一に論じ得ないことを前提としている[57]。

　このように解することにより、映画の著作物に該当するゲームソフトの
公衆への譲渡は、映画の著作物以外の著作物の譲渡の場合と同様に（著作

権法26条の２）、最初の譲渡についてのみ著作権の効力が及ぶこと（同条２項）が明らかになった。

　なお、平成11年法律第77号による改正後の著作権法26条の２第１項により、映画の著作物を除く著作物につき譲渡権が認められ、同条２項により、いったん適法に譲渡された場合における譲渡権の消尽が規定された。映画の著作物についての頒布権には譲渡する権利が含まれることから、譲渡権を規定する同条１項は映画の著作物に適用されないこととされ、同条２項において、上記のような消尽の原則を確認的に規定したものである。中古ゲームソフト事件最高裁判決は、このような立法の経緯に照らし、同法26条の２第２項の反対解釈に立って、そこで対象とされたゲームソフトのような映画の著作物の複製物について譲渡する権利の消尽が否定されると解するのは相当でないと解したものである。

　ウ　結局、家庭用テレビゲーム機に用いられるゲームソフトの譲渡については、映画の著作物に該当するものも、該当しないものも、著作権法26条の２第２項に定められた譲渡権の消尽の場合と同様に解することとなった。

　ゲームソフトのみならず、パッケージの状態で市場に流通するテレビ番組やアニメーションを収録したビデオソフト等についても、上記法理が及ぶものと解される。また、劇場用映画の複製物であるビデオカセットやDVDの譲渡についても、上記判決の射程が及ぶものと解され、これらのものの頒布についても、公衆に提示することを目的としないで譲渡する権

57　ゲームソフト等の転々流通する映画の著作物について、消尽しない劇場用映画の頒布権と同一に論じ得ないことは、著作権法の立案担当者も指摘していたところである（加戸守行『著作権法逐条講義〔六訂新版〕』199頁）。また、平成11年法律第77号による改正の譲渡権新設の際にも、ゲームソフトについて頒布権が消尽するか否かの問題が係争中であったために、あえて「頒布権」ではなく、譲渡権という名称を使うことにしたという（吉田大輔「著作権問題について」『知的財産権の新展開』19頁）。もっとも、劇場用映画についても、将来、プリント・フィルムの配給制度という取引形態がなくなった場合には、譲渡する権利については消尽すると解する余地もあると思われる。

Ⅳ　頒布権　■　**319**

利は、第一譲渡により消尽すると解すべきであろう（東京地判平成14・1・31判時1791号142頁〔ビデオソフト事件〕）[58]。

　他方、公衆に提示することを目的とする譲渡（著作権法2条1項19号後段）の場合については、最一小判平成14・4・25民集56巻4号808頁〔中古ゲームソフト事件〕の判示するところではない。

(5)　貸　与　権

　上記判決は、頒布権のうち、譲渡する権利について述べたもので、貸与する権利については、消尽を認めた譲渡する権利とは別個の考慮をすべきであることを示唆するものと思われる。

　①貸与については、消尽を肯定すべき事情に欠けるところがあること、②沿革的にも、著作権法26条の3の貸与権がレンタル業によって著作権者の経済的利益が侵害されることを防ぐために創設された権利であって、実質的にみても、ゲームソフトを含む劇場用映画以外の映画の著作物についてもレンタルにより販売量が減ることは、同法26条の3が適用される一般の著作物の場合と同じであること、③主要国においても、貸与については消尽が認められていないことからすれば、商業的貸与については、消尽することなく著作権者の権利が及ぶものと解すべきであろう。

58　高部眞規子「判解」最高裁判所判例解説民事篇〔平成14年度〕〔18〕事件

V 〔 著作物の種類による特性 〕

1 音楽の著作物

(1) 音楽の著作物の支分権

ア　演奏権（著作権法22条）

音楽の著作物に特有の支分権として、演奏権がある。

音楽の典型的な利用方法として、演奏があるが、音楽の著作物の著作権者は、その著作物を公衆に直接聞かせることを目的として演奏する権利を専有する（22条）。キャバレーにおける生演奏、カラオケ伴奏を伴う歌唱等である。

他方、演奏権が及ばない場合として、営利を目的とせず、聴衆又は観衆から料金を受けない場合（著作権法38条）が挙げられる。上記の点については、被告側の抗弁事由となる[59]。

イ　その他、音楽の著作物に関する支分権として、上映権、録音権、自動公衆送信権等がある。

(2) 著作権の管理

音楽の著作物の著作権は、その性格から、利用者の許諾申出の便宜や効率的な使用料の徴収等の趣旨で、特定の団体が集中的に管理する方式が行われている。従前は、JASRAC が唯一の著作権管理団体であったが、著作権等管理事業法の下では、音楽著作物について、複数の管理団体が存在する。もっとも、現在でも、大多数の音楽著作物を管理しているのは、

59　田中豊編『判例でみる音楽著作権訴訟の論点60講』258頁〔田中豊〕は、実演家等に対して報酬が支払われないことを含め、抗弁事由であるとする。

JASRACである。

　JASRACの著作権管理は、信託契約を締結する方法によっている（著作権等管理事業法2条1項1号、著作権信託契約約款1条）。

　著作権者の多くは、音楽の著作物の著作権をJASRACに信託的に譲渡しており、信託契約の約款において「受託者は信託著作権及びこれに属する著作物使用料等の管理に関し、告訴し、訴訟を提起することができる。」とされているため、著作権侵害訴訟の原告となるのは、ほとんどの場合、JASRACである。JASRACの歴史は、著作権法の判例法理発展の歴史ともいわれている[60]。

　ただし、著作者人格権は、著作者の一身に帰属し譲渡することができないため（著作権法59条）、著作者人格権は信託の対象とはならない。

(3) 音楽の著作物の複製、翻案の成否

　東京地判平成12・2・18判時1709号92頁〔記念樹事件〕は、原告の曲と被告の曲の同一性を判断するに当たっては、最も重要な要素であるメロディーにおいて同一性が認められるものではなく、和声については基本的な枠組みを同じくするものの、具体的な個々の和声は異なっており、拍子についても異なっているとして、複製権侵害を否定した。

　これに対し、その控訴審である東京高判平成14・9・6判時1794号3頁〔記念樹事件〕は、一般に、楽曲に欠くことのできない要素は、旋律（メロディー）、和声（ハーモニー）及びリズムの3要素であり、これら3要素の外にテンポや形式等により一体として楽曲が表現されるものであるから、それら楽曲の諸要素を総合して表現上の本質的特徴の同一性を判断すべきであるが、これらの諸要素のうち、旋律は、単独でも楽曲とすることができるのに対し、これと比較して、和声、リズム、テンポ及び形式等が、一般には、それ単独で楽曲として認識され難く、著作物性を基礎付け

60　田中豊「著作権侵害とJASRACの対応」紋谷暢男編『JASRAC概論』151頁

る要素としての創作性が乏しく、旋律が同一であるのに和声を付したり、リズム、テンポや形式等を変えたりしただけで、原著作物の表現上の本質的な特徴の同一性が失われるとは通常考え難いと判断した。そして、原告の曲の楽曲としての表現上の本質的な特徴は、和声や形式といった要素よりは、主としてその簡素で親しみやすい旋律にあり、特に4フレーズからなる起承転結の組立てという全体的な構成が重要視されるべきであるとして、被告の曲の旋律とを対比すると、被告の曲の全128音中92音（約72%）は、これに対応する原告の曲の旋律と同じ高さの音が使用されており、両曲は、各フレーズの最初の3音以上と最後の音が第4フレーズを除く全フレーズにおいて、全て一致しており、各小節の最初に位置する強拍部の音は第4フレーズを除いて全て一致するなど、両曲の旋律は、起承転結の構成においてほぼ同一であり、そのことが各フレーズの連結の仕方に顕著に現れているとした。これらの検討により、両曲の旋律は、表現上の本質的な特徴の同一性を有するものと認められ、和声の差異が旋律における両曲の表現上の本質的な特徴の同一性を損なうものとはいえないし、両曲のリズムはほとんど同一といってよく、テンポや形式についても、両曲の表現上の本質的な特徴の同一性に影響を与えるものではないとして、編曲権の侵害を肯定した。

音楽の著作物において、表現上の本質的特徴の最も重要な要素がメロディーにあることについては、第1、2審で同旨であったものの、その同一性の有無が判断を決したもののようである。本件は、だれの視点で表現上の本質的特徴の感得を判断すべきか、また音楽の著作物の対比の仕方についても楽譜によるか演奏によるかなど、さまざまな問題を提起するものである。

その後の裁判例は、楽曲についての複製、翻案の判断に当たっては、楽曲を構成する諸要素のうち、まずは旋律の同一性・類似性を中心に考慮し、必要に応じてリズム、テンポ等の他の要素の同一性・類似性をも総合的に考慮して判断すべきものとしている（知財高判平成28・12・8最高裁

HP（平成28年㈱第10067号）〔しまじろうのわお！事件〕）。

2　美術の著作物

⑴　美術の著作物性

ア　美術の著作物

著作物の例示として、絵画、版画、彫刻その他の美術の著作物（著作権法10条1項4号）が挙げられ、美術の著作物には美術工芸品を含むものと規定している（同法2条2項）。

建築の著作物は、別途規定されているので（同法10条1項5号）、美術の著作物には当たらない。

漫画は、具体的な表現は著作物として保護を受けるが、キャラクター自体の著作物性は否定されている。すなわち、最一小判平成9・7・17民集51巻6号2714頁〔ポパイ事件〕は、漫画において一定の名称、容貌、役割等の特徴を有するものとして反復して描かれている登場人物のいわゆるキャラクターは、著作物に当たらないとした。

書風や画風など、流儀それ自体は著作物とはいえない（大判昭和12・9・16刑集16巻1265頁）。

イ　応用美術の著作物性

㈠　応用美術の著作権法上の位置付け

著作権法は、美術の著作物に関しては「美術工芸品を含む」と規定するのみである（2条2項）。「応用美術」（applied art）とは、純粋美術に対する概念として用いられており、実用に供され、又は産業上利用される美的な創作物を指している。美術工芸品を除く応用美術が著作物に当たるか否かについては、意匠法との関係をもめぐって、古くから見解の対立がある。

㈡　美術の著作物と美術工芸品

現行著作権法の立案担当者により、著作権法2条2項は、一品製作の手

工的な美術工芸品に限って、応用美術作品ではあるが純粋美術と同視しており、産業用に大量に生産される工芸品その他の実用品は美術の著作物に入れないこと、著作物とは鑑賞美術の著作物であって、応用美術の領域に属する産業用の美的な作品は、美術工芸品を除いて著作物とはみなされないと説明されていた[61]。

このため、古くは、著作権法2条1項1号にいう「美術」は応用美術を含まず、同条2項は、美術工芸品に限り美術の著作物に含ませることにした例外的規定であるとする厳格説（限定説）が通説的地位を占め、裁判例においても、同様であった（東京地判昭和54・3・9判タ383号149頁・東京高判昭和58・4・26判タ495号238頁〔ヤギボールド事件〕）。

しかし、現在では、同法2条2項は少なくとも美術工芸品は美術の著作物として保護されることを明記したにすぎず、それ以外の応用美術を一切保護の対象外とする趣旨のものではなく、著作物性を認めることができるとする緩和説（非限定説）が主流といえる（東京地判昭和56・4・20判時1007号91頁〔アメリカTシャツ事件〕、大阪地判昭和59・1・26無体裁集16巻1号13頁〔万年カレンダー事件〕、京都地判平成元・6・15判時1327号123頁〔袋帯図柄事件〕、東京高判平成3・12・17知的裁集23巻3号808頁〔木目化粧紙事件〕）。

実用的機能を有するものの中にも著作権法によって保護すべき美的創作性を備えたものがあり、そのようなものは美術工芸品以外にも考えられるから、著作権法2条2項は例示にすぎないと解するのが正当であろう。

(ウ)　応用美術の著作物性に関する判断基準

応用美術を美術の著作物として保護できる場合があるという見解の中にも、その創作性をどのように捉えるかについては、諸説ある。

(a)　純粋美術同視説

著作物性の判断基準について、「純粋美術に該当すると認めうる高度の

61　加戸守行『著作権法逐条講義〔六訂新版〕』69頁

美的表現」（神戸地姫路支判昭和54・7・9無体裁集11巻2号371頁〔仏壇彫刻事件〕）、「高度の芸術性」（東京高判平成3・12・17知的裁集23巻3号808頁〔木目化粧紙事件〕）、「純粋美術と同視し得る程度の美的創作性」（大阪高判平成17・7・28判タ1205号254頁〔チョコエッグ事件〕）と種々の表現がされているものの、結局、純粋美術と同視し得る（あるいはそれを超える）高度の美的表象の要件を満たすことを要求する見解がある。創作性の程度に段階を設けることから、「段階理論」ともいわれる。

　この判断基準は、意匠法との棲み分けの問題から生じていると考えられる。すなわち、著作権法と意匠法とは異なった法体系であり、創作法という大きな領域の中にあるが、意匠権は、設定登録を要し、存続期間も登録から20年とされているのに対し、著作権は、無方式主義で創作のみによって発生し、存続期間も著作者の死後70年と長い。このような重大な相違を有するのに、美的な創作物の全てを著作権法で保護するとすれば、意匠法の存在意義が失われるのではないかという問題提起である。上記観点からすれば、完全な意味での重複適用はあり得ないし、また両者の間で完全な線引きをすることも不可能である。結局、最低限の重複適用を認めつつ、何らかの意味で両者の棲み分けを図る必要がある。そこで、従前の裁判例は、棲み分けの基準として「高度の美的表象」の要件を要求し、当該要件を満たしたものについては純粋美術と同様に著作権法による保護を認めるとしたのである。

　(b)　美の一体性説

　意匠法によって保護され得ることを根拠として、著作物としての認定を格別厳格にすることへの批判から、意匠法と著作権法の重複適用を認めることによって意匠法の存在意義や意匠登録のインセンティブが一律に失われるといった弊害が生じることは、考え難いとして、応用美術についても、著作権法2条1項1号にいう創作性は、他の著作物と同様、一般的には表現がその作者の独自のものであることを指し、作者の個性が表れていれば足りるとする見解である。

知財高判平成27・4・14判時2267号91頁〔TRIPP TRAPP事件〕がこの見解を採用して、大きく話題になったが、その後この見解を採用したのは、同じ裁判体のみである（知財高判平成28・11・30判時2338号96頁〔加湿器事件〕）。

(c)　分離可能性説

実用目的の応用美術であっても、実用目的に必要な構成と分離して、美的鑑賞の対象となる美的特性を備えている部分を把握できるものについては、著作権法2条1項1号に含まれることが明らかな「思想又は感情を創作的に表現した（純粋）美術の著作物」と客観的に同一なものとみることができるのであるから、当該部分を上記2条1項1号の美術の著作物として保護すべきである、他方、実用目的の応用美術であっても、実用目的に必要な構成と分離して、美的鑑賞の対象となる美的特性を備えている部分を把握することができないものについては、上記2条1項1号に含まれる「思想又は感情を創作的に表現した（純粋）美術の著作物」と客観的に同一なものとみることはできないのであるから、これは同号における著作物として保護されないとする見解である（知財高判平成26・8・28判時2238号91頁〔ファッションショー事件〕）。

その後の下級審裁判例も、実用に供される機能的な工業製品ないしそのデザインは、その実用的機能を離れて美的鑑賞の対象となり得るような美的特性を備えていない限り、著作権法が保護を予定している対象ではなく、同法2条1項1号の「文芸、学術、美術又は音楽の範囲に属するもの」に当たらないとする見解が主流となっている（東京地判平成28・4・27最高裁HP（平成27年(ワ)第27220号）〔エジソンのお箸事件〕、大阪地判平成29・1・19最高裁HP（平成27年(ワ)第9648号）〔シャミー婦人服事件〕等）。

(d)　国際的視点で見れば、アメリカ合衆国では、「物品の実用的な側面から別個に特定されることができ、かつ、独立に存在することができる」美術的特徴を著作権法による保護対象としており、我が国の従来の判例の流れに近い。これに対し、フランスでは、「美の一体性」理論により著作

権法上、純粋美術と応用美術を区別していない。ドイツでは、従前は段階理論も一定の支持を得ていたが、2013年11月13日にBGH（連邦通常裁判所）は、応用美術が著作権保護を受けるためには、原則として、純粋美術と異なる何らの条件も課されず、芸術に対する感受性を備えれば足りるとして、判例変更をしている。

(e) 実用的機能を有するものは、意匠法による保護の対象ともなり得る余地があり、権利保護の趣旨、期間、要件、態様等が異なる意匠権と著作権との適正な調和を図るためには、実用的な機能を離れて見た場合に、美的鑑賞の対象となり得るような美的創作性を備えている場合に限って、著作権の保護の対象となると解するのが相当であろう[62]。

ウ 書の著作物性

純粋に鑑賞用としての書家による書は、筆勢、運筆、墨の濃淡や潤渇、文字と余白の構成美といったさまざまな要素を含むところから、これが美術の著作物に当たることについては、異論がない（東京地判昭和60・10・30判時1168号145頁〔動書事件〕、東京地判平成元・11・10無体裁集21巻3号845頁〔動書看板事件〕、東京高判平成14・2・18判時1786号136頁〔雪月花事件〕）。

これに対し、実用に供されるタイプフェイスの著作物性については、最一小判平成12・9・7民集54巻7号2481頁〔タイプフェイス事件〕は、印刷用書体が独創性及び美的特性を備えている場合に限り著作物性を認める余地を認めた。そして、その理由として、そのような要件を備えていない印刷用書体の著作物性を認めると、印刷物の出版や複製の際に氏名表示や許諾が必要となったり、既存の印刷用書体に依拠して類似の印刷用書体を制作したり改良することができなくなるなどのおそれがあり、著作権法の目的に反することになること、我が国の著作権制度の下においては、わずかな差異を有する無数の印刷用書体について著作権が成立する結果、権利

---

[62] ここにいう「美的」とは、「美しいかどうか」という意味ではなく、客観的・外形的に「美感を起こさせるような意図が読み取れるもの」と解釈すべきである（中山信弘「応用美術と著作権」論究ジュリスト18号98頁）。

関係が複雑となり混乱を招くおそれがあることを挙げている[63]。

(2) 美術の著作物の支分権

　美術の著作物に特有の支分権として、展示権（著作権法25条）がある。

　なお、美術の著作物の原作品は、それ自体有体物であるが、同時に無体物である美術の著作物を体現しているものというべきところ、所有権は有体物をその客体とする権利であるから、美術の著作物の原作品に対する所有権は、その有体物の面に対する排他的支配権能であるにとどまり、無体物である美術の著作物自体を直接排他的に支配する権能ではない。そして、美術の著作物に対する排他的支配権能は、著作物の保護期間内に限り、ひとり著作権者がこれを専有するのであり、著作物の保護期間内においては、所有権と著作権とは同時的に併存する。著作権の消滅後は、著作権者の有していた著作物の複製権等が所有権者に復帰するのではなく、著作物は公有（パブリック・ドメイン）に帰し、何人も、著作者の人格的利益を害しない限り、自由にこれを利用し得ることになるのである。したがって、著作権が消滅しても、そのことにより、所有権が、無体物としての面に対する排他的支配権能までも手中に収め、所有権の一内容として著作権と同様の保護を与えられることになると解することはできないのであって、著作権の消滅後に第三者が有体物としての美術の著作物の原作品に対する排他的支配権能を侵すことなく原作品の著作物の面を利用したとしても、上記行為は、原作品の所有権を侵害するものではない（最二小判昭和59・1・20民集38巻1号1頁〔顔真卿事件〕）。

(3) 著作権の制限

　ア　美術の著作物については、著作権法45条ないし47条の2に、著作権の制限に関する規定がある。

63　髙部眞規子「判解」最高裁判所判例解説民事篇〔平成12年度〕〔31〕事件

Ⅴ　著作物の種類による特性　■　**329**

イ　公開の美術の著作物の利用（著作権法46条）

(ア)　公開の美術著作物の利用について、著作権法46条柱書は、美術の著作物で「その原作品が街路、公園その他の一般公衆に開放されている屋外の場所又は建造物の外壁その他一般公衆の見やすい屋外の場所」に「恒常的に設置されているもの」は、所定の場合を除き、いずれの方法によるかを問わず、利用することができる旨を規定し、屋外の場所に恒常的に設置された美術の著作物について、一定の例外事由に当たらない限り公衆による自由利用を認めている。

同規定の趣旨は、①美術の著作物の原作品が、不特定多数の者が自由に見ることができるような屋外の場所に恒常的に設置された場合、仮に、当該著作物の利用に対して著作権に基づく権利主張を何らの制限なく認めることになると、一般人の行動の自由を過度に抑制することになって好ましくないこと、②このような場合には、一般人による自由利用を許すのが社会的慣行に合致していること、③さらに、多くは著作者の意思にも沿うと解して差し支えないこと等の点を総合考慮して、屋外の場所に恒常的に設置された美術の著作物については、一般人による利用を原則的に自由としたものである。

そして、同条所定の「一般公衆に開放されている屋外の場所」又は「一般公衆の見やすい屋外の場所」とは、不特定多数の者が見ようとすれば自由に見ることができる広く開放された場所を指すとし、同条所定の「恒常的に設置する」とは、社会通念上、ある程度の長期にわたり継続して、不特定多数の者の観覧に供する状態に置くことを指すとして、市営バスの車体に描かれた著作物につき、同市営バスが公道を運行することを理由に、同条に該当するとした裁判例もある（東京地判平成13・7・25判タ1067号297頁〔はたらくじどうしゃ事件〕）。

(イ)　著作権法46条4号は、「専ら美術の著作物の複製物の販売を目的として複製し、又はその複製物を販売する場合」には、一般人が当該美術の著作物を自由に利用することはできない旨規定する。同規定は、同条柱書

330　■　第4章　著作権侵害の成否

が、一般人の行動に対する過度の制約の回避、社会的慣行の尊重及び著作者の合理的意思等を考慮して、一般人の著作物の利用を自由としたことに対して、仮に、専ら複製物の販売を目的として複製する行為についてまで、著作物の利用を自由にした場合には、著作権者に対する著しい経済的不利益を与えることになりかねないため、同条柱書の原則に対する例外を設けたものである。

　そうすると、同条4号に該当するか否かについては、著作物を利用した書籍等の体裁及び内容、著作物の利用態様、利用目的などを客観的に考慮して、「専ら」美術の著作物の複製物の販売を目的として複製し、又はその複製物を販売する例外的な場合に当たるといえるか否か検討すべきである（東京地判平成13・7・25判タ1067号297頁〔はたらくじどうしゃ事件〕）。

　ウ　展示に伴う複製、譲渡の申出に伴う複製等

　㋐　著作権法47条は、美術の著作物又は写真の著作物の原作品の展示について、観覧者のためにこれらの著作物の解説又は紹介をすることを目的とする小冊子にこれらの著作物を掲載することができる旨規定している。

　同条に規定する「小冊子」とは、観覧者のために展示された著作物の解説又は紹介をすることを目的とする小型のカタログ、目録又は図録等を意味するものであり、解説又は紹介を目的とするものである以上、内容において著作物の解説が主体になっているか、著作物に関する資料的要素が相当にあることを必要とするものと解すべきである。また、展示された原作品を鑑賞しようとする観覧者のために著作物の解説又は紹介をすることを目的とするものであるから、掲載される作品の複製の質が複製自体の鑑賞を目的とするものではなく、展示された原作品と解説又は紹介との対応関係を視覚的に明らかにする程度のものであることを前提としているものと解される（東京地判平成9・9・5判タ955号243頁〔ダリ事件〕）。

　小冊子に該当するか否かは、書籍の質、判型等の体裁、作品の複製の質、書籍の構成における解説や資料的要素の部分と複製部分の割合等が考慮要素となる。

V　著作物の種類による特性　■　331

したがって、観覧者に頒布されるものであっても、紙質、判型、作品の複製態様等からみて、複製された作品の鑑賞用の図書として市場において取引されるものと同様の価値を有するものは、実質的に画集にほかならず、「小冊子」に該当しない。また、オークションや下見会に参加して実際に作品を観覧する者以外に配布されるものや、著作物の解説又は紹介以外を主目的とするものは、「小冊子」に当たらない（知財高判平成28・6・22判時2318号81頁〔毎日オークション事件〕）。

(イ)　また、著作権法47条の2は、美術の著作物又は写真の著作物の原作品等の適法な取引行為と著作権とを調整する趣旨において、原作品等を譲渡又は貸与しようとする場合には、当該権原を有する者又はその委託を受けた者は、その申出の用に供するため、一定の措置を講じることを条件に、当該著作物の複製又は公衆送信を行うことを認めるものである。

3　建築の著作物

(1)　建築の著作物性

立案担当者によれば、建築は、宮殿や凱旋門などの歴史的建築物に代表されるような知的活動によって創作された建築芸術と評価できるもので、建築家の文化的精神性が見る人に感得されるようなものが建築の著作物として保護されるとされている[64]。

裁判例及び学説も、建築デザインの保護要件として、美術性ないし美的鑑賞性を要求し、建売住宅などの一般建築物のデザインは、著作物として保護されないと解されている。例えば、大阪地判平成15・10・30判タ1146号267頁〔グルニエ・ダイン事件〕は、著作権法により「建築の著作物」として保護される建築物は、同法2条1項1号の定める著作物の定義に照らして、美的な表現における創作性を有するものであることを要し、通常の

---

[64]　加戸守行『著作権法逐条講義〔六訂新版〕』123頁

ありふれた建築物は、著作権法で保護される「建築の著作物」には当たらないとしている。その上で、一般住宅の場合でも、その全体構成や屋根、柱、壁、窓、玄関等及びこれらの配置関係等において、実用性や機能性のみならず、美的要素も加味された上で、設計、建築されるのが通常であるが、一般住宅の建築において通常加味される程度の美的創作性が認められる場合に、その程度のいかんを問わず、「建築の著作物」性を肯定して著作権法による保護を与えることは、同法2条1項1号の規定に照らして、広きに失し、社会一般における住宅建築の実情にもそぐわないと考えられ、一般住宅が同法10条1項5号の「建築の著作物」であるということができるのは、一般人をして、一般住宅において通常加味される程度の美的要素を超えて、建築家・設計者の思想又は感情といった文化的精神性を感得せしめるような芸術性ないし美術性を備えた場合、すなわち、いわゆる建築芸術といい得るような創作性を備えた場合であるとしている。東京地判平成26・10・17最高裁HP（平成25年(ワ)第22468号）〔ログハウス調木造住宅事件〕も、知的・文化的精神活動の所産であって、美的な表現における創作性、すなわち造形美術としての美術性を有するものであることを要するとし、一般住宅が「建築の著作物」に当たるということができるのは、客観的、外形的に見て、それが一般住宅の建築において通常加味される程度の美的創作性を上回り、居住用建物としての実用性や機能性とは別に、独立して美的鑑賞の対象となり、建築家・設計者の思想又は感情といった文化的精神性を感得せしめるような造形美術としての美術性を備えた場合と解している。

　もっとも、ここでいう美術性ないし美的鑑賞性は、デザインの創作的価値の高低や優劣により著作物性を判断しようとするものではなく、あくまで建築デザインが美術的に表現されたものかどうかを問題にするものと解すべきである[65]。

65　中山信弘『著作権法〔第2版〕』94頁、横山久芳「建築の著作物、店舗デザインの保護」別冊パテント11号131頁

(2) 庭　　園

　建築物と隣接する庭園、橋、塔といった構築物等が建築物の一部を構成している場合には、建築の著作物と一体性があるものとして、建築の著作物に該当する場合もある（東京地決平成15・6・11判時1840号106頁〔ノグチ・ルーム事件〕は、ノグチ・ルーム部分を含む建物全体、庭園及び庭園の構成要素としての彫刻を全て一体のものとして、建築の著作物に当たるとしている。）。

4　図形の著作物

(1) 地　　図

　一般に、地図は、地球上の現象を所定の記号によって、客観的に表現するものにすぎないものであって、個性的表現の余地が小さく、著作権による保護を受ける範囲が狭いのが通例である。もっとも、各種素材の取捨選択、配列及びその表示の方法に関しては、地図作成者の個性、学識、経験等が重要な役割を果たすものであるから、なおそこに創作性の表出があるものということができ、このような素材の選択、配列及び表現方法を総合したところに、地図の創作性を認めることができる（富山地判昭和53・9・22無体裁集10巻2号454頁〔住宅地図事件〕、東京地判平成13・1・23判時1756号139頁〔ふぃーるどわーく多摩事件〕）。

　そして、地図についての著作権侵害の成否を判断するに際しては、地図における著作物性が上記のとおりであることの結果として、著作物性がある部分を個々的に抽出することは困難であり、結局、侵害の成否は全体的に判断せざるを得ないことになる。

　いわゆる住宅地図は、特定市町村の街路及び家屋を主たる掲載対象として、線引き、枠取りというような略図的手法を用いて、街路に沿って各種建築物、家屋の位置関係を表示し、名称、居住者名、地番等を記入したも

のであるが、その著作物性及び侵害判断の基準は、基本的には地図一般の場合と同様である。ただ、住宅地図においては、その性格上掲載対象物の取捨選択は自から定まっており、この点に創作性の認められる余地は極めて少ないといえるし、また、一般に実用性、機能性が重視される反面として、そこに用いられる略図的技法が限定されてくる。したがって、住宅地図の著作物性は、地図一般に比し、更に制限されたものとなる（富山地判昭和53・9・22無体裁集10巻2号454頁〔住宅地図事件〕）。

(2)　図　　面

ア　建物の設計図

建物の設計図の創作性について、①作図上の表現方法のみを対象とする考え方（東京地判平成26・11・7最高裁HP（平成25年(ワ)第2728号）〔初台マンション事件〕）と、②作図上の表現方法に限らず、設計対象の具体的形状等も対象とする考え方（知財高判平成27・5・25最高裁HP（平成26年(ネ)第10130号）〔初台マンション事件〕）がある[66]。②説では、建築物の設計図は、設計士としての専門的知識に基づき、依頼者からのさまざまな要望、及び、立地その他の環境的条件と法的規制等の条件を総合的に勘案して決定される設計事項をベースとして作成されるものであり、その創作性は、作図上の表現方法やその具体的な表現内容に作成者の個性が発揮されている場合に認められるとしつつ、その作図上の表現方法や建築物の具体的な表現内容が、実用的、機能的で、ありふれたものであったり、選択の余地がほとんどなかったりする場合には、創作的な表現とはいえないと解している。

なお、建築に関する図面に従って建築物を完成することは、建築の著作物の複製となる（著作権法2条1項15号ロ）。ただし、完成された建築物が著作物と認められない場合は著作権侵害の問題は生じないと解されてい

66　①の設計対象非考慮説として、田村善之『著作権法概説〔第2版〕』93頁、②の設計対象考慮説として、中山信弘『著作権法〔第2版〕』76頁がある。

る[67]。

イ　工業製品・機械の設計図

　工業製品の設計図について、過去には、設計者がその知識と技術を駆使して独自に製作したものに創作性を肯定した裁判例がある（東京地判昭和52・1・28無体裁集9巻1号29頁〔きたむら建築設計事件〕、大阪地判昭和54・2・23判タ387号145頁〔冷蔵倉庫設計図事件〕）。さらに、表現形式のみならず表現内容にまで創作性を認めた裁判例もある（大阪地判平成4・4・30知的裁集24巻1号292頁〔丸棒矯正機設計図事件〕）。

　しかし、工業的に量産される商品を生産するため、製造を行う工場又は下請業者が、設計者及び発注者の意図したとおりに商品を製造することができるよう、具体的な什器の構造、デザインを細部にわたって通常の製図法によって表現した工業製品の設計図は、そのための基本的訓練を受けた者であれば、だれでも理解できる共通のルールに従って表現されているのが通常である。したがって、その表現方法そのものに独創性を見出す余地はなく、そのような通常の設計図の表現方法に独創性、創作性は認められない。工業製品の設計図から読みとることのできる什器の具体的デザインは、設計図との関係でいえば表現の対象である思想又はアイデアであり、その具体的デザインを設計図として通常の方法で表そうとすると、だれが作成しても、直線、曲線等からなる図形、補助線、寸法、数値、材質等の注記と大同小異のものにならざるを得ないのであって、設計図上に表現されている直線、曲線等からなる図形、補助線、寸法、数値、材質等の注記等は、表現の対象の思想である什器の具体的デザインと不可分のものである。東京地判平成9・4・25判時1605号136頁〔スモーキングスタンド事件〕は、このような考え方に立って、大量生産される実用品であって著作物とはいえないスモーキングスタンドの設計図について、著作物性を否定した。

67　中山信弘『著作権法〔第2版〕』96頁

学説上も、機械等の構造を二次元の図面に表記するための作図上の諸工夫に設計図の創作性を認め、著作物と認められない製品をそのまま図面化したものには著作物性を否定する見解[68]があるのに対し、設計図の具体的表現とは、形状や寸法や色彩を伴った具体的表現であり、機械と設計図とは別個のものであるとする見解もある[69]。

5　映画の著作物

(1)　映画の著作物に特有の問題

　映画の著作物（著作権法10条1項7号）には、他の著作物と異なり、頒布権（同法26条）が認められているほか、著作権の範囲（同法16条）、著作権の帰属（同法29条）、著作権の保護期間（同法54条）等、権利の所在を明確化し、著作物の円滑な利用を促すための特別の規定が定められている。なお、平成11年法律第77号による改正前は、上映権（同法22条の2）も、映画の著作物に特有の権利であった。

　映画の著作物の例としては、劇場用映画が想定されるが、これにとどまらず、映画の効果に類似する視覚的又は視聴覚的効果を生じさせる方法で表現され、かつ物に固定されているものも含まれる（同法2条3項）。また、ビデオソフトや録画したテレビ番組は映画の著作物に当たるが、生テレビ番組は物に固定されている著作物に当たらないため、映画の著作物には当たらない。放送事業者は、生テレビ番組について著作隣接権による保護を受けている（同法98条）。

　また、未編集フィルムについて映画が完成していないことを理由に映画の著作物には当たらないとした裁判例がある（東京高判平成5・9・9判時1477号27頁〔三沢市市勢映画事件〕）。

68　田村善之『著作権法概説〔第2版〕』93頁
69　中山信弘『著作権法〔第2版〕』78頁

V　著作物の種類による特性　■　337

⑵ ゲームソフトの著作物性

　コンピュータゲームソフトのプログラムは、創作性が認められる限り、著作権法にいうプログラムの著作物（著作権法10条１項９号）に当たる。また、ゲームソフトを操作するとバックに流れるメロディーは、音楽の著作物である。このように、ゲームソフトは複合的な性格の著作物ということができるが、その影像（アウトプット）が映画の著作物に当たるかが議論されてきた。

　ゲームソフトにおけるゲームの基本ルール部分は、表現ではなくアイデアというべきであり、アイデアは著作権法上保護されないので（最一小判平成13・６・28民集55巻４号837頁〔江差追分事件〕参照）、このルールを超える部分がゲームソフトの表現である[70]。シミュレーションゲームソフトにおいて、例えば文系のコマンドを選択すればそのパラメータが上昇し、運動のパラメータが下降するとすることは表現とはいえず、アイデアに属するだろう。また、パラメータの数値そのものはデータにすぎないが、それによって主人公の人物像を表現し、数値の変動により変化させるもので、それに応じてストーリーが展開される。

　最三小判平成13・２・13民集55巻１号87頁〔ときめきメモリアル事件〕は、対象となったゲームソフト（ときめきメモリアル）の影像は、思想又は感情を創作的に表現したものであって、文芸、学術、美術又は音楽の範囲に属するものと判断し、著作権法２条１項１号にいう著作物ということができるとして、著作物性を肯定した。同判決は、ゲームソフトの影像表現すなわち視聴覚的な影像にも著作物性があり、パラメータによって表現された主人公の人物像やそれによるストーリーの展開に創作性を認めたものと評価できよう。ゲームソフトのプログラムがプログラムの著作物として保護されることは前記のとおりであるから、上記ゲームソフトは、プロ

70　椙山敬士ほか『コンピュータ・著作権法』30頁

グラムの側面でも影像（アウトプット）の側面でも著作物性を有するといえよう。なお、ゲームソフトは、インタラクティブ（双方向性）なものであり、ストーリーの展開が１種類でなく、プレイヤーの操作によってゲームの展開が異なるという特殊性があるが、そのことは、著作物性を否定することにはならないものと思われる。

　コンピュータゲームソフトについて、そのプログラムを電気信号の形でコンピュータの記憶装置（ROM）に収納し、これを中央処理装置（CPU）に読みとらせることによって受像機に描出される影像（アウトプット）が、プログラムとは別個独立の映画の著作物に該当するか否かの問題は、中古ゲームソフトの販売の可否をめぐって問題となった。ゲームソフトは、「映画の著作物」に当たることが明らかな劇場用映画とは異なるものであり、著作権法２条３項所定の映画の著作物に該当するか否かが問題となる。

(3)　従前の裁判例・学説

　ア　肯　定　説

　(ア)　東京地判昭和59・9・28判時1129号120頁〔パックマンビデオゲーム事件〕は、著作権法２条３項所定の著作物に該当するための要件として、以下の(a)(b)(c)を挙げ、ビデオゲームの映画の著作物該当性を肯定した。

　(a)　表現方法の要件（映画の効果に類似する視覚的又は視聴覚的効果を生じさせる方法で表現されていること）

　影像が動きをもって見えるという効果を生じさせることが必須であり、影像を視聴者が操作により変化させ得ることは考慮する必要がない。

　(b)　存在形式の要件（物に固定されていること）

　著作物が何らかの方法により物と結びつくことによって、同一性を保ちながら存続しかつ著作物を再現することが可能である状態を指す。

　(c)　内容の要件（著作物であること）

　思想又は感情を創作的に表現したものであって、文芸、学術、美術又は

V　著作物の種類による特性　■　**339**

音楽の範囲に属するもの（著作権法2条1項1号）、すなわち人間の精神的活動全般による所産を著作者の個性が何らかの形で現われるように表現されているものをいう。

　(イ)　上記判決は、その後の下級審裁判例の指導的役割を果たし、裁判例の大多数が同様の判断枠組みによって、ビデオゲームやゲームソフトが映画の著作物に該当することを肯定している[71]。パックマンビデオゲーム事件判決と同様の枠組みで判断したと思われるものの、影像が連続的なリアルな動きを持っておらず、静止画像が多い（前記(a)の要件を欠く）ことを理由に、結論としてゲームソフトが映画の著作物に該当することを否定した裁判例（東京高判平成11・3・18判時1684号112頁〔三国志III事件〕）もある。

　他方、東京高判平成5・9・9判時1477号27頁〔三沢市市勢映画事件〕は、映像を撮影収録したフィルムがNGフィルム選別、シナリオに従った粗編集、細編集、音付け等の映画製作過程を経ないまま未編集の状態で現在に及んでいるとして、著作物と認めるに足りる映画といえない旨判示した[72]。

　(ウ)　学説上も、ゲームソフトは、そのプログラムがプログラムの著作物であるとともに、その影像（アウトプット）が映画の著作物として保護されるとして、基本的にパックマンビデオゲーム事件判決の考え方に賛成す

71　肯定説を採る裁判例として、東京地判昭和59・9・28判時1129号120頁〔パックマンビデオゲーム事件〕のほか、東京地判昭和60・3・8判タ561号169頁〔ディグダグ事件〕、東京地判昭和60・6・10判タ567号273頁〔ポール・ポジション事件〕、大阪地裁堺支判平成2・3・29判時1357号151頁〔ドンキーコング・ジュニア事件〕、東京地判平成6・1・31判タ867号280頁〔パックマンフリーソフト事件〕、大阪地判平成9・7・17判タ973号203頁〔ネオジオ事件〕、大阪高判平成11・4・27判時1700号129頁〔ときめきメモリアル事件〕等がある。

72　最高裁判所は、平成8年10月14日、いわゆる例文により、同判決に対する上告を棄却したところ、この最高裁判決により、従来の下級審裁判例が変更されたと述べる論者もいる（吉田大輔「映画の著作物概念に関する一考察」『紋谷還暦』750頁、金井重彦ほか編著『コンメンタール（上）』114頁〔小倉秀夫〕）。しかし、上記判決は、映画がシナリオに従った編集がされておらず未だ完成されていなかったという特殊な事案に係るものであり、ゲームソフトの影像とは異質のものであるから、これを最高裁判所が例文で上告棄却したからといって、最高裁判所が映画の著作物について何らかの判断を示したものとはいえないであろう。

るのが、従前の多数説である[73]。

　基本的には肯定説と同様の見解に立ち、ゲームソフトが映画の著作物に該当することを肯定するものの、ゲームソフトの中にも例えば静止画像が多いものにつき映画の著作物に該当しないものがあることを認める学説もある[74]。

　イ　否定説

　(ア)　従前の下級審裁判例は、パックマンビデオゲーム事件判決が挙げた(a)(b)(c)を要件とすることでおおむね一致していたのに対し、東京地判平成11・5・27判タ1004号98頁〔中古ゲームソフト東京事件〕は、劇場用映画の特徴を備えた著作物が映画の著作物として想定されているとして、映画の著作物の要件を次の⑦④のとおり挙げ、ゲームソフトはいずれの要件も欠くとして映画の著作物に該当することを否定した。

　　⑦　当該著作物が一定の内容の影像を選択し、これを一定の順序で組み合わせることにより思想・感情を表現するものであること

　　④　当該著作物ないしその複製物を用いることにより、同一の連続影像が常に再現されるものであること

　(イ)　学説では、上記判決の言渡後、同判決の考え方に賛成するという形で、ゲームソフトは、プレーヤーの操作次第で毎回筋書きが変わるものであり、映画の著作物には当たらないとする否定説が唱えられるようになったが、少数説にとどまる[75]。

73　肯定説を採る学説として、板東久美子「ビデオゲームの影像とプログラム」『著作権判例百選〔第2版〕』68頁、土井輝生「ビデオゲーム(1)」『著作権判例百選〔第2版〕』64頁、松田政行「貸ソフト業の著作権法上の問題点」NBL 284号44頁、同「判批」判例評論446号69頁、半田正夫「ビデオゲームの著作物性」青山法学論集26巻3＝4号107頁、辻田芳幸「データの付加・変更と同一性保持権侵害可能性」清和法学研究2巻2号159頁、龍村全「音楽・映画・美術の著作物侵害訴訟に特有の問題」民事弁護と裁判実務『知的財産権』623頁、吉田大輔「シミュレーションゲームプログラム改変事件」著作権研究23号195頁、泉克幸「ゲームソフトの『映画の著作物』該当性」知財管理50巻7号1019頁等、多数ある。

74　中山信弘『ソフトウェアの法的保護〔新版〕』158、160頁は、ゲームにおいて最も重要な画面と音は映画の著作物として保護を受けており、全てのビデオゲームが映画であるとはいえず、映画にならないアウトプットはますます増加するであろうと述べる。

⑷ ゲームソフトの映画の著作物該当性についての考え方

ア 最高裁判決

㈠ ときめきメモリアル事件

　ゲームソフトが映画の著作物に該当するか否かに関連する最高裁判決として、まず、最三小判平成13・2・13民集55巻1号87頁〔ときめきメモリアル事件〕があるが、同事件では、ゲームソフトの影像について映画の著作物に該当するか否かに関する上告受理申立て理由を上告受理決定において排除し、上記の点については判断していない。すなわち、その原判決である大阪高判平成11・4・27判時1700号129頁は、ゲームソフトが、映画の著作物とプログラムの著作物とが相関連して「ゲーム映像」とでもいうべき複合的な性格の著作物を形成する旨判断し、上告受理申立て理由中には、その点の判断の違法をいう部分があった。しかし、上記事件では、映画の著作物であるか否かにかかわらず著作物性を肯定することができ、上記の点は結論に影響しないものであったため、上告受理申立て理由から排除する旨の決定がされたものである。

㈡ 中古ゲームソフト事件

　最一小判平成14・4・25民集56巻4号808頁〔中古ゲームソフト事件〕は、原審が適法に確定した事実関係の下において、対象とされたゲームソフトが、著作権法2条3項に規定する「映画の効果に類似する視覚的又は視聴覚的効果を生じさせる方法で表現され、かつ、物に固定されている著作物」であり、同法10条1項7号所定の「映画の著作物」に当たるとした原審の判断は、正当として是認することができると判示した。

　上記判決は、ゲームソフトの映画の著作物該当性についての争点が上告

75　否定説を採ると思われる学説として、斉藤博『著作権法〔第3版〕』87頁、吉田大輔「映画の著作物概念に関する一考察」『紋谷還暦』741頁、三木茂「判批」判例評論494号41頁、同「ゲームソフトの頒布⑴」『著作権法判例百選〔第3版〕』52頁等がある。

受理申立ての理由となっていないこともあって、著作権法 2 条 3 項所定の映画の著作物に該当するための要件を一般論として論じたものではないが、原審が確定した事実関係の中から、①本件各ゲームソフトは、それぞれ、CD-ROM 中に収録されたプログラムに基づいて抽出された影像についてのデータが、ディスプレイの画面上の指定された位置に順次表示されることによって、全体が動きのある連続的な影像となって表現されるものであること、②本件各ゲームソフトは、コンピュータ・グラフィックスを駆使するなどして、動画の影像もリアルな連続的な動きを持ったものであり、影像に連動された効果音や背景音楽とも相まって臨場感を高めるなどの工夫がされており、アニメーション映画の技法を使用して、創作的に表現されていること、③本件各ゲームソフトを使用する場合に、ディスプレイの画面上に表示される動画影像及びスピーカーから発せられる音声は、ゲームの進行に伴ってプレイヤーが行うコントローラの操作内容によって変化し、操作ごとに具体的内容が異なるが、プログラムによってあらかじめ設定される範囲のものである旨の事実を引用している。

このことからすると、上記判決は、個別のゲームソフトごとに、従前の下級審裁判例の多く及び多数説と同じく、パックマンビデオゲーム事件判決の挙げた(a)(b)(c)の要件に近い形で判断したものと評価することができよう。他方、著作権法 2 条 3 項につき、同一の連続影像が常に再現されること（否定説の④の要件）を必要とはしない趣旨のものと解される。

なお、上記判決は、全てのゲームソフトが映画の著作物に当たることを肯定したものではない。影像自体に創作性（著作物性）がないもの（上記(c)の要件を欠くもの）や、大部分が静止画像のもの（上記(a)の要件を欠くもの）については、映画の著作物に当たるということはできず、例えば、囲碁や麻雀のゲームソフトについて、映画の著作物に当たるとはいわないものと思われる[76]。

76　髙部眞規子「判解」最高裁判所判例解説民事篇〔平成14年度〕〔18〕事件

イ　映画の著作物の要件

(ア)　著作権法2条3項を分説すれば、次のとおりとなる。

(a)　映画の効果に類似する視覚的又は視聴覚的効果を生じさせる方法で表現されていること（表現方法の要件）

(b)　物に固定されていること（存在形式の要件）

(c)　著作物であること（内容の要件）

　上記(c)の要件にいう「著作物」とは、著作権法2条1項1号に規定するとおり、思想又は感情を創作的に表現したものであって、文芸、学術、美術又は音楽の範囲に属するものをいう。ゲームソフトの影像が著作物に該当し得る（要件(c)を満たし得る）ことは、最三小判平成13・2・13民集55巻1号87頁〔ときめきメモリアル事件〕も明言しているところであり（もちろん、創作性のないゲームソフトの場合は別である。）、ここで問題となるのは、要件(a)(b)である。

(イ)　表現方法の要件について

　上記(a)の要件にいう「映画」の用語は、アプリオリなものとして位置付けられており、著作権法に定義規定はないが、劇場用映画を念頭においているものと思われる。「映画の効果」とは、視聴覚的側面における効果であり、目の残像現象を利用して動きのある画像として見せるという視覚的な効果及び連続影像と音声・背景音楽・効果音等との同期による聴覚的な効果をいい、これに類似する効果を生じさせるものであることが求められている。

　上記(a)のうち「映画の効果に類似する視覚的効果」という要件については、影像の連続（著作権法2条1項14号）がその本質をなすということができるところ、静止画像があることによりこれを充足しないことになるか否かが問題となる。全体のごく一部に動画が用いられ、静止画像が多いという場合には、この要件を欠くことになると思われる。他方、上記要件としては、影像の連続、すなわち動きのある画像として見せるという視覚的な効果があれば足り、動画の中に一部静止画像があることをもって、この

要件を満たさないとはいえないと解される。

(ウ)　存在形式の要件について

上記(b)の要件にいう「固定」とは、著作物が何らかの方法により物に結びつくことにより、その存在・内容・帰属等が明らかになる状態にあれば足りる。

上記要件(b)については、著作権法の立案担当者は、例えばテレビの生放送番組のように放送と同時に消えていく性格のものは、映画の著作物として保護しない趣旨であるとしている[77]。

プレイヤーの操作によりプレイごとに影像や音声が変化すること、すなわち上映される前から再現される具体的な連続影像群が特定されていないことによりこれを充足しないことになるか否かが問題となる。ゲームソフトの場合に、プレイヤーの操作によりプレイごとに影像や音声が変化するといっても、無限な変化が生じるわけではなく、プログラムによってあらかじめ設定された範囲内においてプレイヤーが影像等を選択しているにすぎず、著作者によって創作されていない影像が画面上に表示されることはないから、これをもって、著作権法2条3項の要件(b)を満たさないとはいえない。

(エ)　否定説について

中古ゲームソフト東京事件の第1審判決の見解は、著作権法2条3項が劇場用映画と本質的に異なるものをも映画の著作物として特別な取扱いをしていることへの反省から、映画の著作物に関する同法26条という特則の規定の趣旨からその特性を導き出し、効果の点からフィードバックして、映画の著作物の要件を判断するという発想により、ゲームソフトの映画の著作物性を否定することによって、頒布権侵害を否定したものである。

もっとも、否定説によれば、ほとんど全てのゲームソフトが、一定の内容・順序という⑦の要件ないし同一の連続影像の再現という④の要件を欠

77　加戸守行『著作権法逐条講義〔六訂新版〕』71頁

き、映画の著作物に該当しないことになる。また、否定説によれば、あらかじめ決まった一連の動画影像ではなく、観客の反応に応じて画面上の動きや筋書き等が変化するインタラクティブ映画と呼ばれる劇場用映画は、映画の著作物に当たらないことになってしまう。さらに、劇場用映画の取引形態・利用形態に由来して映画の著作物概念を劇場用映画の特徴を備えた著作物に限定し、前記⑦及び⑦の要件を抽出したことに着目すると、転々流通することが予定されている、劇場用映画の複製物であるビデオカセット等をも、映画の著作物に該当しないとしなければ、一貫しないことになると思われる。

第4章Ⅳのとおり、ゲームソフトについて頒布権が消尽する以上、映画の著作物に該当すると解しても、問題はないと解される。

6 写真の著作物

写真についても著作物としての保護が認められるが（著作権法10条1項8号）、その保護範囲については、被写体との関係で状況が異なる。

(1) 被写体の製作に撮影者が関与していない場合

写真は、被写体の選択・組合せ・配置、構図・カメラアングルの設定、シャッターチャンスの捕捉、被写体と光線との関係（順光、逆光、斜光等）、陰影の付け方、色彩の配合、部分の強調・省略、背景等の諸要素を総合してなる一つの表現である。具体的な撮影方法や現像方法の工夫（角度・光量の調節、背景・構図・証明・絞り等）によって写真の創作性が基礎付けられるとされてきた（東京地判昭和62・7・10判時1248号120頁〔真田広之ブロマイド事件〕）。このような表現は、レンズの選択、露光の調節、シャッタースピードや被写界深度の設定、照明等の撮影技法を駆使した成果として得られることもあれば、オートフォーカスカメラやデジタルカメラの機械的作用を利用した結果として得られることもある。また、構図や

シャッターチャンスのように人為的操作により決定されることの多い要素についても、偶然にシャッターチャンスを捉えた場合のように、撮影者の意図を離れて偶然の結果に左右されることもある。

被写体が所与の存在（富士山等の風景）で撮影者が関与していない場合であれば、その著作物性は、被写体ではなく撮影者のカメラワーク等の創意工夫によって決せられ、事実上、その保護範囲はその写真自体を用いた複製や翻案に限られる。同一の被写体を同様の方法で撮影したからといって、直ちに複製になるわけではない（大阪地判平成7・3・28知的裁集27巻1号210頁〔カーテン用商品カタログ写真事件〕）。

他方、静物や風景を撮影した写真でも、その構図、光線、背景等には何らかの独自性が表れることが多く、結果として得られた写真の表現自体に独自性が表れ、創作性の存在を肯定し得る場合がある。もっとも、創作性の存在が肯定される場合でも、その写真における表現の独自性がどの程度のものであるかによって、創作性の程度に高度なものから微少なものまで大きな差異があるとして、創作性が微少な場合には、当該写真をそのままコピーして利用したような場合にほぼ限定して複製権侵害を肯定するにとどめるべきであるとする裁判例（知財高判平成18・3・29判タ1234号295頁〔商品写真事件〕）や、被写体及び構図の選択に表現上の本質的特徴があるとの著作権者の主張を斥け、表現上の本質的特徴を直接感得することができないとした裁判例がある（東京地判平成22・12・21最高裁HP（平成21年(ワ)第451号）〔廃墟写真事件〕）。

⑵　被写体が撮影者自ら製作されたものである場合

他方、被写体が撮影者自ら制作されたものである場合には、見解が分かれる。

東京地判平成11・12・15判時1699号145頁〔西瓜写真事件〕は、原告写真と被告写真とは、中央前面に大型のスイカを横長に配置し、その上に薄く切ったスイカを6切れ並べたこと、その後方に楕円球及び真球状のスイカ

を配置したこと等において、アイデアの点で共通するが、上記共通点は、被写体の選択、配置上の工夫にすぎず、上記の素材の選択、配置上の工夫は、写真の著作物の創作性を基礎付けるに足りる本質的特徴部分とはいえないとして、翻案とはいえないと判断した。

これに対し、その控訴審東京高判平成13・6・21判時1765号96頁〔西瓜写真事件〕は、被写体の決定自体について、すなわち、撮影の対象物の選択、組合せ、配置等において創作的な表現がなされ、それに著作権法上の保護に値する独自性が与えられる場合には、被写体の決定自体における、創作的な表現部分に共通するところがあるか否かをも決定しなければならないとし、写真著作物の創作性を決めるのは、被写体とこれを撮影するに当たっての撮影時刻、露光、陰影の付け方、レンズの選択、シャッター速度の設定、影像の手法等における工夫であるとした。その上で、表現の一部を欠いているか、改悪したか、些細な格別に意味のない相違を付与したかという程度にすぎないものであり、これらの相違に思想又は感情を読み取ることはできないから翻案権侵害に当たると判断した。

思想、感情若しくはアイデア、事実若しくは事件など表現それ自体でない部分又は表現上の創作性がない部分において既存の言語の著作物と同一性を有するにすぎない著作物を創作する行為は、既存の著作物の翻案に当たらないが（最一小判平成13・6・28民集55巻4号837頁〔江差追分事件〕）、西瓜写真事件の第1審判決は、写真の著作物における被写体の同一性は、上記「思想、感情若しくはアイデア、事実若しくは事件など表現それ自体でない部分」に当たるという考え方によるのに対し、控訴審判決は、被写体についても「創作的な表現」に当たり「本質的特徴」を基礎付ける場合があり、本件がそれに当たると解したものと思われる。

西瓜写真事件の控訴審判決のように、被写体の決定自体について、すなわち、撮影の対象物の選択、組合せ、配置等において創作的な表現がなされ、それに著作権法上の保護に値する独自性が与えられる場合には、被写体の決定自体における、創作的な表現部分に共通するところがあるか否か

をも決定しなければならないといった考え方を採用すると、類似した被写体を設定して独自に撮影しても著作権侵害になり得ることになり、また、他人が制作した被写体を撮影する場合には被写体についての著作権と写真の著作権について法律関係が錯綜することから、写真についての著作権は、統一的に把握し、被写体については別個に考えるのが好ましいと思われる[78]。

7　プログラムの著作物

(1)　プログラムの著作物性

　プログラムとは、「電子計算機を機能させて一の結果を得ることができるようにこれに対する指令を組み合わせたものとして表現したもの」である（著作権法2条1項10号の2）。したがって、単なるデータは、電子計算機に対する指令の組合せを含むものではなく、プログラムの著作物として保護されない（東京高決平成4・3・31知的裁集24巻1号218頁〔IBFファイル事件〕）。なお、データも、協働する他のプログラム部分と併せて一つのプログラムの著作物と解することも可能であるが、この場合においても、当該データ部分についてはプログラムの著作物としての創作性を認めることは困難である[79]。

　プログラムは、コンピュータを機能させる特性があるため、当該機能を果たさせるためには当該表現しかあり得ないという場合がある。著作権法は、アイデアを保護するものではないため、表現とアイデアが混同している場合は、著作権法の保護の対象とはならない（merger doctrine）。

　プログラムの場合は、元来、コンピュータに対する指令の組合せであり、正確かつ論理的なものでなければならないとともに、プログラムの著

---

[78]　中山信弘『著作権法〔第2版〕』114頁
[79]　前田郁勝「プログラム著作権侵害における審理」新裁判実務大系『著作権関係訴訟法』89頁

作物に対する法による保護は、「その著作物を作成するために用いるプログラム言語、規約及び解法に及ばない」（著作権法10条3項柱書1文）。そうすると、所定のプログラム言語、規約及び解法に制約されつつ、コンピュータに対する指令をどのように表現するか、その指令の表現をどのように組み合わせ、どのような表現順序とするかなどといったところに、法によって保護されるべき作成者の個性が表れることとなる。したがって、プログラムに著作物性があるといえるためには、指令の表現自体、その指令の表現の組合せ、その表現順序からなるプログラムの全体に選択の幅が十分にあり、かつ、それがありふれた表現ではなく、作成者の個性が表れているものであることを要するものである（知財高判平成29・3・14最高裁HP（平成28年㈱第10102号）〔通販管理システムプログラム事件〕、知財高判平成28・4・27判時2321号85頁〔接触角計算プログラム事件〕）。プログラムの表現に選択の余地がないか、あるいは、選択の幅が著しく狭い場合には、作成者の個性の表れる余地もなくなり、著作物性を有しないことになる。そして、プログラムの指令の手順自体は、アイデアにすぎないし、プログラムにおけるアルゴリズムは、「解法」に当たり、いずれもプログラムの著作権の対象として保護されるものではない（知財高判平成18・12・26判時2019号92頁〔宇宙開発事業団事件〕）。

簡単な内容をごく短い構文で表現した部分や、ハードウェアの規制上プログラム上の表現が一定のものにならざるを得ない部分は、指令の組合せに創作性がなく、プログラムの著作物ということはできない（東京地判平成15・1・31判タ1139号269頁〔製図プログラム事件〕、東京地判平成7・10・30判時1560号24頁〔システムサイエンス事件〕）。

また、プログラムを作成するために用いるプログラム言語、規約及び解法（アルゴリズムや問題処理の論的手順）は、著作権法上保護されないことが明文で規定されている（著作権法10条3項）。

⑵　専属管轄

　プログラムの著作物についての著作権等の侵害訴訟は、通常の著作権侵害訴訟と比べ、訴訟手続についても特殊な部分がある。便宜、以下、説明を加える。

　プログラムの著作物についての著作者の権利に関する訴えの管轄は、東京地方裁判所と大阪地方裁判所の専属管轄である（民事訴訟法6条）。その控訴審は、専門技術的事項を欠く等の事情により裁量移送された場合を除き、東京高等裁判所の管轄に専属する（同条3項）。プログラムの著作物に関しては、専門技術的な事項が審理に含まれることから、専門部を有し、裁判所調査官も配置されている東京地裁と大阪地裁の専属管轄とされたものである。

　専属管轄の場合に、それ以外の裁判所に訴訟が提起された場合、管轄裁判所に移送しなければならない（同法16条1項）。

⑶　対象物件の特定

　プログラムの著作物の侵害訴訟において、著作物や侵害物件は、表題（製品名）、使用機種、使用言語、種類、機能等により、また、場合によってはダンプリストを付けることにより、特定するのが一般である（東京地判平成7・10・30判時1560号24頁〔システムサイエンス事件〕、東京高決平成4・3・31知的裁集24巻1号218頁〔IBFファイル事件〕）。

⑷　侵害行為の立証方法

ア　立証方法

　プログラムの著作物の複製や翻案が問題となる事案においては、ソースコードの比較が必要になる。

　原告が被告プログラムのソースコードを入手しているのは稀であり、これを開示させることが必要であるが、ソースコードは営業秘密の典型であ

Ｖ　著作物の種類による特性　■　351

るといわれる。被告が、任意の開示に応じない場合には、書類提出命令や検証物提示命令の活用が考えられる（著作権法114条の３第１項、３項）。

　　イ　書類提出命令

　（ア）　判断枠組み

　著作権法114条の３は、著作権侵害訴訟において、当該侵害行為の立証又は侵害行為による損害の計算のための書類の提出につき、特別の規定を置いている。「侵害行為の立証のための必要性」のための書類提出命令や秘密保持命令は、プログラム著作物の侵害訴訟において利用されることが多いと考えられるところから、便宜ここで説明する。

　同条は、民事訴訟法220条の特則として、権利者の侵害行為及び損害額立証の困難さを解消し、より実効性のあるものとするために設けられた規定である。それによれば、裁判所は、当該侵害行為の立証又は侵害行為による損害の計算のため必要な書類の提出を命じることができ、書類の所持者においてその提出を拒むことができる正当な理由があるときは、この限りでないとされている。

　著作権法114条の３第１項ただし書は、「正当な理由」があれば、書類の所持者はその提出を拒むことができる旨規定しており、民事訴訟法220条４号がイないしホのいずれにも該当しないとき文書の所持者は提出を拒むことができないとしているのと、規定の仕方が異なる。民事訴訟法がいわば除外事由を限定的に列挙しているのに対し、一般条項的文言で除外できる場合をより限定している。

　よって、著作権法114条の３によれば、①「侵害行為の立証のための必要性」が認められれば、②「正当な理由」のない限り、書類の提出を命じることができる。

　（イ）　必要性

　「侵害行為の立証のための必要性」については、当該文書を取り調べる必要性の有無、程度すなわち証拠としての重要性や代替証拠の有無、さらには真実発見・裁判促進という司法の利益をも考慮することになる。書類

352 ■ 第４章　著作権侵害の成否

の提出を求める権利者側で、上記①の事情すなわち訴訟追行上の必要性を主張疎明しなければならない。上記必要性の事情としては、探索的ないし模索的な申立てを排除するという観点を判断の要素に加えるべきであり、その意味では、権利者側は侵害であることを合理的に疑わしめるだけの手がかりとなる疎明を尽くす必要がある。

原告側としては、オブジェクトプログラムの実行状況や解析結果、画面の類否、被告の製作過程、共通の誤りの有無、同一又は同種の目的の他社のソフトとの比較、被告内部からの情報等が重要な間接事実であり、これらの事実から被告プログラムが原告プログラムを複製ないし翻案したものであることを合理的に疑わしめる程度の疎明をしなければならない[80]。

このように、相手方が提出に従わない場合に、民事訴訟法224条1項により当該文書の記載に関する権利者側の主張を真実と認めることができるだけの合理性が存することが必要である（大阪地判昭和59・4・26無体裁集16巻1号248頁〔合成樹脂射出成型用型事件〕）。そのように解さなければ、権利者において、目的物が侵害品であることの可能性の調査すらすることなく訴訟を提起し、その後相手方に提出を求め、相手方がこれに応じなければ目的物が侵害品である事実の擬制効果を受けることになり、模索的濫訴を許す結果となりかねない。

また、文書提出命令が発令されたにもかかわらず、相手方がこれに従わないときは、裁判所は、当該文書の記載に関する申立人の主張を真実と認めることができる（民事訴訟法224条）という制裁が課されることにも照らし、証拠調べの必要性があるというためには、侵害行為があったことについての合理的な疑いが一応認められることが必要である（東京地決平成27・7・27判時2280号120頁〔新日鉄ポスコ事件〕）。

80　椙山敬士「コンピュータ・プログラム」民事弁護と裁判実務『知的財産権』649頁、松村信夫ほか「営業秘密の特定とプログラムの著作物の著作権侵害訴訟における主張・立証」知財管理61巻1号67頁

㈦　正当な理由

　他方、書類の所持者側で、開示されることによる所持者の不利益を主張
疎明して、提出義務が免除されることがある。「侵害行為の立証」のため
の書類提出命令の場合は、未だ侵害の事実の有無が認定されていない段階
で発令されるものであり、被告プログラムの詳細等、当該企業にとって極
めて重要な秘密もあり得よう。その秘密とされる程度が高ければ、開示に
よって所持者の側に看過し難い不利益が生ずるおそれがあると認められる
こともあり得よう。

　もっとも、記載内容が営業秘密に該当することから直ちに「正当な理
由」があるとはされておらず、提出義務が免除されるわけではない（東京
高決平成9・5・20判時1601号143頁）。

　従前から、「正当な理由」の有無は、開示することにより文書の所持人
が受ける不利益と、文書が提出されないことにより提出命令の申立人が受
ける不利益とを比較衡量して判断されていた（利益衡量説）。秘密保持命令
制度（著作権法114条の6）が導入されたことにより、当該文書に記載され
ている営業秘密について開示した後も秘密性を維持することが可能となっ
た。このため、「その事項が公開されると当該技術の有する社会的価値が
下落し、これによる活動が困難になるもの又は当該職業に深刻な影響を与
え、以後その遂行が困難になる」か否かという民事訴訟法197条1項3号
所定の「技術又は職業の秘密」に関する判断基準（最一小決平成12・3・
10民集54巻3号1073頁）に照らすと、秘密保持命令を発令した場合には、
公開による不利益が従来ほど大きいものとは考えられない。

㈣　インカメラ手続

　なお、営業秘密が記載された書類について書類提出命令の申立てがさ
れ、その書類について書類の保持者において提出を拒む正当な理由がある
かどうかを判断するため必要があると認めるときは、民事訴訟法223条6
項と同様のインカメラ手続で書類を提示させることができる（著作権法114
条の3第2項）（書類提出命令に伴うインカメラ手続を実施したものとして、知

財高判平成28・3・28判タ1428号53頁〔NTTドコモ事件〕がある。同判決は、秘密としての保護の程度の判断には、営業秘密の内容、性質、開示により予想される不利益の程度に加えて、秘密保持命令の発令の有無及び発令の対象範囲並びに秘密保持契約等の締結の有無、合意当事者の範囲、その実効性等を考慮に入れるべきものと判断した。）。

　ウ　訴訟記録の閲覧等の制限

　㋐　民事訴訟法92条１項の訴訟記録の閲覧等の制限は、知的財産権訴訟において、しばしば利用されている。

　㋑　閲覧制限申立書の記載例

　基本事件　令和元年㈦第12345号
　　原告　　A
　　被告　　株式会社B　外１名
　　　　　　　　　訴訟記録閲覧制限申立書 (注1)

　　　　　　　　　　　　　　　　　令和○○年○月○日
　東京地方裁判所民事第47部　御中

　　　　　　　　　　　申立人（被告）　　　　株式会社B
　　　　　　　　　　　同訴訟代理人弁護士　　甲山五郎　㊞
　貼用印紙額　500円

　　　　　　　　　　　　　申立ての趣旨
　　本件記録中の別紙目録記載の書類について、閲覧、謄写、その正本、謄本若しくは抄本の交付又はその複製の請求ができる者を本件訴訟当事者に限る。

　　　　　　　　　　　　　申立ての理由
　1　営業秘密該当性
　　本件記録中の別紙目録記載の書類（以下「本件書類」という。）は、以下のとおり、申立人の保有する営業秘密に該当する。
　　⑴　本件書類には、申立人プログラムに関する技術上の情報が記載されている。
　　⑵　本件書類は、申立人の社員カード保持者のみが入室できるスペース

V　著作物の種類による特性　■　355

内において、管理職である業務責任者の机近くに設置された鍵付きの
ロッカーの内部に本件書類を施錠して保管しており、本件書類を閲覧
できるのは、鍵を管理している当該薬事業務責任者のほか、申立人の
取締役以上の役職の者に限られる。よって、本件書類は、客観的に秘
密として管理されているということができる。

(3)　申立人は、本件書類を対外的に公表したことはなく、本件書類を閲
覧できる上記(2)の者とは、秘密保持契約を締結している。したがっ
て、本件情報は、公然と知られていないものである。

(4)　本件書類には、申立人プログラムに関するデータの処理方法等に関
する情報が記載されており、申立人にとって極めて重要な技術上の情
報である。

(5)　以上によれば、本件書類は、不正競争防止法2条6項に規定する営
業秘密に当たる。

2　閲覧制限の必要性について

本件書類が、訴訟記録の閲覧等によって外部に知られるところとなる
と、競業他社によって容易に申立人プログラムと同等の価格及び効能の製
品が市場に出されることになり、申立人の将来にわたる営業上の損失は測
りしれない。

3　以上の次第で、主文のとおりの決定を求める。

疎明方法
疎甲1　陳述書[注②]
疎甲2　秘密保持契約書

(別紙) 目録[注③]
1　乙第3号証の3頁1行から5頁5行までの記載部分

注①　閲覧制限は、申立てがあったことにより、その申立ての裁判が確定するま
で、第三者は秘密記載部分の閲覧の請求をすることができない（民事訴訟法92
条2項）。

注②　閲覧制限の対象文書が営業秘密に当たることの疎明は、不正競争防止法2条
1項4ないし10号所定の不正競争行為が問題になる事案ほど、厳格に行われて
いるわけではないが、最低限、秘密管理性等についての陳述書程度は、提出す
べきであろう。

注③　閲覧制限が準備書面や書証の一部である場合には、閲覧制限部分を黒塗りし
た写しを併せて提出する。

エ　秘密保持命令

㋐　立法趣旨

著作権等の侵害に係る訴訟において、提出を予定している準備書面や証拠の内容に営業秘密が含まれる場合には、当該営業秘密を保有する当事者が、相手方当事者によりこれを訴訟の追行の目的以外の目的で使用され、又は第三者に開示されることによって、これに基づく事業活動に支障を生ずるおそれがあることを危ぐして、当該営業秘密を訴訟に顕出することを差し控え、十分な主張立証を尽くすことができないという事態が生じ得る。著作権法が、秘密保持命令の制度（同法114条の６ないし８）を設け、刑罰による制裁を伴う秘密保持命令により、当該営業秘密を当該訴訟の追行の目的以外の目的で使用すること及び同命令を受けた者以外の者に開示することを禁ずることができるとしている趣旨は、上記のような事態を回避するためである（最三小決平成21・１・27民集63巻１号271頁〔液晶テレビ事件〕）。

㋑　著作権侵害訴訟における秘密保持命令

著作権侵害訴訟において、秘密保持命令が問題になり得るのは、例えば、コンピュータプログラムやデータベースの著作物に関する侵害訴訟において、侵害行為に関するソースプログラムの内容、データベース中の情報や体系的構成等の証拠の提出や主張がされる場合が考えられるが、従前、発令された事例はない。

秘密保持命令の要件（著作権法114条の６第１項）及びその取消し（同法114条の７）は、特許法と同様である[81]。

(5) プログラムの複製・翻案

プログラムの著作物の対比に関しては、ソースコードを比較すべきであるところ、具体的記述を対比して、命令文、関数、コメントの表現が一致

81　詳細は、髙部眞規子『実務詳説特許関係訴訟〔第３版〕』70頁参照

しているか、その表現内容が一致しているか等を判断すべきである。原告プログラムと被告プログラムとが、誤っている部分について一致していることは、依拠の要件を肯定する間接事実である。また、両者のソースコードがどの程度の割合で共通しているかという数量的要素も、複製権侵害を肯定する要素となり得る[82]。

　両者のオブジェクトプログラムのほとんどのファイル名が同一であり、被告が新たに付加・変更した部分を除いた部分について原告のソースコードと同一又は類似しているとして、複製権侵害を認めた事例もある（東京地判平成21・11・9最高裁HP（平成20年(ワ)第21090号）〔スピーカー測定器ソフト事件〕）。

　また、知財高判平成28・4・27判時2321号85頁〔接触角計算プログラム事件〕は、原告プログラムと被告プログラムが、①そのプログラム構造の大部分が同一であること、②ほぼ同様の機能を有するものとして1対1に対応する各プログラム内のブロック構造において、機能的にも順番的にもほぼ1対1の対応関係が見られること、③これらの構造に基づくソースコードが、被告プログラムの約86％において一致又は酷似している上に、その記載順序及び組合せ等の点においても、同一又は類似しているということができ、被告プログラムと同一性を有する原告プログラムに係るソースコードの記載は、これを全体として見たとき、指令の表現、指令の組合せ、指令の順序などの点において他の表現を選択することができる余地が十分にあり、かつ、それがありふれた表現であるということはできないから、作成者の個性が表れており、創作的な表現であるということができるとして、プログラムの著作物の翻案権侵害を認めた。

　もっとも、プログラムの表現に選択の余地がないか、あるいは、表現の選択の幅が著しく狭い場合には、デッドコピーのような場合を除くと、複製や翻案を認める余地が少ない。

82　三木茂「プログラムの著作権侵害」裁判実務大系『知的財産関係訴訟法』189頁

8 二次的著作物

⑴ 二次的著作物の意義

　二次的著作物とは、著作物を翻訳し、編曲し、若しくは変形し、又は脚色し、映画化し、その他翻案することにより創作した著作物をいう（著作権法2条1項11号）。

　二次的著作物の著作権は、二次的著作物において新たに付与された創作的部分について生じ、原著作物と共通し、その実質を同じくする部分には生じない（最一小判平成9・7・17民集51巻6号2714頁〔ポパイ事件〕）。二次的著作物のうち原著作物と共通する部分には新たな創作的部分が含まれないのであるから、別個の著作物として保護すべき理由がないからである。そのように解さないと、著作権についての保護期間の定めが無意味になり、永久に著作権法上の権利を主張することが可能になって、不都合である。

⑵ 著作権法28条の意義

　二次的著作物の原著作物の著作者は、当該二次的著作物の利用に関し、当該二次的著作物の著作者が有するものと同一の種類の権利を専有するとされている（著作権法28条）。

　最一小判平成13・10・25判時1767号115頁〔キャンディキャンディ事件〕は、小説形式の原稿を連載漫画にした場合、漫画は原稿を原著作物とする二次的著作物であるから、原稿の著作者は連載漫画について、連載漫画の著作者が有するものと同一の権利を有し、原稿の著作者は、連載漫画の著作者が有する漫画のコマ絵につき、それがストーリーを表しているか否かに関わりなく、同一の権利を有するとした。

　ところで、著作権法27条は、文言上、「著作物を編曲する権利を専有する」旨定めており、「編曲する」という用語に「編曲した著作物を複製する」とか「編曲した著作物を放送する」という意味が含まれると解するこ

Ⅴ　著作物の種類による特性　■　**359**

とは困難である。同法28条が、同法27条とは別個に、編曲した結果作成された二次的著作物の利用行為に関して、原著作物の著作権者に同法21条から27条までの二次的著作物の経済的利用行為に対する権利を定めていることに照らせば、同法27条は、著作物の経済的利用に関する権利とは別個に、二次的著作物を創作するための原著作物の転用行為自体、すなわち編曲行為自体を規制する権利として規定されたものと解される（東京地判平成15・12・19判タ1149号271頁〔記念樹フジテレビ事件〕）。

(3) 著作権の譲渡と特掲

　著作権法61条2項は、「著作権を譲渡する契約において、27条又は28条に規定する権利が譲渡の目的として特掲されていないときは、これらの権利は、譲渡した者に留保されたものと推定する。」旨規定している。これは、通常著作権を譲渡する場合、著作物を原作のままの形態において利用することは予定されていても、どのような付加価値を生み出すか予想のつかない二次的著作物の創作及び利用は、譲渡時に予定されていない利用態様であって、著作権者に明白な譲渡意思があったとはいい難いために規定されたものである。

　JASRAC の著作権信託契約約款には、従前、委託者は「その有する総ての著作権並びに将来取得することあるべき総ての著作権」を信託財産として受託者に移転する旨規定されていた。このような単に「将来取得することあるべき総ての著作権」という文言によって、同法27条の権利や二次的著作物に関する同法28条の権利が譲渡の目的として特掲されているといえるか否かが問題となる。

　上記信託契約約款の上記文言に著作権法28条の権利が含まれると解釈することは、同法61条2項が、同法28条の権利についても同法27条の権利と同様に「特掲」を求めている趣旨に反するなどとして、明示的にも黙示的にも同法28条の権利が、JASRAC に譲渡されたことを認めるに足りないとした裁判例もある（東京地判平成15・12・26判時1847号70頁〔記念樹 JASRAC

事件〕)。原著作物の著作権者の許諾なくして編曲された二次的著作物に関する権利が信託契約の対象となり、譲渡されたものであるとすると、編曲権を侵害する二次的著作物が複製や放送等により利用された場合に、譲受人が編曲権を侵害する二次的著作物に当たらないと判断したときには、これと異なる見解を有する原著作物の著作権者が、何らの権利も行使することができないこととなり、原著作物の著作権者の保護に欠ける不当な結果となりかねない。

二次的利用権を含む全著作権の譲渡を受けるためには、「翻訳権・映画化権その他の翻案権を含む全ての著作権」というように、具体的に特記する必要があるとし、単に「全ての著作権」とか「一切の権利」という表現では特掲したことにはならないと解されている[83]。実務的にも、著作権の譲渡契約に、「27条及び28条の権利を含む一切の著作権」というように、翻案権等が著作者に留保されないように明記すべきであると指摘されている[84]。現に公益社団法人日本文藝家協会の管理委託契約約款は、「著作物又は当該著作物を原著作物とする二次的著作物の複製、頒布及び公衆送信等」、「著作物の翻訳及び映画化等の翻案」という条項によって、同法27条及び28条の権利についても明確に「特掲」しているという。

9 編集著作物

(1) 意　　義

データベースを除く編集物でその素材の選択又は配列によって創作性を有するものは、著作物として保護される（著作権法12条）。著作権法12条は、既存の著作物を編集して完成させたにすぎない場合でも、素材の選択方法や配列方法に創作性が見られる場合には、かかる編集を行った者に編集物を構成する個々の著作物の著作権者の権利とは独立して著作権法上の

83　加戸守行『著作権法逐条講義〔六訂新版〕』441頁
84　古城春実「著作権の移転」新裁判実務大系『著作権関係訴訟法』305頁

保護を与えようとする趣旨に出たものである。

(2) 創 作 性

　編集著作物の場合は、素材の選択か、配列かのいずれかに創作性が認められることが必要である。そこでの創作性は、一般の著作物と同じく、編集者の個性が表れていればよく、編集著作物における創作性は、素材の選択又は配列に、何らかの形で人間の創作活動の成果が表れ、編集者の個性が表れていることをもって足りる（知財高判平成25・4・18判時2194号105頁〔今日の治療薬事件〕）。もっとも、編集著作物においても、具体的な編集物に創作的な表現として表れた素材の選択や配列が保護されるのであって、具体的な編集物を離れた編集方針それ自体が保護されるわけではない。

　裁判例において、編集著作物の創作性とは、「素材の選択又は配列に、何らかの形で人間の精神的活動の成果が現れていること」であり、従前見られないような高度の創作性を意味するものではないとされている（名古屋地判昭和62・3・18判時1256号90頁〔用字苑事件〕、東京地判平成8・9・27判時1645号134頁〔四谷大塚進学教室事件〕）。

　素材の選択又は配列の創作性が認められた事例として、東京高判昭和60・11・14無体裁集17巻3号544頁〔アメリカ語要語集事件〕は、素材の性質上、編集者の編集基準に基づく独自の選択を受け容れ得るものであれば、その選択によって編集物に創作性を認めることができるとして、用語集の語句及び文例の選択・配列の創作性を肯定した。会社案内（東京高判平成7・1・31判時1525号150頁〔永禄建設会社案内事件〕）、スクール情報誌（東京高判平成17・3・29最高裁HP（平成16年(ネ)第2327号）〔ケイコとマナブ事件〕）等にも、編集著作物性が認められている。

　他方、実用目的の強い編集物については、その目的による制約から素材の選択や配列が限定され表現形式が限定される場合には創作性を認める可能性が低くなり、事実やデータを素材とした場合には、ありふれた表現と

して、創作性が否定されることがある。辞書や情報誌など実用性の高い編集物については、素材の選択や配列の選択肢の幅が存在するか否かが判断されるべきである[85]。東京地判平成11・2・25判時1677号130頁〔松本清張映画化リスト事件〕は、従来の事実情報資料においても採用されていた編集方法であるとして、小説の映画化に関する情報のリストについて、創作性を否定した。また、東京地判平成12・3・23判時1717号140頁〔色画用紙見本帳事件〕は、色画用紙の販売用に商品の紙片を貼付した見本帳は、色彩及び色名を素材とする結果著作物とはいえないとして、創作性を否定した。東京高判平成11・10・28判時1701号146頁〔知恵蔵事件〕は、年度版用語辞典において、柱・ノンブル・ツメの態様、分野の見出し・項目・解説本文中に使用された文字の大きさ・書体、使用された罫、約物の形状等は、年度版用語辞典としての性質・目的から考えると素材にはなり得ないとした。

(3) 侵害の成否

編集著作物の著作権侵害の成否については、素材の選択・配列の利用の有無が争点となる。そこでは、当該編集物の性質や内容を踏まえて、素材は何か、これがどのように選択・配列されたかを判断すべきであり、当該編集物の制作過程が問題となる。

東京地判平成17・7・1判時1910号137頁〔京城小学校文集事件〕は、編集著作物の著作者の権利が及ぶのは、あくまで編集著作物として利用された場合に限るのであって、編集物の部分を構成する著作物が個別に利用されたにすぎない場合には、編集著作物の著作者の権利はこれに及ばないとした。すなわち、編集著作物はその素材の選択又は配列の創作性ゆえに著作物と認められるものであり、その著作権は著作物を一定のまとまりとして利用する場合に機能する権利にすぎず、個々の著作物の利用について問

---

85 島並良ほか『著作権法入門』61頁

題が生じた場合には、個々の著作物の権利者が権利行使をすれば足り、ま
た、編集物の一部分を構成する個々の著作物の利用に際しても編集著作物
の著作者の権利行使を許したのでは、個々の著作物の著作者の権利を制限
することにもなりかねず、著作権法12条2項の趣旨に反することになる。

　東京高判平成17・3・29最高裁HP（平成16年㈱第2327号）〔ケイコとマナ
ブ事件〕は、広告主から出稿されたスクール・講座情報を素材として、こ
れらの素材を、読者の検索及び比較検討を容易にするため、五十音順等の
既存の基準ではなく、独自に定めた分類、配列方針に従って配列した情報
誌について、その配置方針自体は、スクール名、住所、最寄駅、コース
名、地図などの読者が当然に必要とする情報を誌面に割り付ける際の方
針、すなわち、アイデアにすぎず、表現それ自体ではない部分であり、ま
た、その分類自体も、同様にアイデアにすぎず、表現それ自体ではない部
分であると認められる上、仮に、分類項目を素材として捉えることができ
るとしても、スクール・講座情報を掲載する情報誌において、読者による
検索の便宜のため、同種のスクールをまとめて分類する必要があること
は、当然のことであり、その分類項目も、英会話、外国語、パソコン、資
格など、実用性の高いスクール・講座情報を先に、音楽、海外、スポーツ
など、趣味性の高いスクール・講座情報を後に、かつ、類似するものが近
接したページに掲載されるよう19種類のツメ見出しの分類に従って配列し
たにすぎないものであるから、その選択、配列に表現上の創作性を認める
ことはできないと判示して、侵害を否定した。

　知財高判平成25・4・18判時2194号105頁〔今日の治療薬事件〕は、一部
については同一又は類似といえず、共通する部分は具体的な編集物に具現
化された素材の選択や配列ではなかったために侵害が否定されたのに対
し、別の一部については、デッドコピーであってその素材の選択又は配列
に、何らかの形で人間の創作活動の成果が表れ、編集者の個性が表れてお
り、創作性が認められ、これと完全に同一の選択及び配列を行った被告書
籍の薬剤の選択及び配列が、複製に当たるとされたものである。

このように、当該編集物において、素材として何が選択され、どのように配列されたかが問題となる。その創作性も、編集した者の個性が発揮され（選択や配列の独自の工夫）、ありふれたものとはいえない場合（既存の編集方法と異なる）には、肯定されよう。また、編集著作物においても、素材の選択又は配列によって具現された編集方法が保護の対象になるのであって、具体的な編集物を離れた、編集方法それ自体はアイデアであって保護の対象とはならない[86]。

10　データベースの著作物

(1)　意　　義

　データベースとは、論文、数値、図形その他の情報の集合物であって、それらの情報を電子計算機を用いて検索することができるように体系的に構成したものをいう（著作権法2条1項10号の3）。データベースでその情報の選択又は体系的な構成によって創作性を有するものは、著作物として保護されるが、データベースの部分を構成する著作物の著作者の権利に影響を及ぼさないとされている（同法12条の2）。

(2)　著作物性

ア　裁　判　例

　東京地判平成12・3・17判時1714号128頁〔タウンページデータベース事件〕は、検索の利便性の観点から、個々の職業を分類し、これらを階層的に積み重ねることによって全職業を網羅するように構成されたものであるとして、著作物性を肯定した。また、東京地判平成14・2・21最高裁HP（平成12年(ワ)第9426号）〔オフィスキャスター事件〕も、情報が格納される表であるテーブルの内容（種類及び数）、各テーブルに存在するフィールド項

86　田中孝一「編集著作物」新裁判実務大系『著作権関係訴訟法』145頁

Ⅴ　著作物の種類による特性　■　**365**

目の内容（種類及び数）、各テーブル間の関連付けの在り方にデータベースの著作物性を肯定する重要な要素があるとして、新築マンションの平均坪単価、専有面積、価格別販売状況等を集計したりしたデータベースの著作物性を肯定した。

他方、東京地判平成13・5・25判時1774号132頁〔車両データベース事件〕は、実在の自動車を選択したデータを収録したものが、自動車整備業者向けに販売されるデータベースに通常使用される選択であるとして、情報の選択の創作性を否定して、著作物性を否定した。

イ　情報の選択又は体系的な構成の創作性

データベースの有用性は、情報の量や正確性、検索性に比例するため、情報が網羅的であり大規模で商業的に優れたものほど、機能的客観的な基準によって情報が選択されることが多いため、制作者の創作的寄与や個性の発露が乏しくなる。このため、情報を網羅的に集積した上で時系列に従った機械的な構成を採用したデータベースは、情報の選択又は体系的な構成において創作性を欠くとされることが多くなる[87]。

データベースに入れるべき情報の選択に人の一定程度の精神的活動といえるものが認められればデータベースの著作物性が肯定される。情報の選択が創作的といえるためには、その選択が機械的、単純なレベルを超えるものでなければならず、関連する情報を選択しないでインプットする場合や、選択の方針が確定的に決められ個別具体的な選択は機械的単純に行われる場合、その情報分野において通常されるべき選択であってそのデータベースに特有なものといえない場合には、創作性が否定される[88]。

データベースの体系的な構成は、情報分類大系が、検索の利便性の観点から独自の工夫がされ、ありふれたものでなく、これに類する体系的構成

---

[87]　田村善之『著作権法概説〔第2版〕』27頁
[88]　椙山敬士＝筒井邦恵「データベースの著作物性」裁判実務大系『知的財産関係訴訟法』111頁、東海林保「データベースの著作物性」新裁判実務大系『著作権関係訴訟法』182頁

を有するデータベースが他に存しない場合に創作性が肯定される（東京地判平成12・3・17判時1714号128頁〔タウンページデータベース事件〕、東京地判平成13・5・25判時1774号132頁〔車両データベース事件〕）。

11　共同著作物

(1)　権利行使の特則

　共同著作物（著作権法2条1項12号）の成立要件については、第2章Iを参照されたい。

　共同著作物の場合には、権利行使の特則が規定されている。すなわち、共同著作物の著作権その他共有に係る著作権（共有著作権）は、その共有者全員の合意によらなければ、行使することができない（著作権法65条）。著作者人格権の行使も同様である（同法64条）。

(2)　著作権侵害

　共同著作物の著作権侵害に関しては、著作権者は、他の著作権者の同意を得ないで、差止請求、廃棄請求又は自己の持分に対する損害賠償等の請求をすることができる（著作権法117条）。

(3)　著作者人格権侵害

　共同著作物の著作者人格権侵害に関しては、共同著作物の著作者は、他の著作者の同意を得ないで、差止請求、廃棄請求をすることができる（同法117条）。同条は、著作者人格権の侵害を理由とする損害賠償や名誉回復措置請求について規定していないが、著作者人格権の侵害の内容や程度に応じて、他の著作者の同意がなくても、自己の持分に対する損害賠償や名誉回復措置請求をすることができると解するのが多数である[89]。

89　古城春実「共同著作」裁判実務大系『知的財産関係訴訟法』253頁、三村量一「共同著作物」新裁判実務大系『著作権関係訴訟法』267頁、中山信弘『著作権法〔第2版〕』643頁、田村善之『著作権法概説〔第2版〕』369頁

第 **5** 章

著作者人格権
侵害の成否

I

〔 公 表 権 〕

1　公表権の意義

　公表権とは、公表されていない著作物（同意を得ないで公表された著作物を含む。）を公衆に提供し、又は提示する権利をいう。公表権の内容は、①未公表著作物を公表するか否かを決定する権利、②未公表著作物の公表の方法を決定する権利、③未公表著作物の公表時期を決定する権利を含む[1]。「公表」の意義は、著作権法4条に規定されている。

2　公表権侵害の成否

　公表権については、著作者の公表についての推定規定（著作権法18条2項）や、同意したものとみなす旨の規定（同条3項）が存在することから、訴訟で争われる事例は少ない。

　アマチュア古代史研究家から送付を受けた写真について、別の場所の写真として掲載した行為が公表権侵害に当たるとした裁判例（仙台高判平成9・1・30判タ976号216頁〔石垣写真事件〕）、「市史」に掲載するために執筆送付された学術論文について、市史の編集委員が改変した上で高校の学内誌に被告名義の論文として投稿した行為が公表権侵害に当たるとした裁判例（東京高判平成8・10・2判時1590号134頁〔市史事件〕）がある。他方、プロサッカー選手の中学校の学年文集に収録された詩について、学年文集が300部以上配布されたものであり、既に公表された著作物であるとして、

1　加戸守行『著作権法逐条講義〔六訂新版〕』164頁

書籍に掲載した行為が公表権侵害に当たらないとした裁判例（東京地判平成12・2・29判時1715号76頁〔中田英寿事件〕）がある。

Ⅱ 〔 氏名表示権 〕

1 氏名表示権の意義

　氏名表示権とは、著作物の原作品に、又はその著作物の公衆への提供若しくは提示に際し、著作者の実名若しくは変名を著作者名として表示し、又は著作者名を表示しないこととする権利をいう（著作権法19条）。氏名表示権の内容は、①著作者名を表示するかしないかを決定する権利、②著作物に著作者名を表示する場合に、実名を付けるか変名を付けるかを決定する権利を含む[2]。

2 氏名表示権の侵害

⑴ 著作者名の表示

　著作物に対する複製権侵害、翻案権侵害を主張する訴訟においては、氏名表示権や同一性保持権の侵害が併せて主張されることが多い。

　複製権侵害や翻案権侵害が認められ、著作者名の表示がない場合には、氏名表示権の侵害も認められることが多い（東京地判平成11・9・28判時1695号115頁〔新橋玉木屋事件〕）。

　参考文献の著者として表示されていることにつき、氏名表示権の侵害とした裁判例（知財高判平成25・9・30判時2223号98頁〔風にそよぐ墓標事件〕）と、著作者名の表示があったとして侵害を否定した裁判例がある（知財高判平成28・6・29最高裁HP（平成27年㈱第10042号）〔歴史小説事件〕）。

2　加戸守行『著作権法逐条講義〔六訂新版〕』170頁

⑵ 氏名表示権の侵害に当たらない場合

　もっとも、著作物の利用の目的及び態様に照らし著作者が創作者であることを主張する利益を害するおそれがない場合には、公正な慣行に反しない限り、氏名表示を省略できる（著作権法19条3項）。「著作物の利用の目的及び態様に照らし」とは、著作物の利用の性質から著作者名表示の必要性がないか著作者名の表示が極めて不適切な場合を指すものと解される。

　したがって、著作物の利用の目的が内部的利用であって著作者名の表示が問題とならない等著作物の利用の性質から氏名表示の必要性がない場合や、著作物の利用の態様が氏名表示になじまない等氏名表示が不適切な場合には、氏名を表示しなくても、氏名表示権の侵害とはならない[3]。また、テレビ番組に登場する主人公や怪獣等を子供向けに紹介する図鑑に掲載されたイラストについて、そこに含まれる複数のイラストの著作者の氏名を目次に列記し、イラストごとにそれに対応する作成者の氏名を表示していないとしても、イラストに係る氏名表示権を侵害するものとはいえないとされている（知財高判平成28・6・29最高裁HP（平成28年㈱第10019号）〔怪獣ウルトラ図鑑事件〕）。しかし、国語教科書に準拠した市販の教材において、著作物に著作者名を表示しなかったことは、著作権法19条3項の場合には当たらない（東京地判平成16・5・28判タ1195号225頁〔教科書準拠国語問題集事件〕）。

　なお、広告写真家が宣伝紙に掲載するために撮影した写真の著作物を、著作者の許諾なく、かつ、撮影者の氏名を表示しない態様で新聞広告に使用した行為について、広告に写真を用いる際には、撮影者の氏名は表示しないのが通例であるとして、その目的態様に照らし、撮影者が創作者であることを主張する利益を害することはなく、公正な慣行にも合致するものといえるから、著作権法19条3項によって氏名表示を省略する場合に該当

3　加戸守行『著作権法逐条講義〔六訂新版〕』171頁

するとされた例もある（大阪地判平成17・1・17判時1913号154頁〔セキスイツーユーホーム事件〕）。

　また、図書館等において、利用者に対する閲覧、貸与等のために著作権者の作品を原著作物とする二次的著作物を購入して所蔵し貸与することは、著作権法19条1項に該当するものではなく、二次的著作物の著作者が原著作者の氏名表示権を侵害して当該二次的著作物を自ら公衆へ提供又は提示する場合とは異なる（知財高判平成22・8・4判タ1342号235頁〔北朝鮮の極秘文書事件〕）。

III
〔 同一性保持権 〕

1 同一性保持権の意義

同一性保持権とは、著作者がその著作物の同一性を保持する権利、すなわち著作物又はその題号に不本意な改変が加えられることのない権利をいう（著作権法20条）。

同一性保持権の内容は、①著作物の内容の同一性を保持する権利、②著作物の題号の同一性を保持する権利を含む。著作物が著作者の人格の具現化されたものであることから、著作物に具現化された著作者の思想、感情の表現の完全性、全一性を保つ必要があるという趣旨から出たものであり、文化的な要請という観点から規定されたものである[4]。同一性保持権は、旧著作権法時代から著作物の全一性を維持する権利、著作物の原形維持権、原作を尊重せしめる権能などと説明されていた[5]。

ベルヌ条約6条の2では、「著作者は、その財産的権利とは別個に、この権利が移転された後においても、著作物の創作者であることを主張する権利及び著作物の変更、切除その他の改変又は著作物に対するその他の侵害で自己の名誉又は声望を害するおそれのあるものに対して異議を申し立てる権利を保有する。」と定められている。これに比べて、「意に反する改変」を禁止する我が国の同一性保持権は、文言上、名誉又は声望を害するおそれのない場合にも侵害を認め得ることになり、著作者の意思にかからしめることになるといわれている[6]。

4 　加戸守行『著作権法逐条講義〔六訂新版〕』174頁
5 　小酒禮「判解」最高裁判所判例解説民事篇〔昭和55年度〕〔11〕事件
6 　半田正夫ほか編『コンメンタール〔第2版〕1』823頁〔松田政行〕

2 同一性保持権の侵害

(1) 同一性保持権の侵害の意義

同一性保持権を侵害する行為とは、他人の著作物における表現形式上の本質的な特徴を維持しつつその外面的な表現形式に改変を加える行為をいい、他人の著作物を素材として利用しても、その表現形式上の本質的な特徴を感得させないような態様においてこれを利用する行為は、原著作物の同一性保持権を侵害しない（最三小判昭和55・3・28民集34巻3号244頁〔パロディ事件〕、最二小判平成10・7・17判時1651号56頁〔雑誌諸君事件〕）。

(2) 複製・翻案と同一性保持権の関係

著作物に対する複製権侵害、翻案権侵害を主張する訴訟においては、氏名表示権のほか、同一性保持権の侵害が併せて主張されることが多い。

原著作物の全部又は一部をこれに修正増減、変更を加えて再製する場合、① 原著作物に訓点、注解、附録、図画を加え、又はその他の修正増減をして再製しているが、付加、修正増減に創作性が認められないとき、② ①における付加、修正増減に創作性が認められるが、原著作物の表現上の本質的な特徴が失われるに至っていないとき、③ ①における付加、修正増減に創作性が認められ、原著作物の表現上の本質的な特徴が失われるに至っているとき、の3類型がある。

③のときは、原著作物とは別個独立の著作物であって、非侵害であるから、同一性保持権侵害の問題も生じない。①のときは、著作権（財産権）の観点からみると、複製に当たり、同一性保持権の侵害が成立することは異論がない[7]。②のときは、著作権（財産権）の観点からみると、翻案に当たるが（江差追分事件）、この場合にも同一性保持権が侵害されることを

---

7 小酒禮「判解」最高裁判例解説民事篇〔昭和55年度〕〔11〕事件

認めたのが、最三小判昭和55・3・28民集34巻3号244頁〔パロディ事件〕である。

(3) 意に反する改変

　同一性保持権は、「意に反して著作物の変更、切除その他の改変を受けない」権利である。「意に反する改変」の意義については、①著作物を改変するか否かはひとり著作者のみが決め得ることになり、同一性保持権は、著作物の変更を禁止する権利であるとして、著作者の判断に委ねられると厳格に解釈運用すべきであるとする立場[8]、②著作者の精神的・人格的利益を害しない程度の改変であれば、同一性保持権の侵害に当たらないとする立場[9]がある。

　同一性保持権は、著作者の精神的・人格的利益を保護する趣旨で規定された権利であり、侵害者が無断で著作物に手を入れたことに対する著作者の名誉感情を法的に守る権利であるから、著作物の表現の変更が著作者の精神的・人格的利益を害しない程度のものであるとき、すなわち、客観的にみて、通常の著作者であれば、特に名誉感情を害されることがないと認められる程度のものであるときは、意に反する改変とはいえず、同一性保持権の侵害に当たらないものと解される。この点については、著作者の主観そのものを保護するというより、社会通念上合理的に認定し得る著作者の意思に反するか否か、すなわち、当該分野の著作者の立場から当該改変行為が通常その著作者の意に反するといえるか否かを、事案ごとに考慮すべきである[10]。そこでは、著作物の性質、改変の場所、改変の規模、改変の影響度に関するユーザーの認識等を総合的に考慮して、侵害を主張する著作者の合理的な意思を検討すべきであろう。

8　斉藤博『著作権法〔第3版〕』154頁、加戸守行『著作権法逐条講義〔六訂新版〕』178頁
9　半田正夫『著作権法概説〔第16版〕』132頁、作花文雄『詳解著作権法〔第4版〕』242頁
10　作花文雄『詳解著作権法〔第4版〕』242頁、同『制度と政策〔第3版〕』109頁

したがって、送りがなや読点の使い方等の表記方法の変更や、改行の有無の変更等についてまで、同一性保持権の侵害を肯定する裁判例（東京高判平成３・12・19知的裁集23巻３号823頁〔法政大学懸賞論文事件〕、東京地判平成13・10・30判時1772号131頁〔魔術師三原脩と西鉄ライオンズ事件〕、東京地判平成15・３・28判時1834号95頁〔国語テスト事件〕）は、著作者の意を重視する余り、著作物の利用に不都合を生じる結果となって、厳しすぎるように思われる。また、極めてわずかの改変・切除である場合（東京地判平成12・８・30判時1727号147頁〔エスキース事件〕）も、同一性保持権の侵害には当たらない場合が多いと思われる。

　そのような観点からすると、著作者の意に反して思想又は感情の創作的表現に同一性を損なわせる改変が加えられた場合に同一性保持権が侵害されたというべきである。著作物の表現の変更が著作者の精神的・人格的利益を害しない程度のものであるとき、すなわち、通常の著作者であれば、特に名誉感情を害されることがないと認められる程度のものであるときは、意に反する改変とはいえず、同一性保持権の侵害に当たらないものと解される。

　したがって、例えば、国語教科書準拠教材の作成過程において、もとの著作物にある単語、文節ないし文章を削除し、又はもとの著作物にない単語、文節ないし文章を加筆し、単語を全く別の単語に置き換えるような変更は、いずれも、文字による創作的表現自体を変更するものであるから、著作物における文字によって表された思想又は感情の創作的表現の同一性を損ない、著作者の人格的利益を害しない程度のものとはいえないから、著作権法20条１項所定の同一性保持権の侵害に当たるというべきであろう。他方、教科書準拠教材を作成するに当たり、著作物に傍線や波線を付加したり、字体を太字に変更するような変更は、著作物の文字による表現自体の変更ではなく、文字によって表された思想又は感情の創作的表現の同一性を損なわせるとはいえないし、そもそも改変には当たらない（東京地判平成18・３・31判タ1274号255頁〔教科書準拠国語テスト事件〕）。

3　各種の著作物と同一性保持権

⑴　写真の改変

　最三小判昭和55・3・28民集34巻3号244頁〔パロディ事件〕は、他人が著作した写真を改変して利用することによりモンタージュ写真を作成して発行した場合において、上記モンタージュ写真から他人の写真における本質的な特徴自体を直接感得することができるときは、上記モンタージュ写真を一個の著作物とみることができるとしても、その作成発行は、上記他人の同意がない限り、その著作者人格権を侵害するものであるとした。

⑵　ゲームソフトのストーリーの改変

ア　ゲームソフトの内容の変更に係る裁判例

　最三小判平成13・2・13民集55巻1号87頁〔ときめきメモリアル事件〕は、ゲームを行う主人公（プレイヤー）が架空の高等学校の生徒となって、設定された登場人物の中からあこがれの女生徒を選択し、卒業式の当日、この女生徒から愛の告白を受けること（ハッピーエンディング）を目指して、3年間の勉学や出来事、行事等を通してあこがれの女生徒から愛の告白を受けるのにふさわしい能力を備えるための努力を積み重ねるという内容の恋愛シミュレーションゲームに係る本件ゲームソフトの著作者人格権が問題となった事案である。被告が輸入販売する本件メモリーカードは、データの記憶単位（ブロック1ないし13）に本件ゲームソフトで使用されるパラメータがデータとして収められ、プレイヤーは、本件ゲームソフトのプログラムを実行するに当たり、本件メモリーカードの任意のブロック内のデータをゲーム機のハードウェアに読み込んで、そのデータを使用することができるものであり、本件メモリーカードによる同一性保持権の侵害の成否が争われた。なお、本件メモリーカードに収められたデータは、本件ゲームソフトのプログラム自体を書き換えるわけではない。

Ⅲ　同一性保持権　■　**379**

同判決は、パラメータにより主人公の人物像が表現され、その変化に応じてストーリーが展開されるゲームソフトについて、パラメータを本来ならばあり得ない高数値に置き換えるメモリーカードの使用によって、主人公の人物像が改変され、その結果、上記ゲームソフトのストーリーが本来予定された範囲を超えて展開されるなど判示の事実関係の下においては、当該メモリーカードの使用は、上記ゲームソフトを改変し、その著作者の有する同一性保持権を侵害すると判断した。

他方、ゲームソフトの内容の変更が同一性保持権の侵害に当たるか否かが問題となった事案として、大阪地判平成9・7・17判タ973号203頁及びその控訴審大阪高判平成10・12・21知的裁集30巻4号981頁〔ネオジオ事件〕がある。同判決は、被告が提供する連射機能を使用した場合でも、プログラム自体には何らの改変も加えず、その影像の変化ないしストーリー展開は原告が著作したゲームソフトが予定した範囲内のもので、上記ゲームソフトにこめられた著作者の思想及び感情をその意に反して改変するものとはいえないとして、同一性保持権侵害を否定した。

また、ゲームソフトの影像ないしストーリー展開の改変ではなくプログラムの同一性保持権の侵害の成否について判断したものとして、東京高判平成11・3・18判時1684号112頁〔三国志Ⅲ事件〕がある。同判決は、原告が著作したゲームソフトがシミュレーションゲームに関するものであり、本来その表現態様が種々に変化することが予定されており、ゲーム展開についての具体的な表現内容が明らかでないから、著作物の改変の対象が特定されているとはいえず、被告が提供したプログラムにより100を超える能力値が使用されることをもって、同一性保持権を侵害するものとはいえないとした。

イ　学　　説

ゲームソフトの内容を変更することが同一性保持権を侵害するか否かに係る学説は、侵害を否定するもの、肯定するものに分かれる。

同一性保持権を否定する説は、①ゲームソフトのプログラムの許容する

範囲内であれば、ゲームソフトが予定しているストーリーを改変するものということはできないこと、②操作次第でゲームの展開が千差万別となり得る状態でゲームが頒布されており、同一性保持権を侵害しないこと、③プレイヤーが私的に改変することは、その範囲にとどまる限り、同一性保持権を侵害しないことを論拠とするものである[11]。

肯定説は、本来あり得なかったストーリーの出現は、映画の著作物又は視聴覚著作物の内面的表現形式の変更として改変に当たるなどとする[12]。

否定説の上記①に対しては、プログラムの改変と、影像や人物像ないしストーリーの改変とは、別の問題であるから、プログラムの改変がなくデータが異常なものとして排斥されなければ、即ゲームソフトが予定しているストーリーの範囲内であるということにはならない。すなわち、プログラムの著作物としての同一性保持権の侵害がなくても、影像面におけるストーリーの展開の部分の侵害はあり得るであろう。プログラムと影像がそれぞれ著作物性を有するとして保護される以上、プログラムの改変が許されるゆえに影像の改変も許されるということはできない。そして、プログラム自体の問題ではなく、ゲームソフトが予定している人物像ないしストーリーの範囲内か否かが問われるべき場合がある。なお、市販のメモリーカードを利用することによりハッピーエンディングの直前データを繰り返し用いることができるが、そのデータはあくまでもゲームソフトを利用して作成された範囲のものであり、そのことによってメモリーカードによる改変が許容されたものということはできないのは当然である。

また、上記②は、本来予定されている表現態様が一定していないことを

11　田村善之『著作権法概説〔第2版〕』361頁、小倉秀夫「ときめきメモリアル著作権事件」CIPICジャーナル91号56頁、岡邦俊『マルチメディア時代の著作権の法廷』68頁

12　土井輝生「ビデオゲーム」『著作権判例百選〔第3版〕』65頁、斉藤博『著作権法〔第3版〕』87頁、泉克幸「ゲーム・ソフトの内容を一部変更するプログラムの著作権法上の評価」知財管理46巻8号1249頁、辻田芳幸「データの付加・変更と同一性保持権侵害可能性」清和法学研究2巻2号151頁、吉田大輔「シミュレーションゲームプログラム改変事件」著作権研究23号189頁

前提とするものであるが、プレイ毎に異なる表現態様となるといっても、全く無制限なものではなく、許容された一定の範囲内で表現される有限なものである。したがって、その範囲を逸脱した場合には、侵害ということができよう。少なくともときめきメモリアル事件においては、ゲームソフトのストーリーは、一定の条件下に一定の範囲内で展開されるものであり、対象とされたメモリーカードを使用すると、本来ならあり得ない形でストーリーが展開されるという事実が原審において確定されており、最高裁判決は、このような事実関係の下で判断されたものである。このように、表現態様が全く無制限なものではなく、許容された一定の範囲内で表現される有限なものであり、その範囲を逸脱した場合には、同一性保持権を侵害するものということができ、このような改変は著作権法20条2項4号に該当するとはいえない。

　さらに、上記③については、侵害の主体がだれかという問題とも関連するが、ときめきメモリアル事件最高裁判決は、輸入販売業者に損害賠償責任を認めたにすぎず、プレイヤーが同一性保持権の侵害による責任を負うことまで判示するものではない。上記最高裁判決が「本件メモリーカードの使用により本件ゲームソフトの同一性保持権が侵害された」という表現を用いて侵害の主体を明示しなかったのは、私的領域におけるプレイヤーの行為が同一性保持権を侵害するとするのには違和感があったからであろうか。しかし、現行法においては、私的使用のための複製は著作権侵害とならず（著作権法30条）、その場合には翻訳、編曲、変形又は翻案も許され（同法47条の6第1号）、プログラムの著作物については一定の範囲で利用が認められているにもかかわらず（同法47条の3）、これらの規定は著作者人格権である同一性保持権については適用がないから（同法50条）、法文上、形式的には私的な改変も同一性保持権を侵害していると評価せざるを得ないであろう。同一性保持権を規定する著作権法20条は、氏名表示権を規定する同法19条と異なり「公衆への提供若しくは提示に際し」という限定を付していないから、私的利用の範囲においても、同一性保持権を保護

すべきものとして規定されているとの指摘もある[13]。もっとも、実際には、プレイヤーの行為には可罰的な違法性まではなく、著作者が差止めや損害賠償を請求することも想定しにくいし、実効性も乏しいものといわざるを得ないであろう。なお、この点については、立法論としては、同法50条を限定すべきであるとする考え方もある。

　ウ　アメリカ合衆国の裁判例

　アメリカ合衆国において、ビデオゲームのプログラムはプログラムの著作物として保護され、影像は視聴覚著作物（audiovisual work）として保護され、両者は別個独立の著作物として保護される。同国におけるビデオゲームの改変について次のような裁判例が見られる[14]。

　(ア)　Midway Mfg. Co. v. Artic International, Inc., 704 F. 2d 1009（7th Cir. 1983）, cert. denied, 464 U.S. 823（1983）は、アーケードゲームにスピードアップキットを付けることによって生み出される影像は、ゲームをよりチャレンジングで刺激的なものとし、収入を増加させるもので、ゲームの著作権者が独占することを認められるべきものであるとして、スクリーン上の影像の動き方を速くするスピードアップキットの販売が寄与侵害に当たると判断し、予備的差止命令を命じた。

　(イ)　Lewis Galoob Toys, Inc., v. Nintendo of America, Inc., 964 F. 2d 965（9th Cir. 1992）, cert. denied, 507 U.S. 985（1993）は、ビデオゲームの特徴であるキャラクターの動く速度を速めること等変化させることを可能とするゲームソフトの付属品「ゲーム・ジェニー」が、変更されたディスプレイが著作物の部分を一定の具体的又は永続的な形式で含んでいないから、派生的著作物に当たらないなどとして、ゲーム・ジェニーの販売を非侵害とした。

　(ウ)　Micro Star v. FormGen Inc., 154 F. 3d 1107（9th Cir. 1998）は、デュー

13　作花文雄「判批」判例評論512号32頁
14　茶園成樹「アメリカにおけるビデオゲームの改変と著作権侵害の成否」『牧野退官』645頁

クという主人公が次のレベルに通じる隠された通路を探しながら敵に倒される前に敵を倒すという冒険ゲームのストーリーにつき、同ゲームソフトのレベルをダウンロードしたその続編ともいうべき「ニュークイット」が、上記ゲームソフトの保護されるべき表現を含む派生的著作物であるとして、ニュークイットの販売が侵害に当たると判断し、予備的差止命令を命じた。

エ　判例の射程等

(ア)　ときめきメモリアル事件最高裁判決は、あくまでも原審が確定した事実関係の下における事例判断であり、改変が行われる全ての場合に同一性保持権の侵害を肯定する趣旨のものではない。したがって、ゲームソフトのストーリーが一定の条件下に一定の範囲内で展開されるものとはいえない場合や、被告が提供したメモリーカードを使用してもゲームソフトが予定しているストーリーの範囲内であり、表現態様が許容された一定の範囲内である場合などには、上記判決とは異なる結論になる可能性があろう。

(イ)　すなわち、東京高判平成11・3・18判時1684号112頁〔三国志Ⅲ事件〕は、後に、上告棄却決定及び上告不受理決定（最二小決平成13・12・21（最高裁平成11年(オ)第975号、(受)第814号)）により確定したが、ときめきメモリアル事件とは、次のような差異があったものと思われる。

まず、三国志Ⅲ事件では、ストーリー展開の改変ではなくプログラムの同一性保持権の侵害の成否が問題となってこれが否定されたものであり、原告が著作したゲームソフトにおいて、新武将の能力値は100以下であるのに、被告製品を使用することにより100を超える能力値を入力できるというものであり、ゲームの再生過程で利用される本来のプログラム部分を被告プログラムが作動するように変更してしまう記憶媒体を作成したもので、ときめきメモリアル事件とは改変の手段方法が異なる。

次に、三国志Ⅲ事件は、100を超える能力値が入力された場合のゲーム展開は本来予定された100以内のそれと明確な差異があるとは認められず、具体的表現の改変の事実が証拠上明らかでないという事実関係の下

で、影像の著作物性につき、映画の著作物又はゲームソフトの著作物に当たらないとして、ストーリーの改変の有無については判断しなかったが、仮に影像ないしストーリーの改変が問題となったとしても、具体的表現の改変の事実が証拠上明らかでないという上記判決の前記認定事実によれば、ストーリーの展開が改変されたということは困難であろう。入力される能力値が予定された範囲を超えただけでは侵害とはならず、それによって表現されるゲームの展開に改変があるか否かが問題であるところ、本来予定された範囲を超えたゲーム展開か否かは、事実認定の問題というべきである。これに対し、ときめきメモリアル事件においては、ゲームソフトのストーリーは、一定の条件下に一定の範囲内で展開されるものであり、本件メモリーカードを使用すると、本来ならあり得ない形でストーリーが展開されることが、原審において確定されており、法律審である最高裁は、このような事実関係の下で判断したものであって、基礎となる事実関係を異にする以上、両者が整合性を欠くわけではない。

(3) 言語の著作物の改変

　最二小判平成10・7・17判時1651号56頁〔雑誌諸君事件〕は、著作権法20条に規定する著作者が著作物の同一性を保持する権利を侵害する行為とは、他人の著作物における表現形式上の本質的な特徴を維持しつつその外面的な表現形式に改変を加える行為をいい、他人の著作物を素材として利用しても、その表現形式上の本質的な特徴を感得させないような態様においてこれを利用する行為は、原著作物の同一性保持権を侵害しないと解すべきであると判断した。その上で、被告が作成した評論部分の一部は、原告の著作部分の内容を要約して紹介するものとして適切を欠くものであるが、原告の著作部分の内容の一部をわずか3行に要約したものにすぎず、38行にわたる原告の著作部分における表現形式上の本質的な特徴を感得させる性質のものではないから、上記著作部分に関する原告の同一性保持権を侵害するものでないとした。

4 著作者人格権の制限

(1) 著作権の制限規定との関係

　著作権の制限規定は、著作者人格権に影響を及ぼさない（著作権法50条）。ただし、著作権制限規定によって許容される範囲における改変は、著作権法20条2項4号の「やむを得ないと認められる改変」に当たるとする裁判例がある（東京地判平成10・10・30判時1674号132頁〔血液型と性格事件〕）。

　また、制限規定の適用がない場合の無許諾の海賊的利用行為と、制限規定による利用行為について、著作者人格権が同様の範囲と程度において働くべきものと解するかどうかは、別問題であるとして、制限規定による利用行為が著作者人格権侵害となるか否かは、個別に判断していかざるを得ないとする見解もある[15]。

(2) 意に反しない改変

　意に反する改変が同一性保持権を侵害するのであるから、著作者の同意の下に改変が行われた場合は、同一性保持権の侵害とならない。ただし、著作者が与えた同意の範囲を越えて改変を行った場合は、同一性保持権の侵害となる（東京地判平成10・10・26判時1672号129頁〔恐竜のイラスト事件〕）。

　同意は、黙示的であっても、同様である。雑誌に投稿した俳句を添削した上で掲載した行為について、指導上の観点から俳句界の慣行に従って添削したものであり、実質的に違法性がなく、また、俳句を学習する者として俳句の添削指導の慣行や実情を容易に知り得る立場にあったとして、ことさら添削を拒絶する意思を明示することなく俳句を投稿したことによ

15　作花文雄『制度と政策〔第3版〕』257頁

り、添削及び添削後の掲載について黙示的に承諾を与えていたとして、同一性保持権の侵害を否定した事例がある（東京地判平成9・8・29判時1616号148頁〔俳句添削事件〕）。

なお、報道番組の制作編集に当たって、マンションの完成予想図について、マンションの色彩の変更や動画編集等の改変を加えたことについて、著作者人格権の侵害をいうほどの違法は認められないとした事案がある（知財高判平成22・5・25最高裁HP（平成22年(ネ)第10019号）〔マンション完成予想図事件〕）。

著作者が、第三者に対し、必要に応じて、変更、追加、切除等の改変を加えることをも含めて複製を黙示的に許諾しているような場合には、第三者が当該著作物の複製をするに当たって、必要に応じて行う変更、追加、切除等の改変は、著作者の同意に基づく改変として、同一性保持権の侵害にはならないとした裁判例もある（知財高判平成18・10・19最高裁HP（平成18年(ネ)第10027号）〔計装工業会講習資料事件〕）。

(3) 著作権法20条2項による制限

ア 著作権法20条2項2号

大阪地判平成25・9・6判時2222号93頁〔梅田庭園事件〕は、同号の文言に特段の制約がない以上、建築物の所有者は、建築物の増築、改築、修繕又は模様替えをすることができるとした上、その改変が著作者との関係で信義に反すると認められる特段の事情がある場合はこの限りではないと判断した。

イ やむを得ないと認められる改変

(ア) やむを得ないと認められる改変の意義

同一性保持権の制限規定として、著作権法20条2項があるが、厳格に解釈運用されるべきであるとされている[16]。東京高判平成3・12・19知的裁

---

16 加戸守行『著作権法逐条講義〔六訂新版〕』178頁、斉藤博『著作権法〔第3版〕』210頁

集23巻3号823頁〔法政大学懸賞論文事件〕は、「やむを得ないと認められる改変」に該当するというためには、利用の目的及び態様において、著作権者の同意を得ない改変を必要とする要請が、著作権法20条2項1号及び2号の法定された例外的場合と同程度に存在することが必要であるとして、送りがなの付け方の変更、読点の切除、中黒「・」の読点への変更及び改行の省略につき、上記必要性が存したものと解することはできないとして、同一性保持権を侵害するとした。東京地判平成10・10・29判時1658号166頁〔SMAP事件〕も、同項4号の適用を否定した。

著作権法20条2項4号の「やむを得ないと認められる改変」は、同一性保持権による著作者の人格的利益の保護を例外的に制限する規定であり、かつ、同じく改変が許される例外的場合として同項1号ないし3号の規定が存することからすると、同項4号にいう「やむを得ないと認められる改変」に該当するというためには、著作物の性質、利用の目的及び態様に照らし、当該著作物の改変につき、同項1号ないし3号に掲げられた例外的場合と同程度の必要性が存在することを要するものとされている。東京地判平成16・5・28判タ1195号225頁〔教科書準拠国語問題集事件〕は、同条2項1号は学校教育の目的上やむを得ない改変を認めているが、同号に該当する教科書に準拠した教材であるからといって、教科書に当たらないものについて同号と同程度の必要性が存在すると認めることはできないとした。

⑷　適用肯定例

もっとも、上記のような厳格な見解に対し、近時は、これは行きすぎであり、著作者の利益と利用者の利益との利益衡量を行う形で柔軟に解釈すべきであるとする見解もある[17]。特にデジタル化の進展に伴い著作物の改変が容易にされるようになった現在、同一性保持権の保護を過度に要求することは、著作物の利用を過度に阻害するおそれにつながりかねないとの

17　上野達弘「著作物の改変と著作者人格権をめぐる一考察」民商法雑誌12巻4＝5号748頁、6号925頁

指摘もある。

　やむを得ない改変であるとして、同一性保持権の侵害を否定した事例としては、以下の裁判例がある。東京高判平成10・7・13知的裁集30巻3号427頁〔スウィートホーム事件〕は、映画のトリミング、コマーシャルによる中断について、同一性保持権侵害に当たるとしつつ、本件ではトリミングを正当化する特段の事情があったとしている。東京地判平成11・3・26判時1694号142頁〔Dolphin Blue事件〕は、技術上の理由による原作品と印刷物の差異について、同一性保持権侵害を否定している。東京高判平成12・4・25判時1724号124頁〔脱ゴーマニズム事件〕は、実在の人物を醜く描写したカットの採録に目隠しを付したことにつき、名誉感情を侵害するおそれを低くしており、目隠しが引用者によるものであることを明示しているとしてやむを得ない改変とした。東京地判平成18・3・31判タ1274号255頁〔教科書準拠国語テスト事件〕も、国語教科書に掲載された文学作品に、そのテスト等にもとの著作物にはない挿絵や写真が付加されている場合や、傍線や波線を付加したような変更は、いずれも、原告らの著作物の文字による表現自体の変更ではなく、傍線や波線等を付加したからといって、文字によって表された思想又は感情の創作的表現の同一性を損なわせるわけでなく、そもそも改変には当たらないとしている。

　このように、例外的に改変を認めざるを得ない場面が増加してきており、根本的に世界的に見ても強い同一性保持権の規定を現代社会に適合するように改めることも視野に入れるべきであろう[18]。

(4)　事実たる慣習

　俳句の投句に際する改変について、事実たる慣習に従って添削した上掲載したものとして、同一性保持権侵害を認めなかった事案もある（東京高判平成10・8・4判時1667号131頁〔俳句添削事件〕）。

18　中山信弘『著作権法〔第2版〕』518頁

(5) 権利濫用

著作者人格権侵害についても、通常の訴訟と同様、権利濫用の抗弁はあり得る。

権利濫用の抗弁が認められた事例として、東京地判平成8・2・23判タ905号222頁〔やっぱりブスが好き事件〕は、出版社の編集長が漫画家の著作にかかる原画の絵柄、セリフ等を改変した行為について、自ら事前に2回にわたり、皇族の似顔絵や皇族を連想させるセリフ等の表現を用いないことを合意しておきながら、締切を大幅に経過し、製版業者への原画持込期限のさし迫った時刻になって、ようやく本件原画を渡し、長時間にわたる修正の要求、説得を拒否し、編集長を他に取り得る手段がない状態に追い込んだ原告が、このように重大な自己の懈怠、背信行為を棚に上げて、編集長がやむを得ず行った本件原画の改変及び改変後の掲載を捉えて、著作権及び著作者人格権の侵害等の理由で本件請求をすることは、権利の濫用であって許されないとしたものである。

(6) 不行使特約

同一性保持権の不行使特約については、①明確かつ具体的に特定していれば不行使の同意を有効であるとする見解、②利用行為が名誉又は声望を害する場合は事後的に無効にできるとして、改変の範囲や内容が特定されていれば不行使特約を有効とする見解、③名誉又は声望を害する態様での改変には不行使特約を認めるべきでなく、翻案権の譲渡又は許諾があれば常識の範囲内の改変に同一性保持権の主張を許すべきでないとする見解がある[19]。

19　①説は上野達弘「著作者人格権に関する法律行為」著作権研究33号54頁、②説は松田政行「講演録・著作者人格権とその周辺」コピライト429号13頁、③説は中山信弘『著作権法〔第2版〕』475頁

IV
〔 著作者人格権の侵害とみなす行為 〕

1 海賊版の知情頒布

著作権法113条は、直接的に著作権等の侵害行為を構成するものではないが、実質的に著作権者の利益を護るために一定の行為を侵害とみなすものとしている。

同条1項2号は、著作者人格権等の侵害品を情を知って頒布、頒布目的で所持することなどを侵害行為とみなしており、「情を知って」との主観的要件が必要とされている。同条については刑事罰も科せられていることを勘案すると、この知情の程度については、単に侵害の争いがあるとか警告を受けたというだけでは情を知っているとまではいえないであろう[20]。

裁判例でも、仮処分、判決等の公権的判断において著作権を侵害する行為によって作成された物であることが示されたことを認識する必要があるとされている（知財高判平成22・8・4判タ1342号235頁〔北朝鮮の極秘文書事件〕、東京地判平成9・9・5判タ955号243頁〔ダリ事件〕）。

2 名誉・声望を害する利用

著作者の名誉又は声望を害する方法によりその著作物を利用する行為を著作権人格権の侵害とみなすと定めているのは（著作権法113条7項）、著作者の民法上の名誉権の保護とは別に、その著作物の利用行為という側面から、著作者の名誉又は声望を保つ権利を実質的に保護する趣旨に出たも

20　中山信弘『著作権法〔第2版〕』651頁

のである。同項所定の著作者人格権侵害の成否は、他人の著作物の利用態様に着目して、当該著作物利用行為が、社会的に見て、著作者の名誉又は声望を害するおそれがあると認められるような行為であるか否かによって決せられるべきである。したがって、他人の言語の著作物の一部を引用して利用した場合において、殊更に前後の文脈を無視して断片的な引用のつぎはぎを行うことにより、引用された著作物の趣旨をゆがめ、その内容を誤解させるような態様でこれを利用したときは、これに接した一般読者の普通の注意と読み方を基準として、そのような利用態様のゆえに、引用された著作物の著作者の名誉又は声望が害されるおそれがあると認められる限り、同項所定の著作者人格権の侵害となることはあり得る。もっとも、そのような場合であっても、その引用自体、全体として正確性を欠くものでなく、前後の文脈等に照らして、当該著作物の趣旨を損なうとはいえないときは、他人の著作物の利用態様により著作者の名誉又は声望を害するおそれがあるとはいえないのであるから、当該引用された著作物の内容を批判、非難する内容を含むものであったとしても、同項所定の著作者人格権の侵害には当たらない（東京高判平成14・11・27判時1814号140頁〔古河市兵衛の生涯事件〕）。

創作意図に反する利用をみなし侵害に当たるとした裁判例もあるが（東京地判平成5・8・30知的裁集25巻2号310頁〔目覚め事件〕）、創作意図に反するからといって、直ちに名誉声望を害することにはならないと思われる[21]。

3 著作者の人格的利益

ここで、便宜、著作者の人格的利益についても触れておく。

---

21 半田正夫ほか編『コンメンタール3〔第2版〕』499頁〔山本隆司〕

⑴ 思想・意見等を公衆に伝達する利益

　公立図書館は、住民に対して思想、意見その他の種々の情報を含む図書館資料を提供してその教養を高めること等を目的とする公的な場であり、そこで閲覧に供された図書の著作者にとって、その思想、意見等を公衆に伝達する公的な場でもある。したがって、公立図書館の図書館職員が閲覧に供されている図書を著作者の思想や信条を理由とするなど不公正な取扱いによって廃棄することは、当該著作者が著作物によってその思想、意見等を公衆に伝達する利益を不当に損なうものといわなければならない。そして、著作者の思想の自由、表現の自由が憲法により保障された基本的人権であることにも鑑みると、公立図書館において、その著作物が閲覧に供されている著作者が有する上記利益は、法的保護に値する人格的利益であると解される（最一小判平成17・7・14民集59巻6号1569頁〔歴史教科書事件〕）。

⑵ 著作者死後の人格的利益の保護

　著作者人格権は、一身専属の権利であり（著作権法59条）、著作者の死亡により消滅するが、著作者の死後も、著作者人格権の侵害となるべき行為は禁止されている（同法60条）。

　著作権法116条により、著作者の死後において、その遺族が差止請求及び名誉回復措置請求をすることができる（東京地判平成16・5・31判タ1175号265頁〔XO醤男と杏仁女事件〕）。

第6章

国際化と著作権訴訟

I 〔 国際裁判管轄 〕

1 渉外的要素を含む著作権訴訟

(1) 国際的問題

　知的財産権訴訟においては、近時、特に渉外的要素を有する事件が増加しており、当事者が外国に住所を有していたり、外国の裁判所において関連する紛争が係属していることは珍しいことではない。グローバル化に伴って、著作権関係訴訟においても、我が国の裁判所において、外国人の創作した著作物や外国における行為が問題となったり、外国の著作権の侵害の成否が争われるなど、渉外的要素を含む訴訟がみられるようになった。ことに、インターネットの急速な発達に伴い、著作権の侵害は、瞬時にして国際的な問題を引き起こすことになった。

　このような渉外的要素を有する民事事件については、まず、第1に、いずれの国の裁判所が裁判を行うかという国際裁判管轄の問題が生じる。

　著作権侵害訴訟の国際裁判管轄を決定するルールについては、国際的基準があるわけではなく、これを明らかにすることは、紛争解決のみならず、著作物の利用に当たって許諾を求めるなど行動指針を検討する際に予測可能性を高める上で、極めて重要である。

(2) 渉外的要素

　我が国の著作権法は、6条1号により、日本国民の著作物を保護するほか、同条2号により、最初に国内において発行された著作物（国外で最初に発行されてから30日以内に国内において発行されたものを含む。）を保護することを規定する。さらに、同法6条3号により「条約により我が国が保

護の義務を負う著作物」も我が国の著作権法の保護対象となるから、外国人が創作し外国で最初に発行した著作物であっても、ベルヌ条約、万国著作権条約、TRIPs協定及びWIPO著作権条約等により保護の義務を負う著作物については、我が国の著作権法の保護を受けることになる。

したがって、我が国の著作権関係訴訟における渉外的要素としては、まず、権利者側の要素として、外国人が創作した著作物が問題となる場合や外国人が著作権者である場合があり、他方、相手方の要素として、相手方が外国に所在する場合や利用行為が外国における場合等がある。このように、著作権者等の当事者が外国人であったり、利用行為地が外国である場合に、我が国の裁判所が国際裁判管轄を有するのかが問題となる。また、著作物をインターネットを通じて利用した場合に、世界中の国での利用行為をどこの国の裁判所で審理判断するのかが、問題となる。

2 国際裁判管轄の基本的考え方

⑴ 国際裁判管轄一般

国際裁判管轄に関し、最高裁判所は、最二小判昭和56・10・16民集35巻7号1224頁〔マレーシア航空事件〕、最三小判平成9・11・11民集51巻10号4055頁〔ドイツ預託金事件〕において、我が国の民事訴訟法の規定する裁判籍のいずれかが我が国内にあるときは、原則として、国際裁判管轄を肯定し、我が国で裁判を行うことが当事者間の公平、裁判の適正・迅速を期するという理念に反する特段の事情があると認められる場合には、我が国の国際裁判管轄を否定するという基本的立場を採っている。

我が国の民事訴訟法には、従前、国際裁判管轄に関する規定がなかったが、民事訴訟法の改正により、一定のルール作りが行われ、平成23年法律第36号による改正によって、民事訴訟法第2章第1節に、「日本の裁判所の管轄権」として国際裁判管轄が定められるところとなった。

(2) 著作権関係訴訟の特殊性

　知的財産権訴訟の中でも、特許権・実用新案権・意匠権及び商標権のいわゆる産業財産権については、国家が権利を付与するという性質上、付与した国の管轄に専属すべきか否かという議論がある。平成23年改正後の民事訴訟法においても、「知的財産権のうち設定の登録により発生するものの存否又は効力に関する訴えは、その登録の地が日本であるときは、日本の裁判所にのみ提起すべきものとするものとする。」（3条の5第3項）とされている。

　これに対し、著作権の場合は、特許権等とは異なり国家の行政行為によることなく無方式で権利が成立し（著作権法17条2項）、文学的及び美術的著作権の保護に関するベルヌ条約（以下「ベルヌ条約」という。）により、同盟国の国民は相互に内国民待遇を受けることもあって、国際裁判管轄について一般の民事訴訟と同様の枠組みによることに異論はない。著作権は、産業財産権のように国家との関わりが強くないから、著作権に関する訴訟を専属管轄とすべき理論的根拠はないし、その必要性もなく、ベルヌ条約の同盟国に関しては、他国における権利の確認をしても、問題は少ない。したがって、著作権の存否確認訴訟における国際裁判管轄について、いずれかの国の専属管轄とすべき実質的根拠はない。

　以上のように、著作権は、無方式で発生し、ベルヌ条約により同盟国で相互に保護されるが、権利としては各国で個別に成立し、存在するものである。よって、財産権上の訴え（民事訴訟法3条の3第3号）の「財産権」としては「当該国における著作権」を考えるべきである。我が国における著作権の存否確認請求訴訟については、請求の目的たる財産が我が国に存在し、我が国と法的関連を有するから、我が国に国際裁判管轄を認めることができる。また、我が国における著作権の存否確認を審理判断するのに最も適しているのは、我が国の裁判所であるということができよう。最二小判平成13・6・8民集55巻4号727頁〔円谷プロダクション事件〕は、上

記のような考え方の下に我が国における著作権の存否及びタイ王国における著作権の存否についての国際裁判管轄を肯定した。

次に、著作権侵害訴訟についても、国家の行政行為によることなく無方式で権利が成立し（著作権法17条2項）、ベルヌ条約により相互に内国民待遇を受けることもあって、一般の不法行為法と同様の枠組みによることで各国の意見が一致している。したがって、著作権の侵害訴訟における国際裁判管轄について、当該国の専属管轄と解する余地はなく、通常の不法行為訴訟と同様の考え方によるべきことになる。

3　著作権訴訟における管轄原因

⑴　管轄原因

民事訴訟法の改正によっても、著作権訴訟についての管轄を直接定める規定は置かれていないが、著作権訴訟においては、以下のような管轄原因により、特別の事情（民事訴訟法3条の9）がない限り、我が国の裁判所の管轄が肯定されることになる。

⒜　被告の普通裁判籍が我が国にある場合（民事訴訟法3条の2）

⒝　合意管轄（同法3条の7）又は応訴管轄（同法3条の8）が認められる場合

⒞　請求の目的が日本にあり、又は被告が差し押さえるべき財産を日本に有する場合（同法3条の3第3号）

⒟　被告が日本に事務所又は営業所の所在地を有する場合でその事務所の業務に関する場合（同法3条の3第4号）

⒠　不法行為地の裁判籍（同法3条の3第8号）が認められる場合

⒡　併合請求の裁判籍（同法3条の6）が認められる場合

Ⅰ　国際裁判管轄　■　**399**

⑵ 不法行為地の裁判籍について

ア　不法行為地

　民事訴訟法３条の３第８号では、不法行為に関する訴えについて、不法行為があった地が日本国内にあるときは、日本の裁判所に提起することができること、ただし、加害行為の結果が発生した地のみが日本国内にある場合において、その地における結果の発生が通常予見することができないものであったときは、この限りでないことが規定されている。

　不法行為地の裁判籍について、最二小判平成13・6・8民集55巻4号727頁〔円谷プロダクション事件〕は、「原則として、被告が我が国においてした行為により原告の法益について損害が生じたとの客観的事実関係が証明されれば足りる」旨判示して、近時の有力説である客観的事実証明説を採用することを明らかにした。

イ　損害賠償請求の場合

　これを著作権侵害による損害賠償請求訴訟にあてはめれば、証明すべき事項は、

　　a　原告の著作権の存在

　　b　被告の著作物利用行為

　　c　損害の発生

　　d　bとcの（事実的）因果関係

及びb又はcの場所が我が国であることである。すなわち不法行為の要件事実のうち、故意過失や違法性の立証は、管轄の審理の段階では必要としないとしたものである[1]。なお、違法性の立証が管轄の問題ではなく本案の問題である以上、管轄の判断に際し、bの被告の行為が、「著作権侵害」であることを立証する必要はない。

　「不法行為地」には、①原因行為のあった地のみならず、②結果（損害）

1　髙部眞規子「判解」最高裁判所判例解説民事篇〔平成13年度〕〔16〕事件

400 ■ 第6章　国際化と著作権訴訟

の発生地がある。上記①の原因行為地が我が国である場合は、上記ａｂｃ
ｄの事実を立証し、かつ、ｂの行為地が我が国であることの立証があれば
足りるということになろう。他方、上記②の損害発生地が我が国である場
合は、上記ａｂｃｄの事実を立証し、かつ、ｃの損害発生地が我が国であ
ることの立証があれば足りる。なお、損害発生地については、被告におい
て損害が我が国で発生することを予見することができることが必要であ
り、被告において、これを予見できなかったこと（例えば、原告の著作物
も被告の作品も、いずれもアラビア語で記載され我が国で出版されることが予
見できなかったというような場合が考えられる。）を反証すれば、国際裁判管
轄を否定すべきであろう。

民事訴訟法３条の３第８号括弧書も同旨をいうものと解される[2]。

また、外国における著作権の侵害が問題となる場合は、最一小判平成
14・9・26民集56巻7号1551頁〔FM信号復調装置事件〕の考え方によれ
ば、被告が我が国においてした行為により原告の法益（外国における著作
権）について損害が生じたとの客観的事実関係が証明されるのは困難であ
ろうから、不法行為地の裁判籍を根拠とするのは難しい場合が多いと思わ
れる。

---

[2]　高橋宏志教授は、損害発生地については、これを無制限に不法行為地と認めると
きは、加害者が予見不可能な地（国）での応訴を強いられる結果になり得るので、一
定の条件付きで認めるべきであるとし、例えば、ここでいう「損害」の中に二次的・
派生的な経済上の損害まで含めると損害発生地が際限なく広がる危険があるので、直
接的な損害に限るべきであるという（高橋宏志「国際裁判管轄権」澤木敬郎ほか編
『国際民事訴訟法の理論』31頁）。
　　また、国際私法の規則の漸進的統一を目的とする国際機関であるハーグ国際私法会
議においては、1999年10月、「民事及び商事に関する国際裁判管轄権及び外国判決に
関する条約準備草案」が作成され、2001年6月6日から20日までの第1回外交会議第
2委員会における暫定条文案（ハーグ条約案）も作成された。ハーグ条約案10条1項
は、「原告は、次のいずれかの国の裁判所に不法行為に基づく訴えを提起することが
できる。ａ　損害の原因となった被告の行為（不作為を含む。）がされた国　ｂ　損
害が発生した国。ただし、責任を問われている者が、その行為によってその国で同様
の性質の損害が発生することを合理的に予見できなかったことを証明した場合は、こ
の限りでない。」と規定していた（道垣内正人「ハーグ裁判管轄外国判決条約案の修
正作業」ジュリ1194号72頁）。

ウ　差止請求の場合

差止めの要件事実は、

a　原告の被侵害利益の存在

b′　被告が被侵害利益に対する侵害行為を行うおそれがあること

である。よって、国際裁判管轄を認めるためには、①原告が（日本における）著作権を有すること、②被告が原告の著作権を侵害する行為を国内で行うおそれがあるか、又は原告の著作権が国内で侵害されるおそれがあることを証明すべきである（最一小判平成26・4・24民集68巻4号329頁〔眉トリートメント事件〕）。

⑶　併合請求の裁判籍について

ア　客観的併合

民事訴訟法3条の6において、「一の訴えで数個の請求をする場合において、日本の裁判所が一の請求について管轄権を有し、他の請求について管轄権を有しないときは、当該一の請求と他の請求との間に密接な関連があるときに限り、日本の裁判所にその訴えを提起することができるものとする。」と規定された。これは、併合請求の裁判籍について、「両請求間に密接な関係が認められることを要する」旨判示して、関連性必要説を採用した最二小判平成13・6・8民集55巻4号727頁〔円谷プロダクション事件〕と同旨の立法と解される。

上記最高裁判決の事案に照らすと、客観的併合の場合について、同一の著作物の国内外における著作権の帰属ないしその独占的利用権の有無をめぐる紛争として、実質的に争点を同じくしている程度の関連性があれば、併合請求の裁判籍による国際裁判管轄を認める趣旨であろう。よって、例えば、我が国の著作権に関する請求と対応する外国著作権に関する請求が併合される場合には、特許独立の原則がある特許権の場合に比較して、各国における著作権侵害を併合されても問題がある場合は少なく、むしろ、我が国の裁判所で各国における侵害について一元的な解決をすることを可

能とする方が、当事者の便宜に適う場合がある。

　イ　主観的併合

　主観的併合の場合において、併合請求の裁判籍に依拠して我が国の裁判所の国際裁判管轄が肯定されるのは、相被告に対する請求と密接に関連し、矛盾する判決が下される重大なおそれを回避するため、併せて裁判すべき場合に限られると解すべきである（東京地判平成20・6・11判タ1287号251頁）[3]。

　主観的併合の場合については、客観的併合とは別個の考慮が必要であり、民事訴訟法3条の6ただし書においても、「数人からの又は数人に対する訴えについては、38条前段に定める場合に限る。」と規定されている。すなわち、主観的併合の場合において、日本の裁判所がある当事者の請求について管轄権を有し、他の当事者の請求について管轄権を有しないときは、訴訟の目的である権利又は義務が数人について共通であるとき、又は同一の事実上及び法律上の原因に基づくときに限り、管轄権を有しない他の当事者についても、日本の裁判所にその訴えを提起することができる。

4　国際裁判管轄が問題となる場面

(1)　外国人が創作した著作物に関する訴訟

　外国人が最初に外国で発行した著作物に係る場合等、外国人が著作権者である場合の侵害訴訟であっても、我が国に普通裁判籍を有する被告の、我が国における行為が問題になっている限り、準拠法が争点になることはあっても、国際裁判管轄が肯定されること自体は、問題になることはな

3　他に、主観的併合を理由とする国際裁判管轄を否定した裁判例として、東京高判平成8・12・25高民集49巻3号109頁、東京地判平成20・4・11判タ1276号332頁がある。なお、ブリュッセルⅠ規則6条1項は、請求原因を別々に判決すると生じ得る矛盾した解決を避けるために、同時に審理して判決する利益があるような密接な関係によって請求同士が関連している場合に限るとしている。

Ⅰ　国際裁判管轄　■　**403**

い。我が国に普通裁判籍を有する被告に対し（民事訴訟法3条の2）、我が国における行為が問題になっているとすれば、不法行為地の裁判籍も我が国にあるとして（同法3条の3第8号）、我が国の裁判所に国際裁判管轄が認められるからであろう。

(2) 外国における利用行為が問題とされる場合

ア　我が国における利用行為が問題とされる事案では、不法行為地の裁判籍も我が国にあるから（民事訴訟法3条の3第8号）、特段の事情がない限り、我が国の裁判所に国際裁判管轄が認められる。

イ　これに対し、日本国民が我が国で創作した著作物であっても、外国における利用行為が問題とされる事案においては、国際裁判管轄が問題となる。例えば、外国法人の外国における利用行為が著作権侵害に当たるとして、差止め及び損害賠償を請求する場合について考えると、外国法人である被告は、我が国に普通裁判籍を有さず、不法行為地の裁判籍も、原因行為地及び結果発生地のいずれも外国と解される。そうすると、上記3(1)のうち、(b)合意管轄（同法3条の7）又は応訴管轄（同法3条の8）が認められる場合、(c)被告が差し押さえるべき財産を日本に有する場合（同法3条の3第3号）、(d)被告が日本に事務所又は営業所の所在地を有する場合でその事務所の業務に関する場合（同条第4号）、(f)関連性のある併合請求がある場合（同法3条の6）等に、特段の事情がない限り、我が国の裁判所に国際裁判管轄を認めることができよう。

被告である米国法人が、日本国民である原告の著作物に係る排他的複製許諾権を侵害したことを理由とする差止請求及び損害賠償請求について、我が国の国際裁判管轄を否定した裁判例として、東京地判平成14・11・18判タ1115号277頁〔鉄人28号事件〕がある。

(3) 共同被告の一部が外国において行為をした場合

例えば、日本国民が我が国で創作した著作物を、A国法人Y₁が我が国

において侵害することを、Ｂ国法人Ｙ₂がＢ国において幇助した場合を念頭に置くと、Ｙ₂に普通裁判籍はないが、我が国におけるＹ₁の著作権侵害行為と共同不法行為の関係にある場合には、正犯たるＹ₁の行為の結果が我が国で生じると認められれば、Ｙ₂の行為の結果も我が国で発生するとして、不法行為の裁判籍を認める余地がある。また、主観的併合ではあるが、共同不法行為として後に求償の問題が生じるような場合であり、「訴訟の目的である権利又は義務が数人について共通であるとき、又は同一の事実上及び法律上の原因に基づくとき」といえるから、併合請求の裁判籍を認める余地もあると思われる。民事訴訟法３条の６ただし書も、同旨であり、あとは同法３条の９の特別の事情が認められるか否かの問題となる。

⑷ 外国判決の承認・執行

国際裁判管轄は、以上のような直接管轄のみならず、外国判決の承認・執行という、いわゆる間接管轄の場面においても、問題になる。

民事訴訟法118条は、外国裁判所の確定判決が我が国において効力を有する要件を規定するが、同条１号において、「法令又は条約により外国裁判所の裁判権が認められること」がその要件の１つとなっている。最三小判平成10・４・28民集52巻３号853頁〔香港高等法院事件〕は、民事訴訟法118条１号所定の「法令又は条約により外国裁判所の裁判権が認められること」とは、我が国の国際民訴法の原則から見て、当該外国裁判所の属する国（判決国）がその事件につき国際裁判管轄（間接的一般管轄）を有すると積極的に認められることをいうとした上、甲及び甲が代表者を務める乙会社とＡとの間の起訴契約に基づき、Ａが丙に対して香港の裁判所に保証債務の履行を求める第１訴訟を提起したところ、丙が、第１訴訟が認容された場合に備えて、甲に対して根抵当権の代位行使ができることの確認を求める第２訴訟を、甲及び乙会社に対して求償請求が請求できることの確認を求める第３訴訟を提起し、第１訴訟及び第２訴訟については香港に国

際裁判管轄が存在するなど判示の事実関係の下においては、第3訴訟については、民事訴訟法7条の規定の趣旨に照らし、第2訴訟との間の併合請求の裁判籍が香港に存在することを肯認して、香港の裁判所のした判決を我が国で承認することが、当事者の公平、裁判の適正・迅速の理念に合致し、条理にかなうものであると判示した。同判決によると、直接管轄と間接管轄の関係については、鏡像理論を前提としつつも、当該外国判決を我が国で承認するのが適当か否かという観点から条理に照らして判断すべきである[4]。

平成23年法律第36号による民事訴訟法改正により、財産権上の訴えについて我が国の裁判所が国際裁判管轄を有する場合（直接管轄）に関する規定が制定され、間接管轄の判断に際して直接管轄の規定が参考にされるという限度では影響を及ぼすと解される[5]。

最一小判平成26・4・24民集68巻4号329頁〔眉トリートメント事件〕は、間接管轄の判断基準について、「基本的に我が国の民訴法の定める国際裁判管轄に関する規定に準拠しつつ、個々の事案における具体的事情に即して、外国裁判所の判決を我が国が承認するのが適当か否かという観点から、条理に照らして判断すべきもの」として、香港高等法院事件判決と同趣旨の判断をした。

直接管轄の判断が我が国の裁判所がこれから本案の審理を行うことが適切か否かの判断であるのに対して、間接管轄の判断は既になされた外国の裁判所の判決を我が国で承認するのが適切か否かの判断であるという性質の違いが存在することも事実であり[6]、直接管轄における調整事由としての「特別の事情」（民事訴訟法3条の9）の判断要素である「事案の性質、応訴による被告の負担の程度、証拠の所在地その他の事情」と、間接管轄における調整事由としての「条理」の判断要素とが異なることは、ある意

4 　河邉義典「判解」最高裁判所判例解説民事篇〔平成10年度〕〔19〕事件
5 　佐藤達文ほか編著『一問一答　平成23年民事訴訟法等改正』18頁
6 　山本和彦「判批」平成10年度重判解（ジュリ1157号）299頁

味では当然であろう。

　眉トリートメント事件判決は、民事訴訟法 3 条の 3 第 8 号の「不法行為に関する訴え」は、違法行為により権利利益を侵害され、又は侵害されるおそれがある者が提起する差止請求に関する訴えをも含むものとし、このような差止請求に関する訴えについての同号の「不法行為があった地」は、違法行為が行われるおそれのある地や、権利利益を侵害されるおそれのある地をも含むと判示した。

(5)　将来展望

　経済活動のグローバル化・ボーダレス化によって、国際的紛争が多発している現在、直接管轄のみならず、外国判決の承認や国際的訴訟競合に関する国際的に統一された条約が望まれる。ことに、インターネットの普及によって、国境を越えた著作権侵害を規律する規範が必要である。ハーグ国際私法会議において作成された「民事及び商事に関する国際裁判管轄権及び外国判決に関する条約準備草案」は、数年にわたる議論がされたにもかかわらず、知的財産権訴訟に関して結局合意に至らなかったが、将来、是非国際的な統一に向けての条約が締結されるよう、条約案作成過程での各国の議論を参考にすべきである[7]。

7　髙部眞規子「日本法の透明化立法提案に対するコメント」河野俊行編『知的財産権と渉外民事訴訟』398頁

Ⅱ 〔準拠法〕

1 準拠法

　著作権侵害訴訟において渉外的要素を有する事案においては、国際裁判管轄の次に、いずれの国の法律を適用すべきかという準拠法（applicable law）あるいは抵触法（conflict of law）の問題が生じる。

　著作権の許諾契約が国ごとに締結されている場合や、職務著作・映画の著作物における著作者ないし共有の場合の規律についても、どの国の法律に準拠すべきかの問題が生じる。

2 準拠法の基本的考え方

⑴ 法令の規定

　スイスの国際私法110条１項が「無体財産権は、無体財産権の保護が必要とされる国の法による。」と規定し、オーストリアの国際私法に関する連邦法34条及び韓国の国際私法24条も「知的財産の保護はその侵害地法による。」と規定しているなど、知的財産権侵害の準拠法を定める国も見られるが、我が国には知的財産権侵害の準拠法を直接的に規定する法律はない。

　法の適用に関する通則法17条は、不法行為の原則的連結政策として、「不法行為によって生ずる債権の成立及び効力は、加害行為の結果が発生した地の法による。ただし、その地における結果の発生が通常予見することのできないものであったときは、加害行為が行われた地の法による。」と規定した。

408 ■ 第6章 国際化と著作権訴訟

著作権侵害訴訟に関する最高裁判例はないが、特許権侵害訴訟における準拠法決定ルールを明確にした最一小判平成14・9・26民集56巻7号1551頁〔FM信号復調装置事件〕は、著作権侵害訴訟の準拠法を考える上でも参考になる。それによれば、損害賠償請求については、法律関係の性質は不法行為であり、法の適用に関する通則法17条により、「加害行為の結果が発生した地の法」が準拠法となる。また、差止請求については、特許権と異なり「登録国」は存在しない。これに相当するのは、「保護が要求される国」と考えられる。すなわち、ベルヌ条約5条(2)の「保護の範囲及び著作者の権利を保全するため著作者に保障される救済の方法は、この条約の規定によるほか、専ら、保護が要求される国の法の定めるところによる」旨の規定を準拠法の連結点を定めるツールと解するものである（東京地判平成16・5・31判時1936号140頁〔XO醤男と杏仁女事件〕、東京地決平成18・7・11判時1933号68頁〔ローマの休日事件〕、東京地判平成19・8・29判時2021号108頁〔チャップリン事件〕、知財高判平成21・10・28判時2061号75頁〔苦菜花事件〕)。

(2)　ベルヌ条約

ベルヌ条約5条(2)の規定については、法廷地法を定めたものであるとの見解もあるが、「保護が要求される国」という連結点によって準拠法が定められていると解するのが多数説のようであり、アメリカ合衆国でも通説・判例となっているという[8]。もっとも、近時、確認的に保護の範囲及び著作者の権利を保全するため著作者に保障される救済の方法は、その都度保護のために適用される法が独自に定めるべきことを規定したものと解する法廷地国際私法説も有力に唱えられている[9]。

ベルヌ条約では、保護の範囲及び著作者の権利を保全するため著作者に

8　道垣内正人「著作権をめぐる準拠法及び国際裁判管轄」コピライト472号14頁、古田啓昌「外国著作権の内国的保護」著作権研究27号112頁
9　駒田泰土「インターネットによる著作権侵害の準拠法」特許ニュース10711号1頁

保障される救済の方法（5条(2)）のほかに、保護期間（7条(8)）、出所明示義務違反の制裁（10条の2(1)）、映画の著作物の著作権者（14条の2(2)(a)）についても、保護が要求される国の法（lex loci protectionis）によるべきであるとしているから、上記のような各単位法律関係についても、「保護が要求される国」という連結点によって準拠法が定められていると解することができよう。他方、同条約に規定のない著作権の成立の準拠法については、本源国法によると解釈することもできる。

3　外国人が創作した著作物について準拠法が問題となる場面

(1)　外国人が創作した著作物に係る訴訟

　ベルヌ条約の同盟国の国民が創作した著作物であっても、我が国における行為が問題になっている侵害訴訟であれば、我が国の裁判所に国際裁判管轄が認められ、準拠法の決定が問題となる。

　外国人の著作物であっても、最初に国内において発行された著作物及び条約により我が国が保護の義務を負う著作物については、我が国の著作権法による保護を受ける（著作権法6条）。また、著作権及び著作者人格権等の侵害を理由とする請求の準拠法については、以下のように考えられる。

　すなわち、著作権に基づく差止請求は、著作権の排他的効力に基づくから、その法律関係の性質は著作権を保全するための救済方法と決定すべきである。著作権を保全するための救済方法の準拠法に関しては、ベルヌ条約5条(2)の「保護が要求される国の法」（lex loci protectionis）によるべきである。したがって、ベルヌ条約の同盟国の国民の著作物に係る著作権ないし著作者人格権に基づく日本における利用行為の差止請求の準拠法は、「保護が要求される国」である我が国の法律である（東京地決平成18・7・11判時1933号68頁〔ローマの休日事件〕、東京地判平成19・8・29判時2021号108頁〔チャップリン事件〕）。廃棄請求についても、同様である。

410　■　第6章　国際化と著作権訴訟

また、著作権侵害を理由とする損害賠償請求の法律関係の性質は、不法行為であり、その準拠法については、法の適用に関する通則法17条によるべきである。よって、ベルヌ条約の同盟国の国民の著作物に係る著作権ないし著作者人格権に基づく我が国における侵害行為を理由とする損害賠償請求の準拠法は、同条にいう「加害行為の結果が発生した地」である我が国の法律である（東京地判平成16・5・31判時1936号140頁〔XO醤男と杏仁女事件〕）。謝罪広告請求についても、同様に考えられる。

(2)　著作権の帰属及び取得原因に関する準拠法

渉外的要素を含む著作権訴訟において、前提問題としてベルヌ条約の同盟国の国民である原告の著作権に争いがある場合、ベルヌ条約5条(2)によれば、著作物の保護の範囲（権利の享有、権利の範囲等）は、専ら、保護が要求される同盟国の法令の定めるところによるから、我が国における著作権の帰属や有無等については、我が国の著作権法の規定を準拠法として判断すべきである。ベルヌ条約の同盟国の国民が著作者であり、同国において最初に発行された著作物である場合は、同国を本国とし、同国の法令の定めるところにより保護されるとともに（ベルヌ条約2条(1)、3条(1)、5条(3)(4)）、我が国においても、我が国の著作権法による保護を受ける（著作権法6条3号、ベルヌ条約5条(1)）。

また、著作権の譲渡について適用されるべき準拠法を決定するに当たっては、譲渡の原因関係である契約等の債権行為と、目的である著作権の物権類似の支配関係の変動とを区別し、前者の譲渡契約の成立及び効力について適用されるべき準拠法は、法律行為一般について規定する法の適用に関する通則法7条により、当事者が当該法律行為の当時に選択した地の法によるべきであり、後者の著作権の物権類似の支配関係の変動については、同法13条の趣旨に照らし、「保護が要求される国」の法令が準拠法となる（東京高判平成13・5・30判時1797号131頁〔キューピー著作権事件〕、東京高判平成15・5・28判時1831号135頁〔ダリ事件〕、知財高判平成21・10・28

判時2061号75頁〔苦菜花事件〕)。

なお、原告への著作権の帰属の関係では、東京地判平成10・2・20判時1643号176頁〔バーンズコレクション事件〕においては、特に理由を述べることなく、フランスの裁判所におけるフランス法に基づく判断を前提としている。

また、タイプフェイスや応用美術のように、著作物として保護に値するか否かが国によって異なる場合がある。この点も、保護が要求される国の法令に準拠すべきであるから、例えば、我が国における行為が問題となる場合には、日本法により、我が国では、従来の印刷用書体に比して顕著な特徴を有するといった独創性及びそれ自体が美術鑑賞の対象となり得る美的特性を備えていない限り著作物として保護できない（最一小判平成12・9・7民集54巻7号2481頁〔タイプフェイス事件〕)。したがって、仮に、保護が要求される国である外国においてはそのような要件がなくても著作物として保護を受けるものである場合は、同国における利用行為については、保護が要求される同国法に従い、著作物性を肯定することになるが、我が国における行為に関しては、著作物性を否定せざるを得ない。

(3) 職務著作に関する規律

著作権の帰属のうち、職務著作に関しては、我が国では、職務発明の場合と異なり、著作権法15条の要件を満たす場合に法人が著作者とされている。職務上作成される著作物に係る著作者性や権利の帰属については、各国の立法政策が強く反映され、さまざまな法制度があり、著作者を原則として自然人に限定する立法例や、法人著作をより肯定的に捉える立法例など、多様であり、いかなる国の法律を準拠法とするかによって、著作者の認定が異なってくる。

そこで、著作者の認定は、保護国法によるべきであるとする見解、本国法によるべきであるとする見解、著作者及び著作物に最も密接な関連を有する国の法によるべきであるとする見解がある。職務著作に関する規律

は、その性質上、法人その他使用者と被用者の雇用契約の準拠法国における著作権法の職務著作に関する規定によるとする裁判例がある（東京高判平成13・5・30判時1797号131頁〔キューピー著作権事件〕）。

なお、職務発明については、最三小判平成18・10・17民集60巻8号2853頁〔日立製作所事件〕は、外国の特許を受ける権利の譲渡に伴って譲渡人が譲受人に対しその対価を請求できるかどうか、その対価の額はいくらであるかなどの特許を受ける権利の譲渡の対価に関する問題は、譲渡の当事者がどのような債権債務を有するのかという問題にほかならず、譲渡当事者間における譲渡の原因関係である契約その他の債権的法律行為の効力の問題であると解されるから、その準拠法は、法の適用に関する通則法7条の規定により、第1次的には当事者の意思に従って定められるとし、譲渡の対象となる特許を受ける権利が諸外国においてどのように取り扱われ、どのような効力を有するのかという問題については、譲渡当事者間における譲渡の原因関係の問題と区別して考えるべきであり、その準拠法は、特許権についての属地主義の原則に照らし、当該特許を受ける権利に基づいて特許権が登録される国の法律であると判示した。

⑷ 許諾契約の準拠法

また、外国人が創作した著作物に係る侵害訴訟において、被告が著作権者から許諾を受けて使用している旨の抗弁を提出した場合、許諾契約の成立及び効力に関しては、当事者が契約の当時に選択した地の法を準拠法とすることにより（法の適用に関する通則法7条）、他方、選択がないときは、契約当時において契約に最も密接な関係がある地の法を準拠法とすることになる（同法8条1項）。

契約に明示的に準拠法が定められていなかった場合でも、黙示的な準拠法の選択が認められた事例もある（東京地判平成28・9・28最高裁HP（平成27年㈦第482号）〔スマートフォン用ケース事件〕）。

(5) ベルヌ条約に加盟していない国の国民が創作した著作物の場合

　ベルヌ条約の同盟国の国民の場合と異なり、加盟国でない国の国民の著作物については、我が国における利用行為については我が国の著作権法が準拠法となる以上、原告の著作物が著作権法6条3号にいう「条約により我が国が保護の義務を負う著作物」にも当たらないから、その著作物は保護されないことに帰着する。

4　外国における利用行為が問題になる事案における準拠法

(1)　利用行為が外国で行われる場合

　日本国民が我が国で創作した著作物が、A国において、A国法人の行為（例えば複製物の頒布）により侵害されているとして、差止め及び損害賠償を請求する場合には、被告の普通裁判籍は認められない。他方、合意管轄（民事訴訟法3条の7）又は応訴管轄（同法3条の8）が認められる場合、被告が差し押さえるべき財産を日本に有する場合（同法3条の3第3号）、被告が日本に事務所又は営業所の所在地を有する場合でその事務所の業務に関する場合（同条4号）等に、特段の事情がない限り、我が国の裁判所に国際裁判管轄を認めることができる。

　また、例えば、A国法人Y_1が我が国及びA国等において、日本国民Xの絵画の複製物を販売している場合に、Y_1は、我が国に普通裁判籍を有しないが、少なくとも我が国における侵害行為が問題となっている部分については、不法行為地の裁判籍（民事訴訟法3条の3第8号）により我が国に国際裁判管轄が認められる。そして、その請求とA国等における侵害行為に関する請求とは、密接な関係が認められるから、特段の事情がない限り、併合請求の裁判籍（同法3条の6）によって、管轄を認めることがで

414　■　第6章　国際化と著作権訴訟

きる。

　このようにして、我が国の国際裁判管轄が肯定される場合、A国におけ
る差止めについて問題となるのは原告のA国における権利であり、被告の
A国における利用であるから、著作権ないし著作者人格権に基づくA国に
おける複製頒布行為の差止請求の準拠法は、保護が要求される国であるA
国法となる。

　また、A国における著作権ないし著作者人格権侵害を理由とする損害賠
償請求等の準拠法は、法の適用に関する通則法17条にいう「加害行為の結
果が発生した地」であるA国の法律と解される。A国法を適用した結果、
強制執行が可能か否かは、A国において我が国の判決が承認執行されるか
否かにかかってくる。

　A国のみならず、B国における利用行為も同時に問題となるケースで、
我が国の国際裁判管轄が肯定される場合、ここで問題となるのは原告のA
国における権利及びB国における権利であり、A国及びB国における利用
であるから、著作権ないし著作者人格権に基づくA国における複製頒布行
為の差止請求の準拠法は、保護が要求される国であるA国の、B国におけ
る行為の差止請求の準拠法は、B国の法律となる。また、著作権ないし著
作者人格権侵害を理由とする損害賠償請求等の準拠法は、それぞれ、法の
適用に関する通則法17条にいう「加害行為の結果が発生した地」であるA
国及びB国の法律と解される。このように、それぞれの国における著作権
侵害は、それぞれの国の法律を準拠法とすべきであり、損害もそれぞれの
国ごとに認定することになろう[10]。もっとも、財産権たる著作権はそれぞ
れの国の権利を考えることができても、著作者人格権についても同様とい
えるか否かに関しては検討の余地があるかもしれない[11]。

10　髙部眞規子「渉外的著作権訴訟の論点」『斉藤退職』125頁、道垣内正人「著作権
　をめぐる準拠法及び国際裁判管轄」コピライト472号16頁。なお、ヨーロッパ司法裁
　判所は、1995年3月7日Shevill判決において、複数の損害発生地国のいずれにも国
　際裁判管轄を認めるが、その裁判権限は、当該国で生じた損害の範囲に限られるとし
　た。

Ⅱ　準拠法　■　**415**

⑵ 衛星放送の場合

　日本国民が我が国で創作した著作物について、A国法人が、A国から我が国を始めとするB国等複数の国へ衛星放送する場合について、検討する。

　近隣の放送電波を容易に受信することができるEU諸国においては、放送の発信行為より公衆への伝達行為を重視して、受信国法によるべきであるとするボクシュ理論が提唱されたが、1993年の「衛星放送及びケーブル再送信に適用される著作権及び隣接権に関する特定の規則の調整に関する指令」において、公衆への伝達行為は番組電送信号が最初に導入される加盟国であるとして、発信国法主義が採用されたという。

　我が国において上記設例の事案が生じた場合は、差止請求については、ベルヌ条約の「保護が要求される国」、損害賠償請求については、法の適用に関する通則法17条にいう「加害行為の結果が発生した地」がいずれの国であるかの問題に帰着する。

　結果発生地としては、受信国法であるとする見解がある[12]。その見解によれば、我が国で受信している分については、日本法を適用することになる。もっとも、受信国法による場合は、衛星の電波が届く範囲（foot print）を明確に定めることが困難であるため、放送事業者が明確に権利処理をすることが困難であるという難点がある。他方、発信国法による場合は、欧州地区と異なり著作権の保護レベルに大きなばらつきがある地域では、保護水準の低い国に衛星放送基地を作ることにより法律を回避することができるという問題がある。

　この問題は、次のインターネットによる場合に顕在化し、更に複雑な問題を提起する。

11　名誉毀損の場合につき、ハーグ条約案では、常居所主義を採用している。
12　道垣内正人「著作権をめぐる準拠法及び国際裁判管轄」コピライト472号14頁

⑶　インターネットの場合

　A国法人Y₁が、サーバをA国において日本国民の著作物をアップロードし、我が国を始めとするB国等に向けて公衆送信され、我が国やB国等のユーザーが当該サーバにアクセスしてダウンロードするような場面で、著作権侵害訴訟の準拠法としてのベルヌ条約の「保護が要求される国」又は法の適用に関する通則法17条にいう「加害行為の結果が発生した地」に関しては、諸説がある。

① 　まず、発信国法であるとする見解が考えられる。

② 　他方、受信国法であるとする見解もある[13]。

③ 　また、発信国法主義を原則としながらも、発信国がいわゆるcopyright heaven の国の場合は、利用行為が受信国で行われているものとするという見解もある[14]。

④ 　さらに、このようなY₁の行為を分析して、まず、アップロードする場合の複製行為（サーバへの蓄積）についてはアップロードした地（サーバ所在地A国）が保護が要求され又は原因たる事実の発生したる地であり、サーバからユーザーへの送信行為については受信国法主義により、ダウンロード（受信に伴うハードディスクへの複製）についてはダウンロードした地（ユーザー所在地であるB国等）とする見解もある[15]。

⑤ 　ユビキタス侵害の場合の準拠法は「利用行為の結果が最も大きい国」とする見解も現れている[16]。

　最一小判平成14・9・26民集56巻7号1551頁〔FM信号復調装置事件〕及

13　道垣内正人「著作権をめぐる準拠法及び国際裁判管轄」コピライト472号14頁、茶園成樹「EU におけるインターネットを通じた著作権侵害の準拠法」著作権研究27号123頁、井上泰人「著作権をめぐる渉外的論点」『著作権・商標・不競法関係訴訟の実務〔第2版〕』161頁

14　作花文雄『詳解著作権法〔第4版〕』709頁

15　知的財産研究所『知的財産を巡る国際的な紛争に関する調査研究報告書』111頁〔茶園成樹〕、山本隆司「著作権侵害の準拠法と国際裁判管轄」著作権研究27号193頁

び法の適用に関する通則法7条は、結果発生地説を採用しているものの、上記判決の事案では、我が国からアメリカ合衆国への侵害品の輸出という行為を捉えており、いわば有体物の直列的な移動に伴う隔地的不法行為であったのに対し、衛星放送やインターネットの利用といった情報の世界各国への拡散的な不法行為に関しては、困難な問題が多い。

①の発信国法主義は、サーバ所在地として準拠法が明確に定められるから円滑な権利処理を可能とするメリットがあるものの、著作権保護が存在しない、いわゆる copyright heaven の国にサーバが置かれる事態があり得ることは、前記衛星放送の場合と同様である上、発信地が容易に変更でき、その特定が必ずしも容易でないなど、問題があり、採用することに抵抗がある。

②のように、「結果発生地」という文言にふさわしい受信国法に準拠すれば、理論的には整合するが、それによれば、多数の受信国の法律が適用され法律関係が錯綜するおそれもあり、そのように複雑な裁判実務を考えると、未だ躊躇を覚える。

まして、③のように copyright heaven の国にサーバが置かれるときのみ例外とするのは、準拠法の決定という意味で理論的に整合しない。

④のように、行為を分析してそれに対応する支分権に着眼して、ある程度柔軟に解釈する見解に魅力を感じるものの、一連の行為を細かく分解した結果、結局多数の国において権利処理が必要であり裁判実務においても多数の国の法律を適用せざるを得なくなるとすれば、受信国法説と同様になると思われる。

⑤のように、通常の侵害とユビキタス侵害の場合を区別して、「利用行為の結果が最も大きい国」とするのは、一考の余地があるが、その「利用行為の結果が最も大きい国」がどこかを審理しなければ、準拠法も決まらないことになり、それらの決定の前に実質法上の議論を先に行わなければ

16　小島立「知的財産権侵害の準拠法」河野俊行編『知的財産権と渉外民事訴訟』280頁

ならないという問題がある。

インターネットの利用による世界各国へ拡散する著作権侵害行為に関しては、やはり、従来型の著作権侵害とは質的に全く異なるものであり、早急に世界規模でのハーモナイゼーションを前提に、全面的に新しい準拠法決定ルールを定める必要がある。その際に、インターネットの利用による名誉毀損の場合との整合性も検討されるべきであろう。

なお、東京高判平成17・3・31最高裁HP（平成16年㈱第405号）〔ファイルローグ事件〕では、被告が日本法人であり、被告のサイト等が日本語で記述されていることから、本件サービスによるファイルの送受信のほとんど大部分は日本国内で行われ、被告のサーバがカナダに存在するとしても、本件サービスに関するその稼動・停止等は被告が決定できるものであることから、本件サービスにおける著作権侵害行為は、実質的に日本国内で行われたものということができ、被侵害権利も日本の著作権法に基づくものであるとして、差止請求の関係では条理、不法行為の関係では法例11条1項により、日本法を適用した。

(4) 共同不法行為

日本国民が我が国で創作した著作物を、我が国において、A国法人Y_1が侵害することを、B国法人Y_2がB国において幇助する場合について、我が国における侵害を幇助するということは、Y_2の行為の結果発生地は正犯たるY_1の行為地である我が国であると解される（最一小決平成6・12・9刑集48巻8号576頁）。よって、法の適用に関する通則法17条により、準拠法は、日本法となる。

5 将来展望

準拠法に関しては、最一小判平成14・9・26民集56巻7号1551頁〔FM信号復調装置事件〕は、法例の規定の下で、特許権に基づく差止請求及び

損害賠償請求の法律関係の性質を判示し、法性決定によるアプローチの仕方は異なっても、差止めと損害賠償請求につき同一の国の法律を準拠法として事案を解決したものである。法律の規定を離れて考えれば、本来は知的財産権侵害という一つの行為について差止め等の救済と損害賠償による救済を別個の法律によって判断するのが望ましいわけではなく、知的財産権侵害の準拠法についてのルール作りが望まれる。国際私法の現代化に際し、「知的財産権の侵害については、当該権利の保護〔が要求される／を与えている〕国の法による。」との規定を設ける案（乙案）も出されたが[17]、結局、法の適用に関する通則法にも、不法行為の準拠法以外に知的財産権侵害の法律関係についての規定は盛り込まれなかった。将来、我が国の法律又は条約に「知的財産権の侵害」という法律関係についての準拠法を定めることにより、この点をストレートに解決するとともに、予測可能性が高まることを期待するものである。なお、この点は、インターネット社会の到来とともに、極めて複雑な問題を提起することになった。

　経済活動のボーダレス化に伴い、今後ますます増加すると思われる渉外的紛争をより効率的に解決するためにも、実体法レベルのハーモナイゼーションとともに、管轄や準拠法に関する当事者の予測可能性を高め、訴訟の入口段階での議論が円滑に進むよう願うものである。

17　法例研究会「法例の見直しに関する諸問題(2)」別冊NBL85号92頁

Ⅲ

〔 外国人の著作物 〕

1 保護の要件

(1) 保護を受ける場合

　日本国民の著作物の場合に、我が国の著作権法により保護を受けるのは当然であるが（著作権法6条1号）、そうでない場合は、最初に国内において発行された著作物であるか（同条2号）、条約により我が国が保護の義務を負う著作物である場合（同条3号）に限り、我が国の著作権法により保護を受ける。

　著作権法6条1号は、国籍主義を採用しており、共同著作物の場合は、共同著作者の1人でも日本国民である場合は、1号の要件に該当するとされ、法人の場合は、我が国の法令に基づき設立された法人のほか、国内に主たる事務所を有する法人も含まれる[18]。

(2) 外国人の著作物の保護の要件

　外国人の著作物の場合には、著作権侵害訴訟の原告において、著作権法6条2号又は3号に該当する前提事実を主張すべきである。同条2号は、発行地主義が規定されている。発行について同法3条に定義規定がある。著作物が最初に我が国で発行された場合、国外で最初に発行された後30日以内に我が国で発行された場合がこれに当たる（ベルヌ条約3条(4)）。

　著作権法6条3号による場合に、同号で我が国に保護を義務付けている条約としては、文学的及び美術的著作物の保護に関するベルヌ条約、万国

18　作花文雄『制度と政策〔第3版〕』25頁

著作権条約、マラケシュ協定、ローマ条約等がある。

　例えば、アメリカ合衆国国民の著作物については、平成元年3月1日以降はベルヌ条約により、それ以前は万国著作権条約によって我が国がこれを保護する義務を負うことから、日本国民の著作物と同様の保護を受ける（著作権法6条3号。最一小判平成9・7・17民集51巻6号2714頁〔ポパイ事件〕）。

　万国著作権条約により我が国が保護の義務を負うか争われた事件につき、①当該著作物が我が国の著作権法上客観的に著作物性を有するものであること、②本国の法令上保護される著作物の種類に属するものであることの2つの要件が必要であるとされている（東京地判昭和56・4・20判時1007号91頁〔アメリカTシャツ事件〕）。

　ベルヌ条約等の加盟国でない国の国民の著作物については、原告の著作物が著作権法6条3号にいう「条約により我が国が保護の義務を負う著作物」にも当たらないから、その著作物は保護されないことに帰着する。

(3)　ベルヌ条約の同盟国であっても我が国と国交のない未承認国の国民の著作物の場合

　未承認国については、国際法上の問題がある。最一小判平成23・12・8民集65巻9号3275頁〔北朝鮮映画事件〕は、①ベルヌ条約は、同盟国という国家の枠組みを前提として著作権の保護を図るものであり、普遍的価値を有する一般国際法上の義務を締約国に負担させるものではないこと、②我が国について既に効力を生じている同条約に未承認国である北朝鮮が加入した際、同条約が北朝鮮について効力を生じた旨の告示は行われておらず、外務省や文部科学省は、我が国は、北朝鮮の国民の著作物について、同条約の同盟国の国民の著作物として保護する義務を同条約により負うものではないとの見解を示しているから、我が国は、未承認国である北朝鮮の加入にかかわらず、同国との間における同条約に基づく権利義務関係は発生しないという立場を採っていること、以上の諸事情を考慮すれば、我

が国は、同条約3条(1)(a)に基づき北朝鮮の国民の著作物を保護する義務を負うものではなく、北朝鮮の国民の著作物である映画は、著作権法6条3号所定の著作物には当たらないと判断した。

なお、同判決は、外国人の特許権及び特許に関する権利の享有につき相互主義を定めた規定につき、我が国によって外交上承認された国家に限られるものではなく、外交上の未承認国に対し相互主義の適用を認めるに当たって我が国政府によるその旨の決定及び宣明を必要とするものではないとする判例（最二小判昭和52・2・14裁判集民事120号35頁〔旧東ドイツ商標事件〕）とは、事案を異にし、本件に適切ではないと判示している。

このような考え方に立って、我が国が当該未承認国国民の著作物の保護の義務を負わないとすれば、同国において、逆に日本国民の著作物が侵害され放題という結果にもなりかねないことが懸念されるところである。

なお、日本は、台湾を承認していないが、台湾はWTOに加入しており、WTOの加盟国にベルヌ条約の遵守を義務付けるTRIPs協定にも加盟しているため、上記のような問題は生じない。

2 外国人の著作物の保護期間

(1) 保護期間

我が国の著作権法の保護対象となる外国人の著作物については、内国民待遇の原則に従い、日本法の定める保護期間が適用される（ベルヌ条約7条(8)、万国著作権条約4条1項）。ただし、著作権法58条は、ベルヌ同盟国、WIPO著作権条約の締約国及びWTO加盟国を本国とする著作物で、その本国において著作権の存続期間が我が国の著作権法が定める存続期間よりも短いものについては、その本国で定められた存続期間に限って保護すれば足りる旨定めている。もっとも、東京高判平成14・2・28最高裁HP（平成12年(ネ)第5295号）及びその原審東京地判平成12・9・29判時1733号108頁〔デール・カーネギー事件〕、東京高判平成13・5・30判時1797号131

Ⅲ　外国人の著作物　■　**423**

頁〔キューピー著作権事件〕のように、著作権法の特別法である万国著作権条約特例法施行時に我が国で保護されていたアメリカ合衆国国民の著作物につき、内国民待遇の継続が認められ、著作権法58条の適用がないとされた事例もある。

(2) 戦時加算

日本国との平和条約（昭和27年条約第5号）15条により、保護期間の戦時加算義務が課されている。この規定を実施するため連合国及び連合国民の著作権の特例に関する法律が制定され、昭和16年12月7日までに発生していた著作権については、戦争期間及び戦後から平和条約発効前日までの期間を加算して保護することとされている（同法4条）。すなわち同法4条1項は、昭和16年12月7日に、連合国民が有していた著作権に適用されるところ、国によって平和条約発効の日が異なるため、戦時加算すべき期間は、国によって異なる。

例えば、最一小判平成9・7・17民集51巻6号2714頁〔ポパイ事件〕は、アメリカ合衆国の法人著作である漫画の著作物について、1929年1月17日に公表された作品の著作権の保護期間は、公表日の翌年である1930年1月1日を起算日として、連合国及び連合国民の著作権の特例に関する法律4条1項によるアメリカ合衆国国民の著作権についての3794日の保護期間の加算をして算定すると、平成2年5月21日の経過をもって満了したとした。また、東京高判平成13・5・30判時1797号131頁〔キューピー著作権事件〕は、同国民の著作物につき、保護期間について3794日間の戦時加算をした。なお、同判決は、万国著作権条約特例法11条は、連合国国民の著作物を特に保護する規定として、アメリカ合衆国のベルヌ条約加入の後も引き続き適用されるものとしている。

他方、「連合国及び連合国民が有していた著作権」とは、連合国又は連合国民が著作権者である場合で、かつ、著作者との契約等を考慮しても、当該著作権の日本における行使の可能性が完全に否定されていた場合を意

味する。そのような考え方から、東京地判平成18・3・22判タ1226号284頁〔リヒャルト・シュトラウス事件〕は、ドイツ国民リヒャルト・シュトラウスを著作者とする音楽著作物につき、イギリス法人に著作権の一部を信託していたとしても、戦時中、当該著作権の行使が日本において完全に否定されていたとはいえないとし、「連合国及び連合国民が有していた著作権」と評価できないとして、戦時加算をしなかった。

一方、東京地判平成10・3・20 D1-Law判例体系（平成9年(ワ)第12076号）〔ミュシャ事件〕は、チェコスロバキアは平和条約締結国でないとして、チェコ人の著作物につき、戦時加算をしていない。

3 映画の著作物の保護期間

なお、平成15年改正により、映画の著作物の保護期間が70年に延長された関係で、映画の著作物の保護期間が問題とされる裁判例が目に付く。

ベルヌ条約により、保護期間（7条(8)）、映画の著作物の著作権者（14条の2(2)(a)）についても、保護が要求される国の法（lex loci protectionis）によるべきであると規定されているから、当該単位法律関係についての準拠法は、保護国法である。

Ⅳ 〔 国際取引 〕

1 並行輸入の意義

　グローバル化が進み、国際取引はますます増加しているが、外国で製造された商品を輸入するに際し、我が国における総代理店等によって国内に輸入するという流通経路を通らずに、外国で販売された商品を現地で購入した上、総代理店を通さずに総代理店以外の者が別ルートで輸入することを「並行輸入」（parallel imports）と呼んでいる。並行輸入は、知的財産権との関係でいえば、特許権・実用新案権、意匠権、商標権及び著作権のそれぞれについて、権利侵害の成否が問題となる。

　著作権と並行輸入の関係について検討する前に、既に最高裁判例のある特許権及び商標権について説明する。いずれも我が国の権利が問題となり、輸入行為も我が国で行われているから、その侵害の成否は我が国の法律が準拠法となる。

　特許権も商標権も、独占的権利であるから、権利者以外の者が許諾なくしてそれを利用等することは、権利侵害に当たる。すなわち、例えば、特許権者は、業として特許発明の実施（特許法2条3項）をする権利を専有するから（同法68条）、特許発明の技術的範囲に属する製品を輸入、販売等する行為は、特許権を侵害する。また、商標権者は、指定商品について登録商標の使用（商標法2条3項）をする権利を専有するから（同法25条）、指定商品と同一商品につき登録商標と同一の標章を付したものを輸入、販売等する行為は、商標権を侵害することになるし、また、指定商品に類似する商品に登録商標に類似する標章を付したものを輸入、販売する行為等も商標権を侵害するものとみなされている（同法37条）。そして、特許権

426 ■ 第6章　国際化と著作権訴訟

者は特許権を侵害する者に対し、商標権者は商標権を侵害する者に対し、行為の差止め等を請求することができ（特許法100条、商標法36条）、損害賠償も請求することができる（民法709条）。

特許権者や商標権者の許諾がある場合（正規の総代理店を通じての輸入の場合）と異なり、並行輸入については、国内の権利者の許諾を得ていない点において、権利侵害の成否が問題となるのである。そして、並行輸入の可否は、円滑な国際取引の保護（取引の安全）と知的財産権の保護の調和、すなわち取引者及び需要者の利益と権利者の利益の調整という観点から、その利益を比較衡量して検討する必要がある。

特許権については、商品の流通の自由を最大限尊重することの要請を強調する最三小判平成9・7・1民集51巻6号2299頁〔BBS並行輸入事件〕により、一定の場合を除き、特許権を侵害せず、原則として並行輸入が認められることが明らかにされた。同判決は、その理由付けとして、①黙示的権利の授与、②特許権者が譲渡の際に権利を留保する旨の合意をし、製品に表示することにより転得者が製品の購入を決定できること、③譲受人の自由な流通への信頼の保護等を挙げている。

また、商標権については、最一小判平成15・2・27民集57巻2号125頁〔フレッドペリー事件〕が、いわゆる真正商品の並行輸入として商標権侵害としての実質的違法性を欠く場合の要件を明らかにした。その理由は、上記要件を満たすいわゆる真正商品の並行輸入は、商標の機能である出所表示機能及び品質保証機能を害することがなく、商標の使用をする者の業務上の信用及び需要者の利益を損なわず、実質的に違法性がないというところにある[19]。

19　詳細は、髙部眞規子『実務詳説特許関係訴訟〔第3版〕』248頁以下、同『実務詳説商標関係訴訟』140頁以下を参照されたい。

2 著作権法と並行輸入

　著作権者は、著作物を複製し、譲渡する等、さまざまな支分権を専有するが（著作権法21条、26条、26条の２）、著作権法には、著作物を輸入する権利については規定がない。同法113条１項１号は、違法複製物についての禁止規定であり、真正品には及ばないことから、著作権法に真正品の輸入の禁止規定はなく、その並行輸入は肯定されている。

　ところで、消尽とは、権利の対象たる商品の販売が正当に行われた後は、権利が目的を達成して使い尽くされたものとなり、もはや同一物につき再び権利を主張することはできないことをいう。国内消尽は、各国で認められ、我が国でも、頒布権のうち公衆に譲渡する権利につき最一小判平成14・４・25民集56巻４号808頁〔中古ゲームソフト事件〕、譲渡権につき著作権法26条の２第２項によって消尽が肯定されている。

　さらに、平成11年法律第77号により新設された著作権法26条の２第２項４号は、国外において適法に公衆に譲渡された著作物について譲渡権が消尽すること（国際消尽）を定めており、並行輸入が明文で肯定された。ここでは、国際取引の自由という観点が重視されているといえよう。財産権としての著作権は、国ごとに権利者が異なることもあり得るが、我が国の譲渡権を害することなく譲渡されたことを要件としている。同法26条の２第２項５号（95条の２第３項５号、97条の２第２項５号も同様の規定である。）のように、国際消尽を定めるのは、我が国では他に見当たらない。しかし、平成16年法律第92号により新設された著作権法113条６項は、国外頒布目的商業用レコードの国内頒布につき、国内頒布目的商業用レコードの発行により著作権者が得ることが見込まれる利益が不当に害されることとなる場合に著作権侵害行為とみなされることを規定した。レコード業界の要望を容れて邦楽CDの逆輸入を禁止するための立法とはいえ、従前の国際取引の自由という観点を重視していた政策は、短期間のうちに急速に様

変わりしようとしているように感じられる。

　なお、東京地判平成 6 ・ 7 ・ 1 判時1501号78頁〔101匹ワンチャン事件〕は、劇場用映画の複製であるビデオカセットを公衆に販売する行為も頒布権の対象となることは明白であるとして、映画についてのアメリカ合衆国における著作権者の許諾を受けて製作したビデオカセットの国内での販売行為が、頒布権侵害に当たると判断した。同判決は、実質的に国際消尽を否定したものといえようが、その後の著作権法26条の 2 第 2 項の立法及び最一小判平成14・ 4 ・25民集56巻 4 号808頁〔中古ゲームソフト事件〕を考慮すれば、現時点においても上記裁判例のような結論が維持されるとは思えない。

第 **7** 章

その他の
著作権訴訟

I

〔 登録関係訴訟 〕

1 著作権の登録

　著作権は、無方式主義であり、権利発生のために登録は必要とされていない。著作権の帰属が争いになっている場合に、原告が著作権を有することの確認を求める訴訟のほか、移転登録や抹消登録を求める場合がある。著作権法には、無名又は変名で公表された著作物についての実名の登録、第一発行年月日の登録又は第一公表年月日の登録、プログラムの著作物の創作年月日の登録等が規定されている（著作権法75条〜76条の2）。著作権の移転又は処分の制限と、著作権を目的とする質権の設定、移転、変更、消滅又は処分の制限は、登録しなければ第三者に対抗することができない（同法77条）。

2 実名の登録

　実名登録を受けた者は著作者と推定される（著作権法75条3項）。もっとも、その際、実体審査が行われるわけではないから、真の著作権者は、不実の実名登録について、円満な著作権行使を法律上事実上制約されているということができ、その実名登録の抹消を請求することができる（東京地判平成8・8・30判タ938号248頁〔フジサンケイグループシンボルマーク事件〕）。

432 ■ 第7章　その他の著作権訴訟

3 移転等の登録

　著作権の移転、信託による変更、処分の制限、著作権を目的とする質権の設定、移転、変更、消滅、処分の制限は、登録しなければ、第三者に対抗できない（著作権法77条）。

　第三者とは、登録の欠缺を主張するについて正当な利益を有する者をいう。また、背信的悪意者に対しては、登録なくして著作権の取得を対抗することができる（知財高判平成20・3・27最高裁HP（平成19年㈱第10095号）〔Von Dutch事件〕）。

　著作権の場合には、移転登録の利用が極めて少ないことに照らし、登録が権利の存在を公示する役割を担っているとはいえないことを理由に、背信的悪意者のみならず、単なる悪意者であっても、登録なくして対抗できるとする見解もある[1]。

1　田村善之『著作権法概説〔第2版〕』510頁、高林龍『標準著作権法〔第3版〕』195頁

II 〔 契約関係訴訟 〕

1 譲渡契約

(1) 契約の解釈

　著作権の譲渡については、一般承継のほか、契約による場合があるが、不要式の諾成契約によって締結可能であるから、書面の作成は必ずしも必要でなく、登録も対抗要件にすぎない。

　契約文言に関しては、著作権の譲渡と利用許諾との明確な区別が重要であり、その点を意識した契約書の作成を心がけるべきである。「買い取り」という契約文言から譲渡されたと即断することはできず、契約当事者間の具体的な契約内容に関する意思解釈に係る事実認定の問題として判断すべきである（東京地判昭和50・2・24判タ324号317頁〔秘録大東亜戦史事件〕）。募集の際に「選歌の版権は本会の所有とする」との文言を重視して譲渡契約の成立を認めた事例もある（東京地判平成元・8・16判時1322号45頁〔チューリップ事件〕）。

　契約の解釈は、一般の場合と同様である。利用許諾契約の認定を超えて譲渡契約まで認定する特段の事情があるか否か、対価の性質と金額の多寡、契約の目的、契約の前後における当事者の行動や態度等を勘案して、契約の趣旨を解釈すべきであろう。

(2) 支分権の一部譲渡

　著作権は、支分権の束であり、その全部をひとまとまりにして譲渡することもできるし、その一部を譲渡することも可能である（著作権法61条1項）。さらに、権利を対象、場所、期間等に細分化して譲渡することも可

能とされているが、1つの著作物に関して権利が複数の権利者に分かれて帰属することは、著作物の利用に関する権利関係を複雑化するもので、むしろ利用許諾契約を締結することも検討されるべきであろう[2]。契約の文言上、譲渡の範囲が不明確である場合は、契約の目的、当事者の地位、支払われた対価の多寡・支払方法、業界の慣行等の諸事情を考慮して、契約内容を合理的に解釈すべきである[3]。

(3) 支分権創設前の著作権譲渡契約の解釈

支分権創設前の著作権譲渡契約の解釈が問題になった事案がある。

「日本における放送権」を譲渡する旨の契約について、当然には有線放送権、衛星放送権が包含されているとは解されないとした裁判例がある（東京高判平成15・8・7最高裁HP（平成14年㈱第5907号）〔怪傑ライオン丸事件〕）。

また、送信可能化権が創設された著作権法改正の前に原盤に関しアーティストの所属事務所の有する「一切の権利」をレコード会社に「何らの制限なく独占的に」譲渡する旨の契約によって当該権利は譲渡されるか否かが問題になった事案もある。東京地判平成19・1・19判時2003号111頁〔THE BOOM事件〕は、①契約書には、原盤に関し原告の有する「一切の権利」を「何らの制限なく独占的に」譲渡する旨の規定があること、②それにより、レコード会社において原盤に対する自由でかつ独占的な利用が可能となったこと、③そこでは著作隣接権の内容が個々に問題にはならず、原盤に対する自由でかつ独占的な利用を可能ならしめるための一切の権利が問題になっていること、④他方、アーティストの所属事務所は、レコード会社から収益を印税の形で受け取り、レコード製作者の権利の譲渡の対価を収受することができること、⑤このような関係は、音楽業界において長年にわたる慣行として確立していること、これらの事情を総合的に

2　古城春実「著作権の移転」新裁判実務大系『著作権関係訴訟法』298頁
3　島並良ほか『著作権法入門〔第2版〕』241頁

考慮して、上記契約により、原盤に関してアーティストの所属事務所の有する一切の権利が何らの制約なくレコード会社に譲渡されたものと解し、契約後に創設された送信可能化権についても、上記契約の包括的な譲渡の対象となるとした。

⑷ 著作権譲渡契約における特掲

著作権法61条2項は、著作権を譲渡する契約において、同法27条に規定する権利（翻案権）又は同法28条に規定する権利（二次的著作物の利用に関する原著作者の権利）が譲渡の目的として特掲されていないときは、これらの権利は譲渡した者に留保されたものと推定する旨規定する。

東京地判平成15・12・19判タ1149号271頁〔記念樹フジテレビ事件〕は、甲曲について著作権法27条の権利を専有する著作権者の許諾を受けずに創作された二次的著作物である乙曲に関して、甲曲の著作権者の許諾を得ずに乙曲を放送、録音し、録音物を販売した者に対しては、同法27条に基づくのではなく、同法28条に基づいて権利行使をすることができると判示した。原著作物である甲曲の著作権者は、同法28条に基づき、乙曲の複製権、放送権（同法23条）及び譲渡権（同法26条の2）を有することを理由とする。

すなわち、甲曲の著作権者とJASRACとの間の当時の著作権信託契約約款において、委託者は、「その有する総ての著作権並びに将来取得することあるべき総ての著作権」を信託財産として受託者に移転する旨規定されていた。著作権法61条2項は、通常著作権を譲渡する場合、著作物を原作のままの形態において利用することは予定されていても、どのような付加価値を生み出すか予想のつかない二次的著作物の創作及び利用は、譲渡時に予定されていない利用態様であって、著作権者に明白な譲渡意思があったとはいい難いために規定されたものであるから、単に「将来取得することあるべき総ての著作権」という文言によって、同法27条の権利や二次的著作物に関する同法28条の権利が譲渡の目的として特掲されているも

のと解することはできない。

　なお、当時のJASRACの著作権信託契約約款（平成13年10月2日届出）によれば、委託者は、その有する全ての著作権及び将来取得する全ての著作権を信託財産として受託者に移転する旨の条項のほか、委託者が別表に掲げる支分権又は利用形態の区分に従い、一部の著作権を管理委託の範囲から除外することができ、この場合、除外された区分に係る著作権は、受託者に移転しないものとする旨の条項がある。そして、この「別表に掲げる支分権及び利用形態」には、演奏権、上演権、上映権、公衆送信権、伝達権及び口述権等が列挙されているが、二次的著作物に関する著作権法28条の権利については明記されていなかった。

　他方、公益社団法人日本文藝家協会の管理委託契約約款においては、「委託者は、その有する著作権及び将来取得する著作権に係る次に定める利用方法で管理委託契約申込書において指定したものに関する管理を委任し、受託者はこれを引き受けるものとする。(1)著作物又は当該著作物を原著作物とする二次的著作物の出版、録音、録画その他の複製並びに当該複製物の頒布、貸与及び譲渡　(2)著作物又は当該著作物を原著作物とする二次的著作物の公衆送信、伝達、上映、上演及び口述　(3)著作物の翻訳及び映画化等の翻案」という条項によって、明確に「特掲」している。

　もっとも、著作権法61条2項は、推定規定であるから、反証を挙げて覆すことは可能である。反証により、翻案権も譲渡したと認定された事例もある（知財高判平成18・8・31判時2022号144頁〔システムK2事件〕）。

2　ライセンス契約

(1)　許諾に係る利用方法

　利用許諾契約についても、支分権ごとに、さらに細分化して利用態様ごとに許諾することが可能である。

　著作権の許諾を得た場合において、許諾を得た者は、「その許諾に係る

利用方法及び条件の範囲内において」、その許諾に係る著作物を利用することができる（著作権法63条2項）。

著作権法63条2項の「利用方法及び条件」には、例えば、文庫本としての出版とかカセットテープへの録音等の利用形態も含まれ、許諾によって得られる利用の範囲は、取引慣習や社会通念等を前提にして、著作権者の許諾の意思表示を合理的に解釈して判断すべきものである。東京地判平成17・3・15判時1894号110頁〔グッバイキャロル事件〕は、DVDについては、許諾をしたビデオと内容は同じであっても、ビデオの複製の許諾がされた昭和59年当時、著作権者が、約20年後に、ライセンシーから営業を譲り受けた会社によってDVDが販売されることをも念頭に置いていたと解することはできないとして、ビデオとは異なる媒体については許諾の範囲である「利用方法及び条件」に入らないとした。

著作物の使用許諾契約の許諾者たる地位の譲受人が、使用料の請求等、契約に基づく権利を積極的に行使する場合には、賃貸人たる地位の移転の場合に必要となる権利保護要件としての登記と同様、著作権の登録を備えることが必要である（大阪地判平成27・9・24判時2348号62頁〔ピクトグラム事件〕）。

(2) 著作権の利用権と対抗

著作権の利用許諾契約（ライセンス契約）の締結後、著作権者（ライセンサー）の地位が譲渡され、移転の登録がされた場合、被許諾者（ライセンシー）は、許諾契約を譲受人に対抗できない。

この点については、文化審議会著作権分科会において、特許法と同じく、当然対抗制度を導入すべきである旨提言されている（2019年2月報告書）。仮に当然対抗制度が導入されれば、ライセンシーは、許諾契約を譲受人に当然に対抗でき、譲受人は、ライセンシーの利用を差し止めることができなくなる。また、著作権者が破産した場合も、破産管財人の双方未履行の双務契約の解除権が制限される。

⑶　ライセンス契約違反と著作権侵害

　著作権法63条2項は、ライセンシーが「その許諾に係る利用方法及び条件の範囲内において」、その許諾に係る著作物を利用することができると規定しているが、ライセンシーがその契約に違反した場合に、著作権侵害の責任を追及することが可能か、契約違反の責任を問われるだけかという問題がある。

　同項の「その許諾に係る利用方法及び条件の範囲内」の意義については、契約の内容の全てがこれに当たるわけではなく、当該契約違反が支分権の本質的内容にふれるか否かによって、限定的に解する見解が多数である[4]。

　ライセンス契約におけるライセンシーの付随的義務については、契約上の付随的義務にすぎないから、当然に著作権侵害になるわけではなく債務不履行責任を問えるにすぎないと解される。

　もっとも、当該義務が付随的か支分権の本質から導かれる義務かの検討が重要である。例えば、利用回数の制限違反を著作権侵害にも当たるとする見解もある[5]。他方、ライセンス料の不払についても、債務不履行責任を問えるにすぎないとする見解もあるが[6]、催告の上契約を解除すれば、その後の利用は、著作権侵害といわざるを得ない。

4　加戸守行『著作権法逐条講義〔六訂新版〕』450頁
5　高林龍『標準著作権法〔第3版〕』206頁
6　松田俊治「著作権の利用許諾をめぐる問題点」『実務と理論4』159頁

〔発信者情報開示請求訴訟〕

1 発信者情報開示について

(1) プロバイダ責任制限法の概要

　近年、インターネット等の高度情報通信ネットワークを通じた情報流通の著しい拡大が、個人の自己表現の機会の増加、経済取引の利便性の向上など、国民の文化的・経済的・社会的生活に豊かさをもたらしている一方で、個人情報の保護の問題や、インターネットにおける他人の名誉を毀損するなど権利を侵害する情報の流通の問題が生じている。プロバイダ責任制限法は、これらのことを受けて、国民がインターネットを安心して利用することができるようにし、わが国のIT社会の健全な発展を図るために、平成13年に制定された。

　プロバイダ責任制限法は、インターネット上のウェブページ、電子掲示板等、不特定の者によって受信されることを目的とする電気通信（特定電気通信）による情報の流通によって権利の侵害があった場合について、①特定電気通信の用に供される電気通信設備を用いて他人の通信を媒介し、その他特定電気通信設備を他人の通信の用に供する者（特定電気通信役務提供者。2条3号）の損害賠償責任の制限を定めるとともに（3条）、②権利を侵害されたとする者による特定電気通信役務提供者に対する発信者情報（氏名、住所その他の侵害情報の発信者の特定に資する情報であって総務省令で定めるもの）の開示を請求する権利についてこれを定めている（4条）。

(2) 発信者情報開示請求制度の趣旨

　特定電気通信を通じた情報流通は、①だれもが反復継続して不特定の者

に対して情報の発信を行うことが可能であって、他人の権利利益を侵害する情報の発信が容易であり（加害行為の容易性）、②高度の伝播性があるため、いったん被害が生じた場合には、被害が際限なく拡大していくという特質を有し（被害の拡大性）、③他人の権利利益を侵害するような情報発信を匿名あるいは仮名で行うことが可能であり、その場合には、加害者を特定して責任追及をし、被害を回復することが極めて困難となる（被害回復の困難性）といった特徴がある。このため、被害者において、加害者の特定に資する情報を有する特定電気通信役務提供者から、その情報を取得する必要性が高い。

　他方で、発信者情報は、発信者のプライバシー及び表現の自由（匿名による表現の自由）、場合によっては通信の秘密として保護されるべき情報であるから、正当な理由もないのにこれが開示されることはあってはならないという要請がある。

　プロバイダ責任制限法4条は、上記のような被害者の権利回復を図る必要性と発信者の有するプライバシー及び表現の自由の利益との調和を図るべく、一定の厳格な要件が満たされる場合に限り、特定電気通信役務提供者に対し、正当業務行為としてその者に課せられた契約上、条理上の守秘義務を解除し、開示請求者の請求に応じて発信者情報の開示に応じるべき義務を創設的に認めたものである[7]。

　近年、名誉やプライバシーの侵害のみならず、著作権侵害についても、発信者情報開示請求が多くみられるようになった。著作権侵害を行った者を特定するために、発信者情報開示請求が利用されている。

　ウェブサーバ上の電子掲示板等により権利を侵害された被害者が救済を受けようとする場合、通常は、①まず、侵害情報を掲示したウェブサーバの掲示板管理者に対して、発信者情報開示請求権を行使して、加害に関するIPアドレスとタイムスタンプを獲得し、②上記①により獲得したIPア

7　総務省「特定電気通信役務提供者の損害賠償責任の制限及び発信者情報の開示に関する法律―解説―」23頁

ドレスにより経由プロバイダを割り出し、③経由プロバイダに対し、①により獲得した IP アドレスとタイムスタンプを使用して当該タイムスタンプの時点で当該 IP アドレスの割当てを受けていた者に関する住所氏名の開示を受ける、といった手順をとって加害者を特定することになる。

2　発信者情報開示の要件

⑴　要件の概略

　プロバイダ責任制限法 4 条 1 項によれば、特定電気通信による情報の流通によって自己の権利を侵害されたとする者は、当該特定電気通信の用に供される特定電気通信設備を用いる特定電気通信役務提供者に対し、①権利侵害の明白性及び②権利行使の正当性の要件を満たすときに限り、当該開示関係役務提供者が保有する当該権利の侵害に係る発信者情報の開示を請求することができる。

⑵　権利侵害の明白性

　第 1 の要件は、侵害情報の流通によって当該開示の請求をする者の権利が侵害されたことが明らかであることである。

　権利侵害については、単に権利が侵害されたことではなく、それが「明らか」であることが必要とされる。その趣旨は、発信者情報が、上記のとおり、発信者のプライバシー、表現の自由、場合によっては通信の秘密と深く結び付いたものである上、いったん開示されてしまうと原状回復を図ることはその性質上不可能であることから、発信者の有するプライバシー、表現の自由等の利益と被害者の権利回復を図る必要性との調和を図るべく、権利が侵害されたことが明白である場合に限って、これを開示させることとしたものである[8]。そして、「明らか」とは、権利の侵害がなさ

8　総務省「特定電気通信役務提供者の損害賠償責任の制限及び発信者情報の開示に関する法律―解説―」29頁

れたことが明白であるという趣旨であり、著作権侵害等の成立を阻却する
事由の存在をうかがわせるような事情が存在しないこと（例えば、引用に
当たらないこと等）までを意味すると解される。

(3) 権利行使の正当性

第2の要件は、当該発信者情報が当該開示の請求をする者の損害賠償請
求権の行使のために必要である場合その他発信者情報の開示を受けるべき
正当な理由があることである。

原告が有する著作権（公衆送信権）が侵害されたことに基づき、契約者
に対して損害賠償等を請求するため、発信者情報の開示を求めている事案
においては、損害賠償等を請求するためにはアップロード行為等を行った
者を特定する必要があるから、原告は、同特定のために発信者情報の開示
を受ける必要があり、開示について正当な理由があるものと認められるこ
とが多いと解される。

なお、発信者の氏名及び住所の開示を受けることで十分であり、電子
メールアドレスの開示を受ける必要はないとの主張がされることもある
が、発信者が転居している場合等には電子メールアドレスが発信者を特定
する手がかりになり得ることを踏まえると、電子メールアドレスの開示が
不要であるとまではいえないであろう。

(4) 特定電気通信役務提供者

従前は、前記の実体的な2要件のほか、被告が特定電気通信役務提供者
に当たるかといった点が多くの事案で争点となっていた。

最終的に不特定の者に受信されることを目的として特定電気通信設備の
記録媒体に情報を記録するためにする発信者とコンテンツプロバイダとの
間の通信を媒介する経由プロバイダは、プロバイダ責任法2条3号にいう
「特定電気通信役務提供者」に該当する（最一小判平成22・4・8民集64巻
3号676頁）。近時は、複数の大手経由プロバイダは、自らが「特定電気通

信役務提供者」として発信者情報の開示義務を負う場合があり得ること自
体は争っていないようである。

事項索引

あ

アイデア ……………………… 107, 110, 261
アイデアと表現の二分論 ……………… 107, 261
依拠 ……… 225, 230, 253, 254, 256, 266
意に反する改変 ……………… 375, 377, 386
インカメラ手続 ………………… 189, 354
印刷用書体 …………… 105, 116, 328, 412
引用 …………… 239, 279, 281, 284, 290
写り込み ……………………………… 290
映画製作者 ……………………………… 59
映画の著作者 ……………………… 57, 222
映画の著作物 ……… 57, 119, 121, 222, 297, 299, 309, 311, 337, 339, 342, 344, 410, 425
営業秘密 ………………………………… 190
演奏権 …………… 82, 297, 302, 321
応用美術 ……………… 118, 324, 412

か

外国判決の承認・執行 ………………… 405
カラオケ法理 ………… 71, 81, 92, 98
仮処分 ………………………… 30, 41
管轄 …………… 14, 16, 42, 351, 399
既判力 …………………………… 31, 40
競合管轄 ………………………………… 16
共同著作物 ……… 61, 64, 222, 256, 367
業務従事性 ……………………………… 53
寄与侵害 …………………………… 94, 99
偶然の暗合 …………………………… 253
ゲームソフト …… 75, 89, 179, 311, 316, 338, 342, 379
結合著作物 ……………………………… 64
権利濫用 ………………………… 289, 390
故意過失 ………………… 229, 235, 400
公衆 …………… 77, 82, 297, 304
公衆送信権 ……………… 76, 141, 304
公表権 ………………………… 236, 370
国際裁判管轄 ……………… 396, 397, 403
個別利用可能性 ………………………… 64

さ

差止請求 ……… 2, 4, 32, 128, 133, 137, 228
試験又は検定の問題としての複製 ……… 296
思想・表現二分論 ………………… 107, 261
思想又は感情 ……………………… 106, 110

執行力 …………………………… 31, 39
私的使用のための複製 ………………… 294
自動公衆送信 ……… 77, 141, 304, 307
自動公衆送信装置 ………… 77, 305, 306
氏名表示権 …………………………… 372
謝罪広告 …………………… 203, 205
写真 …………………………… 346, 379
JASRAC ……… 42, 70, 73, 82, 84, 169, 176, 321, 360, 436
主従関係 ………………………………… 280
準拠法 …………… 408, 410, 414
上映 …………………………… 136, 297
上演 ………………………………… 297
証拠保全 ………………………………… 29
消尽 …………… 313, 346, 428
譲渡権 …………… 310, 314, 319
職務著作 ………… 51, 52, 58, 220, 412
書類提出命令 ……… 43, 186, 188, 352
侵害停止請求権 ………………………… 128
侵害の主体 ……………………………… 69
侵害の予防に必要な行為 ……………… 162
侵害予防請求権 ………………………… 128
新聞記事 …………………… 112, 264
スリーステップテスト …………… 287, 288
請求の趣旨 …………… 135, 159, 165, 202
設計図 …………………………………… 335
戦時加算 ………………………………… 424
専属管轄 …………… 16, 42, 351
創作性 …… 51, 113, 115, 261, 264, 266, 267, 268, 291, 334, 335, 362, 366
送信可能化権 ……………… 76, 304, 435
装置提供者 ………………… 151, 179
訴訟上の和解 …………………… 34, 39
訴訟物 …………… 31, 130, 133, 230
損害論 …………………… 183, 184

た

代位責任 ………………………………… 94
タイプフェイス …………… 116, 216, 328, 412
貸与権 …………… 310, 320
地図 …………………………………… 334
中間判決 ………………………………… 33
抽象的差止め …………………………… 145
著作権の制限 ………… 237, 288, 329, 386

著作者······48, 51, 56, 67, 432
著作物性······51, 105, 115, 324, 338, 349, 365
著作物牲······214
抵触法······408
訂正広告······204, 206
データベース······357, 365
同一性保持権······75, 100, 150, 235, 241, 375, 379, 387
図書館における複製······295
取込型······290, 291

な

内国民待遇······424
二次的著作物······105, 217, 227, 250, 258, 359, 436
２段階テスト······260, 270

は

廃棄請求······3, 32, 129, 148, 159, 161, 229
発信国法主義······416
発信者情報開示請求······440
パロディ······290
頒布権······309, 311, 313, 428
秘密保持命令······43, 189, 190, 354, 357
表現······106, 107, 108, 110, 113, 261
表現上の本質的な特徴······226, 227, 248, 249, 260, 266, 268, 292, 376
表現の選択の幅······113, 264, 358
フェアユース······242, 287, 288
複製······99, 115, 140, 224, 244, 249, 252, 259, 290, 293, 294, 295, 357, 376
付随対象著作物······291

部分差止め······143, 159
不法行為地の裁判籍······15, 400
プログラム······14, 16, 29, 42, 186, 349, 351, 357
併合請求の裁判籍······16, 402
並行輸入······426, 428
編集著作物······361
弁論準備手続······17
法人の発意······52
法定譲渡······59
ボクシュ理論······416
保護期間······119, 423
翻案······226, 244, 249, 252, 259, 266, 290, 293, 357, 376

ま

マージャー理論······114
みなし侵害······102, 227, 392
名誉声望······204, 392
名誉回復措置の請求······234
名誉回復措置請求······3, 129, 202, 203, 207, 211, 393
名誉声望······3, 236
明瞭区別性······280
モダン・オーサー······57

や

やむを得ないと認められる改変······241, 387

ら

ライセンス契約······65, 437
歴史上の事実······111, 262
濾過テスト······260, 270

判例索引

大判昭和12・9・16刑集16巻1265頁 ·················	324
最大判昭和33・3・5民集12巻3号381頁 ·················	40
最一小判昭和33・6・14民集12巻9号1492頁 ·················	40
大阪地判昭和36・5・4下民集12巻5号937頁 ·················	156
最三小判昭和43・4・23民集22巻4号964頁〔山王川事件〕 ·················	168
最一小判昭和44・2・27民集23巻2号441頁 ·················	201
最一小判昭和48・4・5民集27巻3号419頁 ·················	131
東京地判昭和50・2・24判タ324号317頁〔秘録大東亜戦史事件〕 ·················	434
東京地判昭和50・3・31判タ328号362頁〔私は貝になりたい事件〕 ·················	50
東京地判昭和52・1・28無体裁集9巻1号29頁〔きたむら建築設計事件〕 ·················	336
最二小判昭和52・2・14裁判集民事120号35頁〔旧東ドイツ商標事件〕 ·················	423
東京地判昭和52・3・30判時845号25頁〔日本人の海外活動に関する歴史的調査事件〕	
·················	112, 161
東京地判昭和52・7・22無体裁集9巻2号534頁〔舞台装置設計図事件〕 ·················	295
東京地判昭和53・6・21判タ366号343頁〔日照権事件〕 ·················	144, 167
最一小判昭和53・9・7民集32巻6号1145頁〔ワンレイニーナイト・イントーキョー事件〕	
·················	224, 225, 230, 245, 249, 253, 255
富山地判昭和53・9・22無体裁集10巻2号454頁〔住宅地図事件〕 ·················	334, 335
大阪地判昭和54・2・23判タ387号145頁〔冷蔵倉庫設計図事件〕 ·················	336
東京地判昭和54・3・9判タ383号149頁〔ヤギボールド事件〕 ·················	118, 325
神戸地姫路支判昭和54・7・9無体裁集11巻2号371頁〔仏壇彫刻事件〕 ·················	161, 326
大阪地判昭和54・9・25判タ397号152頁〔発光ダイオード学位論文事件〕 ·················	109, 262
最三小判昭和55・3・28民集34巻3号244頁〔パロディ事件〕 ········· 239, 247, 280, 376, 377, 379
東京地判昭和55・9・17判時975号3頁〔地のさざめごと事件〕 ·················	167
東京地判昭和56・4・20判時1007号91頁〔アメリカTシャツ事件〕 ·················	224, 325, 422
最二小判昭和56・10・16民集35巻7号1224頁〔マレーシア航空事件〕 ·················	397
東京高判昭和57・4・22判時1039号21頁〔日本人の海外活動に関する歴史的調査事件〕 ··	113
東京高判昭和58・4・26判タ495号238頁〔ヤギボールド事件〕 ·················	118, 325
東京高判昭和58・6・30無体裁集15巻2号586頁〔光学的縮小投影露光装置論文事件〕 ·······	110
最二小判昭和59・1・20民集38巻1号1頁〔顔真卿事件〕 ·················	329
大阪地判昭和59・1・26無体裁集16巻1号13頁〔万年カレンダー事件〕 ·················	325
大阪地判昭和59・1・26判タ536号450頁〔ストロングX事件〕 ·················	232
東京地判昭和59・4・23判タ536号440頁〔三浦梅園事件〕 ·················	109
大阪地判昭和59・4・26無体裁集16巻1号248頁〔合成樹脂射出成型用型事件〕 ·················	353

東京地判昭和59・8・31判時1127号138頁〔藤田嗣治事件〕 ……………………………… 162, 242, 288

東京地判昭和59・9・28判時1129号120頁〔パックマンビデオゲーム事件〕

……………………………………………………………………………… 97, 150, 181, 339, 340

東京地判昭和60・2・13判時1146号23頁〔新潟鉄工事件〕 …………………………………… 222

東京地判昭和60・3・8判タ561号169頁〔ディグダグ事件〕 ……………………………………… 340

東京地判昭和60・6・10判タ567号273頁〔ポール・ポジション事件〕 ………………………… 340

東京高判昭和60・10・17判時1176号33頁〔藤田嗣治事件〕 …… 200, 210, 230, 240, 280, 281

東京地判昭和60・10・30判時1168号145頁〔動書事件〕 ………………………………………… 328

東京高判昭和60・11・14無体裁集17巻3号544頁〔アメリカ語要語集事件〕 ………………… 362

東京高判昭和60・12・4判時1190号143頁〔新潟鉄工事件〕 ………………………………… 56, 222

東京地判昭和61・4・28判時1189号108頁〔豊後の岩風呂事件〕 ……………………………… 284

最二小判昭和61・5・30民集40巻4号725頁〔パロディ事件第二次上告審〕

………………………………………………………… 3, 131, 199, 204, 208, 230, 236

最大判昭和61・6・11民集40巻4号872頁〔北方ジャーナル事件〕 ……………………………… 144

東京地判昭和61・6・20判タ637号209頁〔SM写真集事件〕 ……………………………… 50, 51

広島地福山支判昭和61・8・27判時1221号120頁〔クラブ明日香事件〕 ……………………… 299

最一小判昭和62・1・22民集41巻1号17頁〔京阪電車置石脱線事件〕 ………………………… 167

東京高判昭和62・2・19判時1225号111頁〔当落予想表事件〕 ………………………………… 255

名古屋地判昭和62・3・18判時1256号90頁〔用字苑事件〕 …………………………………… 256, 362

東京地判昭和62・7・10判時1248号120頁〔真田広之ブロマイド事件〕 ……………………… 346

最三小判昭和63・3・15民集42巻3号199頁〔クラブキャッツアイ事件〕

………………………………… 7, 70, 81, 82, 97, 98, 100, 149, 179, 298

大阪地判平成元・3・8判時1307号137頁〔写植文字盤用書体事件〕 ………………………… 118

京都地判平成元・6・15判時1327号123頁〔袋帯図柄事件〕 …………………………………… 325

東京地判平成元・8・16判時1322号45頁〔チューリップ事件〕 ………………………………… 434

東京地判平成元・10・6判時1331号120頁〔タロットカード事件〕 …………………………… 200

東京地判平成元・11・10無体裁集21巻3号845頁〔動看板事件〕 ……………………………… 328

大阪地堺支判平成2・3・29判時1357号151頁〔ドンキーコング・ジュニア事件〕 ………… 340

東京地判平成2・6・13判時1366号115頁〔昭和大薬学書事件〕 ……………………………… 167

高松地判平成3・1・29判タ753号217頁〔まはらじゃ事件〕 ……………………………… 81, 163

東京地判平成3・2・27知的裁集23巻1号91頁〔サンジェルマン殺人狂想曲事件〕 ………… 256

東京地判平成3・5・22判時1421号113頁〔英語教科書録音テープ事件〕 …………………… 66

東京高判平成3・12・17知的裁集23巻3号808頁〔木目化粧紙事件〕 ………………… 325, 326

東京高判平成3・12・19知的裁集23巻3号823頁〔法政大学懸賞論文事件〕 ………… 378, 388

東京高決平成4・3・31知的裁集24巻1号218頁〔IBFファイル事件〕 ……………… 349, 351

大阪地判平成4・4・30知的裁集24巻1号292頁〔丸棒矯正機設計図事件〕 …………………… 336

大阪地判平成4・8・27判時1444号134頁〔静かな焔事件〕 …………………………… 140, 145

東京地判平成4・10・30判時1460号132頁〔観光タクシータリフ事件〕 ……………………… 256

東京地判平成 4 ・11・25判時1467号116頁〔土産物用のれん事件〕 ………………… 255

東京地判平成 4 ・12・16判時1472号130頁〔中国塩政史の研究事件〕 ……………… 109

最一小判平成 5 ・ 2 ・25裁判集民事167号359頁〔横田基地事件〕 ………………… 146

最三小判平成 5 ・ 3 ・30判時1461号 3 頁〔智恵子抄事件〕 ……………………… 49, 50

東京地判平成 5 ・ 4 ・28知の裁集25巻 1 号170頁〔岩田書体事件〕 ………… 118, 216

東京地判平成 5 ・ 8 ・30知の裁集25巻 2 号310頁〔目覚め事件〕 ………………… 392

東京高判平成 5 ・ 9 ・ 9 判時1477号27頁〔三沢市市勢映画事件〕 …………… 337, 340

東京高判平成 5 ・11・18知の裁集25巻 3 号472頁〔岩田書体事件〕 ……………… 118

東京高決平成 5 ・12・ 7 知の裁集25巻 3 号540頁〔三国志Ⅲ事件〕 ……………… 26

東京地判平成 6 ・ 1 ・31判タ867号280頁〔パックマンフリーソフト事件〕 … 311, 340

最三小判平成 6 ・ 2 ・ 8 民集48巻 2 号373頁 ……………………………………… 154

東京地判平成 6 ・ 2 ・18判時1486号110頁〔日経コムライン事件〕 … 112, 246, 264

大阪高判平成 6 ・ 2 ・25判時1500号180頁〔脳波研究論文事件〕 ………………… 110

大阪高判平成 6 ・ 3 ・17判時1516号116頁〔魅留来事件〕 ………………………… 299

東京地判平成 6 ・ 3 ・23判時1517号136頁〔ぼくのスカート事件〕 ……………… 246

東京地判平成 6 ・ 7 ・ 1 判時1501号78頁〔101匹ワンチャン事件〕 … 311, 316, 429

名古屋地判平成 6 ・ 7 ・29判時1540号94頁〔春の波涛事件〕 ……………… 111, 246

東京高判平成 6 ・10・27判時1524号118頁〔ウォールストリートジャーナル事件〕

………………………………………………………………………………… 112, 242, 288

最一小決平成 6 ・12・ 9 刑集48巻 8 号576頁 …………………………………… 419

東京高判平成 7 ・ 1 ・31判時1525号150頁〔会社案内事件〕 ……………… 255, 362

大阪地判平成 7 ・ 3 ・28知の裁集27巻 1 号210頁〔カーテン用商品カタログ写真事件〕…… 347

東京地判平成 7 ・ 4 ・28判時1531号129頁〔多摩市立図書館事件〕 ……………… 295

東京高判平成 7 ・ 5 ・16知の裁集27巻 2 号285頁〔出る順宅建事件〕 …………… 201

東京地判平成 7 ・ 5 ・31判時1533号110頁〔ぐうたら健康法事件〕 … 174, 205, 255

京都地判平成 7 ・10・19判時1559号132頁〔アンコウ行灯事件〕 … 110, 246, 262

東京地判平成 7 ・10・30判時1560号24頁〔システムサイエンス事件〕

……………………………………………………………… 145, 148, 194, 228, 350, 351

東京地判平成 7 ・11・24 D1-Law判例体系（平成 4 年(ワ)第12389号）〔韓国の心事件〕 ………… 50

東京地判平成 7 ・12・18判時1567号126頁〔ラストメッセージ in 最終号事件〕

……………………………………………………………………… 114, 144, 228, 242, 288

大阪地判平成 8 ・ 1 ・31判タ911号207頁〔エルミア・ド・ホーリィ贋作事件〕 ………… 290

東京高判平成 8 ・ 4 ・16判時1571号98頁〔目覚め事件〕 …………………… 167, 205, 256

東京高判平成 8 ・ 8 ・30判タ938号248頁〔フジサンケイグループシンボルマーク事件〕 ‥ 6, 432

東京地判平成 8 ・ 9 ・27判時1645号134頁〔四谷大塚進学教室事件〕 ……… 221, 228, 362

東京高判平成 8 ・10・ 2 判時1590号134頁〔市史事件〕 ………… 205, 231, 236, 370

東京高判平成 8 ・12・25高民集49巻 3 号109頁 ………………………………… 403

東京地裁平成 9 ・ 1 ・22判時1595号134頁〔和解〕〔父よ母よ事件〕 ………… 35, 40

仙台高判平成 9 ・ 1 ・30判タ976号215頁〔石垣写真事件〕 ………………………………… 174

大阪高判平成 9 ・ 2 ・27判時1624号131頁〔魅留来事件〕 ……………………… 81, 171, 172, 299

東京地判平成 9 ・ 4 ・25判時1605号136頁〔スモーキングスタンド事件〕 …………………… 336

名古屋高判平成 9 ・ 5 ・15判タ971号229頁〔春の波涛事件〕 ………………… 111, 246, 262

東京高決平成 9 ・ 5 ・20判時1601号143頁 ………………………………………… 189, 354

大阪高判平成 9 ・ 5 ・28知的裁集29巻 2 号481頁〔エルミア・ド・ホーリィ贋作事件〕 …… 290

最三小判平成 9 ・ 7 ・ 1 民集51巻 6 号2299頁〔BBS並行輸入事件〕 ……………… 313, 316, 427

大阪地判平成 9 ・ 7 ・17判タ973号203頁〔ネオジオ事件〕 ……………… 90, 150, 181, 340, 380

最一小判平成 9 ・ 7 ・17民集51巻 6 号2714頁〔ポパイ事件〕

　　　　　 ……………………………… 105, 126, 131, 217, 219, 244, 250, 258, 324, 359, 422, 424

東京地判平成 9 ・ 8 ・29判時1616号148頁〔俳句添削事件〕 …………………… 114, 241, 387

東京地判平成 9 ・ 9 ・ 5 判タ955号243頁〔ダリ事件〕 …………………………… 331, 391

最三小判平成 9 ・11・11民集51巻10号4055頁〔ドイツ預託金事件〕 ……………………… 397

東京高判平成10・ 2 ・12判時1645号129頁〔四谷大塚進学教室事件〕 ………………… 195, 228

東京地判平成10・ 2 ・20判時1643号176頁〔バーンズコレクション事件〕 …………… 284, 412

東京地判平成10・ 3 ・20 D1-Law判例体系（平成 9 年(ワ)第12076号）〔ミュシャ事件〕 ……… 425

最三小判平成10・ 4 ・28民集52巻 3 号853頁〔香港高等法院事件〕 ………………………… 405

東京地判平成10・ 6 ・29判時1667号137頁〔地獄のタクシー事件〕 ………………………… 246

東京高判平成10・ 7 ・13知的裁集30巻 3 号427頁〔スウィートホーム事件〕 ……………… 389

最二小判平成10・ 7 ・17判時1651号56頁〔雑誌諸君事件〕 …………………………… 376, 385

東京高判平成10・ 8 ・ 4 判時1667号131頁〔俳句添削事件〕 ………………………………… 389

東京地判平成10・ 8 ・27判時1654号34頁〔ビッグエコー事件〕 …………… 81, 163, 298, 299

東京地判平成10・10・26判時1672号129頁〔恐竜のイラスト事件〕 ………………………… 386

東京地判平成10・10・29判時1658号166頁〔SMAP事件〕 ………… 50, 140, 161, 205, 246, 388

東京地判平成10・10・30判時1674号132頁〔血液型と性格事件〕 ………… 241, 246, 262, 285, 386

東京地判平成10・11・20知的裁集30巻 4 号841頁〔ベジャール振付事件〕 ………… 88, 177, 200

東京高判平成10・11・26判時1678号133頁〔だれでもできる在宅介護事件〕 ………………… 65

東京地判平成10・11・27判時1675号119頁〔壁の世紀事件〕 …………………… 112, 255, 263

大阪高判平成10・12・21知的裁集30巻 4 号981頁〔ネオジオ事件〕 …………………… 181, 380

東京地判平成11・ 1 ・29判時1680号119頁〔古文単語語呂合わせ事件〕 …………………… 113

東京地判平成11・ 2 ・25判時1677号130頁〔松本清張映画化リスト事件〕 ………………… 363

東京高判平成11・ 3 ・18判時1684号112頁〔三国志Ⅲ事件〕 …………………… 340, 380, 384

東京地判平成11・ 3 ・26判時1694号142頁〔Dolphin Blue事件〕 ………………………… 389

東京地判平成11・ 3 ・29判時1689号138頁〔赤穂浪士事件〕 ………………………………… 256

大阪高判平成11・ 4 ・27判時1700号129頁〔ときめきメモリアル事件〕 ……………… 340, 342

東京地判平成11・ 5 ・27判タ1004号98頁〔中古ゲームソフト東京事件〕 …………………… 341

東京地判平成11・ 6 ・22判時1691号91頁〔石に泳ぐ魚事件〕 ……………………………… 145

大阪地判平成11・ 7 ・ 8 判時1731号116頁〔パンシロントリム事件〕 ……………………… 254

東京高判平成11・7・13判時1696号137頁〔ビッグエコー事件〕……………… 82, 300

最二小判平成11・7・16民集53巻6号957頁〔生理活性物質測定法事件〕………… 160, 162

東京地判平成11・7・16判時1698号132頁〔悪路脱出具事件〕………………………… 193

東京地判平成11・8・31判時1702号145頁〔脱ゴーマニズム事件〕………………… 285

東京地決平成11・9・20判時1696号76頁〔iMac事件〕…………………………………… 45

東京地判平成11・9・28判時1695号115頁〔新橋玉木屋事件〕……………………… 372

東京地判平成11・10・18判時1697号114頁〔三島由紀夫手紙事件〕………… 195, 206

東京地判平成11・10・27判時1701号157頁〔雪月花事件〕…………………………… 290

東京高判平成11・10・28判時1701号146頁〔知恵蔵事件〕…………………………… 363

東京地判平成11・12・15判時1699号145頁〔西瓜写真事件〕……………… 246, 270, 347

東京地判平成12・2・18判時1709号92頁〔記念樹事件〕……………………… 270, 322

東京地判平成12・2・29判時1715号76頁〔中田英寿事件〕…………… 233, 284, 371

最一小決平成12・3・10民集54巻3号1073頁 ………………………………… 189, 354

東京地判平成12・3・17判時1714号128頁〔タウンページデータベース事件〕……… 365, 367

東京地判平成12・3・23判時1717号140頁〔色画用紙見本帳事件〕………………… 363

東京高判平成12・4・25判時1724号124頁〔脱ゴーマニズム事件〕…………… 285, 389

東京地判平成12・5・16判時1751号149頁〔スターデジオ事件〕…………………… 90, 225

東京地判平成12・8・30判時1727号147頁〔エスキース事件〕……………………… 378

最一小判平成12・9・7民集54巻7号2481頁〔タイプフェイス事件〕

…………………………………………… 35, 105, 116, 118, 328, 412

東京高決平成12・9・11最高裁HP（平成12年(ラ)第134号）〔国語テスト事件〕…… 42, 296

東京地判平成12・9・29判時1733号108頁〔デール・カーネギー事件〕……………… 423

東京地判平成12・12・26判時1753号134頁〔井深大葬儀事件〕……………………… 111

東京地判平成13・1・23判時1756号139頁〔ふぃーるどわーく多摩事件〕………… 161, 164, 334

最三小判平成13・2・13民集55巻1号87頁〔ときめきメモリアル事件〕

…………………………… 75, 101, 102, 150, 168, 179, 338, 342, 344, 379

東京高判平成13・2・15判タ1061号289頁〔石に泳ぐ魚事件〕……………………… 145

最一小決平成13・2・22判時1742号89頁 ……………………………………… 190

最二小判平成13・3・2民集55巻2号185頁〔パブハウスG7事件〕

…………………………… 73, 84, 168, 170, 172, 182, 299, 301, 302

東京地判平成13・3・26判時1743号3頁〔大地の子事件〕…………… 111, 246, 263

東京地判平成13・5・16判時1749号19頁〔LEC事件〕………………………… 194

東京地判平成13・5・25判時1774号132頁〔車両データベース事件〕……… 33, 366, 367

東京高判平成13・5・30判時1797号131頁〔キューピー著作権事件〕……… 411, 413, 424

東京地判平成13・5・30判時1752号141頁〔交通標語事件〕…………………… 114

最二小判平成13・6・8民集55巻4号727頁〔円谷プロダクション事件〕…… 15, 398, 400, 402

東京地判平成13・6・13判タ1077号276頁〔絶対音感事件〕……………… 281, 284

東京高判平成13・6・21判時1765号96頁〔西瓜写真事件〕……………… 270, 348

判例索引 ■ 451

最一小判平成13・6・28民集55巻4号837頁〔江差追分事件〕

.... 25, 51, 106, 107, 115, 226, 245, 252, 254, 338, 348

東京地判平成13・7・25判タ1067号297頁〔はたらくじどうしゃ事件〕.......... 330, 331

最一小判平成13・10・25判時1767号115頁〔キャンディキャンディ事件〕.......... 359

東京高判平成13・10・30判時1773号127頁〔交通標語事件〕.......... 113

東京地判平成13・10・30判時1772号131頁〔魔術師三原脩と西鉄ライオンズ事件〕.......... 378

東京地決平成13・12・19最高裁HP（平成13年(ヨ)第22103号）〔チーズはどこへ消えた？事件〕

.... 290

最二小決平成13・12・21（最高裁平成11年(オ)第975号、(受)第814号）〔三国志Ⅲ事件〕.......... 384

東京高判平成14・1・30最高裁HP（平成13年(ネ)第601号）〔井深大葬儀事件〕.......... 248

東京地判平成14・1・31判時1791号142頁〔ビデオソフト事件〕.......... 320

東京地判平成14・1・31判時1818号165頁〔トントゥぬいぐるみ事件〕.......... 66

東京高判平成14・2・18判時1786号136頁〔雪月花事件〕.......... 248, 268, 290, 328

東京地判平成14・2・21最高裁HP（平成12年(ワ)第9426号）〔オフィスキャスター事件〕

.... 33, 365

東京高判平成14・2・28最高裁HP（平成12年(ネ)第5295号）〔デール・カーネギー事件〕..... 423

東京地判平成14・3・25判時1789号141頁〔宇宙戦艦ヤマト事件〕.......... 50, 58

東京高判平成14・4・11最高裁HP（平成13年(ネ)第3677号）〔絶対音感事件〕.......... 284

東京地決平成14・4・11判時1780号25頁〔ファイルローグ事件〕.......... 42

最一小判平成14・4・25民集56巻4号808頁〔中古ゲームソフト事件〕

.... 311, 316, 320, 342, 428, 429

最一小判平成14・4・25判タ1091号80頁〔中古ゲームソフト東京事件〕.......... 313

大阪高判平成14・6・19判タ1118号238頁〔コルチャック先生事件〕.......... 248, 263, 273

東京地判平成14・6・28判時1795号151頁〔演奏会プロモーション事件〕.......... 87, 158

東京地判平成14・8・28判時1816号135頁〔はだしのゲン事件〕.......... 50

東京地判平成14・8・30判時1808号111頁〔DEAD OR ALIVE事件〕.......... 89

東京地判平成14・9・5判タ1121号229頁〔サイボウズ事件〕.......... 248

東京高判平成14・9・6判時1794号3頁〔記念樹事件〕.......... 132, 248, 255, 270, 322

最三小判平成14・9・24判時1802号60頁〔石に泳ぐ魚事件〕.......... 145

最一小判平成14・9・26民集56巻7号1551頁〔FM信号復調装置事件〕... 156, 401, 409, 417, 419

東京地判平成14・11・18判タ1115号277頁〔鉄人28号事件〕.......... 404

東京高判平成14・11・27判時1814号140頁〔古河市兵衛の生涯事件〕.......... 392

東京高判平成14・12・10最高裁HP（平成13年(ネ)第5284号）〔浮世絵春画一千年史事件〕...... 50

東京地判平成15・1・20判時1823号146頁〔マクロス映画事件〕.......... 50, 58

東京地判平成15・1・29判時1810号29頁〔ファイルローグ事件〕.......... 33, 83

東京地判平成15・1・31判タ1139号269頁〔製図プログラム事件〕.......... 350

名古屋地判平成15・2・7判時1840号126頁〔社交ダンス教室事件〕.......... 297, 298

大阪地判平成15・2・13判時1842号120頁〔ヒットワン事件〕.......... 84, 152, 155, 157

最一小判平成15・2・27民集57巻2号125頁〔フレッドペリー事件〕……………………… 427

東京地判平成15・3・28判時1834号95頁〔国語テスト事件〕……………… 195, 284, 296, 378

最二小判平成15・4・11裁判集民事209号469頁〔RGBアドベンチャー事件〕………… 52, 54, 221

東京地判平成15・4・23最高裁HP（平成13年(ワ)第13484号）〔角川映画事件〕………… 60

東京高判平成15・5・28判時1831号135頁〔ダリ事件〕…………………………………… 411

東京地決平成15・6・11判時1840号106頁〔ノグチ・ルーム事件〕……………… 42, 334

東京高判平成15・8・7最高裁HP（平成14年(ネ)第5907号）〔怪傑ライオン丸事件〕………… 435

東京高判平成15・9・25最高裁HP（平成15年(ネ)第1107号）〔マクロス映画事件〕……… 59

東京高判平成15・9・29最高裁HP（平成15年(ネ)第582号）〔だれでもできる在宅介護事件〕

………………………………………………………………………………………… 132

東京地判平成15・10・22判タ1162号265頁〔転職情報ウェブサイト事件〕………………… 50

大阪地判平成15・10・30判タ1146号267頁〔グルニエ・ダイン事件〕…………………… 332

東京地判平成15・11・28判タ1162号252頁〔幼児用教育教材事件〕……………… 50, 262

東京地判平成15・12・17判時1845号36頁〔ファイルローグ事件〕……………… 83, 157

東京地判平成15・12・19判タ1149号247頁〔記念樹ポニーキャニオン事件〕…………… 174

東京地判平成15・12・19判タ1149号271頁〔記念樹フジテレビ事件〕

………………………………………………… 102, 198, 199, 360, 436

東京地判平成15・12・26判時1847号70頁〔記念樹JASRAC事件〕……………… 177, 198, 360

東京地判平成16・2・18判時1863号102頁〔男たちよ妻を殴って幸せですか事件〕………… 51

名古屋地判平成16・3・4判時1870号123頁〔ダンス教授所事件〕……………………… 302

東京地判平成16・3・11判時1893号126頁〔2ちゃんねる小学館事件〕…………………… 86

東京地判平成16・3・19判時1867号112頁〔ミュージカル脚本事件〕…………………… 50

東京地判平成16・3・24判時1857号108頁〔ヨミウリ・オンライン事件〕………………… 113

最一小判平成16・3・25民集58巻3号753頁………………………………………………… 4

東京高判平成16・3・31判時1864号158頁〔DEAD OR ALIVE事件〕…………………… 89

最一小決平成16・4・8民集58巻4号825頁……………………………………………… 15

東京地判平成16・5・28判タ1195号225頁〔教科書準拠国語問題集事件〕

………………………………………… 148, 197, 284, 296, 373, 388

東京地判平成16・5・31判時1936号140頁〔XO醤男と杏仁女事件〕

………………………… 68, 200, 201, 281, 284, 290, 393, 409, 411

東京高判平成16・6・29最高裁HP（平成15年(ネ)第2467号）〔国語テスト事件〕………… 191

東京地決平成16・10・7判時1895号120頁〔録画ネット事件〕……………… 9, 42, 84, 157

大阪地判平成17・1・17判時1913号154頁〔セキスイツーユーホーム事件〕……………… 374

東京高判平成17・2・17最高裁HP（平成16年(ネ)第806号）〔記念樹JASRAC事件〕………… 177

東京高判平成17・3・3判時1893号126頁〔2ちゃんねる小学館事件〕…… 86, 99, 141, 158, 175

東京地判平成17・3・15判時1894号110頁〔グッバイキャロル事件〕…… 54, 59, 195, 438

東京高判平成17・3・29最高裁HP（平成16年(ネ)第2327号）〔ケイコとマナブ事件〕…… 362, 364

東京高判平成17・3・31最高裁HP（平成16年(ネ)第405号）〔ファイルローグ事件〕… 83, 157, 419

判例索引 ■ 453

東京地判平成17・5・17判タ1243号259頁〔通勤大学法律書コース事件〕

.... 7, 113, 137, 140, 141, 142, 174, 205, 248, 270

東京地決平成17・5・31 D1-Law判例体系（平成16年(モ)第15793号）〔録画ネット事件〕……… 85

東京地判平成17・7・1判時1910号137頁〔京城小学校文集事件〕……………………… 64, 363

最一小判平成17・7・14民集59巻6号1569頁〔歴史教科書事件〕…………………………… 393

知財高判平成17・10・6最高裁HP（平成17年(ネ)第10049号）〔ヨミウリ・オンライン事件〕

.... 215

大阪地判平成17・10・24判時1911号65頁〔選撮見録事件〕……………………… 85, 103, 157

知財高決平成17・11・15最高裁HP（平成17年(ラ)第10007号）〔録画ネット事件〕………… 85

最二小決平成17・12・9民集59巻10号2889頁…………………………………………………… 32

知財高判平成18・2・27最高裁HP（平成17年(ネ)第10100号）〔ジョン万次郎銅像事件〕……… 207

知財高判平成18・3・15最高裁HP（平成17年(ネ)第10095号、10107号、10108号）〔通勤大学法律

コース事件〕…………………………………………………………………………… 270

東京地判平成18・3・22判タ1226号284頁〔リヒャルト・シュトラウス事件〕…………… 425

知財高判平成18・3・29判タ1234号295頁〔商品写真事件〕……………………………… 347

東京地判平成18・3・31判タ1274号255頁〔教科書準拠国語テスト事件〕 7, 199, 378, 389

東京地決平成18・7・11判時1933号68頁〔ローマの休日事件〕………… 7, 42, 121, 409, 410

東京地決平成18・8・4判時1945号95頁〔まねきTV事件〕……………………………… 42, 306

知財高判平成18・8・31判時2022号144頁〔システムK2事件〕………………………… 437

最三小判平成18・10・17民集60巻8号2853頁〔日立製作所事件〕……………………… 413

知財高判平成18・10・19最高裁HP（平成18年(ネ)第10027号）〔計装工業会講習資料事件〕… 387

知財高決平成18・12・22最高裁HP（平成18年(ラ)第10010号）〔まねきTV事件〕………… 306

知財高判平成18・12・26判時2019号92頁〔宇宙開発事業団事件〕……… 52, 55, 56, 221, 222, 350

東京地判平成19・1・19判時2003号111頁〔THE BOOM事件〕………………………… 7, 435

東京地判平成19・5・25判時1979号100頁〔MYUTA事件〕……………………………… 9, 87

大阪高判平成19・6・14判時1991号122頁〔選撮見撮事件〕…………………………………… 9

東京地判平成19・8・29判時2021号108頁〔チャップリン事件〕……………………… 409, 410

最一小判平成19・11・8民集61巻8号2989頁〔インクカートリッジ事件〕…………… 314

最三小判平成19・12・18民集61巻9号3460頁〔シェーン事件〕………………………… 7, 122

知財高判平成20・3・27最高裁HP（平成19年(ネ)第10095号）〔Von Dutch事件〕………… 433

東京地判平成20・4・11判タ1276号332頁……………………………………………………… 403

東京地判平成20・6・11判タ1287号251頁……………………………………………………… 403

東京地判平成20・6・20最高裁HP（平成19年(ワ)第5765号）〔まねきTV事件〕………… 306

知財高判平成20・7・17判時2011号137頁〔ライブドア裁判傍聴記事件〕………… 111, 113

大阪高判平成20・9・17判時2031号132頁〔デサフィナード事件〕……………… 163, 164, 302

知財高判平成20・9・30判時2024号133頁〔土地宝典事件〕……………………… 178, 198

知財高判平成20・12・15判時2038号110頁〔まねきTV事件〕………………………… 306

最三小決平成21・1・27民集63巻1号271頁〔液晶テレビ事件〕……………………… 43, 357

知財高判平成21・9・15最高裁HP（平成21年(ネ)第10042号）〔黒澤映画事件〕………… 198, 199

最一小判平成21・10・8判時2064号120頁〔チャップリン映画事件〕……………… 58, 124

知財高判平成21・10・28判時2061号75頁〔苦菜花事件〕………………………… 409, 412

東京地判平成21・11・9最高裁HP（平成20年(ワ)第21090号）〔スピーカー測定器ソフト事件〕
……………………………………………………………………………………… 358

東京地判平成22・1・29最高裁HP（平成20年(ワ)第1586号）〔箱根富士屋ホテル事件〕
……………………………………………………………………………… 270, 272

知財高判平成22・3・25判時2086号114頁〔駒込大観音事件〕……………………… 206

最一小判平成22・4・8民集64巻3号676頁…………………………………………… 444

東京地判平成22・5・19判時2092号142頁〔絵画鑑定書事件〕……………………… 288

知財高判平成22・5・25最高裁HP（平成22年(ネ)第10019号）〔マンション完成予想図事件〕
……………………………………………………………………………………… 387

知財高決平成22・5・26判時2108号65頁……………………………………………… 45

知財高判平成22・5・27判タ1343号203頁〔脳機能画像解析学術論文事件〕………… 110

知財高判平成22・7・14判時2100号134頁〔箱根富士屋ホテル事件〕……………… 248, 270

知財高判平成22・8・4判タ1342号235頁〔北朝鮮の極秘文書事件〕……… 155, 374, 391

知財高判平成22・8・4判タ1344号226頁〔北見工大事件〕……………………… 52, 55, 221

知財高判平成22・9・8判タ1389号324頁〔TVブレイク事件〕……………………… 86

知財高判平成22・10・13判時2092号135頁〔絵画鑑定書事件〕…………………… 283, 285

知財高判平成22・11・10判時2102号136頁〔SLDVD事件〕……………………… 197, 199

東京地判平成22・12・21最高裁HP（平成21年(ワ)第451号）〔廃墟写真事件〕……… 347

最三小判平成23・1・18民集65巻1号121頁〔まねきTV事件〕…… 7, 76, 150, 298, 305

最一小判平成23・1・20民集65巻1号399頁〔ロクラクⅡ事件〕………… 7, 72, 79, 99, 150

最三小判平成23・4・12判時2117号139頁〔INAXメンテナンス事件〕…………… 54

最一小判平成23・12・8民集65巻9号3275頁〔北朝鮮映画事件〕…………………… 422

最三小判平成23・12・19刑集65巻9号1380頁〔Winny事件〕……………………… 167

最三小判平成24・1・17判時2144号115頁〔暁の脱走事件〕…………………… 126, 166

知財高判平成24・1・31判時2142号96頁〔まねきTV事件差戻審〕………………… 158

大阪地判平成24・2・16判タ1366号68頁〔日本漢字能力検定対策用問題集事件〕…… 56

知財高判平成24・8・8判時2165号42頁〔釣りゲーム事件〕………… 217, 273, 276, 278

知財高判平成25・2・1判タ1388号77頁〔ごみ貯蔵機器事件〕…………………… 196

大阪地判平成25・6・20判時2218号112頁〔ロケットニュース24事件〕…………… 90

知財高判平成25・4・18判時2194号105頁〔今日の治療薬事件〕………………… 362, 364

大阪地判平成25・9・6判時2222号93頁〔梅田庭園事件〕……………………………… 387

知財高判平成25・9・30判時2223号98頁〔風にそよぐ墓標事件〕………………… 251, 372

知財高判平成26・3・12判時2229号85頁〔ディスクパブリッシャー制御事件〕…… 251

東京地判平成26・3・14最高裁HP（平成21年(ワ)第16019号）〔旅行業システム事件〕……… 256

最一小判平成26・4・24民集68巻4号329頁〔眉トリートメント事件〕………… 402, 406

判例索引 ■ 455

知財高判平成26・8・28判時2238号91頁〔ファッションショー事件〕 …………… 327

東京地判平成26・10・17最高裁 HP（平成25年㈠第22468号）〔ログハウス調木造住宅事件〕
………………………………………………………………………………………………… 333

知財高判平成26・10・22判時2246号92頁〔自炊代行事件〕 ………………… 85, 294

東京地判平成26・11・7最高裁 HP（平成25年㈠第2728号）〔初台マンション事件〕 ………… 335

知財高判平成27・4・14判時2267号91頁〔TRIPP TRAPP事件〕 …………… 327

知財高判平成27・5・25最高裁 HP（平成26年㈡第10130号）〔初台マンション事件〕 ………… 335

東京地決平成27・7・27判時2280号120頁〔新日鉄ボスコ事件〕 ……………… 353

大阪地判平成27・9・24判時2348号62頁〔ピクトグラム事件〕 ………………… 438

知財高判平成27・11・19判タ1425号179頁〔オフセット輪転機版胴事件〕 …………… 193

知財高判平成28・1・27最高裁 HP（平成27年㈡第10022号）〔ツェッペリン飛行船と黙想事件〕
………………………………………………………………………………………………… 51

東京地判平成28・2・25判時2314号118頁〔神獄のヴァルハラゲート事件〕 ………… 53, 60

知財高判平成28・3・28判タ1428号53頁〔NTTドコモ事件〕 ………………… 355

東京地判平成28・4・27最高裁 HP（平成27年㈠第27220号）〔エジソンのお箸事件〕 ………… 327

知財高判平成28・4・27判時2321号85頁〔接触角計算プログラム事件〕 255, 350, 358

知財高判平成28・6・22判時2318号81頁〔毎日オークション事件〕） …………… 332

知財高判平成28・6・29最高裁 HP（平成27年㈡第10042号）〔歴史小説事件〕 ………… 372

知財高判平成28・6・29最高裁 HP（平成28年㈡第10019号）〔怪獣ウルトラ図鑑事件〕
……………………………………………………………………………………… 241, 373

東京地判平成28・9・28最高裁 HP（平成27年㈠第482号）〔スマートフォン用ケース事件〕
……………………………………………………………………………………… 66, 413

知財高判平成28・10・19最高裁 HP（平成28年㈡第10041号）〔ライブバー XYZ → A 事件〕
………………………………………………………………………………………………… 87

知財高判平成28・11・2判時2346号103頁〔The Good Life 事件〕 ………… 176, 198

知財高決平成28・11・11判時2323号23頁〔著作権判例百選事件〕 ………… 42, 48, 61

知財高判平成28・11・30判時2338号96頁〔加湿器事件〕 ……………………… 327

知財高判平成28・12・8最高裁 HP（平成28年㈡第10067号）〔しまじろうのわお！事件〕 … 323

大阪地判平成29・1・19最高裁 HP（平成27年㈠第9648号）〔シャミー婦人服事件〕 ………… 327

知財高判平成29・3・14最高裁 HP（平成28年㈡第10102号）〔通販管理システムプログラム事件〕
………………………………………………………………………………………………… 350

東京地判平成30・1・30最高裁 HP（平成29年㈠第31837号）〔建築 CAD ソフトウェア事件〕
………………………………………………………………………………………………… 89

知財高判平成30・4・25判時2382号24頁〔リツイート事件〕 …………………… 91

知財高判平成30・8・23最高裁 HP（平成30年㈡第10023号）〔沖縄うりずんの雨事件〕 …… 239

大阪地判平成31・4・18最高裁 HP（平成28年㈠第8552号）〔眠り猫イラスト事件〕 ………… 146

知財高判令和元・6・7最高裁 HP（平成30年㈡第10063号）〔二酸化炭素含有粘性組成物事件〕
……………………………………………………………………… 194, 197, 198, 233

■執筆者略歴

髙部　眞規子（たかべ・まきこ）

島根県出雲市生まれ
昭和50年 3 月　島根県立出雲高等学校卒業
昭和50年 4 月　東京大学文科一類入学
昭和54年 3 月　東京大学法学部卒業
昭和54年 4 月　司法修習生（第33期）
昭和56年 4 月　判事補（富山地家裁、東京地裁、千葉地家裁松戸支部）
平成 3 年 4 月　高松地方・家庭裁判所判事
平成 6 年 4 月　東京地方裁判所判事（民事第29部）
平成10年 4 月　最高裁判所裁判所調査官
平成15年 4 月　東京地方裁判所判事（民事第47部部総括、第32部部総括）
平成21年 4 月　知的財産高等裁判所判事（第 4 部）
平成25年 4 月　横浜地方・家庭裁判所川崎支部長
平成26年 5 月　福井地方・家庭裁判所長
平成27年 6 月　知的財産高等裁判所部総括（第 4 部）
平成30年 5 月　知的財産高等裁判所長

平成15年〜19年　産業構造審議会臨時委員（商標制度小委員会）
平成21年〜24年　工業所有権審議会臨時委員（弁理士試験委員）
平成22年〜25年　産業構造審議会臨時委員（特許制度小委員会）

著　書　　『実務詳説　特許関係訴訟 [第 3 版]』（金融財政事情研究会、平成28年）
　　　　　『実務詳説　商標関係訴訟』（金融財政事情研究会、平成27年）
編　著　　裁判実務シリーズ 2『特許訴訟の実務 [第 2 版]』（商事法務、平成29年）
　　　　　裁判実務シリーズ 8『著作権・商標・不競法関係訴訟の実務 [第 2 版]』
　　　　　（商事法務、平成30年）
　　　　　最新裁判実務大系10、11『知的財産権訴訟Ⅰ・Ⅱ』（青林書院、平成30年）
共編書　　『知的財産訴訟実務大系Ⅰ〜Ⅲ』（青林書院、平成26年）

実務詳説　著作権訴訟〔第2版〕

平成24年 1 月27日　初版発行
令和元年12月 9 日　第 2 版第 1 刷発行

著　者　髙　部　眞規子
発行者　加　藤　一　浩
印刷所　株式会社太平印刷社

〒160-8520　東京都新宿区南元町19
発　行　所　一般社団法人 金融財政事情研究会
企画・制作・販売　株式会社 き ん ざ い
編 集 部　TEL 03（3355）1758　FAX 03（3355）3763
販売受付　TEL 03（3358）2891　FAX 03（3358）0037
URL https://www.kinzai.jp/

・本書の内容の一部あるいは全部を無断で複写・複製・転訳載すること、および
　磁気または光記録媒体、コンピュータネットワーク上等へ入力することは、法
　律で認められた場合を除き、著作者および出版社の権利の侵害となります。
・落丁・乱丁本はお取替えいたします。定価はカバーに表示してあります。

ISBN978-4-322-13514-5